루터

신의 제국을 무너트린 종교개혁의 정치학

루터

신의 제국을
무너트린
종교개혁의
정치학

폴커 라인하르트 지음

이미선 옮김

일러두기

1. 이 책은 《Luther, der Ketzer: Rom und die Reformation》(2016)을 옮긴 것이다.
2. 본문의 주는 모두 옮긴이의 것이다
3. 본문에 나오는 교황의 이름은 한국천주교주교회의 역대 교황 명칭을 따른다.
4. 단행본은 《 》, 논문, 복음서, 칙서는 〈 〉로 표기했다.
5. 외래어 표기는 국립국어원 외래어 표기법을 따랐다. 다만 관례적으로 사용되는
   표기는 예외로 했다.

한스 홀바인이 그린 마르틴 루터

16세기 독일 르네상스를 대표하는 화가이자 종교개혁의 지지자인 홀바인의 작품으로,
루터는 가톨릭 성직자들을 무자비하게 살해하는 헤라클레스로 묘사되어 있다.

면벌부 판매

성 베드로 성당의 건축비용을 마련하기 위해 도미니크 수도회 수도사인 요하네스 테첼이 면벌부를 판매하고 있다. 루터는 이 사건을 비판하며 종교개혁가로 변신한다.

95개조 반박문을 내거는 루터

1517년 10월, 루터는 이 반박문을 내걸며 면벌부의 부당함을 적시하고 교황제도를 조목조목 비판했지만, 이때까지만 해도 여전히 교황제도를 인정하고 있었다.

요하네스 에크와 루터의 1519년 라이프치히 논쟁
교황이 보낸 교황특사와 교황대사는 루터뿐만 아니라 황제와 제후들을 접촉하고 수많은
보고서를 실시간으로 로마로 전달했다. 이들의 의견은 교황이 루터와 종교개혁운동을
판단하는 데 핵심 역할을 한다.

교황의 파문위협칙서를 불태우는 루터

1520년 6월, 교황 레오 10세는 루터에게 95개조 반박문을 철회하지 않으면 파문할 것이라 위협했다. 그러자 그해 12월, 루터는 비텐베르크 시 성벽 앞에서 파문위협칙서를 불태우며 자신의 입장을 확고히 한다.

루터의 후원자 프리드리히 선제후(좌)와 루터의 적대자 카를 5세(우)

루터의 종교개혁이 본격화되면서 독일 신성로마제국 내의 권력지형에 따라 황제와 제후
들은 점차 루터파와 교황파로 양분된다.

얀 후스(좌)와 사보나롤라(우)

종교개혁을 주장한 체코의 얀 후스는 1415년, 피렌체의 사보나롤라는 1498년에 각각 이단 판결을 받고 화형에 처해졌다. 그러나 이들의 사상은 이후 루터의 종교개혁으로 이어진다.

클레멘스 7세(좌)와 레오 10세(우)
이탈리아에서 강력한 영향력을 행사한 메디치 가문은 교황직까지 진출해 가문의 영달을
무리하게 추구하며 가톨릭제도의 개혁에 제동을 건다.

악마 루터(위)와 악마 교황(아래)

교황과 루터는 각각 상대방을 이처럼 악마
로 묘사하며, 자신이 악마를 물리치는 신의
진정한 대리자임을 주장했다.

마르틴 루터와 카타리나 폰 보라 부부

루터는 가톨릭의 독신제도를 인간의 본성과 하느님의 의지를 거스르는 것이라 비난하고, 수녀 출신인 카타리나 폰 보라와 1525년 결혼한다. 수도사의 생활양식이 목사의 가정생활로 바뀌면서, 교회제도에도 큰 변화를 가져오게 된다.

AETHERNA IPSE SVAE MENTIS SIMVLACHRA LVTHERVS
EXPRIMIT AT VVLTVS CERA LVCAE OCCIDVOS
M·D·XX

루카스 크라나흐가 그린 마르틴 루터의 초상화들

작센 선제후 프리드리히의 궁정화가인 크라나흐는 루터의 종교개혁을 지지했고, 그의 초상화를 그렸다. 크라나흐는 루터를 종교개혁의 아이콘으로 만드는 데 큰 역할을 한다. 각각 ①1520년, ②1521년, ③1526년, ④1529년 ⑤1533년 작.

보름스 제국의회에서 변론하는 루터

루터는 1521년 보름스 제국의회에서 이단자로 최종 확정되었다. 그러나 이 판결에도 불구하고 루터는 그의 보호자들의 지지 아래 평생 보호받았다. 오히려 그는 더 많은 글과 논쟁으로 이 판결의 허울성을 폭로한다.

들어가며

로마 그리고 종교개혁

적수들은 한 번도 만난 적이 없었다. 마르틴 루터가 교단, 즉 아우구스티누스 은둔자 수도회의 지시에 따라 1511년 초 로마에 도착했을 때, 교황은 자신의 수도에 없었다. 교황 율리오 2세(재위 1503~1513)는 로마 교황령 내에서 반란을 일으킨 도시 군주들에 맞서 자기 군대를 지휘하면서, 이 기회에 프랑스인들을 이탈리아에서 몰아낼 계획을 실행하고 있었다. 수십 년 뒤 종교개혁가 루터는 탁상담화Tischreden*에서 교황이 저지른 이 잔학한 사건을 다음과 같이 비난했다. "이

---

* 루터 집에서 식사시간이 되면 가족 및 친척, 학생, 친구, 여행객까지 모여들었다. 루터는 자주 식사 동안 대화를 했고, 대화 내용은 어떤 것이라도 상관없었다. 그러나 대부분의 주제는 신학 혹은 교회에 관련된 것이었다. 그러다가 1531년 여름부터 꽤 오랜 시간 루터의 집에 숙박했던 츠비카우 출신의 목사 콘라트 코르다투스가 이를 메모하기 시작했고 뒤이어 다른 손님들도 대화 내용을 기록했다. 이렇게 1531년부터 루터가 사망한 1546년까지 수많은 대화들이 참가자들에 의해 기록되었다. 루터 사망 20년 뒤에 이 기록들이 수집되어 출판되었다.

교황은 수많은 기독교도의 목숨을 앗아간 라벤나 대학살*로 부활절을 축하했습니다. 이런 식으로 로마의 적그리스도는 주의 부활을 축하한 것입니다!"

교황에 대한 논쟁적인 말 속에는 깊은 실망도 들어 있다. 루터는 로마에 있었기 때문에, 테베레 강가의 이 새로운 바빌론이 얼마나 소름 끼치는지 사람들에게 들려줄 수 있었다. 하지만 안타깝게도 당시에는 그리스도를 흉내 내는 이 비열한 자 교황을 만나볼 수는 없었다. 로마 여행 이후 수십 년 동안 로마에 대해 이야기할 때마다 루터는 교황의 부재를 언급했다. 그는 비텐베르크의 자기 집 식탁에 둘러앉은 모임에서 늘 교황에 대한 깊은 증오를 드러냈다. 독백처럼 혼자 쏟아내는 그의 말을 누군가 반박했더라면, 오히려 그는 이런 생각을 더욱 확장시킬 수 있었을 것이다. 그러나 로마 측은 이런 토론에 참석하지 않았고, 종교개혁가의 집안에는 당연히 로마를 변호하는 사람도 없었다. 그래서 루터가 자기 사람들과 나눴던 대화들은 여러 주제를 다루다가, 결국은 오래된 악한 적, 즉 로마에 있는 "교황Bapst"**을 만나지도 못했다는 이야기로 끝나버렸다. 이때 루터가 말한 교황이 레오 10세(재위 1513~1521)를 말하는 것인지, 클레멘스 7세(재위 1523~1534) 혹은 바오로 3세(재위 1534~1549)를 말하는 것인지는 알 수가 없다.

---

*   1512년 4월 11일 프랑스의 루이 12세와 교황 율리오 2세가 라벤나를 두고 전쟁을 벌였다. 프랑스가 승리했으나 교황령인 이곳을 확실히 차지하지는 못하고 몇 달 뒤인 1512년 8월 다시 교황에게 내주었다.

**   교황은 독일어로 'Papst'다. 루터가 교황을 방언으로 'Bapst'라고 불렀던 것을 저자는 그대로 사용하고 있다.

늘 똑같은 이 수다에서 사실 루터는 이름과 사람을 중요하게 생각하지 않았다. 루터보다 100년 전에 복음의 여명을 시작한 프라하의 성스러운 남자 얀 후스Jan Hus***가 교황들의 생활을 비판하는 데 몰두했다면, 비텐베르크 사람들은 교리에 집중했다. 그리고 이렇게 함으로써 하느님의 명령을 완성하고, 적그리스도의 낯짝에서 가면을 벗겨낼 수 있으며, 지상에서 그의 분노에 맞서 싸울 수 있을 것이라 생각했다. 교황들의 삶이 교리와 다르다는 사실을 루터는 묵과하지 않았다. 그 반대였다. 탁상담화의 담화자로서 또 논박서 저술가로서 지치지도 않고 동시대 교황들의 삶에 대해 아주 끔찍한 이야기들을 전했다. 알렉산데르 6세(재위 1492~1503)는 딸 루크레치아와 근친상간을 했다는 둥, 레오 10세는 제5차 라테란 공의회에서 추기경들에게 한 번에 동성애 상대소년 다섯 명을 허용했다는 둥. 비텐베르크 루터 집 식탁에 둘러앉은 모임에서 교황의 전설은 한도 끝도 없이 이어졌다. 여기서부터 부정적인 상상의 세계가 발전했다. 19세기와 20세기 대부분의 역사학자들은 이처럼 극단적인 날조와 모욕에 거리를 두기는 했다. 그러나 이 상상의 세계가 개신교 교회사 서술에 큰 영향을 끼쳤다는 것은 입증된 사실이다.

이런 점에서는 가톨릭 측도 종교개혁가 루터와 그의 추종자에

*** 얀 후스(1372~1415): 체코의 종교개혁가. 성경를 믿음의 유일한 권위로 강조하는 복음주의적 성향을 보였으며, 성직자의 권력 남용, 특히 면벌부를 수여하는 행위를 비판했다. 신성로마제국 황제 지기스문트로부터 콘스탄츠 공의회에서 자신의 종교적인 견해를 펼쳐보이라는 호출을 받았지만, 공의회에 도착한 후 곧 체포되어 1415년 이단 혐의로 재판을 받고 화형당했다. 그의 주장은 마르틴 루터 등 알프스 이북의 종교개혁가들에게도 영향을 끼치게 된다.

게 조금도 뒤지지 않고 대응했다. 로마와 교황제도의 입장에서 볼 때 루터는 야비한 독일인이었다. 알코올 중독에 성깔 있고 교양 없으며, 오만을 떨고 음담패설을 좋아하는 인물, 교황을 통해 축복을 받은 관리에 맞서 광기 어린 공격을 가해 권력가들 사이에서 자신을 독일의 총아로 만들고, 명성과 부를 붙잡으려는 인물이었다. '기독교 통합운동Ökumene'의 영향으로 루터에 대한 이런 적개심들은 겉으로는 많이 누그러졌지만 오늘날에도 여전히 아주 생생하게 입증되고 있다.

마치 역할이 고정된 영화에서처럼, 양쪽 모두 상대는 악마의 편이라 반드시 근절되어야만 한다는 확신을 버리지 않았다. 그래서 1517년 10월 31일부터 비텐베르크와 로마, 로마와 비텐베르크 사이의 난타전이 시작되었다. 특이하게도, 루터의 첫 번째 문학적 적수, 태어난 곳의 지명을 따라 '프리에리아스'라 불리는 피에몬테 태생의 도미니코 수도사 실베스트로 마촐리니Silvestro Mazzolini는 루터에 대항하는 첫 번째 답변을 단 3일 만에 써냈다고 자랑했다. 그러나 당시 그는 루터의 95개조 반박문을 너무 날림으로 읽었다. 그래서 자신의 반박 글에서 루터의 논제들을 "결론들"이라고 잘못 말했다. 이런 실수는 프리에리아스가 루터의 논제들 안에 제시된 논거나 본문 모두를 진지하게 토론할 가치가 없다고 생각한 것은 아닐까 추론하게 만든다. 루터 역시 아주 일찍부터 자신에 대한 적대적인 글들 중 다수는 반박할 가치도 없다고 확신했다.

1517년 가을 이런 충돌이 시작된 이후, 양측은 서로를 이해하려 하거나 절충하려는 최소한의 시도도 하지 않았다. 그러기는커녕 이런 토론의 바탕이 될 법한 토대에 대해서도 아무런 소통도 할 수

야만인 루터: 16세기 후반 한스 바이트리츠(Hans Weidlitz)가 그린 캐리커처는 가톨릭이 상대방을 인신공격할 때 사용한 상투적 표현과 일치한다. 가톨릭은 포도주 자루 같은 뚱 뚱한 배에 맥주 통을 든 술꾼, 과거 수녀였던 여인을 유혹해서 낳은 사생아들과 함께 있 는 난봉꾼, 츠빙글리와 칼뱅과 같은 동지와 후계자의 머리를 짊어진 이단자로 루터를 표현했다.

없었다. 로마 측에서 증거가 된다고 판단한 것이, 비텐베르크 측에게 는 아무것도 아니었다. 반대의 경우도 마찬가지였다. 따라서 논쟁은 처음부터 생각의 교환이 아니라 순수한 난타전이 되었다. 왜 이런 일이 벌어진 걸까?

일반적으로 통용되는 루터 전기와 종교개혁에 관한 전형적인 글에서 정보를 얻으려는 사람은 항상 다음과 같은 동일한 대답을 얻 게 된다. 로마는 감추고, 이해하지 않고, 차단하고, 강요하고, 전략적 으로 행동하며, 위협하고, 상실한다.

신교 우세적인 종교개혁 연구에서 상대편인 로마는 고도로 도 식화되고 부수적인 주변 영역에 위치한다. 대단히 인문주의적인 박 학다식함, 시스티나 성당 같은 아주 위대한 예술, 극도로 세속적이고 상당히 고상한 생활양식, 도덕규범과의 느슨한 관계, 교황제도에 대 한 철두철미 정치적인 견해, 게다가 예수와는 거리가 멀고 또한 선 행을 그저 복을 받거나 벌을 받는 상업적인 계산의 근거로 전락시킨 스콜라적 궤변에 지쳐버린 신학, 이런 것이 많은 사람들이 갖고 있 는 전형적인 로마의 이미지다. 약화되기는 했지만 오늘날에도 여전 히 이런 이미지 안에는 온갖 악습의 아성인 교황제도에 대한 울리히 폰 후텐Ulrich von Hutten*과 루터의 격렬한 비난이 남아 있다.

이런 관점에서 볼 때, 루터 사상에 대한 로마 측 저술가들의 신 학적 논쟁은 이미 오래전에 증명할 수 없는 속 빈 주장이 되어버렸 고 허울뿐인 말을 반사적으로 받아쓰는 정도로 축소되어 버렸다. 어

---

*   울리히 폰 후텐(1488~1523): 르네상스 시기 독일의 인문주의자.

느 정도는 당연하지만, 로마 측은 자신들의 광대한 통치권과 수준 높은 문화에 독선적이며 맹목적으로 도취해 있어, 성경을 새롭게 이해하려는 노력들, 예를 들면 그리스도를 통해 죄 사함을 받으며, 인간은 오직 믿음을 통해서만 의로움를 인정받을 수 있다는 루터의 교리를 오해했다. 종교개혁의 관점에서 볼 때, 결국 로마 측은 자만에 빠진 거만한 스승이라는 가치 없는 역할을 할 뿐이었다. 역사는 로마 측에게 배우라고 강요했지만, 이 잘난 체하는 스승은 오랫동안 그런 깨달음을 거부했다. 그러고는 1545년부터 트리엔트 공의회가 준비한 '반종교개혁'—18세기부터 20세기(때로는 21세기)까지 이어지는 개신교 종교개혁사 서술의 논쟁적 개념—을 통해서 비로소 반격을 시작했다. 이와 같은 판에 박힌 해석이 부적합하다는 사실은 오래전에 증명되었지만, 오늘날까지도 결정적인 해석으로 남아 있다.

천 년 동안의 이런 논쟁과 관점 속에서 로마 측의 신학적·문화적 위치가 얼마나 그로테스크하게 위축되었는지는 다음과 같은 사실만 봐도 알 수 있다. 루터에 관한 새로운 자료의 모든 내용은 아주 인상 깊지만, 그 안에는 최초의 문학적 적수인 프리에리아스가 단 한 번도 언급되지 않는다. 또한 루터의 생애 내내 중요 적대자였던 인문주의자이며 훗날 추기경이 된 지롤라모 알레안드로Girolamo Aleandro는 교황청 정치의 간교한 실권자로서 등장하기는 하지만, 사건의 독립적인 관찰자나 논평자로서 등장하지 않는다. 모든 것을 압도하는 이런 관점에서 루터와 비텐베르크는 기독교의 진정한 뿌리로 돌아가자는 각성을 지지하는 입장에 있다. 반면 로마와 교황제도는 교회와 정치에 대한 권력을 유지하려 한다. 완고하고 부패하며 결국에는 아무 가망도 없는 이런 권력욕은 비열하게 자신의 이득만을 챙기려고 한다.

　루터와 종교개혁을 이렇게 보는 사람은 복합적인 사건경과를 민망할 정도로 날조하고 잘못 서술한다. 로마에 대한 루터와 종교개혁 측의 관점이 기록된 원전이 더 풍부하기 때문에, 인지의 편협함은 더욱더 두드러진다. 애초부터 자신을 루터 대항자라고 칭한 알레안드로의 편지는 그런 원전만큼이나 광범위한 분야를, 특히 1521년 초의 보름스 제국의회처럼 점점 더 드라마틱해져 간 연속적인 사건에 대한 여러 이야기를 담고 있다. 그러나 이 보고서는 로마의 견해와 그 가치, 주장의 근거, 평가와 선입견을 다방면으로 아주 예리하게 반영하고 있음에도 불구하고 오늘날까지도 평가, 활용되지 않았다. 언뜻 보기에는 꽤 알려졌지만 실제로는 거의 주의를 끌지 못하는 많은 다른 원전들에서도 이와 유사한 우울한 결과를 이끌어낼 수 있을 것이다. 루터 사건^{causa Lutheri}에 관련한 교황의 수많은 글이나 칙서들도 원전의 예로 들 수 있다. 이런 자료들 역시 로마 측의 입장, 인지의 틀, 문화적 각인과 행동 동기를 살펴볼 수 있는 보고인데, 전혀 체계적으로 연구되지 않았다.

　또 다른 원전은 거의 고려되지 않았다. 이 보물은 독일에서 교황대사^{Nuntius*}와 교황특사^{Legat}가 교황에게 보낸 보고서와 로마가 내린 지시들 안에 흩어져 있다. 따라서 수천수만의 외교문서에서 이 보물을 찾아내 수집해야만 한다. 이런 고된 노동은 그럴 만한 가치

---

* 　주재국의 정부와 교황청과의 친교를 두텁게 하는 한편 주재국 교회의 현황을 감독하고 이를 교황에게 보고하기 위하여 파견된 자다. 15세기 국제법상 각국 정부에 상주하는 사절을 파견하는 관례에 따라 교황도 상주 사절 제도를 채용했다.

가 있다. 예를 들면 이런 보물 안에서 교황대사가 1535년 11월 비텐베르크에서 루터를 만난 것에 관해 상세하게 쓴 보고서를 찾을 수도 있다. 이 만남에 대해서는 루터도 자기 집 식탁 모임에서 자신의 견해를 말했기 때문에, 병렬적이면서도 동시에 전혀 다르게, 동일한 사건을 마치 두 대의 카메라가 비쳐주는 것처럼 관찰할 수 있으며, 따라서 보다 깊이 이해할 수 있다.

비텐베르크와 로마 사이의 논쟁은 이런 텍스트뿐만 아니라 그림으로도 표현되었다. 로마의 교황대사 알레안드로의 입장에서는 몹시 불쾌하겠지만, 이 점에서 루터와 그의 추종자들은 말로 설명하기 어려울 정도의 우위를 차지했다. 이들은 전단과 비방 책자를 대량 인쇄하여 끊임없이 시장에 뿌렸다. 이런 책자들은 교황을 지옥에서 온 악의 화신으로 그렸고 그의 섬멸을 호소했다. 그러나 르네상스의 이탈리아에서는 수십 년 전부터 조형예술이 매우 발달했음에도 불구하고—어쩌면 바로 그랬기 때문에—로마 측은 이를 따라 하지 않았다. 이탈리아 사람들은 거친 장작에 거친 쐐기를 박기에는 너무 섬세했던 것은 아닐까? 그러나 그토록 많은 로마 측의 글들이 쫓아버리려 했던 이단자 루터는 로마의 그림에서는 정말 아주 드물게 나타날 뿐이다. 독일에서도 반루터적인 선전 그림이 있었지만, 종교개혁을 찬성하는 활동 뒷전으로 완전히 밀려났다. 이 책에 들어 있는 삽화들은 반루터적인 모티브 중에서 특색 있는 것들만 선별했다.

이런 고찰에서 나온 교훈은 다음과 같다. 우리가 로마의 원전도 함께 조사할 경우에만, 현재까지도 영향을 주고 있는 교체, 분열, 분리와 매도의 과정을 적합하게 추체험할 수 있다는 것이다. 동시에―16세기와는 달리―누가 옳고 그른가, 누가 더 나은 논증을 하는가, 혹은 더 높은 도덕을 갖고 있는가는 중요하지 않다. 루터와 로마 사이의 논쟁에서는 믿음의 문제가 중요했다. 말하자면 성경 및 성직자의 중재 기능, 그리고 '축복'으로 가는 길들에 대한 상이한 견해가 중요했다. 이것들은 과거에도 문제였고, 오늘날에도 여전히 문제다. 이 문제에서는 객관적인 판단이 존재할 수 없다. 대신 어떻게 불안과 구원의 기대, 순종과 적개심, 정치적·사회적 규범에 대한 표상, 사고양식과 믿음의 방식들이 로마와 루터 양 편에서 각각 객관적으로 올바른 편에 서 있다는 주관적 신념으로 이어졌는지 관찰하는 것이 중요하다. 이것이 이 책에서 주장하려는 관점으로, 따라서 여기에는 '좋은 편'과 '나쁜 편'이 없으며, 이편이나 저편에 찬성하거나 반대하지도 않을 것이다. 누가 누구를 먼저 공격했는지, 매도했는지를 보여주는 것이 아니라, 왜 이런 양극단으로 치닫게 되었는지 보여주고자 한다.

이 다툼에서는 양립할 수 없는 신학적 명제가 중요했고, 뿐만 아니라 처음부터 권력의 문제도 중요했는데, 이로 인해 갈등은 점점 더 고조되었다. 양측 모두 재빨리 파벌을 형성했고, 그 구성원들은 집중적으로 의사소통을 했으며, 공동의 이익을 추구했다. 이 이해공동체는 이미 1517년 이전에 유사한 집단들이 교회 및 세계관의 격렬한 논쟁에서 서로 경계를 그었던 것보다 더 빠르고 더 확고하게 서로 연대했다.

이때 직위와 돈이 문제가 되었다. 종교개혁 이전 수십 년 동안을 꼼꼼히 계산해 보니, 교황의 호의 및 성직록 분배체계 안에서 독일은 프랑스와 스페인에 비해 사실 큰 이득을 보지 못했다는 결과가 나왔다. 16세기 시작 무렵 특히 독일 북부와 동부는 푸대접을 받는다고 느꼈을 것이다. 그러나 그곳뿐만 아니라 독일 전체에서는 교회, 특히 교황청과 교황제도에 쏟아붓는 것이 돌려받는 것보다 더 많다는 인식이 팽배했다. 대략 1450년부터 영향력을 행사한 독일의 지식인들은 교황권이 과도하게 세금을 추정함으로써 독일을 약탈한다고 비난했다. 그러나 금액이 그리 많지 않았기 때문에 이런 비난은 반박할 수 있다. 다른 나라들이 더 많은 돈을 냈고—이것이 요점인데—더 많이 돌려받기도 했다. 독일, 특히 마인 강 북쪽에서는 교황제도와의 이익 평준화 과정이 깨지면서 주고받음의 균형이 깨졌다. 이곳에서는 별 주저 없이 교황제도와 관계를 끊겠다고 선언할 수도 있었다. 이런 위험을 로마에서는 왜 인지하지 못했을까?

　이 책은 루터의 활동과 이를 통해 발생한 종파 분열의 과정에서 양측의 입장을 동시적으로 추체험하고자 한다. 여기에 제시되는 관점은 양측에 '동등한 권리'를 부여한다. 왜냐하면 양측의 반론, 인지, 가치판단, 조치 들을 어느 한쪽에 치우침 없이 중립적으로 제시하기 때문이다. 전승된 사건 중에는 운이 좋아 동일한 사건을 양측의 입장 모두에서 고찰할 수 있는 사례도 있다. 1535년 비텐베르크에서 벌어진 사건이 바로 그렇다. 고맙게도 자주 이런 경우가 발생한다. 루터 및 독일 민족의 관점에서 초기 종교개혁의 정점은 당연히 1521년 4월 루터의 보름스 제국의회 등장이다. 이 사건은 루터파와 가톨릭 양측의 방대한 원전을 통해 훌륭하게 묘사되어 있다. 루터는 공개적으로 등장한 후에는 언제나 사건에 대한 자기 견해를 써서 즉각 인쇄하게 했고, 이를 통해 직접 자신의 독자에게로 향했다. 가끔 로마 측이 루터를 따라했지만, 바티칸 본부에게 서신으로 보고하는 것으로 만족하는 경우가 더 많았다. 이렇게 교회와 종교의 분리 및 분열 과정의 중요한 시기가 어떻게 극단적인 대비를 이루며 수용되고 가공되었는지, 이 책은 본보기를 제시할 것이다. 그러나 거의 동일한 사건들을 다루지 않는 듯 보일 것이다.

양측을 동등하게 평가하면서 양측 입장에서 동시적으로 사건을 서술하는 것은, 루터 사건을 승리 혹은 반역으로 보는 기존 관점에서 벗어나겠다는 의미다. 루터 사건과 종파 분열은 비텐베르크와 로마, 독일과 이탈리아 두 극 사이의 상호작용으로 이해되어야 한다. 이는 르네상스 시기 교황의 명예를 보호하려는 것이 아니라, 복합적이며 역사적인 과정을 총체적으로 추체험하려는 시도다. 그렇다고 해서 루터를 비난하고 그의 가치에 문제를 제기하려는 것도 아니다. 오히려 가톨릭 측의 자료들도 적절하게 평가될 때 비로소 루터가 역사에 끼친 영향이 제대로 드러날 것이다.

1장

1/111

루터, 수도사
1483~1517

신화와 아동기의 본보기

16세기 사람들에게 출생은 단순히 생물학적 행위가 아니라 하나의 전조였다. 조상의 계급과 출신, 부모의 사회적 지위, 부모가 어떻게 돈을 벌고 그 돈으로 어떻게 살림을 영위하는지, 이 모든 것이 후손의 신분을 멀리까지 역추론할 수 있게 했다. 혈통이 개인을 특징짓고 그의 삶을 미리 규정했다. 따라서 높은 지위로 눈을 돌려, 원래 물려받았던 신분계층을 벗어나려 하는 사람은 의심을 받았다. 마르틴 루터와 같이 소박한 신분 출신인 사람, 그럼에도 불구하고 영향력 있고 유명해진 사람은 자신이 정당하다는 것을 밝혀야 했다. 전통적으로 신분이 상승한 이유를 설명하기 위한 두 가지 간단한 답이 있었다. 하느님의 도움 아니면 그의 적대자인 악마의 도움이었다. 루터처럼 세상을 두 진영으로 나눈 사람은 이미 살아생전에 자신의 출신과 혈통이 수많은 전설의 중심이 될 것을 염두에 두어야 했다.

　　로마에 있는 적들은 이 이단자가 광산의 머슴과 목욕탕 하녀의 아들로 태어났다는 말을 퍼트렸다. 이들은 루터가 모계 쪽으로는 사창가 출신이며, 그의 아버지는 땅을 파헤치는 일, 즉 최하층 숙련노동 중 하나에 종사했다고 주장했다. 루터 집안에 대한 적들의 이런

1장 루터, 수도사(1483~1517)

평가절하에서 오만한 신분 의식을 가진 교황청 궁정사회의 모습을
엿볼 수 있다. 당시의 거의 모든 고위 성직자들, 특히 추기경들은 명
문 귀족 가문 출신이건, 명문 사업 가문 출신이건 자신이 존경받는
혈통임을 입증할 수 있었다. 따라서 신분이 상승한 소수의 사람들,
루터가 태어날 당시의 교황 식스토 4세(재위 1471~1484)—그의 부모
는 루터 가족보다 더 부유하지도 않았고 사회적으로 더 나은 지위에
있지도 않았다—와 같은 사람들은 될 수 있는 한 빨리 거짓 족보를
마련했다. 그들에게 아주 오래된 근본과 고귀한 가문의 친척이 있음
을 증명해주는 족보였다. 르네상스 시기 로마에서 비천한 혈통은 오
점으로 치부되었다. 그러나 예수는 목수의 양자였고 베드로는 평범
한 어부였다. 사람들은 이런 사실이 교회의 귀족지도층이 사회를 독
점하고 있는 것과 모순된다고 생각하지는 않았다.

　창녀와 보조직공의 아들인 루터. 그러나 이게 끝이 아니었다.
종교개혁가를 비난하는 독일의 적수들 사이에서는 특히 악마의 혈
통이 인기가 좋았다. 루터와 같은 이교도의 우두머리는 악의 화신의
정액에서 태어나야만 했다. 매체와 대중을 다루는 데 있어서는 누구
도 따라갈 자가 없던 대가 루터는 자신의 혈통에 관해 위의 것과는
다른 이야기를 전한다. 이는 자신이 누구이고 무엇을 해야 하는지를
그가 아주 잘 알고 있다는 것을 보여준다.

　그의 부모는 가난했습니다. 부친은 아이제나흐에서 멀지 않은 마을
모른의 농부의 아들이었습니다. 그는 아내와 아들을 데리고 이 마
을을 떠나 만스펠트로 이주하여 그곳에서 광부가 되었고, 그 이후
루터가 태어났습니다.[1]

　　이것은 1540년 식탁에서의 담화를 기록한 것이다. 종교개혁가는 57년 전인 1483년 11월 10일 아이슬레벤에서 태어났을 때의 여러 상황에 대해 이야기했다. 이때 가정형편은 거짓 없이 거의 사실대로 털어놓았다. 그러나 "가난이 고상하게 만든다"는 속담에 어울리게 가족의 이미지를 재정리했다. 이 속담은 선동적일 만큼 반귀족적으로 해석될 수 있다. 아담과 이브는 낙원에서 쫓겨난 이후 스스로 겨우 생계를 꾸려갔다. 이들을 따라하는 사람은 부끄러워할 필요가 없다. 기생충 같은 로마의 고위 성직자처럼 다른 사람의 노동으로 게으르게 살아가는 사람들이 부끄러워해야 한다. 노동이 고상하게 만든다고 말이다. 이런 의미에서 루터는 나중에 자신의 어린 시절에 대해 말하면서, 어머니가 장작을 등에 져서 집으로 날랐고, 루터가 허락 없이 호두 한 개를 먹었다고 엄청나게 화를 냈던 일을 강조했다. 스스로 생계를 꾸리는 사람은 존경받으며 산다. 뭔가를 해내고자 하는 사람은 쟁기를 매고 씨를 뿌릴 것이다. 이와 같은 격언으로 훗날의 종교개혁가는 전통적인 경제윤리학을 표명했다. 엉터리 변호사로서 소박한 민중의 재산을 착취하여 부를 축적한 법률가들, 특히 도매상과 푸거 가문Fugger*과 같은 은행가를 루터는 의심했다.

　　출생뿐만 아니라 이름도 하나의 전조였다. 루터의 부계 조상의 성은 원래 '비참한 인간, 저급한 인간'이라는 뜻의 루더Luder였다. 이것은 오늘날에도 별로 좋게 들리지 않는다. 그래서 마르틴 루더는 나중에 자신의 성을 '루터'로 바꾼다. 이 이름에서 독일 대중들은 '더

---

*　　남 독일의 상업도시 아우크스부르크의 상업가문으로, 엄청난 부를 축적해 16세기에 황제와 왕들에게 돈을 융통해주며 영향력을 행사했다.

크게'라는 뜻의 라우터^{lauter}'를, 교양 있는 사람들은 그리스어 단어인 '자유' 즉 엘레우테로스^{eleutheros}를 연상할 수 있었다. 루터의 친할아버지 하이너 루더^{Heiner Luder}는 사실 농부였지만, 마을의 상층 부류에 속했고, 자기 땅이 있어 대공인 군주에게만 세금 납부 의무가 있었다. 튀링겐에서는 막내아들이 농장을 상속받기 때문에, 루터의 아버지 한스는 다른 수입원을 찾아야만 했다. 아이제나흐 주변에서는 구리 광산업이 높은 소득과 신분 상승에 유리한 기회를 제공했다. 당시로서는 갑작스레 번성한 첨단산업이었다. 한스 루더가 완벽하게 빈털터리였다면 집을 떠나 광산에 투자하는 모험을 할 수는 없었을 것이다. 게다가 그는 혼인을 통한 신분 상승을 꾀했다. 그의 아내 마르가레테 린데만^{Margarete Lindemann}은 아이제나흐의 명망 있는 시민 계급 출신으로, 결혼 지참금으로 남편의 새로운 사업에 쓸 자본금을 댈 수 있었다. 한스 루더는 경험 많은 제련소 장인과 연대하여 인근 도시 만스펠트에서 광업권을 독점했다. 인구 3,000명의 이 소도시는 만스펠트 백작 가문의 지배 아래 있었다.

힘들게 몸을 쓰는 노동은 이후에도 계속되었지만, 빈곤했다고는 할 수 없었다. 루더 가족은 건물 양쪽으로 길게 작업장이 딸린 농가에서 아주 안락하게, 심지어 품위 있게 살았다. 사회적으로 신분이 상승하기도 했다. 호경기로 인해 촉망받은 구리 채굴 사업과 이와 병행했던 농사에서 나온 이윤으로 한스 루더는 이익이 높은 신용 대부에 투자해, 교회시설이나 믿을 만한 채무자에게 돈을 빌려주었다. 이외에도 유복한 광산업자로서 만스펠트에서 꽤 높은 자리를 차지했다. 루터의 아버지는 소도시의 2류 엘리트 지위에 속한 종교 평신도회 회원 자격도 얻었다. 평신도들이 교회 내에서 자체 조직들을 갖고 활동했다는 것은, 경건에 대한 욕구와 구원과 축복을 구하려는 노력이 넓은 계층에 퍼져 있었다는 사실을 반영한다. 선행이 천국으로 향하는 길을 내준다고 교회가 가르쳤기 때문이었다. 죄에 따라 정해진 죄 값이 있는데, 선행이라는 공적으로 죄 값이 치러지고, 이를 치르고도 선행의 공적이 잔액처럼 남을 경우, 이 잔액은 훗날을 위해 하느님의 장부에 기입된다는 것이다. 한스 루더와 같은 사업가에게 그리고 모두에게, 이것은 영겁의 벌에 대한 두려움을 진정시키고 저세상에서의 보답에 대한 희망을 돋워주는 확실히 만족스러운 방식이었다.

이런 사회계층은 직업 선택을 통해 신분 상승을 이루기도 했다. 한스 루더는 아들 마르틴을 위해서 직업을 미리 결정해놓았다. 아들은 법학을 공부해서 돈벌이가 되는 활동영역을 개척해야 했다. 제후와 교회의 관리직 분야에서는 심지어 애걸하다시피 하면서 법률가들을 고용하려 애썼고, 해당 능력이 검증될 경우에는 아주 높은 관리직까지도 올라갈 수 있었다. 대학에서 공부한 전문 인력에 대한 폭발적인 수요는 신성로마제국의 정치적 스케치와 관계가 있었다. 이 복합적인 구성물, 고대 로마제국에서 그 이름을 따 왔고, 그 제국의 영속과 우위에 대한 권리를 넘겨받은 이 국가는 15세기 말에는 거의 독립적인 수많은 개별국가로 쪼개졌다. 정치적으로 가장 중요한 인물인 일곱 명의 선제후Kurführst*들은 제국의 수장, 즉 신성로마제

---

* 　신성로마제국 황제 선출권이 있는 제후를 말한다. 선제후에는 세 명의 주교 군주와 네 명의 세속 군주가 있는데, 주교이자 군주는 마인츠 대주교, 쾰른 대주교, 트리어 대주교이며, 세속 군주는 보헤미아 왕, 라인 팔츠 백작, 작센 대공, 브란덴부르크 방백이었다.

국의 왕을 선출했고, 왕은 황제 칭호로 치장하기 위해 전통적인 이론에 따라 로마에서 교황이 주관하는 대관식을 치러야만 했다. 물론 제국의 왕들은 이 로마로 가는 여행을 점차 내켜하지 않았다. 그렇잖아도 독일 인문주의자들은 교황으로부터 황제의 관을 받는 대관식을 국가 자존심에 대한 견딜 수 없는 모욕이라 여겼고, 이에 대한 권리를 횡령당한 것이라 생각했다. 루더 가족은 작센 근처에 살아, '성직이 없는' 선제후들 중 한 사람인 작센 대공과 이웃하고 있는 셈이었다. 게다가 멀지 않은 도시 에르푸르트는 성직을 겸한 선제후이자 독일 교회의 수장 세 명 중에서 가장 고결한 인물인 마인츠 대주교의 지배에 있었다. 이 영주들의 거처가 있는 수많은 수도와 부副수도에서는 법률가들이 많이 필요했다.

훗날 루터는 아버지 한스 루더의 살림은 아주 검소하게 꾸려졌고, 집안 분위기는 살벌했다고 말했다. 당시에는 모두 그랬듯이 어린 마르틴은 아주 사소한 잘못에도 부모한테 심한 벌을 받았다. 그래서 종교개혁가도 자신의 교육이론에서 일정 부분 체벌을 찬성했다. 어린이들이 천성적으로 무질서와 반항심을 갖는 경향이 있는데, 모든 신학자들은 이를 마치 인류의 저주처럼 교정 불가인 채로 세대를 거듭해 전해 내려온 원죄의 결과라고 생각했다. 그 시대 거의 모든 교육자들은 이 점에서는 조기의 엄격한 대응이 필요하다고 여긴 듯했다. 제후의 아들조차 멍이 들도록 두들겨 맞는 것을 피할 수 없었다. 게다가 폭력은 일상에 속했다. 특히 농촌과 음식점, 특별히 술이 넘쳐흐르는 휴일에는 폭력이 다반사였다. 그래서 루더의 집이 유난히 아이들을 가혹하게 처벌했다고는 할 수 없고, 악화된 부자관계를 유별난 것으로 보기는 어렵다. 훗날 종교개혁가의 지적·심리적 상태를 유년 시절 트라우마의 결과로 돌리려는 모든 시도는, 조사 대상 자보다 오히려 자칭 분석가들에 대해 더 많이 말하고 있다. 엄격한 교육이 적어도 그를 지속적으로 위축시키지는 않았다. 오히려 그 반대였다. 루터의 공개적 등장은 교황제도에 대항하는 싸움으로 시작되었는데, 이 싸움은 신성불가침으로 여겨지는 여러 제도와 인물을 철저하게 의심하는 그의 용기를 분명하게 보여준다.

따라서 늘 비슷한 내용을 주장하는 '일인자 콤플렉스'를 근거로 삼아서는 안 될 것이다. 물론 권위자들을 무너트리고 스스로 그 자리에 오르려는, 점차적으로 생겨난 욕구를 출발점으로 삼을 수는 있다. 이와 관련해서 아버지의 경건한 죽음에 대한 종교개혁가의 보고는 흥미롭다. 교황제도는 오랫동안 믿음이란 명확한 것임을 은폐했지만, 루터는 이에 대한 확신이 있었다. 그는 아버지에게도 예수에 대한 확고한 믿음을 갖게 해주었다고 말했다. 임종 때 아버지는 아들이 하느님의 지시에 따른 고집스러운 삶의 길을 따라가며, 전 기독교도를 죄에서 구원하고 영원한 축복을 얻게 하기 위한 사명을 이행했다고 인정해주었다. 이것은 화해이자 동시에 승리였다.

종교개혁가 루터가 생각하는 진정한 가족의 삶과 성 역할은 전통에 물들어 있었다. 동시에 여성혐오가 두드러진다. "잡초는 빨리 자란다. 따라서 소녀가 소년보다 빨리 자란다."[2] 소녀는 소년보다 말하기와 말대꾸하는 것을 빨리 배운다. 소녀의 열등함의 결과는 광범위하게 영향을 끼친다.

여자에게는 육체의 힘과 기력 그리고 이성이 부족합니다.[3] 남자는 넓은 흉곽과 좁은 엉덩이를 가졌고, 때문에 여자보다 더 이성적입니다. 여자는 좁은 흉곽에 넓은 둔부를 가졌습니다. 따라서 여자는 집에 있어야 하고, 조용히 앉아서 살림을 하며 아이를 업어주고 길러야 합니다.[4] 소녀는 공개적으로 나서서 말해서는 안 됩니다. 그것은 관습에 어긋나는 것이며, 바울 서신은 이를 금지합니다. 여자는 교회에서 말해서는 안 됩니다.[5] 여자는 통치해서는 안 됩니다.[6]

이론은 이랬지만, 종교개혁가 집안의 실제 모습은 이것과는 달랐다. 눈에 띄게도 루터는 이 부정적인 평가에서 자기 아내 카타리나는 제외했다. 탁상담화에서 루터는 어머니에 대해 말하면서 힘든 노동과 엄격한 훈육 외에도, 어머니가 마녀를 믿었으며 자기 주변에서 실제로 마녀를 찾아내기도 했다고 전했다. 그렇게 루터의 어머니는 사악한 이웃 여인들이 악마와 결탁해서 화를 부르는 마법을 부린다고 확신했다. 이는 일반인들에게 퍼져 있는 악의 존재와, 특별한 상황에서 갑자기 일어난 불행에 대해 납득할 만한 설명을 제공한다. 이런 갑작스런 불행은 루터 가족도 괴롭혔다. 종교개혁가의 형제자매 모두가 성년의 나이에 도달한 것은 아니었다. 루터는 어머니가 마녀를 믿는다고 화를 내지는 않았다. 오히려 그는 이런 믿음에 동조했다. 그래서 자신도 흉측한 아이*는 악마의 자식이며, 악마의 도움으로 재앙을 일으킨다고 의심했다.

루터의 아동기와 청소년기 그리고 교육의 길은 주로 훗날에, 즉

---

* 루터 시대에 사람들은 장애아를 이렇게 불렀다. 건강하게 태어난 아이를 악마가 몰래 바꾸어놓았다고 생각했기 때문이다. 루터도 이런 관점을 받아들여, 훗날 그의 글에서 장애인을 악마의 창조물이라 불렀다.

1531년 여름부터 그의 제자와 동료들이 기록한 탁상담화를 통해 입증된다. 이들이 종교개혁가에게 바친 존경은 지나칠 정도로 깊었다. 탁상담화의 청중이자 연대기 저자인 이들은 특히 특정 사실을 윤색하고 강조하는 잘못을 저질렀다. 하지만 루터의 집에서 울려나온 중심 사상들은 충분히 신뢰할 만하다. 이런 사상들은 루터의 광범위한 자기묘사와 자기해설에 이용된다. 루터가 비텐베르크의 자기 집 식탁에 둘러앉은 사람들에게 말했듯이, 그는 자신의 모습이 자신이 묘사한 대로 보이길 원했고, 자기 스스로도 과거를 회상하면서 자신의 성장 과정을 현재의 자기 모습에 비추어 바라보았다. 그러나 인간의 기억은 변할 수 있고 이미지와 인상들은 나중에는 겹치고 바뀌기 때문에 모든 것이 진실이라고 할 수는 없다.

일반적으로 인간의 인격 발달의 시기 구분 역시도 이런 루터의 자기묘사와 자기해석에 속한다.

내 아들 한스는 일곱 살이 됩니다. 이 나이는 늘 변화를 가져옵니다. 이 해는 항상 인간을 변화시킵니다. 첫 번째 변화는 아동기 때이고 두 번째 변화는 14세 때인데, 이때 인간은 세상을 관망하기 시작합니다. 이때는 청소년 시기로, 예술과 직업의 기초가 잡힙니다. 21세에 청소년은 결혼을 하려고 하고, 28세에는 성인이자 농장 관리인이며 집안의 가장이 됩니다. 그리고 남자는 35세에는 정치가이자 교회 관리가 되어 42세가 될 때까지 그렇게 이어집니다. 이 시기 우리는 왕입니다.[7]

42세 이후 하강이 시작된다. 49세가 된 루터는 이 지점에 있었다. 루터는 자신의 생애에서 7년 단위의 리듬을 확인했다고 생각했다. 두 번의 커다란 삶의 변화가 21세와 35세에 일어났고, 28세 때는 여행을 했지만 결과는 기대를 뒤엎었다. 42세에는 결혼을 했다. 일곱 살과 14세에도 삶의 이야기는 한 단락을 기록한다.

한스 루더가 아들을 위해 미리 정해놓았던 법률가의 길은 여러 학교로 이어졌다. 루터는 일곱 살 때 만스펠트에서 가장 낮은 단계의 학교를 다녔고, 여기서 읽기, 쓰기, 계산의 기초 지식을 넘어 당시 지식언어였으며 문화언어였던 라틴어 기초도 습득했다. 이때 그가 라틴어 실력을 얼마나 쌓았는지는 그가 살아 있을 때에도 의견이 분분했다. 지적 부문에서 그의 가장 큰 적인 이탈리아 인문주의자이자 훗날 추기경이 된 지롤라모 알레안드로가 볼 때 루터의 라틴어 실력은 겨우 초보를 넘은 수준이었고, 그의 생각에 루터는 라틴어로 된 중요 저술을 직접 쓸 능력이 전혀 안 되었다. 교황의 외교사절들도 이 위대한 이단자가 문명사회에서 유일하게 받아들인 이 고급 언어를 어찌나 못했던지 깜짝 놀랐다. 그러나 그들은 선입견에 사로잡혔고, 이탈리아식 라틴어를 듣는 데 익숙한 사람들이었다. 하지만 루터는 독일식 발음규칙에 따라 라틴어를 말했다. 이런 발음규칙은 다른 나라가 볼 때는 재미있게도 오늘날까지 독일의 라틴어 수업에서 가르쳐지고 있다.

게다가 루터는 인문주의 라틴어가 아니라 신학 라틴어를 쓰고 말했다. 이 두 언어는 많이 달랐다. 이탈리아 지식인들은 14세기 중반부터 키케로나 고대 로마의 모범적 작가들의 고전적 말투를 다시 찾아, 그것의 표현력과 문체의 섬세함을 익히기 시작했다. 처음에는 거인을 올려다본 난장이처럼 겸허했지만, 이후 15세기 중반부터 점점 자부심을 갖게 되었고, 결국 1500년경에는 칭송해온 모범을 능가했다는 승리감에 빠졌다.

루터는 나중에 인문주의 및 인문주의자와 자주 접촉하기는 했지만, 그가 사용하는 언어나 삶의 목적으로 볼 때, 그는 인문주의에 물들지도, 인문주의자가 되지도 않았다. 그는 비텐베르크 대학 교수로서 자신이 라틴어에 약하다는 것을 잘 알고 있었다. 교황 레오 10세에게 보낸 글에서는 자신의 표현이 조야한 것에 사과하기까지 했다. 그러나 이처럼 겉으로 드러나는 결점도 긍정으로 전환될 수 있었다. 우아하게 글을 쓰는 당신들 로마인들과는 달리 나는 적어도 솔직하게 말한다는 의미였다. 루터는 신학 라틴어는 인정받을 만큼 잘했다. 그가 반대파 신학자들과 벌인 논쟁의 기록이 이를 증명한다. 이 외국어를 사용하면서도 그는 위트와 공격성과 독창적인 욕설에서 적수들을 월등히 능가했다.

더 높은 학교교육을 받기 위해 광산업자 아들 루터는 14세에 가족을 떠나 처음 1년은 마그데부르크에서 지냈고 이후에는 아이제나흐로 가서 친척집에서 하숙생으로 지냈다. 학창시절 내내 루터는 대부분 구걸하다시피 힘들게 생활비를 벌어야 했다. 이런 경험에서 그는 주요 악덕 중의 하나인 아바리티아avaritia, 즉 탐욕과 인색에 반대하는 결론을 이끌어냈다. 그는 이 두 가지가 함께 하나를 이룬다고 생각했다. 그래서 이 둘에 대항하여 이 세상의 덧없는 재보財寶를 의연하게, 옳은 목적을 위해 너그럽게 사용하라고 주장했다.

교육과정과 수도원 생활

1501년 봄, 루터는 에르푸르트대학에 입학하면서 시골스러운 환경에서 현대 스타일의 대도시로 옮겨갔다. 마인츠 대주교의 지배 아래 있는 이 튀링겐의 수도는 1만 5,000명이 넘는 주민과 상점 및 대학이 있었고, 이 때문에 정치적 불화의 씨앗이 되었다. 왜냐하면 작센의 선제후도 자신의 영지 국경에 접해 있는 이 도시에 탐욕스러운 눈길을 돌렸기 때문이었다.

　　대학에서는 인문주의자들과 유명론*자들이 결정권을 행사하는 지위를 가졌다. 유명론자들은 신학자, 인문주의자들은 법률가, 의사 혹은 신학자가 되는 유망한 학과 중 하나로 진학하기 전에 논리학이나 방법론과 같은 학문의 기초를 배우는, 중세 대학의 7학예과 Artistenfakultät**에서 영향력을 행사했다. 유명론자들은 오컴William of Ockham의 권위에 의지했다. 오컴은 신앙의 우위를 의심하지 않았지만, 이성과 신앙을 명백히 구분하라고 가르쳤다. 그는 실재론***의 수장 토마스 아퀴나스Thomas von Aquin의 작품에 나타나는 '이성'과 '신앙'의 통합과, 이를 해석하고 신학 명제를 이끌 때 이교도인 그리스 철학가 아리스토텔레스의 논리를 적용하는 스콜라철학의 논증 방식에 반대했다. 이미 1500년경에 유명론자와 실재론자는 서로를 적개심으로 똘똘 뭉친 집단이라고 생각했다. 여러 대학에서 양측은 드잡이 싸움을

---

*　　보편의 실재성을 부정하고 진실로 존재하는 것은 개개의 사물이라는 입장의 학설.
**　　문법, 수사, 논리, 산술, 기하, 음악, 천문.
***　　인간이 인식하는 대상이 의식이나 주관과 관계없이 독립적으로 존재한다는 이론.

피하기 위해 출입문을 따로 사용하기까지 했다. 교황제도에 대한 태도에서도 양측은 처음부터 차이가 있었다. 남이탈리아 백작가문 출신인 토마스 아퀴나스는 사망한 뒤 50년 후에 교회 수장으로부터 성자로 선언되었다. 그러나 오컴은 파문당한 이단자로서 역시 파문당한 바이에른 황제의 궁정에서 죽었다. 지상에서 예수 그리스도를 대신하는 교황의 권위를 모든 인간의 척도를 넘어 확장시켰던 '토마스주의' 저자들에게 루터가 신중하게 거리를 두기는 했지만, 그가 초기에 로마와 교황청에 맞섰던 이유가 이 때문이라 추론해서는 안된다.

　　루터는 인문주의적 낙관주의, 즉 고대 그리스-로마 작가들의 작품을 읽으면서 도덕적 자기완성을 이룰 수 있다는 낙관주의도 평생 거부했다. 1525년에는 인문주의 '거장' 에라스무스 폰 로테르담 Erasmus von Rotterdam과 인간의 자유의지에 관해 격렬한 논쟁을 벌인 뒤, 탁상담화에서 그를 믿음 없는 향락주의자라고 혹평했다. 루터는 모든 인문주의자들 중 이탈리아인 로렌초 발라Lorenzo Valla를 최고로 평가했다. 인간이 스스로 자유를 갖는다는 오만한 주장에 맞서는 점에서 볼 때, 발라는 자기와 같은 편이며, 특히 교황의 오만함과 권력 요구에 반대한 선구자라고 생각했다. 발라는 1440년 역사적 언어비교 방식을 통해, 교황이 황제와 제국에 대한 통치권의 근거로 삼은 일명 '콘스탄티누스의 기진장Constitutum Constantini'****이 실제 콘스탄티누스

**** 　콘스탄티누스 대제가 로마 교황에게 로마 시, 이탈리아, 서로마제국에 대한 종교적 권한은 물론 강력한 세속적 권력을 부여했다는 문서다. 15세기 초 로렌초 발라가 이 문서가 위조라는 것을 밝혀냈다.

대제가 4세기에 쓴 것이 아니라 그보다 훨씬 훗날 조야한 라틴어로 위조되었다는 사실을 증명했다.

1505년 초, 루터는 7학예과를 졸업하고 법학 공부를 시작했다. 이 시기 야심 있는 그의 아버지는 앞날이 확실한 듯 보이는 아들을 잘 결혼시켜 가족의 사회적 신분을 계속 상승시키려는 계획을 갖고 있었다. 아버지의 계획이 언제 어그러졌는지, 30년이 지난 뒤 루터의 입을 통해서 다음과 같이 전해진다.

"오늘은 내가 에르푸르트 수도원에 들어간 날입니다." 그는 수십 년 전 똑같은 날로부터 14일 전 에르푸르트에서 멀지 않은 슈토터른하임을 여행하던 중 벼락에 놀라 무릎을 꿇은 뒤 공포에 질려 "성 안나여, 도와주십시오, 수도사가 되겠습니다"라는 서약을 하게 되었다는 이야기를 시작했다.[8]

종교개혁가는 공포를 이겨내자마자 곧 이 맹서를 후회했다며 추종자들에게 말했다. 친구들은 공포에 질려 충분히 생각하지 않고 한 맹서는 가치가 없다는 것을 증명하려 애썼다. 특히 아버지 한스 루더는 깜짝 놀랐다. 루터는 오랜 시간이 지난 뒤에도 여전히 아버지의 반론을 아주 잘 기억하고 있었다.

"너는 뭐라고 쓰여 있는지 모르는 거냐. 아버지와 어머니를 존경하라고 하지 않았느냐." 루터가 천둥에 너무 놀라서 부득이 수도사가 될 수밖에 없다고 사죄하자, 아버지는 이렇게 대답했다. "그게 허깨비는 아닌지 조심해라."[9]

영혼을 파괴하기 위해 악마도 악천후를 일으킬 수 있다. 아버지의 이런 항변을 훗날 루터는 자주 자신의 말처럼 사용하곤 했다. 과거를 회상하면서 종교개혁가는 수도원으로 향한 길이 아버지에게는 오류였겠지만, 자신에게는 유익한 오류라 생각했다. 교황제도와 그의 잘못된 가르침을 무너트리기 위해 하느님이 그를 선택했다. 이를 위해 수도원에 머무는 것은 절대적으로 필요했다. 그렇게 하지 않았더라면 종교개혁가가 교황이 지배하는 교회의 음험한 사기극을 어떻게 폭로할 수 있었겠는가? 진기한 임무 때문에 세상을 구하는 역사가 함께한 것이다. 아버지의 의지를 거역하며 이처럼 대놓고 반항할 때 루터에게 어떤 정신적 문제가 발생했는지는 가끔 다른 말을 하다가 튀어나오는 이야기에서 간접적으로 추론할 수 있을 뿐이다.

> 나의 부모님은 내가 무기력해질 때까지 극도로 엄격하게 나를 길들였습니다. 어머니는 호두 단 한 개 때문에 피가 날 때까지 나를 팼습니다. 그런 엄격한 규율로 결국 내가 수도원으로 들어가게끔 몰아댄 겁니다. 물론 좋은 의미로 그렇게 하신 것이기는 합니다. 하지만 나는 그저 무기력해지기만 했습니다.[10]

그러므로 수도원으로 가겠다는 결정은 바로 한스 루더 집에서 행해졌던 가혹한 훈육 때문이었을지도 모른다. 따라서 그 결정은 타인에 의해 정해졌던 이전 삶과의 단절이 아니라 새로운 지도를 받으며 그 삶을 이어나가는 것이라 할 수 있다. 하지만 이런 해석도 매우 주의해야 한다. 왜냐하면 아직은 마르틴 '루더'였던 젊은 수도사가 잠도 안 자고 먹지도 마시지도 않으며 14일간 영적 질병을 앓고 난 뒤, 하느님의 선물로 성경을 이해하게 되었고, 그래서 마르틴 '루터'로 새롭게 창조되어, 교황의 미신으로부터 전 기독교도를 구해낸 해방자가 되었다는 자기 신화를 기초로 삼고 있기 때문이다.

1505년 7월 17일, 루터는 에르푸르트의 아우구스티누스 은둔자 수도원, 즉 엄격함 때문에 사람들이 존경은 하지만 때로는 두려워하기도 하는 그 개혁교단에 발을 들여놓았다. 1507년 4월, 그곳에서 사제서품을 받았고, 1508년 겨울, 설립된 지 얼마 안 되는 비텐베르크 대학에서 철학 교수직을 맡았으며, 1512년 가을에는 이 대학에서 신학박사 학위를 받았다. 루터가 머문 곳을 열거해보면, 그가 교단의 일정한 규범에 크게 어긋나지 않는 성공적인 인생경로를 이어갔다는 것이 증명된다. 그런데 이 교단에선 내부개혁 추종자 사이에서 분열이 일어났다. 로마에 있는 교단총회장으로부터 다방면의 자율을 추구하는 엄숙주의자와 그 반대자인 콘벤투알회 수도사로 나뉜 것이다. 교단 내 루터의 영적 멘토이자 후원자인 교구장 총대리 요하네스 폰 슈타우피츠Johannes von Staupitz는 분쟁하는 양측을 중재하려 했고, 그 때문에 양쪽의 저항을 받았다. 특히 에르푸르트 수도원이 통합전략에 반대했다. 이 수도원은 아주 혹독한 계율준수를 강조했다. 따라서 이 문제를 해결하기 위해 요하네스 폰 슈타우피츠의 상관인 교단총회장을 초빙할 목적으로 결국 수도사 루터를 로마로 보내게 된다.

이렇게 전기적 에피소드가 시작되었다. 여기에 대해서는 거의 확인되지 않은 원전과 사실이 있고, 바로 그 때문에 더욱 제멋대로 각색되었다. 로마를 여행한 루터가 훗날 스스로 신화를 만들어낸 것이 일화가 각색되는 데 한몫했다.

나는 로마에 그리 오래 머물지는 않았지만, 그곳에서 수많은 미사에 참가했습니다. 그것을 생각하면 섬뜩합니다. 거기서 특히 궁신들이 뻔뻔스럽게 성찬을 비웃고 얼마나 대단한 미사를 치렀는지 웃고 칭찬하며, 빵과 포도주에 대해 말하는 것을 들었습니다. 파니스 에스 에트 파니스 마네비스Panis es et panis manebis, 너는 빵이고, 너는 빵인 채로 있다라고 했습니다. 그러고는 미사를 끝냈습니다. 그렇습니다, 저는 그런 말에 상처를 입는 젊고 정말로 경건한 수도승이었습니다.[11]

루터는 자신의 이야기 속에서 경건한 신앙과 경멸적인 불신앙을 아주 효과적으로 대비시켰다. 로마의 수도사가 그리스도의 육체를 상징하는 성찬용 빵 성체聖體에 대해 말한 것, 즉 성체는 사실 빵이고 미사 중에도 빵인 채로 있으며 다른 것이 아니라고 말한 것, 이는 공개적으로 믿음을 거부하는 것이다. 가톨릭 교리에 따르면, 빵의 본질은 형태만 유지한 채 실체변화Transsubstantiation 과정을 거쳐 그리스도의 몸으로 변하기 때문이다. 루터는 훗날 실체변화는 부정했지만, 성찬에서 구세주의 살과 피의 실재현존은 고수했다.* 어쨌든 루터는 젊었을 때나 나이 들었을 때나 로마의 동료가 한 말을 공공연한 이단행위라고 생각했다.

당시 그런 모독은 그를 몹시 괴롭혔고, 고심하게 만들었다.

---

* 가톨릭에서는 서품을 받은 사제가 성체성사에서 축성을 함으로써 빵과 포도주는 그리스도의 몸과 피로 바뀐다(실체변화). 루터는 훗날 실체변화를 반대하고, 빵과 포도주 안에 그리스도가 존재한다는 실재현존을 주장했다.

'이곳 로마에서는 성찬식에 대해 공공연히 아무 말이나 해도 된다는 건가?' 이런 생각 외에 어떤 다른 생각을 할 수 있겠습니까. 그들모두가, 즉 교황, 추기경이 궁신들과 함께 미사를 드릴 때, 나는 기가 막힐 정도로 속임을 당했습니다. 그들한테 그렇게 많은 미사를들었던 내가 말입니다![12]

이 말을 곧이곧대로 듣는다면, 이미 1511년의 루터는 교황의교회가 엄청난 사기이며, 전 기독교도를 부패시키기 위한 공모라는불길한 예감이 들었다는 이야기다. 그러나 에르푸르트의 아우구스티누스 은둔자 수도회 소속 수도사가 이미 그 당시에 그런 생각을했다는 점은 의심스럽다. 특히 훗날 루터의 확증들이 이를 말하고있다.

루터의 확증들은 겉보기에는 모순적인 영적 상태, 불확실과 순종이 뒤섞인 상태를 보여준다. 벌을 받아야 마땅한 악습들을 직접목격했음에도 불구하고 루터 자신은 교황제도의 확고한 신봉자로서 교황의 권력에서 글자 한 자라도 빼려는 사람이 있으면 그를 장작더미 위에서 불태우려 들었을 것이다. 이런 주장 역시 종교개혁가가 훗날 자기 입으로 말한 것이다. 이런 방식으로 루터는 과거와 현재의 차이를, 그럼으로써 자신의 삶에 끼친 하느님의 영향을 드러내보였다. 그리스도는 루터가 심각한 오류에 머물기를 원하셨고, 그럼으로써 이후에 다시 찾은 진리를 더욱 강하게 알릴 수 있기를 원하셨다! 그토록 급격한 전환을 겪은 인생길에서 누가 신의 섭리를 의심하겠는가. 로마에 충성했던 수도사 루터는 이 전환을 통해 로마에있는 적그리스도의 주요 적대자가 되었다. 따라서 그의 삶은 기독교

박해자로서 시작해서 위대한 사도로 일생을 마친 바울의 발전 과정과 유사했다.

나중에 행해진 이런 해석은 1511년의 로마 체험을 겹겹이 쌓아 완전히 알아볼 수 없게 만든다. 인간의 기억은 쉬지 않고 계속 작동해서, 옛것 위에 새로운 이미지를 쌓고, 재해석하고, 새로운 관계를 만들어낸다. 결국 과거에도 그랬으며 다르지 않았다고 스스로 확신하게 된다. 탁상담화를 참작해서 이런 과정을 추적하는 것은 매력적이다. 따라서 에르푸르트의 수도사가 불멸의 도시로 출장을 가는 도중에 실제 무엇을 봤는가라는 질문은 추측 및 간접적인 역추론을 통해서만 해답을 찾을 수 있다.

로마와 르네상스 시대의 교황제도

1517년 가을, 95개조 반박문을 발표한 루터는 막대한 비용이 드는 성 베드로 성당 신축을 면벌^{Ablass}과 관련지어 반박했다. 성당 신축공사는 1506년 봄에 시작되었고, 그 결과 오래되고 귀중한 바실리카를, 즉 바티칸 내의 진정한 교회 도시를 허물게 되었다. 튀링겐에서 온 방문객 루터는 아마 이 폐허를 보았을 것이며, 매우 복잡한 심정이었을 것이다. 하느님은 신자들의 솔직한 참회를 원하지 화려한 교회를 원한 것은 아니었다. 1517년 루터는 이렇게 비판했다. 이런 비판은 1511년 로마에서 이탈리아 사제가 미사에서 빠르게 독송했을 때의 불편함에서 기인한 것일 게다. 그들이 "빠사, 빠사!^{passa, passa}, 빨리 빨리"라고 외치는 소리가 마치 모욕적인 기념품처럼 수십 년이 지난 뒤에도 종교개혁가의 귓가에 맴돌았다. 모든 다른 것은 루터가 나중에 논리적으로 추론하고 해석한 것이다. 루터의 임무는 교단의 계율을 준수한다는 명목 아래 교구장 총대리 요하네스 폰 슈타우피츠의 통합계획에 맞서는 것이었다. 그러나 루터의 임무는 실패했다. 교단 총회장인 에지디오 다 비테르보Egidio da Viterbo가 이 일에 찬성하지 않았던 것이다. 결국 이 문제는 교황에게 의뢰하지 못하게 되었다.

종교개혁가가 비텐베르크의 자기 집에서 로마 여행을 생각하면서 언급할 가치가 없다고 여긴 것들은 사실 많은 것을 시사한다. 1511년 초, 로마의 인구는 5만 명 남짓했고, 대도시인 베니스와 밀라노보다 훨씬 작았다. 도시는 작았으나 대신 로마는 유럽의 세계시민적인 장소였다. '로마 출신의 로마인들'에게는 이 도시의 특성이 아주 불편했다. 그들은 외국인을 향한 적대감이 꽤 컸다. 본토인들은 풍성하게 차려진 교황의 식탁에 남은 빵부스러기나 차지하는 반면에, 외국인들은 테베레 강가에서 수입이 괜찮은 직위를 차지하고 돈을 징수한다고 불평했다. 이는 근거 없는 비난이 아니었다. 교황청은 보편교회universelle Kirche*의 가장 중요한 행정 중심지이자 분배 중심지였다. 1378년부터 1417년까지 유럽 곳곳에서, 특히 대립교황**의 교황청이 있던 프랑스에서 교회의 분열이 일어났다.*** 이후 가장 돈벌이

---

* 　전 세계의 가톨릭교회를 일컫는 말.

** 　선출 과정이 적법하지 않거나 세속 세력의 개입에 의해 선출된 교황.

*** 　프랑스 왕 필리프 4세는 교황과 대립하여, 1309년 교황청을 아비뇽으로 옮기고 프랑스인 교황을 세웠다. 이에 맞서 로마도 자신들의 교황을 선출하며 두 명의 교황이 분립하는 사태가 이어진다. 결국 콘스탄츠 공의회(1414)에서 로마와 아비뇽의 교황을 폐하고 새로운 교황을 옹립함으로써 대분열은 일단 종결되었다.

가 되는 성직은 왕이 수여했다. 그럼에도 교회의 지도적 위치에 있던 교황은 성직을 임명할 때 여전히 결정적인 발언으로 이 일에 참견할 수 있었다. 특히 이탈리아와 남부 독일, 포르투갈과 유럽 다른 지역에서 그랬다. 추기경 임명권은 바울의 후계자인 교황에게만 있었다. 이 임명은 애초부터 늘 교황뿐만 아니라 세속정부가 외교 및 국가 정책상 촉각을 세우던 문제였다. 추기경으로 임명받은 사람은 개인적 권력을 얻을 뿐만 아니라 소속 국가의 위신을 높였다. 따라서 유럽의 권력가들 입장에서는 교회와 정치적 관계에서 불리한 입장에 처하지 않기 위해 외교관 및 온갖 분야의 대리인과 중개인을 로마에 두어 현장 상황을 지켜보는 것이 유리했다.

또한 모든 새 교황은 다수의 친척과 시종들을 로마에 데리고 왔고, 가까운 가족구성원들은 이곳에서 지속적으로 상류 귀족으로 상승하고자 했다. 이런 식으로 완전한 집단이 형성되었다. 그래서 에우제니오 4세(재위 1431~1447)와 그의 조카 바오로 2세(재위 1464~1471)의 임기 이후에는 베네치아 출신이 지배하는 로마, 갈리스토 3세(재위 1455~1458)와 그의 조카 알렉산데르 6세 통치 이후에는 카탈루냐 출신이 지배하는 로마, 비오 2세(재위 1458~1464) 이후에는 시에나 출신이 지배하는 로마, 식스토 4세와 인노첸시오 8세(재위 1484~1492) 그리고 식스토 4세의 조카로 1503년 11월부터 교황에 즉위한 율리오 2세를 거치면서는 리구리아와 제노바 출신이 지배하는 로마가 존재했다. 여기에 더해 유럽 열강의 이익을 대변한다는 명목으로 스페인인, 프랑스인, 독일인, 영국인까지 거대한 집단을 이루어 테베레 강가로 왔다. 그들은 법학자, 업무대리인, 상인, 중개인, 저널리스트로 구성되었고, 특별한 직무를 제안받기도 했다.

바티칸의 독신주의 남성사회에서 매춘은 모든 순결서약에도 불구하고 거부할 수 없는 일이었다. 이런 계명위반은 대개 용서할 만한 가벼운 죄로 여겼다. 훗날 교황 알렉산데르 6세가 되는 로드리고 보르자와 같은 추기경은 생애의 모든 시기마다 반려자들이 있었고, 그들과 오랜 세월 결혼과 유사한 관계로 함께 살았으며 자녀를 낳았다. 이 자녀들이 아버지의 말 한마디 덕분에 교황에게서 적법한 자식으로 인정받는 것은 드문 일이 아니었다. 당연히 이런 상황은 추기경 집단 내 보수적 가치를 중시하는 소수자들의 반감을 불러일으켰다. 유럽 사회 내에서는 교회의 다른 문제들도 비난받았다. 즉 교황청 소속 관청의 급격한 성장을 불쾌히 여긴 것이다. 이런 성장은 빈번히 공증인 직위 같은 관직을 판매함으로써 이뤄졌다. 임명장과 기타 행정서류 교부 시 발생하는 높은 수수료, 종교계급과 평신도 사이의 경계를 지워버린 최고위 성직자들의 세속적 생활방식, 혹은 고위 성직자의 부족한 교육 상태도 비판받았다. 배움이 부족한 고위 성직자들은 종종 자신들의 종교적 품행과 지적 우수성 때문이 아니라 정치적인 유리함 혹은 지불능력 덕분에 높은 지위에 임명되었다. 알렉산데르 6세 치하에서는 가장 많은 금액을 제시한 사람에게 추기경직을 파는 것이 통례일 정도였다. 통용되는 교회법에 따르면 교회 고위직 경매는 성직매매였고, 따라서 커다란 죄악이었지만, 레오 10세 시기까지도 만연해 있었다. 교황의 지역 족벌주의도 마찬가지였다. 친척들을 위해 국가를 건설하려던 교황의 광범위하면서 또 가끔은 강압적인 시도로 인해 족벌주의는 이탈리아의 정치 지도를 교란시켰다.

엄격한 도덕적 사고를 가진 기독교도들이 볼 때 16세기 초반의 로마는 당연히 비난받을 것이 많았다. 교황들과 교황청도 이를 눈치 채지 못한 것은 아니었다. 그래서 훌륭한 규칙을 갖춘 개혁위원회들이 설립되었다. 이들은 불쾌감을 제거하기 위한 만족할 만한 제안을 냈지만, 정말로 결정적인 변화는 관철시키지 못했다. 루터가 방문할 당시 불멸의 도시의 '풍속도'는 동시대인의 수많은 증언에도 불구하고 혹은 그런 증언 때문에 거의 그려낼 수가 없다. 그 증언에는 과장된 표현이, 따라서 일방성과 편파성이 매복해 있다. 특히 지위가 높은 부류들 사이에 매춘이 널리 퍼져 있었던 것은 확실한 사실이다. 고위 성직자와 은행가는 아름답고 때로는 매우 높은 교양을 지닌 창의적인 여성들을 먹여 살렸다. 그들은 이 여성들과 결혼해서는 안 되었고, 할 수도 없었고 혹은 할 생각이 없었다. 르네상스 시대의 로마는 전반적으로 모든 것을 '돈으로 살 수 있었고' 또 '부도덕'해졌다. 이는 적대적인 관점에서 내린 아주 일반적인 비난이다. 당시의 로마 연대기 작가들은 독자들의 관심에 대한 확실한 육감을 갖고 떠들썩한 폭력행위를 정성껏 생생하게 묘사했다. 보르자 가문은 1497년에서 1503년 사이 공포정치로 적대자들을 위축시키려고 했다. 보르자 가문의 통치 아래 높은 지위에 있는 고위 성직자들은 분명 밀라노나 베네치아보다 더 위험한 삶을 살았을 것이다. 그러나 주민 대다수는 특정 목적으로 행해진 이런 폭력과 거의 아무 상관도 없었다.

　　1527년의 로마의 약탈* 이후 인생의 황혼을 맛본 로마 교황청

---

* 　　신성로마제국 황제 카를 5세의 군대가 로마를 정복, 약탈하고 이듬해 2월까지 점거한 사건.

의 관리 혹은 전직 관리들에게 그들이 최고의 시절을 보냈던 로마는 이제 신화가 되었다. 독일과 스페인 용병이 저지른 엄청난 약탈의 대참사가 일어나기 이전에 이 불멸의 도시를 체험하지 못한 사람, 그는 삶을 진정으로 살아보지 못한 사람이다. 이렇게 신화는 형성되었고, 이때 비인간적인 것은 생소하게 여겼던 과거 관용의 분위기 속에서 누렸던 아름다움, 부와 권력의 달콤한 삶에 대한 향수 어린 이야기가 퍼졌다.

이런 이야기들에서 확실한 사실은, 종교재판관이 종교 이탈자들에 대해 조치를 취한 경우는 상대적으로 아주 드물었으며, 조치를 취했다고 해도 대부분 매우 신중했다는 것이다. 이는 이교도적인 고대와 기독교 사이의 경계선이 분명하지 않고, 경계를 넘는 것도 어렵지 않았기 때문이었다. 경계를 분명히 하기는커녕 르네상스 시기의 교황들은 자기 자신을 위해서, 더 정확히 말하면 정치적·문화적·이데올로기적으로 로마제국의 유산을 필요로 했다. 따라서 교황들은 기독교적 가치, 구원론, 영웅들을 그리스-로마 신화의 미사여구로 치장하는 것을 부도덕하다고 생각하지 않았다. 하느님은 주피터 같은 '최고의 신'으로 간주되었고, 레오 10세 같은 교황은 자신을 오르페우스Orpheus*로 묘사하기도 했다. 교황청의 인문주의자들이 이런 프로그램을 완성했지만, 그들이 기독교를 이교보다 상위에 둔 것은 분명하다. 그러나 그리스도의 지상 대변자이며 고대 로마제국의 후계자인 교황의 통치권을 사용하여 기독교와 이교를 대립시키는 것

---

*   그리스 신화에 나오는 음유시인.

은 인문주의자들 생각에도 본질적 요소를 간과한 것 같았다. 게다가 불멸의 도시에 온 북유럽의 이방인 루터에게는 이교와 기독교의 통합이 섬뜩하게 느껴졌고, 신을 부인하는 것으로까지 생각되었다. 인문주의자들이 귀중한 성유물이라고 존경한 고대 세계도시의 유적들에 대해 루터가 한 마디도 언급하지 않은 것은 많은 뜻을 담고 있다.

에르푸르트의 아우구스티누스 은둔자 수도회 소속 수도사는 '르네상스의 도시' 로마에 대해서도 거의 언급하지 않았는데, 이는 놀랄 일이 아니다. 1511년 이 독일 수도사는 회색 테베레 강가에 있는 회색 도시를 여기저기 돌아다녔다. 몇몇 훌륭한 신축 건물이 일부 들어서기는 했지만, 이 건물들이 도시의 전체적인 인상을 지배하지는 않았다. 새로 건설 중인 성 베드로 성당은 아직 폐허에 가까웠고, 그 옆의 교황청 궁전도 아직 완성되지 않았다. 아우렐리우스 성벽 안의 도시 광경은 고풍스럽고 낡아빠지기도 한 몇몇 건물들이 주를 이뤘다. 거리의 청결과 여관의 편리함에서 본다면 독일이 훨씬 앞섰다. 이 점에서는 당대 모든 여행객들이 같은 의견이었다. 루터가 로마에 있던 시기 미켈란젤로 부오나로티Michelangelo Buonarroti는 시스티나 성당의 프레스코 천장화를 그리고 있었다. 그는 그곳에 벌거벗은 사내애들을 그려 인간이 가진 아름다움의 뛰어난 이상을 창조했다. 이로써 독일과 이탈리아의 문화적 차이, 따라서 근대 초기 유럽 내에서의 비동시성의 동시성이 반영된다. 독일의 신성로마제국 내의 뉘른베르크와 같은 경제적이며 역동적인 도시들에서는 혁신적인 예술가들이 살고 있었다. 알브레히트 뒤러Albrecht Düre와 같은 예술가들은 이탈리아 여행 중에 새로운 르네상스 양식의 성과를 알아보고, 이를 독자적으로 배워 익혔다. 하지만 주변 환경은 전체적으로는 상당히 전통적이었고, 그 안에서 그들의 창작물은 아직은 그저 예외에 불과했다. 고대를 경멸하는 루터 같은 사람이 미켈란젤로가 시스티나 성당에 그린 동성애적이고 에로틱한 형상들을 평가해야만 했다면, 아마 이렇게 말했을 것이다. '빌어먹을!' 루터는 훗날 언제나 로마에 대해서는 전체적으로 이렇게 평가했다. "나는 바빌론에 있었고, 적그리스도의 행위를 내 눈으로 보았습니다!"

인맥 형성과 구원에 대한 불안

훗날 루터는 수도원에서 지낸 시절을 두고 반복적으로 은거와 은둔, 슬픔과 두려움으로 묘사했다. 하지만 1512년부터 비텐베르크 대학에서 교수로 지내던 시절에는 이런 고립을 느끼지 않았던 것 같다.

1485년 작센 영토가 분할되었다. 이때 대도시 라이프치히가 유서 깊은 대학과 함께 드레스덴을 본거지로 하는 알브레히트 계*에 속하게 되었다. 따라서 에르네스트 계 선제후인 현자 프리드리히는 작센에 대학 교육기관을 보충할 필요를 느끼게 되었다. 1502년 수도인 비텐베르크에 대학이 설립됨으로써 이런 보충이 성공적으로 이뤄졌다. 10년 뒤에는 이 대학에 400명의 학생이 등록했고, 이 숫자는 비텐베르크 주민 전체의 5분의 1에 해당했다. 그러나 루터는 이 대학에서의 강의로 부유해지지는 않았다. 시 교회인 슈타트키르헤에

---

* 에른스트 계인 선제후 현자 프리드리히가 종교개혁을 지지했던 반면, 알브레히트 계의 대공 수염 난 게오르크는 자신의 영토 내에서의 종교개혁을 방해했다.

서 설교하는 것으로는 그저 보잘 것 없는 수입을 얻을 수 있을 뿐이었다. 이렇게 그의 생활양식은 경제적으로 본다면 수도원과 같이 제한적이었지만, 친구와 친지의 범주나 인간관계는 완전하게 달라졌다. 이 수도사에게서 일찍부터 눈에 띄는 것은, 영향력 있는 후원자와의 긴밀한 관계였다. 수도회의 상관인 요하네스 폰 슈타우피츠와 루터는 작센 교단의 개혁에 대해서는 서로 의견이 달랐음에도 우정으로 연결되어 있었다. 이 둘의 관계는 두 가지 의미, 즉 상호간의 지지와 사적인 존경으로 특징지을 수 있다. 후원자인 요하네스 폰 슈타우피츠와 '충성스러운 추종자' 루터가 후원자와 피보호자라는 견고한 관계를 맺는 데는 두 사람의 관심이 일치하는 것으로 충분했다. 여기에 호감까지 덧붙여져, 두 사람의 관계는 오랫동안 변함없이 견고하게 유지되었고 갈등도 견뎌낼 수 있었다. 요하네스 폰 슈타우피츠는 구 교회의 품안에 계속 남아 있었고, 베네딕트 수도원장으로 사망했다. 특이하게도 훗날의 종교개혁가는 나이든 이 멘토에게 존경 어린 추억을 갖고 있었다. 루터는 이 사람이 진정한 교회에 소속되어 있지 않았음에도 구원받기를 바랐다.

비텐베르크에서 신학 강사로 일하던 루터는 대공의 고문이었던 게오르크 슈팔라틴Georg Burkhardt Spalatin과도 긴밀한 관계를 맺었다. 그는 수십 년간 루터의 충실한 조언자이자, 루터를 영주인 선제후 프리드리히와 연결해주는 데 없어서는 안 될 중재자 역할을 했다. 루터는 궁정의 주요 일원인 적이 없었기에, 슈팔라틴의 후원과 정보는 그에게는 아주 중요했다.

그의 학생 중 한 사람이 물었다. "박사님, 박사님은 프리드리히 대

공과 한 번도 대화를 나눈 적이 없다고 하던데요." 박사는 대답했
다. "그렇소."13

거의 15년 동안 루터와 그의 영주는 단 한 마디의 대화도 나누
지 않았다. 둘이 있을 때도, 여러 사람이 모인 곳에서도 그랬다. 이
렇게 직접적인 의사소통을 단념한 것은 이례적이다. 선제후의 연회
석에서 딱딱하게 굳어져 있는 것보다는, 아주 친밀하게 행동하는 게
오히려 덜 이례적이었을 것이다. 현자라고 불렸던 프리드리히는 적
어도 1517년부터 그 이유를 잘 알고 있었다. 루터와 모든 직접적인
접촉을 피함으로써 대공은 루터가 로마와 대적할 때 공정하게 행동
하고, 때로는 모르는 척할 수 있었으며, 그렇게 자신에 대한 비난을
피할 수 있었다. 현명한 정치가인 현자 프리드리히는 실제로는 거의
항상 루터의 행동에 관해 보고를 받았다. 그래서 근본적으로 두 사
람은 이런 전략의 가장 소소한 부분까지도 타협하고 조정할 수 있었
다. 이때 슈팔라틴과 같은 중재자와 대공의 고문관들 모두에게 어떤
내용이 전달되었는지는 어렵지 않게 추측할 수 있다.

훗날의 루터의 관점에서 볼 때, 수도원 생활을 지배했던 슬픔
과 불안은 서로 아주 밀접하게 연결되어 있었다. 그 이유는 교황 교
회의 아주 부정적인 영향 때문이었다. 특히 독신주의는 인간의 본
성과 하느님의 의지를 거스르는 것이었다. 인간의 성욕을 비자연적
으로 억누름으로써 교황은 죄의식이 생기게 했고, 고통스러워하는
성직자들을 억압했으며, 은혜를 베풀어주는 대가로 돈을 짜내기 위
해 파렴치하게 이 죄의식을 이용했다. 따라서 강요된 독신생활과
그와 반대되는 결혼생활은 종교개혁가의 사상세계와 감정세계에서

중심 사상을 형성했다. 루터가 보기에 슬픔은 인간을 하느님으로부터 멀리 떼어놓아 악마의 팔에 떨어지게 만든다. 악마는 인간의 영혼을 포획하기 위해 우울증을 이용하기 때문이다. 이 슬픔의 근본 원인은 로마가 비열하게 위조한 구원론에 있었다. 이것은 루터가 과거를 되돌아보며 내린 진단이었다. 수도사 루터는 자신의 죄의식과 교회의 가르침 사이에서 고통스러운 갈등을 겪었다. 교회의 가르침에 따르면 고해성사는 통회contrition*, 고백confessio**, 보속satisfactio*** 으로 이루어져 있다. 루터가 보기에 이것은 사실 묵주기도나 금식처럼 결과적으로는 완벽한 외적 형식이었다. 하지만 인간과 하느님 사이의 화해할 수 없는 심연은 이것으로는 극복되지 못했다. 오히려 반대였다. 루터는 고해를 하면 할수록, 창조자의 율법을 따를 수 없다는 자신의 무능력에 더욱더 고통스러워했고, 교회가 하늘과 땅 사이의 화해를 위해 사용하도록 한 모든 것이 부족하다고 느낄 뿐이었다.

15세기의 신학자들은 성인들의 선행에서 공로의 이윤이 모이고, 죄를 지은 인간들은 진정으로 참회하면서, 성인이 쌓은 이 이윤을 참작해 죄를 사해달라고 교회에게 중재를 부탁할 수 있다고 가르쳤다. 죄에서의 구원과 영원한 축복을 위해 여러 가지 방법이 공식적으로 제안되었다. 이런 제안은 아주 상업적인 색채를 띠었고, 이

---

*   자신이 범한 죄를 뉘우치고 슬퍼함과 동시에 다시는 죄를 범하지 않겠다고 결심하는 행위.

**   하느님께 죄의 용서를 받기 위하여 자신의 죄를 고해신부 앞에 솔직히 말하는 것.

***   죄로 인하여 하느님의 벌을 받음.

것은 하느님과 복식부기를 하는 것이나 마찬가지였다. 십계명에 어긋나는 위반사항들은 칭찬받을 만한 행위를 통해 제거되거나 적어도 그 죄과가 일부 소멸된다. 결과적으로 선과 악의 결산은 긍정적으로 마무리된다. 특히 영향력이 큰 성자에게로 가는 성지순례와 성유물에 대한 존경은 죄 사함을 받을 만한 업적으로 여겨졌다. 이 때문에 이미 이른 시기부터 순례여행이 유행처럼 번졌다. 이 여행에는 흥분한 많은 사람들의 자발적인 군집, 집단 히스테리, 기적현상, 치유효과가 있다는 성물 판매 등이 동반되었다. 하지만 기대했던 기적이 일어나지 않을 경우에는 성상파괴운동과 신성모독도 발생했다. 루터 시대에 많은 사람들은 죽은 뒤 연옥에서 얼마나 머물지 상상하며 불안해하기도 하고 희망을 품기도 했다. 교회의 가르침에 따르면 죽은 자의 영혼은 지상에서 행했던 죄악 때문에 이 연옥에서 정해진 기간 동안 벌을 받는다. 이런 고통스러운 장소에 가능한 한 짧게 머물고 이후 천국으로 가는 것, 이는 이 시기의 사람들이 가장 노력하는 일이 되었다. 그리고 사업 수완이 좋은 교회는 이런 수요에 맞추어 판매할 것들을 풍부하게 만들어냈다.

이런 방식으로 얻을 수 있는 은혜를 향유하기 위해, 죄 있는 인간은 우선 신학자들의 공식적인 가르침에 따라 확실하게 아무것도 숨기지 않고 뉘우쳐야 했다. 그러나 죄지은 인간들의 내적 동요는, 저세상에서 신의 자비와 면벌을 받을 것이라는 계산적인 생각 때문에 점점 약해졌다. 이는 당시 대대적인 효과가 있던 설교와 대중에게 인기 있던 견해가 퍼트린 생각이었다. 전반적인 계층들은 당연히 이런 계산적인 방법으로 구원을 획득하고 그와 연결된 신앙심을 실천하는 것을 대단히 만족스러워했다. 많은 죄악은 그렇게 수정될 수 있었고, 천국으로 가는 유일한 길은 그렇게 뚫렸다. 성자들의 보호는 특히 이를 위한 것이었다. 성자들은 마치 지상의 영향력 있는 인물처럼 천상에서 행동한다. 솔직하게 간구하면서 자신들을 대신해 죄 사함을 빌어달라는 죄인을 위해 좋은 말을 해준다. 짐작 가능한 이 세상의 규칙에 따라 기능하는 저세상, 좋은 인맥과 추종자를 알아봐 주며, 아주 세속적인 척도에 따라 선악을 계산하고, 특히 구원의 효과가 있는 넓은 활동영역을 허락하는 저세상, 이런 것이 가능하다는 데 더 이상 뭘 더 바라겠는가? 로마뿐 아니라 독일에서도 그리고 비텐베르크 내에서도 부자와 권력가들은 이를 통해 최고의 사업 전망을 기대했다. 인기 있는 순례지는 지역경제와 그 지역의 영주에게 풍부한 수입을 가져다주었다. 이에 걸맞게 교회와 교회가 소장하고 있는 기적을 행하는 조각 혹은 그림 사이의 경쟁, 성자와 이들을 팔아 이득을 취하는 지상의 '프로모터' 간의 경쟁이 격렬했다. 당시에 유행하던 전형적인 성자는 성녀 마리아의 어머니인 안나로, 슈토터른하임 들판에서 여름 뇌우가 칠 때 루터가 도움을 간청했던 성녀였다. 그리고 알프스 이북에서 가장 많은 성유물을 수집한 사람은 바로 루터의 영주인 현자 프리드리히였다. 그는 자기 왕국의 영리한 최고경영자로서 신하들의 영혼 구원을 장려하면서 돈벌이가 잘되는 다른 사업에도 손을 댔다.

　　이런 실행과 그 뒤에 있는 가르침에 대한 루터의 불쾌감을 당시 많은 지식인들은 함께 나누었고, '교황이 통치하는' 이탈리아에서도 마찬가지였다. 대체 인간 내면과 전혀 관계없는 일들을 갖고 어떻게 자비로운 하느님을 얻을 수 있단 말인가? 하느님은 인간의 영혼을 들여다보시며, 그 안에서 죄와 자기기만, 자기과시를 보셨다. 이 죄 있는 인간이 자기 창조주의 율법은 지키려 들지 않으면서, 어떻게 그분 앞에서 자신의 의로움을 증명할 수 있단 말인가? 어쨌든 '선행'을 통해서는 어떤 업적도 얻을 수가 없다. 선행은 악인도 거짓 의도를 갖고 언제든지 행할 수 있다. 선행도 아니라면, 점점 자라는 불안과 절망을 물리치기 위해 대체 무엇이 남아 있단 말인가? 루터는 회개의 묵상과 속죄를 더욱 열심히 함으로써 불안과 절망을 없애려 했다.

> 1537년 3월 28일 루터는 자신의 정신적 질병에 대해 말했다. 그는 14일 동안 아무것도 먹지 않았고, 아무것도 마시지 않았으며, 잠도 자지 않았다고 했다. 이 시기 저는 자주 하느님과 다투었고, 안달을 하며 하느님의 약속을 비난했습니다. 그때 하느님께서 진정 성경이 우위에 있다는 것을 제게 가르쳐주셨습니다. 인간이 자신의 모든 의지를 따라간다면, 성경을 우위에 두는 것은 가능하지 않기 때문입니다.[14]

수도사 루터의 첫 번째 각성은 구약에 나오는 징벌하는 하느님의 뒤에서 화를 풀고 용서하는 그리스도를 발견한 것이었다. 루터는 탁상담화에서 가혹한 하느님을 품고 사는 삶은 인간에는 너무나 힘든 일이라고 말했다. 믿음의 의혹을 어떻게 극복하고 새로운 확신에 도달할 수 있을지에 대해, 이미 요하네스 폰 슈타우피츠는 긴 대화를 나누며 수도사 루터에게 알려주려 했다. 엄격한 고해와 속죄 행위가 아니라 구세주 그리스도에 대한 믿음 속에서 그렇게 할 수 있다는 것이다. 이는 루터가 수도원 생활을 비난했던 주요 지점이기도 했다. 그가 신학을 공부하는 동안, 또 열띤 신앙심 속에서 그리스도는 완전히 뒷전으로 물러나 있었다. 인간에 불과한 성자들에 대한 존경 뒷전으로, 이방인 아리스토텔레스의 방법론에 헌신하는 토마스 아퀴나스의 스콜라 신학 뒷전으로, 그리고 법률가에 의해 포고되는 교황의 법령과 지시의 뒷전으로 물러나 있었던 것이다. 성경 속 완전한 하느님의 말씀을 다시 발견하는 것, 현재의 믿음의 생활을 위해 다시 그 말씀을 이용하는 것, 인간에게 모든 은총의 원천인 그리스도에 대한 주의를 환기시키는 것, 이런 우선순위들이 루터의 사상 속에 드러나며, 1515~1517년의 그의 가르침 속에서 점점 더 명확하게 나타난다. 이와 함께 하느님으로부터 의롭다고 인정받는 것, 즉 칭의Rechtfertigung*를 위한 방법인 믿음이 점점 더 분명해졌다. 반면 교회가 규정한 선행은 점차 의미를 잃어갔다.

　　새로운 믿음과 구원의 확신을 얻으려고 전력투구함으로써 비텐베르크의 신학 교수는 시대의 트렌드가 되었다. 정확히 말하면 그렇게 전력을 다하지 않았더라도 교회가 규정한 정교의 범주에서 벗어남으로써 시대의 트렌드가 된 것이다. 지도적인 인문주의자 에라스무스 폰 로테르담은 유사한 교리를 알렸고, 이탈리아에서는 베네치아의 도시귀족이며 인문주의자이자 훗날 추기경이 된 가스파로 콘타리니Gasparo Contarini가 이와 비교할 수 있는 믿음의 위기와 깨달음을 경험했다.

---

*　　기독교에서는 '의롭다고 인정함' 혹은 '칭의'로 번역한다. 인간이 죄의 책임과 처벌로부터 하느님의 행위로 인해 의롭고 자유로워짐을 의미한다. 기독교 신학에서 속죄를 통해 죄의 용서와 내면적 쇄신을 선언하는 것이다.

이렇게 여러 방면에서 구원의 근원인 예수에게로 방향을 돌리라는 요구가 있었다. 이런 방향전환은 교조와 관련되었건, 지배적인 신앙심의 형식과 관련되었건, 혹은 강력하고 화려한 교황청과 관련되었던 간에, 각 분야에서 발생한 악습과 그 분야의 잘못된 발전에 대한 다양한 비판을 불러일으켰다. 또한 교부들의 서열 및 그들의 세부적인 교리가 타당성이 있는지를 두고 논쟁적인 토론을 유발시켰다. 그렇다고 로마를 배반하는 상황이 발생한 것은 아니다. 교회가 영적상담을 지향하고, 신도의 영혼 구제를 우선으로 삼으며, 유럽 내 권력 강화를 목표로 삼지 않기를 요구했을 뿐이다. 이런 요구들은 교회의 기존 관계를 획기적으로 개혁하려는 노력과 연관되었다.

루터의 교황: 레오 10세

루터가 로마를 떠난 뒤 바티칸과 그곳의 수도 로마의 상황은 빠르게 안정되었다. 모든 교황 중에서 가장 전투적이었던 율리오 2세는 교황령 내 반란을 일으킨 도시 군주들을 쫓아내거나, 로마 본부와 타협하라고 무력으로 강요했다. 또한 스위스 용병대의 도움으로 그의 숙적인 프랑스인을 북이탈리아에서 몰아냈다. 델라 로베레 가문의 교황 율리오 2세는 1513년 2월 21일 사망했다. 그가 사망한 뒤 교황권의 정치적 입장은 확고해졌지만, 종교기관인 교황청의 명성은 지난 20년 동안에 벌써 두 번이나 큰 손상을 입은 상태였다. 거리낌없이 성적 향락을 즐겼고 가족 중심적이었던 교황 알렉산데르 6세가 사망하자, 짧은 기간 재위했던 비오 3세(재위 1503)를 이어 율리오

2세가 폰티펙스 막시무스Pontifex Maximus*가 되었다. 그는 온화한 예수 그리스도의 대리자여야 함에도 기독교 군주들을 전쟁으로 괴롭혔다. 이 때문에 유럽 사회가 가졌던 교황에 대한 주도적인 인상이 무너져 교황청은 명예를 잃었다. 따라서 이제 무서운 교황 율리오 2세의 후계자로는 영적인 신망을 지닌 교황이 선정되는 것이 중요했다. 그러나 중부 유럽 지식인들의 이런 희망은 좌절되었다.

1513년 3월 11일 단 하루 동안의 콘클라베Konklave** 이후 37세밖에 되지 않은 조반니 데 메디치Giovanni dé Medici 추기경이 교황으로 선출되어, 레오 10세가 되었다. 일반적으로 이렇게 젊은 추기경은 교황관을 쓸 기회가 없었다. 지나치게 오랜 재위기간—당시에는 10년 이상의 통치기간을 의미했다—은 로마나 전 이탈리아 모두가 두려워했다. 오랜 재위기간은 영원한 도시에서의 지위, 특권, 수입의 일방적인 분배를 초래했고, 40년 전부터는 이탈리아 반도 내에서 교황의 친족들에게 불법적으로 권력이 이양되는 결과를 낳았다. 식스토 4세 이후 교황들은 이탈리아 내에 자신들의 친인척을 제후로 앉힐 국가를 마련하려 했고, 이는 당연히 기존의 가문들에게는 해가 되는 일이었다. 따라서 이들 가문들은 가능한 한 나약한 폰티펙스 막시무스가 짧게 재위하기를 원했다. 조반니 데 메디치의 경우, 추기경들이 예외적으로 아직 한참 젊은 그를 선출한 것은 세 가지 이유에서였다. 첫 번째는 이 성공적인 후보자가 오래전부터 생명이 단축될

---

*   '지고(至高)의 주교'라는 의미를 지닌 라틴어. 원래 주교들을 가리키는 존칭어였으나 5세기부터 교황만을 지칭하는 용어로 사용되었다.

**   교황 선출을 위한 추기경 회의.

수밖에 없는 불치병에 걸렸다는 소문 때문이었다. 소문을 퍼트린 조반니가 짧은 기간 동안의 콘클라베에서 의사에게 치료를 받았던 일이 기대했던 인상을 더욱 강하게 만들었다. 두 번째 이유는 약 반 년 전부터 조반니 데 메디치가 피렌체에서 막강한 권력을 가진 인물이 되었기 때문이었다. 1512년 스페인과 교황의 군대가 피렌체에서 도시귀족과 수공업자들로 이뤄진 '저변이 넓은 정체governo largo'*인 공화정을 무너트렸고, 1494년 이후 추방된 메디치 가문은 다시 아르노 강가에서 권력을 잡았다. 추기경 조반니는 이미 그의 아버지 로렌초 데 메디치Lorenzo de Medici처럼 이후 점차 소멸되어 가는 공화정이라는 겉치레 뒤에서 이 권력을 행사했다. 2개월마다 새로 선출되는 피렌체 도시정부 뒤에서 조반니 데 메디치는 피렌체의 대부로서 모두의 눈에 띄게 모든 실권을 장악했다. 이런 지위가 1513년 3월 11일 조반니에게 결정적인 지지표를 얻게 해주었다. 정치적 조짐이 점점 프랑스와 스페인의 패권다툼으로 첨예화되어 가는 마당에, '위대한' 로렌초의 현명한 아들이 아니라면, 대체 누가 교황제도에 권위를 주고, 권력을 실행할 힘을 마련해준단 말인가?

이탈리아와 유럽 무대에 장기간 큰 영향을 끼칠 레오 10세가 교황이 될 수 있었던 세 번째 이유는, 당시 로마의 관점에서 볼 때 가장 위협적인 세력인 프랑스에 대적하는 데 그가 찬성했기 때문이었다. 레오 10세의 전임 율리오 2세와 프랑스 왕 루이 12세는 1509년

---

*   마키아벨리가 한 말이다. 그는 갈등을 관리하기에 최적화된 정치체제를 공화정으로 보았다. 이와 대비되는 것은 '저변이 좁은 정체'로 평민의 공직 진출을 배제하고 귀족들에게만 정치권력을 맡기거나 외국인에게 폐쇄적으로만 대응하는 정치체제다.

이후 의미 없이 싸우다 헤어졌고, 서로 반목하는 상황이 되었다. 이런 갈등 속에서 양측 모두 상대의 정당성을 부인했고 상대방의 퇴위를 촉구했다. 이 목적을 위해 '가장 기독교적인 왕'이라는 존칭을 사용하는 루이 12세는 전 기독교도를 피사 공의회로 소집했다. 이 공의회는 율리오 2세를 퇴위시키는 게 목적이었다. 그러나 이 모임은 소수의 고위 성직자들만이 참석했을 뿐 어느 점으로 봐도 실패였다. 왜냐하면 율리오 2세가 다른 공의회를 개최하며 역공격해 왔기 때문이었다. 이 공의회는 로마의 라테란에서 열렸고, 대부분의 제후들과 성직자들은 이를 정당한 종교회의라고 생각했다. 이 제5차 라테란 공의회는 율리오 2세가 사망했음에도 끝나지 않았고, 선임자가 해결하지 못한 매우 부담되는 문제의 일부를 레오 10세가 인계받았다. 프랑스 왕과 교황 측에서 볼 때 각각의 공의회는 순수하게 정치적인 방책이었다. 루이 12세로서는 교회로부터 정치적인 인정을 받기 위한 방책이었고, 레오 10세에게는 교회에 대한 자신의 절대적인 통치의 정당함을 증명하기 위한 방책이었다.

약 100여 년 전 콘스탄츠에서 열렸던 공의회**는 교회에 대한 최고의 처분권한을 공의회에 위임한다는 결정을 내렸다. 이어 열린 바젤 공의회***는 점차 급진적으로 변했기 때문에 교황은 교회에 대한 최고 의결권을 잃었다. 그러나 교황 에우제니오 4세(재위 1431~1447)와 그의 후계자들은 반대 교리를 주장했다. 교황만이 공의회를 소집

** 콘스탄츠 공의회(1414~1418): 이 회의는 공의회의 권력은 교황권보다 우위에 있으며, 교황도 신앙 및 교회개혁에 관한 문제에 대해서는 회의의 결정에 복종해야 한다는, 이른바 공의회 지상주의를 천명했다. 교황에 대한 공의회의 우월성이 인정되었지만 그 배후에 세속 제후의 힘이 있었으므로 결국 교황권을 약화시키게 되었다.

할 수 있다. 그리고 회의의 결정을 유효하게 하거나 무효로 하는 권한 역시 오직 교황에게만 있다. 따라서 교황의 결정에 반대하는 공의회에 호소하는 것은 금지된다는 것이었다. 이런 역사적 배경 앞에서 제5차 라테란 공의회는 일종의 권력시위가 되어야 했고, 다음과 같이 구속력 있는 교서를 널리 퍼트려야만 했다. 교황은 전 기독교도의 이론의 여지가 없는 확실한 수장이다!

공의회 지지자나 바티칸 지지자 할 것 없이 수많은 유럽의 지식인들에게 공의회가 정치적으로 도구화되는 것은 대단히 분노할 일이었다. 교회사의 처음 네 번의 공의회—루터는 1531년부터 그의 탁상담화에서 이렇게 말했다—에서는 모든 종류의 이단행위에 대항해 오늘날까지 통용되는 교리가 공포되었고, 교회 질서를 위한 유익한 원칙이 결정되었다. 이후 권세욕 있는 교황들의 권력에 도움이 되는 공의회는 타락했다. 비록 교황의 축복으로 열렸다고는 해도 이렇게 순수하게 정치적으로 자극을 받은 공의회들은 틀릴 수도 있었는데, 이는 비단 사소한 사항뿐만이 아니었다. 따라서 공의회가 틀릴 수도 있다는 사실은 피사와 로마에서 경쟁적으로 열린 공의회의 비판적 주석자들이 볼 때는 자명한 결과였다.

루터와는 달리, 개인으로서의 레오 10세는 그저 모호한 윤곽만 파악될 뿐이다. 그는 엄밀한 의미에서 자기증거를 거의 남기지 않았다. 동시대인들의 보고가 훨씬 더 많다. 그러나 이것들은 첫 번째 메

***   바젤 공의회(1431~1442): 교회 내의 개혁을 위해 소집되었다. 그러나 교회의 총회는 교황보다 더 큰 권위를 가지며, 필요하다면 교황을 폐위할 수 있다는 이론을 주장하는 공의회 파의 주장으로 파경에 휘말렸다. 2년간의 분쟁을 거쳐 승리한 공의회 측은 여러 가지 칙령을 반포해 교황제도를 축소시켰다.

디치 교황의 외적 활동을 보여줄 뿐, 그의 내면을 반영하지는 않는다. 레오 10세의 삶에 큰 영향을 준 사건들은 확인 가능하다. 루터의 탄생 8년 전인 1475년 12월 11일에 조반니 데 메디치가 태어났을 때, 그의 가족은 족히 40년 전부터 피렌체에서 권력을 잡고 있었다. 물론 그들은 이런 권력을 숨기기 위해 모든 것을 다 하면서도 앞으로도 통용될 공화제 이데올로기에 경의를 표해야만 했다. 아르노 강가에 있는 이 도시는 공식적으로는 자유롭고 개방된 공화국이었지만, 사실 메디치 가문의 수장은 1434년부터 보다 영향력이 큰 직책으로 가는 모든 길을 통제했다. 이 직책은 메디치 가문의 추종자들이 독점해야 했다. 이 목적을 위해 가장 중요한 위원회들은 모두 감시당했을 뿐만 아니라 지속적으로 축소되었으며 선거들은 조작되었다. 피렌체는 백여 개의 가문들이 비교적 공개적으로 지위를 놓고 경쟁하던 자유국가였지만, 이제 메디치 가족과 그들의 이해그룹에 의해 완벽하게 장악되었다. 이런 변화는 유례없이 집중적이며 다양한 선전을 통해 은폐되었다. 건축, 조각, 회화 작품을 통해 메디치는 자신들을 변하지 않는 충성과 자기희생으로 공화제를 새로운 황금시대로 이끌 사리사욕 없는 옹호자로 표현했다. 그러나 조반니의 아버지 로렌초가 분명히 인식하고 있었듯이 이 가문은 실제로는 외적인 지위 상승과 추가적인 재력의 도움으로만 제후의 지위를 얻을 수 있었다.

로렌초가 1489년 교황 인노첸시오 8세와 거래를 통해 얻은 아들 조반니의 추기경직은 이런 목적을 향해 가는 결정적인 걸음이었다. 로렌초의 딸 마달레나 데 메디치는 인노첸시오 8세의 사생아 프란체스코 치보와 결혼했다. 신부의 남동생에게 줄 추기경의 붉은 모자는 신랑이 이 결혼에 가져갈 중요한 '지참금' 중 하나였다. 그러나 13세에 불과한 당사자에게도 또 시대의 느슨한 잣대로 봐도 추기경 직은 너무나 터무니없어서, 임명은 3년이 지난 뒤에야 비로소 공표될 수 있었다. 루터와 그의 주변 사람들은 이 거래에 대해 아무것도 알지 못했음이 분명했다. 알았다면 그들은 자신들의 선전 목적을 위해 이 사건을 절대 놓치지 않았을 것이다.

조반니는 이미 일곱 살 때부터 성직자가 되도록 결정되어 있었다. 오래지 않아 그는 온갖 종류의 성직을 다 차지했다. 이 나이 어린 성직자의 스승들은 메디치 궁정의 내로라하는 지식인들로, 안젤로 폴리치아노Angelo Poliziano, 마르실리오 피치노Marsilio Ficino, 베르나르도 비비에나Bernardo Dovizi da Bibbiena 등이었다. 이들이 미래의 교황에게 무엇을 전수했는지는 그들의 저서에서 알 수 있다. 피치노가 평생 노력한 것은 플라톤주의와 기독교의 통합이었다. 피치노는 아테네 철학자 플라톤의 저술 속에 기독교의 중심 사상이 이미 언급되어 있다고 보았다. 특히 자비로운 신의 광대한 보살핌에 관한 내용이 그 안에 있다고 생각했다. 이 신은 인간에게 능력을 주어, 은총을 올바로 사용할 경우 자신을 고양시켜 완성된 자아에 이를 수 있게 해준다. 더 나아가 피치노의 설명에 따르면, 플라톤은 이미 영혼불멸 그리고 영원한 지복을 위한 엄밀한 실험이자 서막에 불과한 이 세상의 삶이 끝난 뒤에 영혼은 그 창조주에게로 돌아간다는 사실을 가르쳤다. 이로써 이교도와 기독교 사이의 깊은 대립은 극복된 듯 보였다. 이미 그리스도의 강생(降生)과 구원 훨씬 이전에 신은 가장 오래된 민족과 문화에게 진리의 부분적인 계시를 내렸으며, 이런 진리가 성경에서 비로소 최종적이고 총체적으로 밝혀졌다는 것이다.

따라서 이집트인, 페르시아인, 그리스인, 고대 로마인의 경전에서도 인간 구제를 위한 신의 의지가 반영되었으며, 이 의지는 이교도의 종교들을 동등하게는 아니더라도 존경할 만하며 연구할 가치가 있게 만들었다.

원래 메디치 가문의 가정교사였던 폴리치아노에게서 조반니는 순수문학 및 문학적 양식과 세련된 담화를 높이 평가하는 법을 배웠다. 폴리치아노 자신은 당대 가장 세련된 작가들 중 한 사람이었다. 그의 시들은 정신적·육체적 사랑을 칭송했고, 그의 산문들은 피렌체와 이탈리아를 위한 메디치 가문의 임무를 칭송했다. 반대로 비비에나는 지적인 문학 장르는 그다지 장려하지 않았다. 그는 풍자적인 위트, 삶과 사랑의 향락을 지극히 현세적으로 칭송하는 것으로 유명했다.

이런 교육이 최초의 메디치 교황에게 어떤 영향을 주었을까? 교황 레오 10세는 아무 거리낌 없이 이교도적 고대 그리스-로마를 취했는데, 여기서 신 플라톤주의적이고 인문주의적인 교사들이 끼친 영향이 확실히 드러난다. 고대 그리스-로마적인 것이 성경의 계시에 녹아들어, 고대의 흔적을 담은 기독교, 시간의 시작부터 오늘날까지의 신에 대한 모든 학문의 통합이라 볼 수 있는 기독교와 하나가 된다. 이렇게 해서 레오 10세는 주피터와 황금시대를 불러낸 사람으로 칭송될 수 있었다. 그는 이것이 무엇을 의미하는지 잘 알았다. 교황청의 전위적 인문주의와 피렌체의 신플라톤주의와는 거리가 멀었을 알프스 북부의 지성인들에게는 이미 이 이교도적인 찬미 수사학만도 아주 의심스러웠고, 최악의 정신적 자세를 암시했다.

레오 10세와 교황청의 인문주의자들에게는 이탈리아의 문화적 우위와 그것에서 유래한 문화적 사명의 이상이 이런 신플라톤주의적이며 인문주의적인 가치관 및 역사관과 밀접하게 연결되어 있었다. 1500년경 이탈리아를 이끌던 정신적 엘리트들은 정제된 언어, 즉 고전 라틴어를 완벽하게 숙달한 결과로 세련된 풍습과 인간다운 생활양식을 누린다고 생각했을 것이다. 프란체스코 페트라르카^Franc-^esco Petrarca* 시대 이후 이탈리아 인문주의자들은 다섯 세대에 걸쳐 고전 라틴어를 다시 찾고자 노력했고, 결국 수도사들과 스콜라 신학자들이 쓰는 조야한 라틴어와는 다른 세련된 언어를 완성했다. 진부하다고 평가된 논쟁신학^Kontroverstheologie** 은 별문제 없이 수도사와 스콜라 신학자들의 몫이 되었다. 이들이 이 전문분야를 다루는 것은 그리 위험하지 않았다. 공의회에 대승리를 거둠으로써 논쟁시대가 완전히 종식되었다고 생각한 교황청의 관점이 더 위험했다. 로마의 눈에는 기독교 세계가 이상하게도 천국에 이르는 길에 관한 방법에 대해 의견이 일치하는 것 같았다. 즉 예수의 지상 대리인인 교황이 지배하는 교회의 명령에 따르고, 하느님의 판결을 앞당겨 죄를 사해주기도 하며 유죄판결을 내리기도 하는 교황의 절대적인 열쇠의 권한***으로 천국에 들어갈 수 있다. 구원의 효능이 있는 성사聖事, 특히 교황이 베풀어주는 면벌을 통해 천국에 들어갈 수 있다고 모두 생각

---

* 프란체스코 페트라르카(1304~1374): 고대 그리스-로마의 작품을 수집하고 그 연구에 열중한 최초의 인문주의자로 평가받는다.

** 교회의 가르침이 지니는 구속력과 진리를 부정하는 공격에 맞서 그 가르침을 옹호하는 데 목적을 두는 신학이다.

*** 열쇠는 하늘과 땅에서 죄와의 유대를 묶고 푸는 교황의 권능을 상징한다. 베드로가 예수에게 받은 천국의 열쇠에서 유래했으며 교회의 표상으로 사용되어 왔다.

한 것이다. 인간은 지은 죄에 따라 연옥에서 일정 기간 체류하는 벌을 받는데, 교황이 준 면벌은 모든 신도에게 이런 체류기간을 절실한 속죄와 함께 돈으로 단축시킬 수 있는 기회를 주었다. 교황 선거 이전이나 이후에 조반니 데 메디치의 종교관을 설명해줄 그 어떤 증거도 그에 의해서는 제시되지 않았다. 그럼에도 불구하고 그 역시도 교부의 권한 및 자신의 선임 교황들을 통해 합법화된 신념 속에서 살았고 활동했다는 것을 말해준다.

그가 추기경으로서 또 교황으로서 갑자기 드러낸 향락주의적 쾌활함은 우울한 삶의 경험과 대조를 이룬다. 1478년 4월, 교황 식스토 4세와 우르비노의 대공인 페데리코 다 몬테펠트로Federico da Montefeltro의 통솔 아래 불평에 찬 피렌체 도시귀족이 일으킨 광범위한 반란은 조반니의 삼촌인 줄리아노의 목숨을 앗아갔고, 하마터면 조반니의 아버지 로렌초도 이때 목숨을 잃을 뻔했다. 로렌초는 피렌체 성당에서의 살인음모에서 겨우 벗어난 뒤, 그동안 몰두했던 모든 심미적인 취향을 다 놓아버리고, 자신의 가족에 대한 암살을 피비린내 나는 보복조치로 갚았다. 그리고 이것은 미래의 폰티펙스 막시무스에게 하나의 교훈을 주었다. 가족이 모든 것보다 우선이며, 가족의 중대성은 가장 폭력적이며 가장 불법적인 조치까지도 정당화한다.

행운의 변화무쌍함을 배우기 위한 또 다른 교훈들이 곧바로 닥쳐왔다. 1492년 3월, 조반니가 드디어 공개적으로 추기경이 되어 16세의 나이로 자신의 관직을 행하려 로마로 갈 때, 그를 염려하는 아버지는 깊은 애정이 담긴 동시에 두려움에 가득하기도 한 경고의 편지를 주어 보냈다. 편지의 주요 내용은 다음과 같다.

'사랑하는 아들아, 너는 이제 온갖 악덕의 동굴에 발을 내딛었

으니 악을 멀리하고, 종말에 대해 깊이 생각하거라!'

　며칠 뒤 위대한 로렌초는 사망했다. 고작 43세였다. 곧이어 교황 인노첸시오 8세도 더 이상 살아 있는 사람들 사이에 머물지 않게 되었다. 따라서 1492년 콘클라베가 열렸고, 여기에서 추기경 로드리고 보르자는 교황 선출에 꼭 필요한 지지표를 매수했다. 이때 아직 17세도 채 되지 않은 메디치 추기경은 보르자를 선출하겠다는 약속을 지키지 않음으로써 승리자들을 심하게 모욕했다. 그럼에도 이후 그의 삶은 어느 정도는 안전했다. 새로운 교황 알렉산데르 6세가 피렌체의 새로운 실세가 된 조반니의 형 피에로를 쓸데없이 도발하려 들지 않은 덕택이었다. 1494년 11월, 형 피에로가 피렌체에서 쫓겨남으로써 이 보호마저도 사라졌다. 이후 추기경 조반니는 메디치 가의 권력을 지킬 마지막 보초로서 망명생활을 했고, 이 과제를 아주 잘 해냈다. 그는 아주 능숙하게 교황청에 있는 자기 동포들의 구름판이자 보호대로서 일했다. 이 붙임성 있고 사심 없는 중재는 보르자가 지배하는 로마에서 살아남기 위한 생존전략이었다. 그 전략은 이랬다. 모든 것을 지배하려는 교황 알렉산데르 6세와 그의 아들인 끔찍한 체사레 보르자의 야망을 가로막지만 말 것!

　레오 10세인 조반니 데 메디치가 갑자기 드러낸 삶의 향락은 비판적인 동시대인들에게는 필연적으로 보였다. 게다가 그는 강박적으로 우울한 기분을 풀어버리려고 했다. 그의 향락과 강박적인 욕구는 이런 위험과 쇠퇴의 시절을 반영한다. 이는 그의 아버지가 유명한 시에서 표현했던 것과 같다.

　사라져버릴 청춘은 얼마나 아름다운가.

즐겁고자 하는 사람은 진심으로 그렇게 하라.

내일이 어떻게 될 지는 아무도 알 수 없으니.

　권력가의 삶은 위태로우며 대부분 짧았다. 특히 메디치 가문 사람들은 항상 젊을 때 죽었다. 짧을 것이 예측되는 자신의 지배 시기를 개인적으로 끝까지 즐기고 정치적으로 이용하려 했던 레오 10세의 노력은 이런 배경에서 이해된다. 첫째, 메디치 교황의 생활양식과 삶의 원칙은 이미 생전에 전설에 휩싸여 있었다. 세상의 몰락이 가깝더라도 한 그루 사과나무를 심겠다고 주장한 그의 적 루터의 많은 격언들처럼, 레오 10세의 '경구들'도 정말 그가 말한 것인지 확인되지는 않는다. "교황직을 즐기자, 하느님께서 우리에게 수여해주신 것이니!"라는 레오 10세의 모토는 그가 절대 입 밖에 내지는 않았지만, 그의 일상에 확고하게 자리 잡았다. 음악가, 시인, 즉흥 낭독자, 익살꾼, 희극배우들이 바티칸에 끊임없이 오고 갔다. '루터의 교황'을 종교적으로 기품 있는 적수로 고양시키려는 모든 노력에도 불구하고, 그의 향락적인 생활을 바꿀 수 없었다. 레오 10세는 자신의 여가방식이 교황이라는 높은 관직이 지켜야 할 의무에는 위배된다는 사실을 알지 못했던 것 같다. 그가 라우테*의 울림을 듣고 익살스러운 희극을 보면서, 교황직의 긴장에서 벗어나 원기를 회복하면 안 될 이유가 뭐란 말인가? 하느님은 일곱 번째 날에 모든 수고와 창조에서 휴식을 취했다. 그런 말로 교황청의 신학자들은 자신들의 수장

---

*　　6줄 혹은 12줄을 가진 현악기.

의 느슨한 생활양식이 정당하다고 인정했다. 반대로 알프스 이북의
엄격하게 사고하는 지성인들에게는 교황은 어느 모로 보나 향락주
의자였다.

권력정치와 족벌정치

메디치 추기경의 생존전략에서 메디치 교황의 통치방식이 만들어졌
다. 모두에게 가능한 한 그들이 원하는 모든 것을 베풀거나, 적어도
그들이 감사와 반대급부를 지불할 의무를 가질 정도로 제공하는 것
이었다. 동시에 대중매체분야와 오락분야에서는 물뿌리개 원칙*이
우세했다. 위대한 예술가나 하찮은 예술가, 장인과 예술애호가들이
동일하게 후원을 받았다. 사회와 정치에서는 엄격한 기준이 있어서,
피렌체 사람들이 기대한 모든 것이 넘쳐나는 놀고먹는 세상은 오
지 않았다. 결국 레오 10세의 교황직은 메디치 가문 자체와 그의 친
척만을 위해 이익이 되었다. 게다가 그는 결혼을 해서 친인척관계를
맺거나 다른 방식으로 연결된 귀족 가문들에게도, 보잘것없는 집안
출신이나 특히 충실한 몇몇 의뢰인에게도 자신이 괜찮은 인물임을
증명했다. 이렇게 우대조치를 제한했지만 메디치의 지배는 교황 재
정의 파멸을 초래하는 것이었다.

---

*   보조금 분배 내지는 찬조금 분배의 과정을 설명할 때 사용하는 개념이다. 이 분배
과정에서는 수요의 신청등록순이나 보조금의 긴박한 필요가 아니라, 요청된 지원
금의 액수가 결정적인 역할을 한다. 이 원칙의 특징은 실제 필요를 상세히 검토하
지 않고 전체 목표 그룹에게 보조금을 물뿌리개처럼 균등하게 지불한다.

재정의 파멸은 교황이 문학이라 자칭하는 것에, 그리고 라파엘과 같은 위대한 화가에게 전설이 될 만큼 아낌없이 베풀었기 때문이 아니라 그가 엄청난 에너지와 대단한 비용을 들여 추진한 가족정치 때문이었다. 교황권의 그 어떤 조치도 메디치 가문의 이해를 우선으로 두지 않은 것이 없었다. 수많은 결정은 순전히 이 목적에 따랐다. 이는 알프스 이북에서도 모두 알고 있는 사실이었다. 메디치 교황 아래에서는 전 기독교도의 욕구가 아니라 피렌체인들, 즉 메디치 사람들의 이득이 우선이라는 사실은 신성로마제국 제국의회에서도 농담거리가 되었다. 동시에 교황은—이것도 날개 달린 듯 빨리 퍼져나간 말이었는데—자신의 관직에 어울리게 전 기독교도의 아버지로서 행동하지 않고, 완전히 메디치 가문의 수장으로서 그의 아버지, 할아버지, 증조할아버지의 전통 안에서 행동했다.

동시에 가족 내 문제이기도 한 중요하고도 불편한 상황이 있었다. 조반니는 모계로 볼 때는 로마 남작 가문인 오르시니의 자손이었다. 그의 어머니는 조반니의 형 피에로의 아내와 마찬가지로 막강한 로마 귀족 가문 출신으로, 이 가문은 성과 군사를 갖고 바티칸 안에서 오르시니 국가를 형성하고 있었다. 레오 10세는 메디치 가문과 마찬가지로 모계 가문에 대해서도 많은 의무를 느끼고 있었고, 로마 친척의 많은 소망 특히 열정 넘치는 형수 알폰시나 오르시니^{Alfonsina} Orsini에게 늘 귀를 기울였다. 알폰시나는 아들 로렌초 2세 데 메디치, 즉 레오 10세의 조카를 위해 야심 찬 목표를 세워두었고, 이 목표는 교황에게는 명령이나 마찬가지였다.

알폰시나와 로렌초 2세는 우르비노의 공작 지위에 눈독을 들였다. 우르비노의 공작령은 1508년부터 이탈리아에서 매우 존경받는

몬테펠트로 가문이 다스렸는데, 이 가문의 남자의 대가 끊기자 이 가문이 과거 입양한 율리오 2세의 조카인 프란체스코 마리아 델라 로베레에게로 지배권이 넘어갔다. 교황 율리오 2세는 메디치 사람들이 괴로운 망명에서 돌아오도록 도와주었다. 당대의 정치적·도덕적 척도에 따르면 메디치 가 사람들은 교황의 가족에게 영원히 감사할 빚을 진 것이다. 그러나 레오 10세는 감사를 표하는 대신, 새로운 대공이 봉토권에 약간의 위반을 했다는 구실을 대고, 1516년 대공을 무력으로 몰아내고 로렌초 2세를 우르비노의 영주로 앉혔다. 이탈리아의 정치 엘리트들은 감은感恩의 법칙에 대한 명백한 위반을 목도하며 경악했다. 영원히 미소 짓고 있는 교황은 그들의 눈에는 양심 없는 권력정치가임이 증명되었고, 바로 니콜로 마키아벨리가 1513년 그의 책 《군주론》에서 그려냈듯이 완벽한 제후임을 드러냈다. 아름다운 허상의 대가, 여우이며 사자, 부드러우면서도 잔인하고 현재의 성공이 보장되는지에 따라 처신하는 완벽한 제후 말이다.

교황의 철저하게 정치적인 견해는 그 안에 친척과 친구들을 위한 기회뿐만 아니라 중대한 위험도 내포하고 있었다. 1517년 봄 야심찬 추기경들의 반란에서 드러났듯이, 폰티펙스 막시무스의 명성뿐만 아니라 생명 자체가 위협을 받았다. 특히 젊은 고위 성직자들은 자신들이 직위를 위해 많은 돈을 지불했지만, 이제 풍부한 연수익에 대한 희망이 무너졌다는 것을 알았다. 그들의 우두머리인 시에나 출신의 알폰소 페트루치Alfonso Petrucci는 교황이 자기 고향 도시의 권력관계에 개입함으로써 너무나 큰 손해를 입자, 당연히 교황을 독살해도 된다고 생각하게 되었다. 그는 레오 10세 대신에 델라 로베레 가문의 교황 식스토 4세의 조카인 추기경 라파엘레 산소니 리아리오^{Raffaele Sansoni Riario}를 교회의 새로운 수장으로 선택했다. 이런 점에서 보면 추기경 리아리오도 교황 암살 계획을 알고 있었을 것이다. 그러나 암살 계획은 적시에 발각되었다. 40여 년 전에 그의 아버지처럼 레오 10세는 자신의 목숨과 명예를 뺏으려는 음모에 가차 없이 복수했다. 반란 주모자인 추기경 페트루치는 천사의 성이라는 뜻을 가진 로마의 카스텔 산탄젤로^{Castel Sant'Angelo}에서 교살당했다. 공모자들의 목숨도 위태로웠지만, 유럽 군주들의 주선 덕분에 겨우 살아남았다. 대신 추기경 라파엘레는 캄포 데이 피오리 광장 근처에 있는 그의 장엄한 궁전을 넘겨줘야만 했다.

그러나 레오의 실제 보복조치는 1517년 7월 1일에 일어났는데, 한꺼번에 31명의 추기경을 새로 더 임명한 것이다. 4년 전 자신을 교황으로 선출할 때 모였던 인원보다 여섯 명 더 많은 인원이었다. 이들 중 대다수는 자신들의 새로운 직위를 메디치 가문에 대한 충성 덕으로 돌렸다. 기존의 인원은 그대로 두고 그보다 더 많은 인원을 새로 임명함으로써 추기경 수는 순식간에 두 배 이상 늘었다. 이로써 추기경단과 교황 사이의 권력균형은 교황에게 유리하게 바뀌었다. 그러나 이때 반란을 이끌었던 고위 성직자들은 정반대의 의도를, 즉 자신의 편들이 우위를 점하려는 생각을 가졌다. 그들은 레오 10세가 항복협정을 어겼다고 생각했다. 이 항복협정은 모든 추기경은 물론 교황 자신도 콘클라베에서 서명한 것으로, 고위 성직자들의 권리를 지키며 그들을 공동통치에 참여시키겠다고 새로운 교황에게 확약시켰던 협정이었다. 공모자들은 이것 외에도 교황의 배은망덕한 태도를 비난하면서 아픈 곳을 건드렸다. 우르비노를 비합법적으로 정복하면서 레오 10세가 상호 맞교환의 규칙을 지키지 않았다고 지적한 것이다. 교황은 언제 어디서고 자신과 가족을 위해 지나치게 많은 것을 원했고, 그 결과 다른 사람들이 취할 수 있는 것은 거의 아무것도 없었다.

　승리에 도취된 교황은 자신을 암살하려던 사건에 대해 쉬쉬하며 감추려 하지 않았다. 오히려 자신이 하느님의 도우심으로 대역죄를 막았노라고 사방에 떠벌렸다. 이런 식으로 레오 10세는 순결한 희생자, 십자가에 달리신 예수님의 기품 있는 후계자로 자신을 내세웠다. 생각이 있는 사람들이라면, 다음과 같이 자문했을 것이다. 서슴없이 예수의 지상 대변인을 암살하려고 들다니, 대체 그런 사람들이 어떻게 추기경이라는 높은 지위에 오를 수 있었는가.

　선임자들처럼 메디치 교황은 교회의 통치자이자 기독교 군주들 위에 있는 최고의 심판자로서 유럽 정치에서 핵심 역할을 해야 한다고 느꼈다. 때로는 권력관계에 따라 어쩔 수 없이 스페인 편으로 기울어 가톨릭교도인 페르디난트 왕과 연맹을 맺기도 했다. 그러나 오래된 피렌체의 전통으로 볼 때, 교황의 호감이나 충성은 프랑스에 기울어 있었다. 1515년 9월 스위스에 엄청난 대승을 거둔 뒤 유럽 정치의 떠오르는 샛별로 부상한 새로운 프랑스 왕 프랑수아 1세는 레오 10세와 1516년 동맹을 맺었다. 이 동맹은 메디치 가문에 유용했다. 위장된 주소로 계속 운영되었던 메디치 은행과 다른 수많은 피렌체 상사들도 사업적 이해관계 때문에 프랑스와 밀접한 의존 관계를 맺는 것에 동의했다. 교황은 젊은 프랑스 군주가 자기 가문을 지속적으로 후원하는 보호자가 되어줄 것이라 생각했다. 그래서 이 프랑스 왕이 메디치 가문을 도와 할아버지 때부터의 열망인 고향 도시 피렌체에서 제후의 지위를 얻게 해주기를 바랐다. 많은 것을 약속했던 시작들은 이미 두 건의 결혼관계를 통해 이뤄졌다. 레오 10세의 남동생 줄리아노 데 메디치가 사보이 가문의 필리베르타와 결혼한 것이다. 알프스와 이탈리아 북서부를 다스리던 이 왕가는 당시 프랑스에 점령당한 상태였다. 그리고 레오의 조카 로렌초 2세는 고귀한 가문 출신의 마들렌 드 라 투르 도베르뉴를 아내로 맞이했다. 이 가문은 프랑스 왕가와 친척이었다.

온통 메디치 가문의 이해관계가 지배하는 계산 속에서 독일의 신성로마제국과 그 수장은 부수적인 역할을 할 뿐이었다. 피렌체와 교황에게 신성로마제국은 뭔가를 얻을 수는 없고, 그저 더 나쁜 일이 일어나지 않도록 저지할 수 있는 곳일 뿐이었다. 레오 10세가 두려워하는 시나리오는, 합스부르크 가문의 스페인 왕 카를로스 1세가 그의 할아버지 막시밀리안 황제의 뒤를 이어 신성로마제국의 황제가 되는 것이었다. 제국 최고위층에서의 이런 변화를 그리 오래 기다릴 필요는 없을 것 같았다. 막시밀리안 황제는 57세로 이미 당시의 기대수명을 넘겼다. 1516년, 레오 10세는 라파엘과 그의 제자들에게 신성로마제국의 새로운 수장이 되었으면 하는 인물을 바티칸의 방에 그리게 했다. 그래서 카를 대제*의 대관식을 그린 프레스코 벽화 안에서 대제는 프랑수아 1세의 얼굴을 하고 있다. 이것은 그림으로 표현한 선거강령이었다.

이 시기 제5차 라테란 공의회는 이미 끝이 나 교황청 입장에서

---

* 카를 대제(742~814): 프랑크 왕국의 지도자로, 서유럽을 정치적·종교적으로 통일했다. 이탈리아 영토의 일부를 헌납하는 등 교회에 친화적이어서 교황 레오 3세로부터 서로마 황제의 관을 받았다.

는 크게 안심이 되었지만, 사실 교황청의 소득이나 생활양식에는 아무런 성과가 없었다. 그러나 교회개혁과 '오스만투르크와의 전쟁'*을 주제로 열린 피사 공의회에 대항해 교황이 개최했던 이 공의회가 시대의 커다란 문제점을 해결한 것은 분명하다. 이 두 문제는 60년 전부터 아주 밀접하게 서로 연결되어 있었다. 오스만투르크제국의 침략은 저지할 수 없을 것처럼 보였고, 모든 유파의 신학자들은 이 침략이 교회의 몰락과 그 결과인 전 기독교도의 윤리와 도덕의 몰락에 대한 하느님의 벌로 생각했다. 성직자계급의 수장 및 구성원의 근본적인 개혁 없이는 진격해 들어오는 이슬람을 성공적으로 방어할 수 없을 것이다. 이런 공식을 갖고 교황청은 갈리스토 3세(재위 1455~1458) 시대 이후 오스만투르크와의 전쟁을 위해 돈을 모았다. 물론 그 돈의 대부분은 어두운 경로를 통해 사라져버렸다. 개혁 프로그램도 규칙적으로 공포되었고, 때로 완성되기도 했지만 단호하게 실행에 옮겨진 적은 한 번도 없었다. 대부분 로마에 거주하고 있던 고위 성직자들의 지도적 그룹은 단단히 결속했고, 이들로 인해 이 개혁 프로그램은 실행되기 어려웠다.

---

* 합스부르크 군주국과 오스만제국 간에 벌어진 전쟁으로 오스만투르크는 동유럽에서 중부 유럽까지 세력을 확대시켜 헝가리 동부를 점거하고, 1529년 빈을 포위했다.

교회개혁의 문제

개혁 시도는 왜 실패했는가? 한 세대 전부터 '세속화된' 교황청을 반대하는 유행어이자 투쟁 구호가 된 개혁이란 단어를 교회 혁신에 찬성하는 로마 교황청 사람들은 어떻게 이해했는가? 이 신랄한 단어는 로마의 개혁 구상에서도 빠지지 않았다. 교황청 인문주의자인 파올로 코르테시Paolo Cortesi, 아우구스트 은둔자 수도회 총회장이며 많은 업적을 가진 신학자 에지디오 다 비테르보, 토마스주의자인 카예탄Cajetan 추기경과 엄격한 도덕철학자 조반니 프란체스코 델라 미란돌라Giovanni Francesco della Mirandola가 생각했던 개혁은 개별적인 부분에서는 아주 다양한 결과를 내었지만, 핵심에서는 모두 일치했다. 개혁이란 모두가 의무를 갖고 실행할 수 있도록 사회적 행동양식을 통일하는 것이며, 심화된 교양과 사회 내에서 통용되는 도덕적 결함 없는 행동을 문서로 확정하는 것이었다. 로마의 개혁자들 입장에서 볼 때 결국 교회의 수장과 구성원에 대한 교회개혁은 교회 내부에 존재하는 불쾌한 사건 및 의견불일치를 막는 것이었다. 그들에게 개혁이란, 성직자 전체와 특히 추기경들이 다시 신도들의 도덕적 모범이 되고, 그것을 통해 교회의 가르침이 다시 믿을 만하게 되는 것을 뜻했다. 언젠가 원시교회에서 그랬듯이 교리와 삶은 하나로 통일되어야만 했다. 그렇다고 해서 사도 시대의 조직형태 및 현상을 그대로 답습하겠다는 것은 아니었다. 지극히 모범적인 이런 모델을 그대로 따르는 것은 로마의 관점에서 볼 때는 시대의 변화와 모순되었다. 대부분 개혁 저술들의 근본 취지는 다음과 같았다. 현재의 인간들은 원시 기독교의 단순함, 소박함, 무욕, 형제애와는 거리가 멀고, 1500년의 시간은 인간을 근본적으로 바꾸었지만 더 낫게 바꾸지는 않았다. 오늘날의 기독교도들은 강력하고 감각적인 인상을 갈망하고, 눈요깃감을 원하며, 천국의 장엄함에 대한 생생한 묘사를 통해 최후까지 분발하도록 독려받기를 원한다. 이들은 현세에 도취되어 있고 현세를 사랑한다. 이런 분위기에서 초기 기독교도들의 소박하고 어두운 회합 장소들은 그저 경멸적으로 어깨를 으쓱 추켜올리게 만들 뿐이다. 따라서 오늘날 교회는 시대에 맞는 방법으로 인간의 영혼을 사로잡아야 한다. 화려한 교회와 고위 성직자를 통해서 말이다. 이들은 신분에 맞는 처신과 개인의 정숙한 도덕 사이에서 능숙하게 줄타기를 하는데, 이때 달콤한 삶의 심연이나 세상을 경시하는 은둔생활의 심연으로 떨어지지 않는다. 이 두 가지 극단적인 삶은 시대정신에 몰두하지 않으면서 시대와 함께 가야만 하는 교회에는 해가 되었다.

그렇기 때문에 제5차 라테란 공의회의 분위기는 교회의 붕괴에 대한 절망과 완전한 새 출발에 대한 희망, 깊은 염세주의와 끝 모르는 낙관상태 사이를 오갔다. 이런 정신상태는 아우구스티누스 은둔자 수도회 총회장으로서 루터의 최고 상관이었던 에지디오 다 비테르보의 묘사에서 잘 드러났다. 역사 해석과 미래 예언에 뚜렷한 관심을 가진 이 사변적인 신학자에게 교회는 세상의 한탄스러운 몰락의 아홉 번째 시대를 겪고 있는 것으로 보였다. 그러나 그냥 맥 놓고 낙심할 근거는 없었다. 이미 지평선에 열 번째인 마지막 시대의 여명이 비치고 있으며, 열 번째 시대와 함께 세상은 모든 삶의 영역의 광범위한 정화가 일어나며, 첫 번째 시대, 즉 황금시대로 되돌아가게 될 것이기 때문이었다. 공의회에서 연설한 다른 사람들도 이와 유사하게 느끼고 생각하고 주장했다. 이렇게 하면서 이들은 과한 칭찬으로 현재 통치하고 있는 교황에게 아부했다. 당시 레오 10세를 칭송하는 말장난 중 특히 인기 있던 것은 '메디치 교황'이나 교회의 질병을 그의 개혁으로 치유한다는 '전 기독교도의 최고 의사'라는 호명이었다.

비판적인 사람들조차도 교황에게 경의를 표했다. 이런 개인 우상화 안에는 시대의 전형적인 갈등, 혁신을 위한 노력 및 개혁 과정에 큰 파장을 몰고 올 갈등이 반영되어 있었다. 신학자 중 극단적인 '교황주의자들'은 베드로의 후계자인 교황의 전능을 최고로 높이고, 믿음과 도덕의 판단에서 그의 무오류를 증명했다. 하지만 적어도 이론적으로는 개인으로서의 교황과 로마 교회의 수장이라는 직분 사이를 구분했다. 교황도 인간으로서 일상과 실질적인 통치에서 실수를 할 수 있지만, 지상의 예수 대변자라는 지위가 가진 존엄성은 침해할 수 없다는 것이다. 그레고리오 대제(재위 590~604) 사망 이후부터 그레고리오 7세(재위 1073~1085)*의 개혁이 시작되기 전인 '어두운 세기'의 역사가 가르쳤듯이, 극단적인 경우 베드로의 의자는 범죄를 두려워하지 않는 교황들이 차지하기도 했다. 그래서 루터의 집에서 즐겨 언급되었던 으스스한 이야기의 주인공 스테파노 6세(재위 896~897)는 897년 선임 교황 포르모소(재위 891~896)의 시신을 무덤에서 파내 재판을 받게 했다. 이 재판은 포르모소의 부패한 시신에서 맹세할 때 사용하는 오른손을 잘라내는 것으로 끝을 맺었다. 신

---

* 그레고리오 7세: 157대 교황. 신성로마제국의 하인리히 4세와 서임권 분쟁을 겪은 인물로 유명하다. 그레고리오 7세는 가톨릭 성직자들의 규율을 확립하는 데 노력을 기울였다.

학적으로 사악한 교황은 문제가 되지 않았다. 로마의 견해에 따르면 베드로의 품위는 품위 없는 후계자 안에서도 절대 사라지지 않기 때문이었다. 반대로 통치 중인 교황을 칭송하면서, 관직의 성스러움과 개인 사이를 아주 섬세하게 분리하는 것은 대부분 이행되지 않았는데, 이것에 대해 알프스 이북의 지식인들은 아첨과 우상화라고 비난했다.

교회의 질병을 개혁으로 치유한다던 레오 10세는 사실 교회를 치료할 의지가 없었다. 따라서 라테란 공의회에서 그는 교회의 의사 역할을 하지 못했다. 그러나 공의회는 존재해야 했다. 이를 통해서만 교황의 권위가 유지될 수 있었기 때문이다. 사람들은 개별적으로 개혁 조처와 연결된, 교황의 승인을 통해 유효한 교회법이 만들어질 거라고 차분히 기다렸다. 로마에는 예외 규칙들이 작용하고 있었기 때문이었다. 이것은 거의 속담이 되다시피 했고, 심지어는 교황청을 비판하는 상투어가 되었으며, 그것이 사실이라는 것이 매일 새롭게 확인되었다. 그러나 가장 진지한 개혁자들은 정반대의 것을 요구했다. 성직자 선출에서는 엄격하고 일반적으로 통용되는 규범의 마련, 최고 지위에 그들을 임용할 때는 보다 엄격한 시험을 치를 것, 관직 수행에서는 규율을 엄격하게 지킬 것을 요구했다. 관직 수행은 영적 상담과 관련된 과제에 좌우되며 관저에도 실제로 거주할 것을 요구했다. 뿐만 아니라 성직자 교육을 위한 기준들이 공포되어야 한다고 주장했다. 그 외에 특히 교황의 친인척이나 추기경들이 일반적으로 차지하고 있는, 녹을 받는 성직 자리를 더 이상 과도하게 수여하지 말고 교회의 이해관계에 따라서만 수여할 것을 요구했다. 다시 말해 후보자들이 우선 경쟁한 뒤에 수여하되, 영향력 있는 사람의 입김 없이 오직 그들의 품격에 따라 수여하도록 요구한 것이다. 교황이 지배하던 시대 이후 늘 이런 요구가 제기되었지만 한 번도 실행된 적은 없었다. 제5차 라테란 공의회의 결정은 이런 방향을 따랐지만, 교황이 정한 예외 규칙 때문에 그 결정은 사실 아무 효력도 없게되었고, 따라서 확실한 지위를 차지한 고위 성직자들은 안심했다.

　개혁에 대한 로마의 의견은 인간의 행동 기준을 목표로 하고 있었을 뿐, 교회의 가르침을 목표로 하지는 않았다. 이런 구상에는 추기경 선발이 교회 수뇌부의 성향을 결정한다는 인식이 바탕에 깔려있었다. 만일 추기경들 대부분이 모범적 품행으로 두각을 나타냈다면, 그들은 자신들 중 최고의 인물을 교황으로 만들 수도 있었을 것이다. 이후 로마의 개혁은 목표에 도달했지만, 이와는 달리 교회의교리는 수정을 필요로 하지 않았다. 그와는 반대였다. 교부와 교황들이 교리와 교조의 문제를 명확히 하기 위해 천 년 이상 성경을 해석하며 수집한 것들은 로마에 있는 사람들 모두에게는 영원히 손댈 수없는 것으로 여겨졌다. 제5차 라테란 공의회에서 결정되어 널리 공포된 눈에 띄는 교의가 있다. 그 내용은 모든 개별 인간의 영혼은 소멸되지 않는다는 것이다. 루터는 탁상담화를 하면서 이 사실에 대해즐거워하기도 했고 몹시 화를 내기도 했다. 그렇게 당연한 것을 고유한 법령으로 공포하는 교회는 대체 무엇이란 말인가! 이 비텐베르크 사람의 관점에서 볼 때, 교황과 그의 추기경들은 그렇게 평범한교의 결정으로 자신들의 향락주의와 무신론을 덮으려고 했는데 이는 거의 범죄에 가까웠다. 루터가 제멋대로 날조한 일화에 따르면,레오 10세는 오랫동안 주저한 뒤에야 결국 우연의 법칙에 따라 이런교의를 결정했다는 것이다.

1장 루터, 수도사(1483~1517)

영혼의 문제가 공의회 토의에 붙여진 데는 비판적인 아리스토텔레스 철학 신봉자 피에트로 폼포나치^{Pietro Pomponazzi}의 저술과 관련이 있었다. 파도바 대학에서 강의했던 이 철학자는 인간 영혼의 불멸성은 내면세계의 증명만으로는, 즉 인간 오성의 힘만으로는 입증할 수 없으며, 하느님의 계시를 통한 확인이 필요하다고 주장했다. 이제 공의회가 인간 영혼의 불멸성에 대한 확신을 준다는 것이다. 교황청은 평화신학^{pax theologica}의 위대한 환상에 이전보다 더 사로잡혔다. 믿음과 구원 획득의 문제에서 모든 것은 영원히 명백하며, 이를 반박하려는 사람들은 보헤미아의 후스파와 같은 상습적인 불평가들뿐일 것이었다.

독일 문제

로마는 신학적 주제에 관해 포괄적인 합의가 이뤄졌다고 생각했다. 이와는 다른 평가를 한 사람은, 교황청에 근무하는 인문주의자로서 이탈리아 북쪽에 있는 반대쪽 세계를 순회했던 지롤라모 알레안드로와 같은 사람뿐이었다. 그는 1516년 레오 10세에게, 독일에서 전례 없이 격렬한 폭풍이 갑작스레 일어나고 있다고 경고했다. 광범위한 집단이 교황과 교황청을 상대로 싸움을 하기 위해 선동자와 이에 어울리는 주장을 기다릴 뿐이라고 했다. 날카로운 통찰력을 가진 알레안드로의 주장에 따르면, 너무나 많은 불만이 지난 수십 년간 쌓였다. 독일 사람들은 교황청한테 약탈당하고, 아무 위험 없이 더 때려도 괜찮은 선량한 황금 당나귀로 놀림받고 있다고 확신한다. 수치, 분노, 민족 자존심과 같은 정신상태는 최악의 것이 일어날 수 있다는 두려움을 갖게 만든다. 그러나 로마의 개혁 구상의 정신 안에서 알레안드로는 이를 자아비판과 연결하지 않고 그저 다음과 같이 절제를 요구했을 뿐이다. "우리 난폭한 야만인들을 거침없이 극도로 도발하지는 맙시다!"

모든 기독교도의 아버지라는 공적 역할에 따라 레오 10세는 독일을 부정할 수는 없었지만, 그에게 독일은 그저 변방에 불과했다. 그가 보낸 대사들처럼 레오 10세는 공식문서에서는 지치지 않고 독일 민족의 품위를 강조했다. 하지만 적어도 그가 보낸 교황대사들은 비공개적으로는 자신들이 북쪽의 이웃들을 좋게 생각하지는 않는다는 것을 숨기지 않았다.

교황 갈리스토 3세와 레오 10세의 재위 동안 교황청의 상거래 총량이 이와 동일한 견해를 보여준다. 1455년에서 1521년 사이 로마가 수여한 성직록, 은사 및 관직에 독일이 참여한 비율은 21퍼센트에서 8퍼센트로 거의 3분의 2가 줄어들었다. 그 나머지는 제국의 남쪽에 과도하게 치중하여 분배되었고, 북쪽 지역은 거의 아무것도 나눠 갖지 못했다. 추기경 리아리오와 레오 10세의 조카 줄리오 데 메디치와 같은 가장 성공적인 성직록 사냥꾼들과 비교하면, 독일에서 가장 부유한 성직자들도 가난한 자에 불과했다. 로마에 의해 조직된 포괄적 분배 시스템 안에 있는 특권적 지위는 당연히 교황 가족이 차지했다. 교황 가족들은 교황청의 중심 사업부에서 일했다. 이들 중에는 독일인들도 있었는데, 제후나 다른 영향력 있는 인물들을 위해 전권을 위임받은 사업 담당자들이었다. 동시에 교황청에 머무르며 지불 능력이 있는 동향인들을 위해 인맥을 연결해주거나 교황청 출입을 가능하게 해주는 사람이었다. 이런 대리인들은 상당한 이익금을 빼돌렸고, 별로 대우를 받지 못한 동향인들 사이에서는 당연히 미움을 받았다. 루터도 어쩔 수 없이 이런 종류의 대변인 격인 교황의 시종 카를 폰 밀티츠Karl von Miltitz와 관계를 맺어야만 했다. 그럼에도 불구하고 독일 전체에는, 특히 북부의 생활양식에는 그런 관계를 개척해주고, 이해관계를 교섭하여 결말을 짓고, 유익한 타협을 이끌어낼 수 있는 사람들이 부족했다. 프랑스, 스페인뿐만 아니라 변방에 있는 영국과 같은 나라도 이 방면에서는 독일보다 나았다. 게다가 그들의 지배자는 교황에게 사랑받는 방법도 알고 있었다. 그래서 레오 10세의 동생 줄리아노 데 메디치는 영국 왕으로부터 명망 있는 가터 기사단Order of the Garter의 기사로 임명되었다. 이와 같은 사소하지만 엄청난 효과를 가진 호의를 독일은 메디치의 조카들에게 베풀지 않았다.

다른 측면에서 독일 사람들은 수십 년 전부터 수많은 항의편지를 보내며 유럽에서 실질적으로 돈을 대는 사람들은 자신들이고, 자신들이 애써 번 돈으로 추기경들이 쾌락을 향유한다고 끊임없이 불만을 표시했다. 그러나 꼭 그렇지도 않았다. 독일 성직자들이 각 성직록당 로마에 지불해야 할 몫은 메디치 교황의 임기 시작 무렵 연간 수익의 15퍼센트에 불과했다. 원래의 부담에서 약 3분의 1이 감소된 것이다. 이렇게 연공年貢 문제에서 신성로마제국의 순위는 이탈리아, 스페인, 프랑스보다 훨씬 아래에 있었다.

불만은 점점 더 퍼져나갔고, 다른 폐해를 더욱 심하게 인식하게 만들었다. 관할 소재지에 있어야 할 성직자가 자리를 비우고 있는 점은 수도 없이 비판당했다. 성직자의 부재는 프랑스에서 특히 심했다. 그곳에서는 성직자의 약 50퍼센트가 부재중이었지만 전혀 문제가 되지 않았다. 귀족과 지식인들은 1517년 레오 10세와 프랑수아 1세 사이에 타결된 볼로냐 정교협약*을 통해 독일과는 반대로 상호 교환적인 대등거래 체계에 무난하게 편입되었다. 프랑스 혁명까지 이어진 이 조약 이후, 왕은 프랑스 교회의 가장 돈벌이가 잘되는 관직과 성직을 자신의 추종자들로 채울 수 있었고, 이후 이들의 임명은 로마가 수수료를 받고 공식으로 인정해주었다. 그 가격은 만만치 않았지만, 그럼에도 불구하고 이윤이 남았다. 그러나 토착 엘리트들의 이득을 위한 이런 제도를, 늘 그렇듯 독일은 잘 알아채지 못했다.

언제나 예외는 있었다. 고귀한 가문 출신의 고위 성직자 개개인은 상호교환적인 이득의 기반 위에서 서로 유용한 관계를 형성할 수 있었다. 브란덴부르크 후작 가문 출신으로 1490년에 태어난 알브레히트 폰 호엔촐레른Albrecht von Hohenzollern의 예가 이를 입증한다. 영주이기도 한 이 성직자는 19세에 마인츠의 주교좌성당 참사회원직을 얻었고, 4년 뒤에는 마그데부르크 대주교로 선출되었다. 불과 며칠 뒤에는 할버슈타트의 주교좌성당 참사회에 의해 관리인으로 확정되어, 이 주교구의 실질적인 지배자로 확정되었다. 이 주교구는 마그데부르크와 마찬가지로 오랫동안 작센 선제후의 유복자나 늦둥이 아들에게 주어졌는데, 이제는 호엔촐레른 가문 출신의 경쟁자 손에 떨어질 위기에 처해 있었다. 주교가 자신에게 딸린 신도들에게 목자, 영적 아버지, 도덕적 모범으로서 영향을 주려면 자신의 관할 소재지

---

* 프랑스 국내의 고위 성직자는 왕이 후보자를 지명하고 교황이 임명한다는 내용이다. 프랑스 교회에 대한 로마 교황의 지배권은 더욱 후퇴하게 되었다.

에 머물러야 했다. 따라서 원래는 한 사람이 여러 주교구를 가질 수 없었다. 그러나 16세기 초엽의 교회는 이와 같은 의무를 등한시했다. 특히 교황의 조카들과 같이 특별 우대를 받은 고위 성직자들은 주교구를 16개까지 소유했으며, 그 외에도 더 많은 관직과 성직록을 차지했다. 이와 같은 주교좌 모으기가 가능했던 것은 교황의 특별허가 때문이었다. 이것은 규범적인 법을 완전히 무력하게 만들어버렸다. 물론 이와 같은 예외에는 많은 돈이 들었다. 예를 들어 보잘것없는 주교구 할버슈타트를 얻기 위해 알브레히트 폰 호엔촐레른은 상당한 금액을 공탁해야만 했다.

그러나 '마인츠 작전'과 비교할 때 이것은 탁상공론이었다. 마인츠 작전은 마인츠의 대주교가 1514년 2월 사망하면서 시작되었다. 한 달 뒤인 151년 3월 9일, 마인츠 주교좌성당 참사회원들은 알브레히트 폰 호엔촐레른을 후계자로 선출했다. 이렇게 빨리 결정을 내린 데에는 이유가 있었다. 후보자 알브레히트의 형제인 브란덴부르크 선제후가 마인츠 주교좌성당 참사회에게 에르푸르트를 놓고 벌이는 싸움을 지원해주겠다고 보장했다. 이미 말했듯이, 이 대학 도시는 마인츠 대주교의 세속 지배영역에 속했다. 마인츠 대주교는 독일 최고 성직자이자 동시에 성직을 갖고 있는 세 명의 선제후 중 한 명으로 황제선출권이 있었다. 세속과 종교라는 이중의 권력을 갖고 제국에서 핵심 지위를 차지한 인물이었다. 그러나 작센의 선제후들도 에르푸르트에 눈독을 들이고 있었다. 이 도시의 채무가 많았기 때문에, 이들은 원하는 목표를 이룰 수 있을 것이라 생각했다. 에르푸르트 시의 빚을 갚아줄 경우 작센 선제후가 이 도시를 차지할 수 있기 때문이었다.

반년 안에 세 번째 주교구를 수여받으려면 교황의 비준이 필요했다. 당연히 젊은 주교 알브레히트는 이 신분 상승 때문에 자신의 두 교구, 즉 마그데부르크와 할버슈타트를 포기할 생각이 없었다. 독일과 선제후들의 우두머리가 되려는 그의 결정은 대단히 중요한 정치적 사건이 되었다. 당시 레오 10세는 신성로마제국의 황제 막시밀리안이 사망할 경우, 자신의 이익에 부합하는 후계자를 선출할 수 있도록 규정을 준비하고 실행에 옮기려는 중이었다. 이를 위해 그는 마인츠 대주교의 지원이 필요했다. 알브레히트가 이런 핵심 역할에 적당한 사람이었을까? 아직은 그런 인물이 아니지만, 적어도 그렇게 될 수는 있을 것이다. 로마가 보기에 양측을 더욱 긴밀하게 연결해줄 수 있는 것은 공동의 경제전략뿐인 듯했다. 호엔촐레른 가문의 이 젊은이가 이번에는 제대로 비싼 값을 치르게 될 것이라는 사실은 뻔했다. 그러나 그에게도 이 거래는 분명 도움이 되었다.

이와 같은 작전을 위해 교황청에는 전문가들이 포진해 있었다. 매사에 열정적인 리아리오 추기경이 첫 번째 서열에 있었다. 브란덴부르크의 왕자이기도 한 알브레히트는 진행 중인 교섭을 위해 자신의 재산관리인 요하네스 블랑켄펠트^{Johannes Blankenfeld}에게 일을 맡겼다. 로마의 재정전문가들은 1514년 6월 그에게 1만 두카텐* 상당의 혼합물^{Komposition}을 건의했다. 혼합물은 교황청의 완곡한 전문어로 이 총액을 지불하게 되면 관직 쌓기와 관련된 곤란한 상황이 해결된다는 뜻이었다. 이 액수는 수공업자 1년 수입의 300배에 달하는 금액

---

*   13세기부터 19세기에 유럽에서 사용되었던 금화.

이었다. 이렇게 큰돈은 원래 부유한 제후의 아들조차도 쉽게 조달할 수 없었다. 따라서 후보자의 지불 능력을 배려해주는 것이 로마에게 유익했다. 예정된 계획으로는 알브레히트가 마인츠 주교구를 얻기 위해 10년간 유효한 전대사全大赦*를 받아야 했다. 그는 이 확장된 영지들에 거주하는 남녀에게 은총의 문서, 즉 면벌부를 줄 수 있는 허락을 받았다. 이 문서는 구매자에게 지금까지 쌓은 죄로 인해 받아야 할 벌을 완벽하게 말소해준다고 약속했고, 따라서 연옥에서의 고통스러운 체류를 면하게 될 것이라 했다. 교회는 구원을 빌미로 면벌을 증명하는 면벌부를 팔았고, 이미 죽은 사람도 이를 통해 징벌이 면제될 수 있다며 이 거래를 더욱 매력적으로 부각시켰다. 부모와 조부모의 생전의 처신에 큰 의심을 품은 사람들은, 재정적 손해와 맞바꾼 면벌부를 통해 조상에게 커다란 친절을 베풀 수 있었다.

블랑켄펠트는 지나치게 높은 금액을 깎아달라고 요구했다. 성공한 은행가 가문의 후손인 레오 10세는 훨씬 더 확장된 거래로 대응했다. 마인츠 측을 압박하는 몇 주 동안의 설왕설래 뒤에, 다음과 같은 최종 매매 제의가 이뤄졌다. 알브레히트는 변함없이 확정된 1만 두카텐의 '혼합물' 이외에 새로운 지위를 나타내는 양모로 짠 휘장, 즉 대주교의 팔륨pallium** 값으로 1만 4,000두카텐을 더 지불할 의무가 생겼다. 사실 이 금액은 알브레히트의 대주교 선출을 로마가 찬성해주는 대가로 알브레히트가 지불해야 하는 강제 세금이었다. 이렇게 많은 돈이 흐르는 곳에서, 지속적으로 궁핍에 시달렸던 신성

---

*   죽은 사람들과 산 사람들의 죄와 벌을 모두 용서해주는 것.
**   미사 때 교황 및 대주교가 착용하는 와이 자형 어깨걸이.

로마제국의 막시밀리안 황제도 손해를 보려 하지는 않았다. 황제는 알브레히트를 비준해주는 대가로 알브레히트로부터 정확히 2,143두카텐을 받았다. 교황에게 지불해야 하는 총금액은 2만 6,143두카텐이었다. 그래서 원래 율리오 2세가 성 베드로 성당 신축공사의 재정 지원을 위해 시작한 면벌부 판매를 8년간 할 수 있는 권한을 주었다. 정확히 말하면 알브레히트는 자신의 교회 관할구와 지배영역은 물론 형제인 브란덴부르크 선제후와 프랑켄 지방 친척들의 영토 안까지 면벌부를 판매할 권한을 얻은 것이다. 교황청은 이 판매로 얻을 수 있는 수입을 5만 두카텐으로 평가했다. 이 소득의 절반은 항상 비어 있는 교황의 돈궤에 들어가는 것으로 애초부터 결정되어 있었다. 남은 2만 5,000두카텐은 알브레히트가 가져도 되었다. 하지만 이 돈으로 그는 교황청에 총 2만 4,000두카텐을 지불해야 했다. 앞에 언급한 대로 이는 알브레히트 자신이 교황으로부터 받을 면벌의 대가 및 대주교의 팔륨 값이었다. 따라서 그 이후 몇 년 동안 알브레히트의 재정 상태와 제국 내 그의 권력 위치는 면벌부 캠페인의 성공 여부에 달려 있었다.

이런 상황에 푸거 가문이 영향을 끼쳤다. 아우크스부르크 시의 이 은행가 가문은 15세기에 혜성과 같이 부상한 뒤에 교황청으로 닿는 길을 발견했다. 특히 그들의 신용대부 작전과 훌륭한 재정 서비스로 남독일과 로마 사이에서 잘 기름칠된 경첩과 같은 역할을 했다. 교회 내에서 야심찬 출세 목표가 생겼을 때 따라오는 지불 문제에서 당시 유럽에서 가장 큰 지불 능력을 가진 이 은행가 가문은 항상 대부나 선불을 할 준비를 갖추고 있다. 1514년, 알브레히트 폰 호엔촐레른이 과감한 행동을 준비하고 실행에 옮길 때도 마찬가지였다. 이런 방식으로 푸거 가문 역시 면벌부의 적극적인 판매에 대단한 흥미를 가졌다. 이 가문의 금전 징수자들은 면벌부를 판매하는 설교자의 뒤를 바싹 따라다녔다.

이로써 수십 년간 지속되고 교리 분열과 개혁의 과정을 근본적으로 함께 결정한 동맹, 인맥, 경쟁이 두드러졌다. 푸거 가문과 마그데부르크와 마인츠의 대주교인 알브레히트 폰 호엔촐레른 주변에 하나의 파벌이 형성되었다. 이 파벌에는 쾰른의 종교재판관 야코프 폰 훅스트라텐Jakob von Hoogstraeten과 그의 인맥, 로마의 교황대사 알레안드로와 교황의 충실한 신학자 요하네스 에크Johannes Eck가 속했다. 이들은 정치적으로는 작센 선제후 가문의 경쟁자 게오르크 폰 작센Georg von Sachsen 대공의 지원을 받았다. 교회 쪽으로는 성직록 사냥꾼이자 교황청의 촉망받는 성직자인 빌렘 반 엥켄보이르트Willem van Enckenvoirt와도 관계를 맺고 있었다. 그러나 이 당파의 진짜 수장은 레오 10세였다. 반대편은 작센 선제후인 현자 프리드리히와 그의 고문들 주변에 모였는데, 선제후의 고문들 중에는 게오르크 슈팔라틴이 두각을 나타냈다. 이들은 1517년 가을부터 자신들의 대변인인 마르틴 루터 주변으로 모였다.

1514년 당시에는, 비텐베르크라는 지방 소도시에 세워진 같은 이름의 대학에서 기독교 교회가 1500년의 역사 속에서 가장 강력한 동요가 일어나리라는 그 어떤 징조도 나타나지 않았다. 그리고 이런 변화가 마르틴 루터라는 신학자, 자신의 좁은 영향권 밖에서는 그저 소수의 사람만이 알고 있는 이 사람에 의해 시작될 것이라는 어떤 암시도 보이지 않았다. 교황청이 볼 때는 그저 외딴 지역에 불과한 동북부 독일에서 교황제도에 맞설 대단한 적수가 나타난 것이다. 인맥 형성과 매체 사용의 천재, 작센에서 후원과 홍보의 온갖 수단을 다 쓸 줄 아는 천재, 적어도 독일에서는 격렬한 언어의 힘을 가진 작가, 냉혹한 예리함을 가진 비평가, 독일 민족의 대변자, 관용 없는 박학다식한 신학자, 자신의 성경 해석이 구속력 있는 하느님의 의지라고 선언하는 적수가 등장한 것이다. 이 적수가 한 교황을 만났다. 신학적 전문직업교육을 받지 않은 채 세속의 제후처럼 생각하고 행동하며, 아름다운 허상의 예술에 통달해 있고, 자기 가족의 이해관계를 통치의 최고 원칙으로 삼으며, 교회와 전 기독교도 안에서 교황제도의 권력을 더욱 강화하려는 교황, "오늘을 즐겨라, 너의 마지막 날일지도 모르니"라는 모토에 따라 살았지만, 고대 그리스-로마가 깊숙이 침투한 르네상스 시대 기독교의 시각에서 본다면 경건한 교황을.

2장

루터, 비판자

1517~1520

면벌부 논쟁

마인츠 대주교가 된 알브레히트는 빚을 갚기 위한 예상 총액을 거둬들이기 위해, 비싸게 구입한 면벌부 판매 권리를 효율적으로 이용해야 했다. 그러나 1517년까지는 판매 캠페인을 시작하지 못하고 망설였다. 로마에 판매 기간을 더 늘려달라고 요구했는데, 이에 대한 로마의 승인을 기다려야 했기 때문이다. 이제 캠페인을 성공적으로 실행하기 위해서는 여기에 어울리는 인물들, 즉 위원과 부위원, 소재지에 있는 그들의 대변인, 고해신부와 설교자 등 대중의 구매를 부추길 사람들이 필요했다. 이런 모든 중개인들을 위해서, 의식의 규칙을 정하고 신도들에게 제시할 제안을 좀 더 정확하게 규정할 훈령들이 작성되어야 했다.

　당연히 마인츠 대주교 알브레히트와 로마 사이의 재정상의 대작전과 면벌부 판매 실시와 관련한 법적 구속력이 있는 문서가 작성되었다. 이런 문서 중 가장 중요한 것은 1515년 3월 31일에 포고된 레오 10세의 교서 〈우리의 신성한 구세주이며 구원자Sacrosancti salvatoris et redemptoris nostri〉와 그 실행 규정이다. 이 문서들은 지금도 보존되어 있는데, 그 중에는 부위원들 중 가장 유명한 도미니크 수도회 수도사 요하네스 테첼Johannes Tetzel에게 보낸 행동지침도 있다. 테첼은 마그데부르크와 할버슈타트 교구 내 면벌부 판매 담당이었다. 그는 이것이 교회정치의 주요 활동이며 정부가 내린 중요 결단이라는 것을 알고는 이를 위해 힘껏 노력했다.

> 테첼은 정말로 엄청난 것을 생각해냈습니다. 면벌은 하느님과 인간 사이의 화해이며, 인간이 회개와 참회를 하지 않더라도 효과가 있다고 했습니다. 만일 누군가 성모 마리아를 임신시켰다고 해도, 자신은 그의 죄를 사할 수 있다고 했고, 미래에 지을 죄를 용서해준다는 약속도 했습니다. 교황이 세운 십자가는 예수의 십자가와 마찬가지로 많은 가치가 있다고 주장했습니다. 이런 망상은 저를 부추겨 단호한 태도를 취하게 만들었지만, 명예 혹은 이득을 좇게 하지는 않았습니다.[1]

식사 중 과거를 회상하면서 루터는 모든 것이 어떻게 시작되었는지 이야기했는데, 그의 보고는 믿을 만하다. 면죄와 면벌을 구분하지도 않은 채, 면벌부 지지자들은 그들의 작품을 가능하면 잘 팔리게 선전했다. 훗날 책임자들이 이런저런 핑계를 대며 이를 부인하기는 했지만, 이런 사실은 여러모로 확인되었다. 그러나 전문가들이 확실히 알 수 있는 이 차이들은 일반 대중이 이해하기에는 너무 수준이 높았다. 이후에도 모든 신학적 부분에서, 특히 루터 교리의 섬세함에 대해서도 민중의 태도는 동일했다. 면벌부 구매자들 눈에는 연옥에 있는 고통스러운 중간 체류지 없이 천국으로 가는 길이 뚫린 것처럼 보였다. 이렇게 노골적으로 면죄와 면벌을 동일시하는 것을 수많은 신학자들 역시 경고했지만, 속수무책이었을 것이다. 테첼이 면벌부 판매 캠페인에서 정말로 "돈이 상자 속에서 울리는 순간, 영혼은 하늘로 뛰어오른다"는 유명한 슬로건을 사용했는지는 오늘날 알 수 없다. 어쨌든 이해하기 쉬운 광고 문구는 확실히 광범위한 고객집단의 욕구와 맞아떨어졌다.

　신학적 정교함은 테첼의 훈령들 안에서도 부정확하게 표현되었다. 테첼은 정확하지 않은 것보다는 거칠게 표현하는 것에 양심의 가책을 덜 받았던 모양이다. 그의 훈령은 처음에는 면벌에 앞서 솔직한 통회, 고백, 사제가 말해준 죄 사함이 있어야 하며, 그 이후 하느님 앞에서 죄의 보속을 받을 때야 비로소 면벌의 효력이 발생한다고 말한다. 이 세 가지는 당시 어떤 신학자도 반박하지 않았다. 그러나 포괄적인 훈령은 이것들을 강력하게 주장하지도 않았고, 의심하기까지 했다. 따라서 면벌을 통해 얻어진 은총에 대해 훈령 19조에서는 문자 그대로 다음과 같이 말하고 있다.

　　첫 번째 은총은 모든 죄의 완벽한 사함이다. 이것보다 더 큰 은총은 존재할 수가 없다. 왜냐하면 인간은 죄인이고, 이를 통해 하느님의 은총을 잃었으며, 죄의 사함을 통해 그리스도의 은총을 다시 향유하게 되었다.[2]

　이 말은 틀렸고, 잠재적으로는 이단적이기까지 했다. 왜냐하면 세속에서 받은 면벌이 죄지은 인간에게 하느님의 은총을 얻도록 해주지 않기 때문이다!

　그러나 강력하게 입맛을 당기는 구원의 약속을 통해 면벌은 큰 호응을 얻었다. 루터처럼 엄격하게 생각하는 신학자에게는 그런 구원의 약속이 죄인을 위한 불법 백지면허였다. 왜냐하면 이 의심스러운 증명을 취득하게 되면 가장 못된 범죄조차도 말살되기 때문이었다. 반대로 단순한 신자들에게는 "나는 지불한다, 그러면 나는 용서를 받는다"는 규칙이 아주 잘 이해되었다. 또 세속의 법정에서 부자는 자주 돈을 내고 풀려날 수 있었으며, 성자에 대한 존경은 기브 앤테이크와 동일한 원리에 근거를 두었다. 하늘에 있는 자신의 후원자에게 충성스럽게 경의를 표하는 사람은, 살아생전에는 위급한 경우 후원자의 도움을, 죽은 뒤에는 하느님 앞에서 그 후원자의 변론을 기대할 수 있다. 이 제식을 소홀히 하는 사람은 임종 때 버림받게 된다. 교회의 지시에 따라 경건한 행위를 수행한 사람은 자신의 악행을 청산할 수 있다. 돈을 희사하거나 지급하는 것은 다른 종교들에서도 이미 예전부터 선행 방법 중 하나였지만(이는 오늘날까지도 그렇다), 면벌부 장사의 새로운 점은 확실한 사면을 직접 구입할 수 있다는 것이다.

테첼은 그의 고객들에게 모든 죄의 완벽한 제거만 약속했던 게 아니었다. 신도가 면벌부를 통해 얻을 수 있는 두 번째 은총은, 가장 심각한 위법행위를 했을 때도 고해신부를 자유롭게 선택할 수 있다는 것이었다. 그것은 이단은 아니었지만, 기존 규율에 끔찍한 영향을 끼쳤음이 분명했다. 자신의 고해신부에게 사죄를 받지 못한 사람은, 덜 엄격한 신부를 찾았다. 이런 매력적인 제안은 선택의 자유로 국한되지 않았다.

세 번째 주요 은총은 보편교회의 모든 재산에 광범위하게 관여하는 것이다. (……) 우리는 또한 끝에 거명한 두 가지 주요 은총을 구하기 위해 고백을 하거나 교회 내지는 제단을 방문하는 것은 의무가 아니며, 오직 면벌부를 사는 것만이 의무라고 말한다.[3]

면벌부는 이렇게 정식 구원 주식이 되었고, 이 주식을 가진 구매자는 교회의 영적 재산에 참여하게 된다. 훈령은 이런 약관을 갖고 신학의 사각지대 안에서 움직였다. 테첼의 훈령은 사람들에게 구두로 전달되었고, 이때 은총을 획득하면 자동으로 용서를 받는다는 것을 확실히 암시해야 했다. 이는 신학적으로는 옳지 않았다. 그러나 평신도가 자신의 영혼 구원과 자신이 기독교 규율을 지키고 있는지 의심이 들 때, 교회와 사제들과 성자들을 믿는다는 익숙한 원칙에는 맞아떨어졌다. 루터의 관점에서는 훨씬 더 미심쩍은 것이 네 번째이자 마지막 주요 은총이었다.

네 번째 주요 은총은 연옥에 있는 죽은 자들을 위해 모든 죄를 완벽하게 사면해주는 것이다. 교황은 이웃을 위한 기도 형태로 사면을 준다. 이때 살아 있는 자는 사실 죽은 자가 변제해야 할 금액을 돈궤에 넣는다.[4]

이 문장도 신학적으로 보자면 틀린 것이다. 따라서 다음과 같은 결론을 내릴 수밖에 없다. 이 견해에 따라 옳은 것과 그른 것을 뒤섞는 사람은 거래 실적을 올리려고 의도적으로 잘못을 저지르는 사람과 같다고 말이다. 작은 글씨로 적힌 추가 규정에는 신학적으로 옳은 말이 적혀 있다. 죽은 자들이 면벌을 향유하기 위해서는, 사랑

caritas의 정신 속에서 죽어야 한다는 것이다. 이것은 중요한 조건이었다. 그러나 면벌을 통해 구원을 얻을 수 있다는 말에 정신이 팔려 간단히 묻혀버렸다.

마인츠와 로마 사이에서 행해진 면벌부 사업의 철저한 재정 타협에 대해서 마르틴 루터는 아무것도 몰랐을 것이다. 그러나 이 사업이 많은 것을 건 모험이며, 이 모든 작전이 루터가 모시는 영주의 경쟁자에게 유용하고, 영주에게는 눈엣가시라는 사실은 분명 알고 있었을 것이다. 또한 참회와 회개를 하라고 권했으나, 면벌부를 구입함으로써 그런 의례에서 벗어났다고 맞선 고해신도들의 반응에 루터가 놀랐을 것도 분명하다. 사제이자 신학자이며, 하느님 앞에서 죄지은 인간의 칭의의 문제에 대해 몇 년 동안 고심했던 루터는 도전을 받았다. 누구도 그 문제를 그렇게 단순히 처리할 수는 없다고 그는 생각했다. 루터는 가난하고 무지한 사람들에게 면벌이 천국으로 가는 입장권이라고 설교하는 사람은 이들을 지옥으로 끌고 가는 것이라 여겼다. 교황조차도 이런 잘못된 가르침으로부터 보호받아야만 했다.

테첼에게 내려진 훈령을 원문 그대로 보게 된 뒤 이것이 개별 면벌부 판매자의 일탈 문제라 할 수 없게 되자, 루터의 분노는 더욱더 커졌다. 이를 반박할 생각으로 그는 대학 내에서 신학자들의 토론을 위한 근거가 될 95개 항목의 논제를 작성했고, 1517년 공표했다. 그보다 나이 어린 동료 필리프 멜란히톤Philipp Melanchthon*은 루터가

이 반박문을 비텐베르크의 시 교회인 슐로스키르헤의 문에 붙였다고 말했다. 이는 오랫동안 전설로만 여겨졌는데, 오늘날에는 믿을 만한 사실로 인정된다. 또한 루터는 이 문제를 발생시킨 장본인인 마인츠 대주교 알브레히트에게 95개조 반박문을 동봉한 편지를 보냈다. 반박조항을 공표하면서 루터에게는 새로운 삶이 시작되었다. 자신의 의지와는 달리 그는 자신의 고요한 서재로부터 거대한 세계의 혼잡 속으로 끌려나왔고 마치 어린아이처럼 어찌할 바를 모른 채 이 혼잡과 대립하게 된 것이다. 교황의 교회가 저지른 부패로부터 세상을 보호하려고 하느님의 의지가 이전의 루터를 부렀다. 과거를 회상하면서 루터는 자신의 삶의 전환을 이렇게 해석했다.

마인츠 대주교 알브레히트에게 보낸 편지는 루터가 고위층에게 보낸 최초의 편지다. 이 편지에서 아우구스티누스 은둔자 수도회 수도사는 거침없이 자기 의견을 말했다.

> 주교님의 명망 높은 이름 아래 현재 성 베드로 성당 건축을 위한 교황 성하의 면벌부가 퍼지고 있습니다. 이와 관련해서 저와 관계없는 면벌부 설교자들의 말을 비판하려는 것은 아닙니다. 저는 점점 더 반대로 되어가는 생각들에 대해 몹시 화가 납니다. 이 생각들은 무지한 민중을 다른 방향으로 이끌면서 사방에 뻔뻔스럽게 퍼지고 있습니다. 미혹으로 이끌린 이 영혼들은 면벌부를 구매함으로써 자신들의 지복을 확신하고 있는 것 같습니다. (……) 하느님 맙소사, 친애하는 아버지 주교님, 이런 식으로 당신의 보호에 맡겨진 영혼들이 영원한 죽음으로 이끌리고 있습니다! (……) 면벌은 영혼의 구원과 신성함에는 전혀 도움이 안 됩니다. 면벌은 그저 가톨릭교회

법에 따라 이전에 부과했던 외적인 벌을 없애줄 뿐입니다. (……) 주 안에 계신 최고의 아버지시여, 게다가 당신의 고명한 이름으로 위원들을 위해 공표된 훈령에 따르면—분명 당신께서는 알지도 못하고 동의하지도 않으셨겠지만—면벌을 통해 얻어진 주요 은총 중의 하나가 측량할 수 없는 하느님의 선물이라고 합니다. 그 선물을 통해 인간이 하느님과 화해하며, 연옥에서 모든 죄로부터 해방된다고 합니다.[5]

대주교의 부하들은 11월 16일에 이 편지를 열어보았고, 수신목록에 등록해놓았다. 대주교 알브레히트는 이 편지가 정말 존경심 없는 어조로 쓰였다고 생각했으며, 신학적으로 상스럽다고 여겼다. 그는 마인츠 대학의 신학부에 이 편지에 대해 문의했고, 이곳은 당연히 비텐베르크의 불쾌한 수도사의 비판에 맞선 평가서를 신속히 제출해야 했다. 12월 17일, 평가서가 제출되었으나 의견이 확실히 표명되지 않아 대주교의 기대에는 어긋났다. 마인츠 신학자들은 책임을 회피하면서, 로마에 조언을 받으라고 제안했다. 대주교도 이런 생각을 갖고 있었다.

1518년 초 다음과 같이 결론이 났다. 멀리 비텐베르크에 사는 격렬한 면벌부 비판자가 전적으로 혼자서 교회와 그의 수장을 다시 옳은 길로 복귀시키기 위해, 죄의식에 힘들어하는 민중을 상대로 하는 해로운 악덕 상행위를 비난하는 것이다. 혹은 교회의 규정 전체를 의심하는 것일지도 모른다. 따라서 로마 측은 그를 이단까지는 아니라고 해도 반역자로 볼 수도 있을 것이다. 이로써 루터의 반박문은 교회 결정의 중심 도시로 가는 길뿐만 아니라 반박문에 답변해야 할 적절한 대화 상대자이며 기독교 신자들의 영혼 구제에 대한 걱정보다 자신의 권위와 능력을 더 우선시한 교황을 등장시킨다.

레오 10세의 첫 번째 반응은 그가 루터의 반박문으로 인해 시작된 언쟁을 완전히 이해했음을 즉각 보여준다. 이미 1518년 2월 3일에 교황은 얼마 전 추기경으로 승진한 에지디오 다 비테르보의 후임으로 아우구스티누스 은둔자 수도회 총회장이 된 가브리엘레 델라 볼타Gabriele della Volta에게 다음과 같은 지시를 내렸다.

> 본인은 그대에게 업무를 위임하노니, 이 일에서 그대는 최고의 주의력을 기울여야 할 것이오. 본인은 사실 그대가 마르틴 루터, 그대 수도회 사제의 문제를 받아들였으면 하오. 그대도 틀림없이 알고 있듯이, 이 사람은 독일에서 전대미문의 개혁을 추진하고 있으며, 우리 민중에게 새로운 믿음의 교리를 가르치고 있소. 그대는 그대의 의장직이 부여받은 권위로 힘이 미치는 한 이런 음모를 막으시오. 다시 말해 그에게 글을 보내고, 학식 있고 효력 있는 중재자를 참여시켜 이 음모를 막으시오. 물론 그대는 그곳에 이런 인물을 많이 갖고 있지는 않을 것이오. 이들은 루터를 진정시켜야만 할 것이오. 만일 그대가 이 일을 빨리 실행한다면, 이 불꽃은 금방 가라앉을 것이라 생각하오. 아직은 소소하며 이제 막 시작되고 있는 일들은 강력한 반대조처를 취할 경우 사그라들 것이오. 그러나 그대가 조용히 참고 기다려 이 악이 힘을 키우게 된다면, 우리가 그 어떤 방법으로도 이 불을 잡을 수 없을 것 같아 두렵소.[6]

거의 히스테릭한 느낌을 주는 이 걱정은 어디서 기인한 것일까? 당시 로마는 95개조 반박문 외에 루터의 다른 글은 아직 읽어보지 않았다. 루터의 논제 안에서는 현재 설교되고 실행되고 있는 면벌에 관한 교리와 간접적으로 교황권의 권좌도 의심하고 있었다. 그렇다고 루터가 민중에게 새로운 교리를 공표하는 것은 아니었다. 그는 교황이 면벌에 관해 적절한 교리를 제시하지 않았다는 것은 염두에 두지도 않았다. 메디치 교황은 정말 끊임없이 자금 부족에 시달렸다. 따라서 교황의 예산을 위해 마인츠 대주교가 지불하는 금액은 교황의 재무부가 처리하는 규모에서 볼 때는 별것 아니었다. 레오 10세는 비텐베르크의 교수의 논제를 직접 읽지는 않았을 것이다. 눈에 띌 정도로 향락 욕구를 가졌으며, 그토록 바쁜 권력정치가가 그런 논제를 읽을 시간은 없었을 것이기 때문이다. 게다가 그의 신학 기초 지식―교황 선출 때 그는 아직 사제도 되지 않았다*―은 고도의 논쟁을 의도한 루터의 글의 예리함과 깊이를 이해하기에는 턱없이 모자랐다.

루터의 95개조 반박문

1518월 2월 3일의 교황의 몹시 당황스러운 반응을 이해하기 위한 유일한 설명은 루터의 글이 로마에서 이름이 밝혀지지 않은 어떤 신학

---

*   1513년 3월 9일 조반니 데 메디치는 율리오 2세의 뒤를 이어 교황으로 선출되었으며, 이틀 후에 이 사실이 공표되었다. 조반니는 그해 3월 15일 사제 서품을 받았으며, 17일에 주교로 임명되었다. 그리고 19일에 즉위식을 통해 교황에 즉위했다.

자에 의해 평가되었기 때문이다. 이 사람은 95개조 반박문에서 루터가 로마의 지배적 생각들과는 일치하지 않은, 교황직과 교회 규범에 대한 견해를 가르치고 있다는 것을 금방 알아차렸다.

루터의 공격은 이미 다섯 번째 조항에서 시작되었다.

교황은 자신의 판결 혹은 교회법의 판결에 따라 부과한 벌 이외에는 어느 벌도 사면할 생각이나 능력이 없다.[7]

절대 권력을 소유한 자가 자신이 지시한 징벌조치를 취소할 수 있다는 것은 정치적으로 자명한 이치였다. 이 논제의 정점은 이 논제가 배제한 부분에 있다. 즉 루터는 교황이 연옥까지 손에 넣을 수는 없으며, 그곳에서 자신의 죗값을 치르고 있는 영혼을 자유롭게 해줄 수 없다고 말하는 것이다. 게다가 논제 13항은 죽어가는 사람은 교회법을 이미 떠났기 때문에, 더 이상 어떤 벌도 받을 수 없다고 말한다. 루터의 견해로 보면 죽은 자를 위한 면벌은 이미 해결되었다. 교황은 그리스도로부터 받은 열쇠의 권한을 단지 지상에서만 가질 뿐 천국, 지옥, 연옥에서 갖지는 않는다. 따라서 논제 26항이 설명하듯, 교황은 연옥에 있는 영혼들을 위해 기껏해야 기도를 해줄 수 있을 뿐이다. 그러나 이 대리 기도는 자동 구원장치가 아니라 단순히 기도일 뿐으로, 이 기도가 효과가 있을지는 아무도 모른다.

루터는 폰티펙스 막시무스에 대한 이런 권력 제한을 선동적인 논제 25항에서 아주 재미있는 비유를 들어 표현했다.

교황이 연옥에 대해 갖고 있는 권한은 주교와 주임신부들이 특히

자신들의 교구와 본당에 대해 갖고 있다.[8]

이 말은 마치 교황이나 다른 성직자들이 평등하다는 듯 들린다. 교황의 권능이 이제 더 이상 저세상에서 효력을 발휘하지 못한다면, 게다가 이 세상에만 국한된 권능마저 교황의 신하인 일반 성직자들도 일부 행사할 수 있다면, 교황 추종자들이 주장한 교황수위권*은 이제 별 의미가 없었다. 이는 교황의 영적자원에도 적용되었다. 면벌에 관한 이론은 '교회의 보물thesaurus ecclesiae'이라는 개념에 근거를 두고 있었다. 교회의 보물은 그리스도와 성자의 공적을 의미하는 것으로, 이들의 공적은 많이 남기 때문에 다른 사람이 사용할 수 있었다. 성자 자신은 천국에 이르기 위해 어차피 이 공적을 사용할 필요가 없다. 이렇게 남은 그들의 공적은 교황에 의해 위탁 관리되어, 그가 면벌을 베풀 때 사용했다. 그는 연옥에서 영혼을 구하고—루터가 몹시 분노하는 부분인—돈을 거두어들이기 위해, 어느 정도 자유롭게 처분할 수 있는 예금액, 즉 성자의 공적을 인출했다. 루터는 푸거 가문이 행하는 엄청난 규모의 복잡한 신용거래를 비난한 것과 마찬가지로, 이승과 저승 사이의 이런 거래방식을 비난했다. 논제 56항에서 드러나는 간명하고도 결정적인 반박이 바로 그것이다.

교황은 교회의 보물을 이용해 면벌을 베풀어준다. 그러나 이 교회

---

* 교황이 전체 교회의 우두머리로서 전체 가톨릭교회와 신도들에 대해 가지는 권한. 교황 고유의 최고 권한인 수위권은 교회의 창설자인 예수 그리스도로부터 나온 권한이다. 예수 그리스도는 모든 사도들 가운데 베드로에게 수위권을 주겠다고 약속했다. 교리상으로 교황은 사도들의 우두머리였던 성 베드로의 계승자로 간주된다.

의 보물은 그것이 무엇인지 상세히 언급되지도 않았고 그리스도의 백성에게 알려지지도 않았다.[9]

하지만 57항에서 보면 루터는 이것이 보화가 아니라는 것을 정확히 알고 있었다. 세속적인 재산은 아니다. 왜냐하면 사제들이 이를 다른 사람에게 나누어주기보다는 모으기 때문이다. 교회의 보물에 대한 교황의 견해 역시 근본적으로 잘못되었다.

그 보화는 그리스도와 성자의 공로로 이뤄진 것도 아니다. 왜냐하면 이 공로는 교황 없이도 늘 내적인 사람에게는 은총을, 외적인 사람에게는 십자가와 죽음과 지옥을 주기 때문이다.[10]

이 논제 58항은 전례가 없을 정도로 대담한데, 돈벌이가 되는 면벌 실행의 근거를 의심하고 교황제도의 권능을 또다시 제한할 뿐만 아니라 적절한 신학적 기반이 부족하다는 것을 비판했기 때문이다. 면벌에 대한 가르침은 이제까지 충분히 설명되지도 규정되지도 않았다. 95개 논제의 목적은 이런 신학적인 불명료함을 제거하려는 것이 분명했다. 이때 루터가 고려하지 않았던 것이 있었다. 교황제도가 아주 민감한 두 지점, 즉 교회의 보물과 연옥에 머무는 영혼들을 위한 면벌에 관해 아주 잘 표현했다는 사실이다. 교황 클레멘스 6세(재위 1342~1352)는 1343년 정규 교황 칙령집에 속하지 않아 '교회법 부록서'라 불리는 〈우니게니투스 대칙서Unigenitus〉**를 공표했는데, 이 안에서 루터가 논제 57항에서 반박한 사항을 이미 아주 정확히 확정해 놓았다. 그리고 1476년 8월 3일, 교황 식스토 4세는 소칙서에서 루터가 맹렬히 부정했던, 죽은 자를 위한 면벌에 관해 상세히 설명했다. 죽은 자를 위한 중보기도는 살아 있는 사람에 대한 면벌과 똑같은 효과를 가진다는 것이다.

루터가 보기에 두 교황의 법령은 부수적이었다. 그런 법령이 전 교회에게 구속력 있는 교리였던가? 그것은 교황제도의 추종자들에게는 확고불변한 것이었다. 그들의 의견에 따르면, 교황이 내리는 결정이 절대로 틀릴 리가 없기 때문이었다. 루터가 이에 대해 전혀 다른 의견을 가진 것은 아니지만 확신하지 않는 것은 분명했고, 로마는 바로 이것을 두려워했다. 언뜻 보면 그저 세부적 문제만 다룬 듯한 루터의 논제들은 깊은 숙고와 의혹에서 시작되었다. 루터가 품은 의심의 핵심은 교황이 가진 권세의 본질이 무엇인가였다.

다른 논제들은 루터가 과연 교황을 신뢰하고는 있는지 의심을 부채질한다. 45항에서 51항까지의 논제는 "기독교인은 깨달아야 한다"로 시작되는데, 여기서 루터는 교황이 신자들에게 무엇을 바라야 하는지, 더 정확히 말하면 진정으로 훌륭한 교황은 좋은 가르침을 받은 기독교인들에게서 무엇을 기대해야만 하는지를 신자들에게 보여주고자 한다. 이로써 루터는 로마의 허락을 받지 않은 악한 면벌부 판매위원들에 맞서 교황을 보호할 것을 요구했다. 그러나 여기에 대해서는 지금까지 교황의 공고 안에서 아무런 언급도 없었다. 테첼과 그의 동료들은 교황청의 완벽한 후원을 받으며 행동했다. 이

** 클레멘스 6세는 1343년 일종의 교회법으로 간주되는 이 교서를 공포하여 대사를 가톨릭교회의 공식 제도로 승격시켰다. 이 교서는 교황이 베푸는 특별사면에 합법적 입지를 부여하여 신자들에 대한 교황의 권위와 위상을 높였다.

런 방식으로 45항에서부터 51항까지의 그리스도교의 가르침에 대한 7개 논제는 대안적 교황제도의 기본 강령이 되었다. 이 교황제도는 아직은 존재하지 않았지만, 루터에 따르면 전 기독교도를 심각한 손해에서 지키기 위해 필요했다. 로마가 보기에는 세상과 동떨어진 독일의 하찮은 수도사가 레오 10세에게 그의 직위를 어떻게 이끌어야 하는지 대담하게 가르치려 드는 것이었다.

기독교인은 깨달아야 한다. 어떤 사람이 궁핍한 사람을 보고 그를 돕기 위해서가 아니라 대신 자신이 은총받기 위해 돈을 지불한다면, 그 사람은 자신을 위해 교황이 베푸는 면벌을 사는 것이 아니라 하느님의 분노를 사는 것임을. 기독교인은 깨달아야 한다. 집에 꼭 필요한 것은 갖고 있되, 그것을 면벌을 얻기 위해 탕진하려고 간직하지는 말 것이며, 그럴 경우 그들은 과하게 많은 돈을 갖고 있다는 것을. 기독교인은 깨달아야 한다. 은총의 획득은 자유로운 것이지 규정되어 있는 것이 아님을. 기독교인은 깨달아야 한다. 교황은 빠른 돈보다는 경건한 기도를 통한 은총을 더 필요로 하며 이것을 간절히 원한다는 것을. 기독교인은 깨달아야 한다. 그들이 교황의 은총을 신뢰하지 않을 때는 그 은총이 유익하나, 교황의 은총 때문에 하느님에 대한 경외심을 잃을 경우에는 그 은총이 매우 해가 된다는 것을. 기독교인은 깨달아야 한다. 만일 교황이 면벌부 설교자들의 강요를 알고 있다면, 그는 자기의 양들의 가죽과 살과 뼈를 통해 성 베드로 성당을 짓는 것을 보느니 차라리 성당이 불 속에서 몰락하는 것을 보고 싶어 한다는 것을. 기독교인은 깨달아야 한다. 교황은 필요한 경우 성 베드로 성당을 팔아서, 면벌부 설교자에게 주머

낫돈을 내준 사람에게 다시 그 돈을 돌려주려고 한다는 것을.[11]

　　루터의 훈계와는 반대로, 레오 10세는 의지를 가져야 하는 모든 일에 정작 의지를 전혀 보이지 않았다. 따라서 교황이 주는 면벌은 수사학적으로 하느님의 분노와 교묘하게 대립되었다. 교황이 신자들의 경건한 기도를 더 필요로 한다는 것은, 깊은 신앙심의 표현이거나 아니면 교황에 대한 비판으로 이해할 수 있다. 교황이 너무 많은 잘못을 해서 이런 중보기도가 필요한 것일까? 결국 이 싸움은 성 베드로 성당 신축과 르네상스적인 교황이 좋아하는 프로젝트로 설명되었다. 화려한 바실리카에 들어가는 엄청난 금액을 탕진하는 대신, 교황은 차라리 가난한 사람들에게 자선을 베풀어야만 했다. 하느님은 아름다운 교회를 원하는 것이 아니라 죄인의 회개를 원한다. 진실한 기독교인, 즉 십계명과 같은 규율을 이행할 능력이 없음을 깨달은 기독교인은 따라서 참회와 회개, 징벌을 사랑해야 하며, 이를 멀리해서는 안 된다. 하느님은 건축이나 그림처럼 오직 인간의 허영에만 이용되는 그런 외적인 것을 보지 않고, 인간의 내면만을 본다.

　　교회의 외면화에 대한 비판은 논제 50항 및 51항과 관련된 86항에서 질문 형태로 표현되었다.

　　오늘날 가장 부유한 대부호보다 더 부자인 교황은 그렇게 큰 성 베드로 성당을 왜 자신의 돈으로 짓지 않고 가난한 사람들의 돈으로 짓는가?[12]

　　95개조 반박문은 그 내용 전체로 로마에 다양한 두려움을 불러일으켰을 것이다. 애초부터 문제가 많았던 면벌 문제는 새로운 교회 질서를 구상하는 계기에 불과했다. 이 질서에서는 교황제도의 권세가 심하게 축소되었다. 그런 질서를 마련하면서 생기게 될 공백은 어떻게 메울 것인지는 불명확했다. 노련한 신학자들도 95개 반박문 안에서 공의회 우위의 사상은 발견할 수가 없었다. 마찬가지로 교황제도의 결정권한에 대해 반항하라고 부추기지도 않았다. 오히려 하느님의 벌처럼 나쁜 교황도 우리가 참고 견뎌야만 하는 일종의 벌이라는 인상을 주었다. 또한 교리적으로 그 어떤 것도 구체적으로 비난하지 않았다. 자신의 죄를 면벌부를 통해 떨쳐버리지 말고, 응당히 받아야 할 죄를 그리스도의 희생적 죽음에 대한 믿음 안에서 그리고 그것에서 기인한 하느님의 용서에 대한 믿음 안에서 받아들이라는 루터의 성명은 그 안에서 기초로 삼고 있는 그리스도중심주의 Christozentrik*처럼 전적으로 시의적절했다. 특히 이탈리아에서 그랬다. 이곳에서는 아직은 거의 눈에 띄지는 않지만 개혁의 조짐이 보였는데, 이 개혁의 논제들은 루터와 유사한 내용을 주장했던 것이다.

로마가 이 선언문의 저자에 대해 어떤 태도를 취할지는, 권력 문제 및 교황제도에 관해 이 선언문 안에 포함된 대안적 계획을 두고 교황청이 토론할 준비가 되어 있는지에 달려 있었다. 레오 10세와 그의 조언자들은 그럴 생각이 손톱만큼도 없었다. 왜냐하면 교황청 신학자들은 전 기독교인들이 로마의 보호 아래 영속적으로 통합되어 있고 평화롭게 지낸다는 믿음 안에서 교황의 권좌가 계속 더

---

* 예수 그리스도가 창조와 구원의 역사에서 중심 지위에 있음.

발전하길 원했기 때문이다. 상황은 신중한 논쟁을 하기에 적절하지 않았다.

논쟁의 시작: 레오 10세에게 보낸 루터의 편지

레오 10세의 걱정이 담긴 요구에 따라 아우구스티누스 은둔자 수도회 총회장 델라 볼타는 루터에 맞설 조처를 취하기 위해 독일에 있는 고위층에게 의뢰했다. 로마의 수비체제 역시 로마에서나 독일에서 아주 신속하게 작동하기 시작했다. 특히 독일에서는 유명한 논쟁 신학자 요하네스 에크와 루터로부터 격렬한 공격을 받은 면벌부 설교자 요하네스 테첼이 루터에 대항해 반론을 제기했다. 그러나 대중 매체에서의 카리스마와 반향으로 볼 때, 이 모든 다툼의 장본인 루터는 항상 이들보다 한 발 앞섰다. 마인츠 대주교 알브레히트에게 보낸 편지와 동봉한 글들, 면벌 및 조금 덜 위험한 다른 주제들에 대한 설교들, 기도서나 종교서 혹은 여전히 논쟁적인 논조로 풀어가는 95개 반박문에 관한 해석들은 루터의 손에서 나와 곧바로 인쇄기로 향했고 엄청난 판매고를 올렸다. 반면 레오 10세가 아우구스티누스 은둔자 수도회에 걸었던 기대는 충족되지 않았다. 1518년 4월 말에 열린 수도회 회의에서 루터는 자신의 입장을 밝히도록 허락받았다. 이 회의에서 신학 전공 문제에 관해서는 평화롭게 토론이 진행되었지만, 95개 반박문에 대해서는 별로 토론되지 않았다. 물론, 델라 볼타가 작성했을 것으로 보이는 문서가 읽혔는데, 이 문서는 수도회의 반항적인 형제를 날카롭게 공박했다.

하이델베르크에서는 루터에 대해 어떤 다른 조처도 취해지지 않았는데, 이는 루터의 영주인 선제후 현자 프리드리히 덕이었다. 루터는 만일을 대비해서 선제후에게 보호와 옹호를 요청했다. 사실 루터는 이런 요청을 할 필요도 없었다. 프리드리히는 이미 루터와 막역한 사이인 독일 수도원장 요하네스 폰 슈타우피츠에게 보낸 편지에서, 루터는 수도회 회의가 끝난 뒤 방해받지 않고 집으로 돌아가도 된다고 명시해놓았기 때문이다. 루터가 이단 소송에 얽혔을 때, 비텐베르크 대학 전체의 명성은 굉장히 위태로운 상황에 처했다. 또한 마인츠 대주교의 면벌에 대항한 루터의 논쟁은 당연히 작센 선제후의 정치적 이해관계와 맞물렸다. 작센 선제후는 호엔촐레른 가문으로부터 압박을 받는다고 느끼고 있었기 때문이었다.

로마는 더욱 강력한 의지를 갖고 이 의심스러운 수도사를 조사하는 데 박차를 가했다. 1518년 3월 초, 독일 도미니크회 수도사들은 95개조 반박문을 쓴 사람에게 공개적으로 이단의 죄를 물으라고 교황청에 고발했다. 이 진정서가 교회법에 따른 소송을 시작하도록 물꼬를 텄을 것이다. 이 소송은 '업무처리절차'상 로마의 국고출납 전권위원인 마리오 데 페루스코$^{Mario de Perusco}$에게 위임되었고, 그 역시 이 자료를 시험할 신학적 심사위원들을 요청했다. 루터는 자신의 문제가 로마에서 처리되고 있다는 사실을 알고 있었다. 그의 기질과 변호 전략에 어울리게 그는 소송절차 결과를 참을성 있게 기다리지 않고, 대신 큰 물의를 일으키는 과감한 행동을 함으로써 직접 교황 레오 10세에게 대항했다. 1518년 5월 30일, 루터가 요하네스 폰 슈타우피츠를 경유해서 95개조 반박문에 대한 상세한 주석을 교황에게 보낸 것이다. 이 주석은 기존 논제들에 아주 상세한 신학적 해석을 달았을 뿐만 아니라 여러 관점들을 논쟁적으로 강화했다. 그리고 그해 8월에는 인쇄되어 대중도 읽을 수 있게 되었다. 주변의 지지자들과 사건을 점검하면서 독일의 수도사는 직접 자신의 최고 심판관에게 향했다. 그는 처음부터 자신을 고소한 사람들에 대한 비난을 아끼지 않았다.

> 교황 성하, 저에 대한 아주 나쁜 이야기 떠돌고 있다고 들었습니다. 때문에 성하와 주변 사람들 앞에서 어떤 동료들이 제 이름을 더럽혔다는 것을 미루어 짐작하고 있습니다. 사람들은 제가 감히 최고 사제의 권위와 열쇠의 권한을 침해했다고 합니다. 그래서 저는 이단자, 배교자, 배신자 외에도 적어도 600개는 되는 그보다 훨씬 더 나쁜 욕설에 파묻혀 있습니다. 소름이 끼칩니다.[13]

이런 비난은 루터의 마음을 움직이지 못한다. 그는 자신이 무죄라는 것을 명확히 알고 있다. 적들의 비방은 그들의 타락한 양심과 명예욕 탓이다. 따라서 황공하옵지만 교황이 사건의 진상을 "어린아이이며 죄 없는 인간"[14] 같은 당사자, 즉 루터로부터 들어주시기를 바란다고 했다.

사건에 대해 이렇게 간결하게 묘사하면서도, 루터는 자신의 전술을 충실히 지켰다. 자신을 공격하는 데 쓰인 수단과 방법으로 똑같이 상대방을 반격하는 것이었다. 탐욕스러운 면벌부 설교자들이 말도 안 되는 교리를 온 나라 구석구석에 퍼트리며, 이를 통해 레오 10세의 이름을 훼손하고 있다. 단순한 백성들은 라틴어 글에서 정보를 얻는 것이 아니라 술집의 단골 식탁에서, 더 나쁜 경우는 면벌부 판매자들의 설교에서 정보를 얻으며, 이들의 소름끼치는 약속을 철석같이 믿기 때문이다. 교황이 면벌부를 무료로 배분하지 않고 쩔렁대는 동전을 받아 헐값에 팔아넘기기 때문에, 교황청의 금전욕이 극도로 두드러진다.

루터는 적들을 신랄하게 비꼬았다.

교리를 위해 성하께서 승인해주신 저의 권한에 대해 그들이 시기하지만, 그런 일에 사실 저는 영향을 받지 않습니다. 그렇습니다, 제 의지와는 반대로 저는 성하께서 훨씬 더 광범위한 권한을 취하시기를 빌 수밖에 없습니다. 그들은 아리스토텔레스의 몽상을 신학의 핵심 내용과 혼합하고, 이런 식으로 그들에게 마련해준 대학 학과들에 대항해 논쟁하고, 이를 훨씬 넘어 하느님의 존엄에 대해 꼬치꼬치 따지는 것을 널리 퍼트리고 있습니다.[15]

이교도인 아리스토텔레스의 의심스러운 방식을 이용하여 하느님의 위대함에 대해 상상의 나래를 펴는 3류 신학자들이란 토마스학파 학자들, 도미니크회 수도사들을 말하는 것이다. 이들은 성 토마스 아퀴나스를 계승하면서 믿음과 지식을 조화시키려 했고, 성경과 교회의 중심을 이루는 구원론을 놓쳐버렸다.

루터는 적들이 자신을 적대시하는 것에 불평했지만, 자신도 공격을 가했다. 분쟁을 결말짓는 것 역시 그의 자기이해와 전략이었다. 교회의 진정한 의도를 위해 루터는 사심 없이 신명을 다했는데, 그의 적들은 이를 이단으로 취급했다. 따라서 진정한 이단은 그를 중상하는 사람들이었다.

대체 어떻게 해야 합니까? 저는 철회할 수 없습니다. 그리고 동시에 대중이 흥분한 탓에 저를 향해 엄청난 질투가 몰려오고 있는 것을 알고 있습니다. 정말 무지하고, 영혼은 피폐하며, 교양이라고는 모르는 제가 제 의지와는 상관없이, 여러 사람들이 만들어낸 정말 극도로 위험한 공적 판결조직에 내맡겨진 것을 알고 있습니다.[16]

무지하고 그저 진리에만 관심이 있는 기독교도, 모든 전략적인 간계와는 거리가 먼 기독교도라는 자기표현 역시 끊임없이 루터의 트레이드 마크로 남아 있었고, 사람들은 이를 지나치게 자주 맹신했다. 그러나 간계와는 거리가 멀다는 루터의 자기표현은, 그가 다양한 관점에서 대중과 대중매체를 이용했던 점을 볼 때 전혀 맞지 않는다. 그는 특별히 그림과 텍스트로 된 전단이라는 새로운 장르를 이용하여 대중을 손에 넣었다. 교황에게 보내는 이 글은 정말 자의식이 넘친다. 자신은 함부로 서두르지 않으며 무엇을 하는지 매우 정확히 알고 있음을 다음 글이 보여준다.

만일 제가 적들이 생각하는 그런 사람이라면, 그리고 제가 모든 것을 정당하게 규정대로 처리하지 않는다면, 작센의 대공이시자 제국의 선제후이신 프리드리히 제후 전하께서 당신의 대학에 이 페스트가 머물도록 절대 허용하지 않으실 것입니다. 그분은 가톨릭과 사도의 진리를 무엇보다도 사랑하십니다. 게다가 저희 대학의 극도로 명민하시고 부지런한 분들이 저를 참아주시지 않으실 겁니다.[17]

그것은 노골적인 암시로, 교황 레오 10세가 루터 자신에게 반대하는 행동을 취할지 말지를 충분히 고려하라는 뜻이었다. 루터가 교황도 함부로 할 수 없는 강력한 보호자들을 가졌기 때문이었다.

이런 주장은 근거 없는 것이 아니었다. 왜냐하면 당시 신성로마제국의 막시밀리안 황제의 건강이 악화되고 있다는 소식이 만연했기 때문이었다. 루터가 선제후이자 황제선출인인 현자 프리드리히의 역할에 교황의 주의를 환기시킨 것은 적절했다. 그러나 교황에게 보낸 수도사의 글은 그렇게 불손하게 끝을 맺을 수는 없었다.

> 그러니 성스러운 아버지시여, 성하의 발아래 엎드려 제가 가진 모든 것을 바칩니다. 당신 뜻대로 삶을 선물해주시고 죽이시고 소명을 주시고 취소하시고 받으시고 거절하시옵소서. 어떤 경우에도 성하의 목소리를 성하 안에서 다스리시고 말씀하시는 그리스도의 목소리로 인정하겠습니다. 제가 죽음을 자초했다면, 죽음도 거부하지 않겠습니다.[18]

자신의 사건을 판단하게 될지도 모를 사람들, 즉 도미니크회 수도사들을 이 글을 통해 극도로 자극하면서, 루터는 글에서 썼던 것처럼 걱정스러운 결과를 염두에 두고 있었을 것이다. 그러면 대체 왜 이런 선동을 했을까? 집에서는 안전하다는 것을 확신하고 싸움을 점점 확대하려 한 것일까? 만일 그랬다면 그것은 위험부담이 너무 큰 전략이었다. 보호는 다시 잃어버릴 수도 있었다. 강력한 영주들은 일반적으로 국가의 기대, 즉 자신의 이득에 따라 판단했다. 루터가 자기 영주의 보호를 기대했는지는 몰라도, 아무튼 그는 영주의 후원 없이 로마의 사법기관에 속수무책으로 넘겨졌다.

그는 레오 10세에게 보내는 편지에 동봉한 〈대사 효력에 대한 논쟁 해설Resolutiones disputationum de indulgentiarum virtute〉로 상황을 더 악화시켰다. 몇 가지 사항에 관한 이 주해는 95개조 반박문에 관해 독일에서 행해진 논쟁적인 토론에서 많은 것을 받아들였지만 또한 비꼼과 욕설을 아끼지 않았다. 95개조 반박문에 관한 해설은 루터가 논쟁을 자신이 원하는 신학적 방향으로 이끌어갈 것임을 암시한다. 여기서 루터는 성경 속 순수하고 거짓 없는 하느님의 말씀에 의지할 기독교인의 자유에 호소한다. 이에 따르면 성경을 기반으로 한 증거를 댈 수 없다면 성 토마스 아퀴나스와 다른 스콜라 학자들의 모든 학설은 무효라는 결과가 나온다. 이로써 이런 권위를 근거로 한 반대자들의 항의는 처음부터 효력이 없게 되었다. 일치단결한 기존 세력의 저항에 맞서 루터는 〈대사 효력에 대한 논쟁 해설〉 서문에서, 하느님의 말씀을 자신의 편으로 삼고 있는 외로운 투사로 등장했다.

제 생각에 이런 이의제기를 통해 다음과 같은 사실이 분명해질 것입니다. 제가 앞으로도 틀릴 수는 있지만, 절대 이단자는 되지 않을 것입니다. 그리고 사리사욕 때문에 제 논제를 다르게 이해하는 사람들 역시 계속 그렇게 언성을 높이며 날뛸 것입니다.[19]

95개조 반박문에 대한 해설에서는 신학적 주석이 제시될 뿐만 아니라, 새로운 적개심도 불어났다. '스콜라 철학자'의 자리에 '궁신들', 즉 교황청 사람들과 고위 성직자들이 들어섰다. 이들은 부유하고 막강한 교회로부터 많은 이득을 보았고, 따라서 지배적인 관계를 조금도 바꾸고 싶어 하지 않았다. 교황청과의 심연이 이미 얼마나 깊어졌는지는 논제 48항에 대한 주석이 보여준다. 이에 따르면 교황은 신자들의 돈보다는 그들의 경건한 기도를 훨씬 더 많이 원해야 한다.

로마 교황청에 있는 우리의 궁신들께서는 분명 이런 결론을 비웃을 것입니다. 교황께서는 신하들에게 자신을 위해 기도해달라고 요청해야 한다는 것입니다. 베드로도 제자들에게 그렇게 했습니다. 교황께서 은사를 베풀 수 있는 근거는 바로 이런 기도 요청이라고 할 수 있습니다. 이것이 수천 개의 교회를 세우는 것보다 더 의롭습니다. 그리고 그렇게 많은 마귀와 불경한 인간들에게 압박을 받으신 폰티펙스 막시무스께서 혹시 잘못 생각하셔서 교회에 최대의 손실을 입힐 때 기도를 요청하신다면 더욱더 의로우실 것입니다. 페스트를 불러일으키는 성하의 세이렌Seiren*이 "성스러움의 극치이신 분은 절대 틀리지 않는다"고 말하는 소리에 폰티펙스 막시무스께서 귀가 솔깃하실 때 기도를 요청하신다면 가장 의로우실 것입니다.[20]

루터에게 이 논쟁은 내적인 절박함을 갖고 그 정점을 향해 달려가고 있었다. 교황이 성경 위에 있는가 아니면 성경이 교황 위에 있는가?

이로써 로마 측에서 볼 때는 루터가 가능하면 말하지 않으려 한

---

*   그리스 신화에 나오는 바다의 요정. 이탈리아 근해에 나타나 아름다운 노랫소리로 뱃사람들을 홀려 죽게 했다.

다른 질문이 무의식적으로 나타났다. 누가 성경에 합법적인 의미를 부여했는가? 무엇이 독일 아우구스티누스 수도사에게 1500년 동안 이어 내려온 교회의 전통에 자기만이 진실되고 약속된 의미를 찾았 노라 주장할 권리를 주었는가? 어떤 새로운 권위가 교회의 권력에 대항해서 봉기했는가? 루터가 하느님으로부터 성경 해설의 적임자 라는 특별한 은총을 받은 것인가? 만일 그렇다면, 그는 이에 대해 어 떤 증거를 댔는가?

〈논쟁 해설〉에서 성경과 스콜라 철학자의 대립, 하느님 말씀과 교황 법령의 대립은 여전히 포괄적인 해명이 필요했다. 면벌, 교회의 보물, 교황의 권한 등 이 모든 명제는 다시 논의되어야 하고, 그 다 음에는 구속력 있게 확정되어야 했다. 진실의 교리와 거짓의 교리를 식별하는 것은 루터에게는 가장 중요했으며, 동시에 더욱더 포괄적 인 과정의 일부였다.

교회는 개혁이 필요하며, 그것은 최근의 공의회가 증명했듯 교황이 나 추기경의 사업이 아니라 온 세상의, 그렇습니다. 하느님의 사업 입니다. 이런 개혁을 위한 시간이 언제 시작되었는지는 오직 시간 을 창조하신 그분만이 알고 있습니다. 그러나 그 사이에 정말로 많 은 폐해들이 일어났다는 사실을 우리는 쉽게 부정할 수 없습니다. 교황의 권한들은 악용되고, 탐욕과 공명심에 굴복했습니다.[21]

이것은 로마의 귀에는 마치 협박처럼 들렸을 것이다. 교황과 추 기경들이 개혁을 할 수 없다면, 대체 누가 할 수 있단 말인가? 혹시 루터가 세속의 권력과 결합해서? 결론적으로 말하면, 루터는 로마가 그의 글에 대해 내릴 평가를 미리 알고, 이탈리아가 독일 민족에 갖고 있는 인습적인 생각을 의도적으로 자극했다. 그는 키케로의 문체, 다른 말로 하면 이탈리아의 인문주의자처럼 글을 쓰지 않았고, 그답게 거칠고 야만적으로 글을 썼다. 이로써 독일의 수도사는 자신만의 특징들을 갖게 되는데, 이탈리아 인문주의자들의 평가에 따르면 이는 독일인의 두드러지는 본질적 특성이기도 했다. 독일인다운 거친 글쓰기 또한 수사학적인 순종 및 겸손의 습관이며, 교황의 전권에 다시 한 번 복종하는 것이었다. "정당하고 필요하다고 생각되시면, 저를 멸하소서!"라는 요구와 교황의 직분이 제대로 이행되어야 한다는 강력한 경고 사이의 모순은 물론 해결되지 않은 채로 남았다. 이런 관계에서 루터는 이탈리아가 독일 민족에게 갖고 있던 상투적인 판단을 일부러 건드렸다. 이는 양측에 첩첩이 쌓인 선입견을 극복하려는 시도라고 이해할 수 있다.

프리에리아스와의 난타전

루터가 교황에게 보낸 1518년 5월 30일자 편지가 도달한 뒤 잇따라 일이 진행되었다. 이미 6월에 레오 10세는 마리오 데 페루스코의 요청에 따라 로마 측 담당재판관인 지롤라모 기누치Girolamo Ghinucci에게 소환 전권을 위임했다. 만일 잘못된 교리와 이단의 의심이 확인될 경우 책임을 묻기 위해 루터를 로마로 소환할 권한을 준 것이다. 신학적 문제를 해결하기 위해 레오 10세는 프리에리아스라고 불리는 교황의 궁정신학자 실베스트로 마촐리니에게 95개조 반박문에 대한 신학 평가서를 제출하도록 했다. 이탈리아인의 펜 끝에서 나온 최초의 반론서는 전설에 싸여 있다. 레오 10세가 나중에 이 반론서에 대해 불만족을 표명했다고 하는데, 사실 이는 거짓이었다. 이와는 반대로 프리에리아스가 루터를 반박하려는 글을 단 3일 만에 썼다는 것이 사실이다.

이탈리아 내 루터의 최초 적수인 프리에리아스는 61세였고, 도미니크 수도회 안에서 오랜 경력을 쌓았으며, 말년에야 출세한 사람이었다. 물론 같은 수도회 형제인 카예탄과 같은 '걸출한 사람'에 대한 반감이 그의 자아만족을 방해하기는 했다. 카예탄은 훌륭한 가문에서 태어난 덕에 더 좋은 후원을 받아 1508년부터 1518년까지 수도회 총회장까지 역임했기 때문이다. 카예탄 추기경과 프리에리아스는 수차례 신학적 논쟁을 벌이기도 했다. 프리에리아스는 카예탄에게 토마스 아퀴나스의 해석을 크게 착각하고 있다고 질책하기까지 했다. 게다가 아리스토텔레스가 인간의 개별 영혼의 불멸성을 인정했는지 여부를 두고 카예탄이 제5회 라테란 공의회에서 논쟁한 철학자 폼포나치와 유사한 입장을 취한다고 비난했다. 탁월한 교황청의 사람인 카예탄에 대한 비판은 북이탈리아에서 종교재판관을 지냈던 프리에리아스의 오랜 직업상의 경험을 반영했다. 프리에리아스는 마녀사냥의 열렬한 대변인이었고 이 점에 관해 좀 더 온건한 수도회 총회장 카예탄과 갈등을 빚었다.

적어도 마녀사냥에서는 프리에리아스와 루터가 완벽하게 의견이 일치했다. 악마는 어디든지 늘 존재하며, 악한 인간은 악마의 도움으로 자신의 적들을 온갖 해악과 질병에 시달리게 하려고 자진해서 악마에게 자신을 바친다는 것이다. 1486년, 도미니크 수도회의 종교재판관이 마녀사냥의 합법화를 주장하기 위해 쓴 소책자《마녀들의 망치Malleus maleficarum》가 출판되었다. 이 책의 영향력은 대단했다. 또한 프리에리아스는 당시 최신 유행의 주제에 관한 글을 써서 큰 인기를 끌었다. 이런 인기가 보여주듯 그는 동시대인을 격동시킬 수 있는 것에 대한 탁월한 직감력을 갖고 있었다. 그의《마리아 막달레나의 전기Vita der Maria Magdalena》는 1503년에 쓴《황금 장미Goldene Rose》와 마찬가지로 큰 성공을 거두었다. 이 작품 속에서 그는 이해하기 쉬운 라틴어로 교양 있는 평신도에게 당시 신학의 방법과 문제를 설명했다. 또한 교리 결정에서 교회의 무오류성을 주장했고, 많은 일상적인 양심의 문제에 대해 대답했다. 어떻게 자신의 일에 전념하면서도 하늘나라에 이를 수 있는가 등 선한 삶에 대한 가르침을 주기 위한 복음의 해석이 그 중심에 있었다. 프리에리아스는 교화적인 주해가 달린 라틴어 기도를 이탈리아어로 번역했는데, 이것도 평신도를 도덕적으로 지도하는 데 도움이 되었다. 그는 스스로를 당시 이탈리아에서 가장 많이 읽히며 최고로 평가받는 신학자 중 하나로 여겼다. 따라서 명성에서는 변방인 비텐베르크의 의심스러운 루터보다 훨씬 앞서 있다고 생각했는데, 전혀 근거가 없는 것은 아니었다.

이어지는 명성은 프리에리아스에게 1514년 로마 대학의 교수직을, 이듬해에는 더 높은 명성과 급여가 주어지는 교황청 교리담당관의 지위를 얻게 했다. 성스러운 궁전 교사, 성공적인 영적상담자이자 시사평론가인 그는 이제 교황의 수석 신학조언자로 영전했다. 이제부터 그의 과제는 의심스러운 글들에 대한 평가서를 작성하고, 필요한 경우에는 이런 글들을 법적으로 금지하는 것이었다. 이 영역에서는 할 일이 그렇게 많지 않자, 1517년에 자신을 토마스 아퀴나스의 성배 수호자라 여긴 프리에리아스는 토마스 아퀴나스의 중요한 명제들을 확실하게 분류하는 일에 몰두했다. 따라서 루터를 반박하라는 명령은 그에게는 정말 마땅찮은 일이었다. 그는 이 귀찮은 임무를 처리하기는 했지만, 어떤 의미에서는 그저 틈이 나는 대로 처리했다고 볼 수 있다.

시간이 부족한 프리에리아스로서는 95개조 반박문 모두를 충분히 논평한다는 것은 말도 안 되는 일이었으며, 전혀 필요한 일도 아니었다. 그는 루터가 잘못된 원칙을 근거로 삼고 있다고 생각했다. 원칙들을 수정하는 것은, 동시에 이에 따른 모든 개별 진술을 반박하는 것이었다. 그의 〈마르틴 루터의 논제에 대한 대답Responsio ad conclusiones Magistri Martini Lutheri〉의 핵심 내용은 4개의 원칙들이다. 이 근본 원칙 중 첫 번째에서 이미 본질적인 것을 말하고 있다.

일반적인 교회는 본질적으로 예배를 드리기 위해 모든 기독교인을 공동으로 소집하는 것이다. 그러나 보편교회란 그 권한에 따르면 실제적으로는 로마 교회이고, 모든 교회의 우두머리이며 따라서 교황이다. 교회의 대리인이 누군가로 본다면 로마 교회는 추기경들의 합의체이며, 교회의 권한을 누가 갖고 있는가로 본다면 로마 교회의 실제는 교황이다. 교황은 교회의 수장이지만 예수와는 다르다.[22]

프리에리아스가 볼 때, 교회를 그 존재에 따라 규정하고 교회의 대리인을 추기경으로 본 이런 구분은 신앙과 관련된 모든 문제에서 교황의 권력을, 특히 교황만이 가진 최종 결정권을 제한하지 않았고 오히려 근거를 마련해주었다. 두 번째 근거가 이를 명확히 설명해준다.

> 보편교회는 믿음과 도덕을 결정할 때 오류가 없다. 합법적인 공의
> 회 역시 주어진 모든 권한을 갖고 진리를 향해 나아갈 때, 다시 말
> 해 공의회 수장의 지도와 공의회의 결정적인 성과를 갖고 진리를
> 향해 나아갈 때 오류가 없다. 공의회의 조언이 시작될 때는 잘못된
> 인상을 줄 수도 있다. 진상이 규명될 때까지 동요가 지속되는 한 때
> 로 잘못될 수는 있지만 결국에는 성령의 보호로 진리를 깨닫게 된
> 다. 마찬가지로 로마 교회도 교황도 틀릴 수 없다. 교황이 그의 직
> 을 행하면서, 결정을 하고 또 진리를 이해하기 위해 자신에게 주어
> 진 모든 것을 행할 때는 말이다.[23]

루터는 95개조 반박문에서 교황의 권력에 대해 질문했는데, 위의 것은 이 질문에 관한 답변으로 아주 명료했다. 프리에리아스에게 공의회는 별문제가 아니었고, 오히려 교황의 무오류성이 문제였다. 루터는 그의 논제를 통해 간접적으로 이 무오류성에 대해 의심했다. 신자들이 전 기독교도의 잠재적인 해악을 멀리하려면 교황을 위해 기도해야 한다고 주장한 것이다. 무오류성을 의심하는 자를 위한 구체적인 교훈이 세 번째 '근거'에서 곧 제시된다.

> 로마 교회 및 로마 교황의 가르침 및 오류 없는 믿음의 규칙, 성경
> 조차도 그 강력함과 권위를 얻는 이 규칙에 의지하지 않는 사람들
> 은 모두 이단자다.[24]

따라서 복음의 구속력 있는 해석도 교황의 전권에 속한다. 복음을 로마의 규정과 다르게 해석하는 사람은 교회를 벗어난 사람이다. 이후 루터는 자신의 논제에 대한 이 항변이 중요한 체험이었다고 말했다. 의도한 바는 아니지만 프리에리아스가 루터의 눈을 열어주었다. 로마 사람들이 하느님 말씀에 대해 어떻게 생각하고 있으며, 교황이 성경과 자신의 주인이신 그리스도 위에 군림하려 든다는 것을 알게 해주었다는 것이다.

교황이 성경에 대해 절대적인 해석권을 갖고 있다는 교리는 전혀 새롭지 않다. 15세기 후안 데 토르케마다Juan de Torquemada 추기경처럼, 교황의 전권을 대변하는 사람들은 이미 프리에리아스의 주장과 부분적으로는 거의 똑같은 명제를 선언했다. 그들은 콘스탄츠와 바젤에서 열린 공의회의 메아리 속에서 교회 안팎의 통일을 중시했다. 따라서 교회의 구속력 있는 규율과 교리가 중요했다. 이때 교황의 독점적인 성경 해석을 지지하는 사람들은 다음과 같은 사실을 전제로 했다. 교황이 성경의 의미를 결정할 때는 교회의 전통에 맞추어 해석하지만, 이때 교부들의 글을 수용하거나 거부할 권한도 있다는 것이다. 교황 지지자들은 그리스도가 자신의 교회에게 교리의 순수한 보존을 약속했다고 믿었다. 이때 전제는 그리스도의 지상 대리인인 교황만이 교리의 유일한 파수꾼이자 해석자여야 한다. 루터에게는 말도 안 되는 월권이었던 것이, 프리에리아스가 볼 때는 믿음의 혼돈과 교리의 무정부에 맞설 유일한 보장이었다.

교황청의 교사 프리에리아스는 네 번째 근거를 제시하면서, 교회의 말과 행동을 근본적으로 동일시했다. 그래서 이 둘은 똑같이 구속력 있는 결정으로 묘사되었다. 이렇게 결론지을 수밖에 없는 이유는, 교리를 가르치는 교회가 면벌 문제에 관해 확실한 의견을 제시하지 않았기 때문이었다.

> 성경의 진리에 대해 나쁘게 생각하는 사람뿐만 아니라 믿음과 도덕에 속하는 영역에서 교회의 가르침과 실행에 대해 나쁘게 생각하는 사람도 이단자다.[25]

논리적 귀결, 즉 루터에 대한 이론의 구체적 적용은 따라서 짧고 간결했다.

> 면벌부에 대해, 로마의 교회가 실제 행하고 있는 것을 해서는 안 된다고 말하는 사람은 이단자다.[26]

'로마가 말했다, 사건은 끝났다.^{Roma locuta, causa finita}' 로마는 프리에리아스의 펜으로 말했고, 그것으로 사건은 끝난 듯 보였다. 이 도미니크 수도사는 짧은 글로써 목표를 달성했다고 생각한 것 같다. 그는 유구한 전통에서 기인한 구속력 있는 교리의 이름으로 논증했고, 자신의 상대방을 제압했다. 이제 이 상대방은 결론을 이끌어 낼 의무가 있었다. "자, 뭔가 해보라, 마르틴. 그대의 결론을 도출하라!"[27] 이것은 거의 스포츠에서 나누는 공명정대한 말처럼 들리지만, 공개적으로 시작하는 정정당당한 시합은 결코 아니었다. 패자, 즉 루터를 로마의 종교재판 소송이 기다리고 있었다. "결론을 도출하라"는 말은 실제로는, 반증의 압도적인 우세를 고려해서 모든 저항을 포기하고 아주 빨리 무효 선언을 하라는 뜻이었다.

도미니크 수도사는 95개 논제에 관한 자신의 짧은 반박서에서
네 가지 근거로 평가하기에 적당한 몇 가지 문제점에만 국한하여 루
터의 논제를 반박했다. 루터의 다섯 번째 논제는 교황이 부과한 형
벌들에만 면벌을 국한시키는데, 프리에리아스는 이 논제에 대해서
는 조금 더 상세히 보고했다.

이 입장은 이단적이다. 왜냐하면 이것은 그리스도가 자신의 교회에
게 부여한 특권을 제거하거나 적어도 훼손하는 것이기 때문이다.[28]

프리에리아스가 생각하기에, 이런 특권의 본질은 교황의 광범
위한 전권에 있었고, 더욱이 저승에서도 마찬가지였다. 따라서 면벌
은 연옥에서 영혼이 머무는 시기를 줄여주었다. 베드로의 후계자인
레오 10세는 사도의 일인자처럼 판결권을 갖고 있었다. 여기에 의심
을 품고, 이 권리를 한 치라도 떼어내려는 사람은 엄청난 위법을 범
한 것이다. 그는 그리스도의 대리자에게서 위엄을 깎아내리려는 것
이다. 면벌을 찬미하는 사람이 그의 혀를 조심해야 하는 것이 아니
다. 면벌을 반대하는 사람이 그래야 마땅한 것이다.

하느님의 대리자를 비난하는 사람들, 더구나 정의에 반하거나 진
리에 맞지 않거나 미혹시키면서 그렇게 하는 사람들을 주의해야
한다.[29]

권력 및 서열 문제에 행동양식과 예의범절의 문제가 따라왔다.
루터는 신학적 근본 지식뿐만 아니라 반드시 필요한 존경심도 부족

했다.

> 마르틴, 그대는 잘못 가르친 뒤에 비방하기 시작했다. 정확히 말하
> 면 면벌부 설교자들을 그리고 결과적으로 교황 성하를.[30]

신학적 진리에 대한 질문과 함께 명예가 문제가 되었다. 교황
의 명예는 면벌부 판매위원들의 명예였다. 루터가 가정했고 프리에
리아스는 의심했던 것처럼, 만일 테첼이 정말로 참회하지 않고 그저
현금을 통해 죄가 사해진다고 가르쳤다면, 이와 같은 오류를 떠벌리
지 말고 형제와 같은 훈계로 이 오류를 없애고 특히 교황을 개입시
키지 말라고 요구했다.

도미니크 수도사 생각에는 논제 78항의 조소적인 말 역시 적절
하지 않았다. 여기에 따르면 교황은 면벌보다 더 큰 은총을, 즉 복음
및 그와 유사한 영적인 보물을 소유하고 있다.

> 그대가 온 세상 앞에서 야유와 조롱을 하며 그토록 위대하신 교황
> 성하에 대해 말할 때, 그대의 머리에 하느님의 심판이 떨어질까 두
> 렵다.[31]

교황청의 견해에 따르면 교황직의 숭고함은 그 직책 소유자의
위대함과 분리될 수 없었다. 이런 방식으로 레오 10세는 "위대하신
교황"이 되었으나, 전 기독교도의 객관적인 평가에 따르면 이제까
지 교회의 이득을 위한 위대한 행동은 하지 않았다. 이 교황뿐만 아
니라 교황직의 존재, 교회의 중요한 과제와 그 과제를 이뤄냄으로써

얻을 수 있는 '위대함'에 대해 루터와 프리에리아스, 그리고 곧 드러나듯 독일인과 이탈리아인은 의견을 일치시킬 수 없었다.

　　교황의 수석신학자 프리에리아스는 이웃사랑과 관용이라는 교회의 보물이 부족하다고 생각해, 그 보물을 쌓기 위해 해서는 안 될 행동 목록을 만들었는데 그 기준은 모호했다. 이에 대항해 루터는 교황이 면벌을 줄 때 사용한다는 이 보물이 대체 무엇인지 신도들은 모른다고 주장했다.

　　온 세상과 논쟁하자고 제안하는 그대조차도 그것에 대해 들어본 적이 없다면 혹은 나중에 밝혀지겠지만 들어본 적이 없는 척한다면, 단순한 백성이 이것을 모르는 것은 놀랄 일이 아니다. 이 교회의 보물은 아주 잘 알려져 있고, 우리 이성의 빛이 아니라 성령의 빛을 통해 이름이 붙여졌다. 성령은 그의 성자들을 통해 우리를 가르친다. 그러나 그대는 자신의 권위 혹은 그대 동지들의 권위에 따라 이 보화의 존재에 동의하지 않는다. 다른 보화들을 날조하기 위해서 말이다.[32]

　　이로써 논증의 사슬은 완결된다. 루터는 교회의 교리와 권위의 근거에 대해 충분한 가르침을 받지 못했고, 이런 무지 때문에 교리의 진실과 교회의 통일을 위해서는 포기할 수 없는 교황의 권좌를 의심한다는 것이다. 루터의 비난은 적절하지 않으며 전혀 학술적이지 않다. 다시 말해 그는 스콜라 신학의 방식과 토마스학파 학자들의 지식을 통해 제기하지 않았고, 모두에게 통용되는 권위에 기반을 두지 않은 순수하게 주관적인 성경 해설에 근거를 둔다. 이것이 프리에리아스의 논리였다.

그에 따르면 루터가 갑자기 드러낸 성경의 임의적 해석과 끝없는 자만은 교회사가 시작된 이래 모든 이단자의 특징이다. 이 이단자는 완벽한 망상에 빠져 50세대 동안의 교부와 교황들보다 성경 해석을 훨씬 잘한다고 주장했다. 여기에 또 다른 특징으로 불손한 기질이 덧붙여진다. 이 기질을 갖고 루터는 그리스도의 지상 대리인에 대한 저항과 반항을 감행했다. 이로써 그는 이단자로 증명된다.

전형적인 이단자는 동시에 전형적인 야만인으로, 프리에리아스는 이 야만인이 마치 개처럼 짖어댄다고 말한다. 그러니 이 무지한 바보에 대해 흥분하는 것은 쓸데없는 짓이다. 그래서 프리에리아스가 쓴 〈마르틴 루터의 논제에 대한 대답〉의 확연한 특징은 논쟁이 아니라 거의 동정 어린 거만한 태도다. 이 글은 95개조 반박문의 저자를 마치 무지한 아이처럼 가르친다. 그렇다고 해서 비난이 가볍지는 않았다.

개신교 측은 프리에리아스가 종교적 가르침과 신도들의 윤리 향상을 위한 노력, 인간의 죄성과 참회, 회개와 하느님의 아들을 통한 용서를 전면에 내세우는 그리스도 중심 신학을 옹호하는 루터의 입장을 간과했다고 오늘날까지도 비난한다. 하지만 객관적으로 고찰해볼 때는 교황청의 교사에게 많은 점을 참작해줄 수 있다. 예를 들면 프리에리아스는 루터의 논제를 논박할 때 성경 해석을 우선적으로 문제 삼지는 않았다. 그 대신 마치 미래를 내다보듯, 교황제도의 영향력과 교회 내 교황제도의 입장에 대해 루터가 암호처럼 제시한 말들이 로마의 지배적인 생각과는 일치하지 않음을 알아차렸다. 그뿐 아니라 구원을 위해 꼭 필요한 중재자인 교회와 그 수장을 루

터가 의심한다는 사실도 알아차렸다. 프리에리아스는 토론을 논쟁
적으로 극단화시킴으로써 이후 발생할 교회의 분리 과정을 더욱 가
속화시켰다.

로마에서 시작된 소송

프리에리아스의 평가는 원하는 효과를 낳았다. 로마 측 담당재판
관 기누치는 1518년 7월 초, 루터를 로마로 호출하는 소환서를 공포
했다. 이 문서는 교황대사 카예탄 추기경에게로 보내졌고, 그는 7월
7일 아우크스부르크에 도착해서 문서를 비텐베르크에 전달했다. 비
텐베르크에서 루터는 프리에리아스가 쓴 〈마르틴 루터의 논제에 대
한 대답〉과 함께 소환서를 받았다. 그는 두 문서에 즉각 반응했다.
다음 날 루터는 현자 프리드리히에게 독일에서의 소송을 변호해달
라고 부탁했고, 그 부탁은 받아들여졌다. 또한 지체 없이 격렬한 말
로 가득한 답장을 쓰기 시작했다. 루터는 프리에리아스의 졸렬한 글
을 반박하는 데 고작 이틀 밖에 걸리지 않았다고 말했다. 루터는 자
신이 책임을 지고 프리에리아스의 글을 인쇄하게 했다면서 이 적수
를 엄청나게 경멸하고 있음을 드러냈다. 그것은 다음과 같은 모토에
따른 것이었다. 교황의 신학자처럼 교황의 일을 그렇게 망친 사람은
아무도 없다!

　이미 이 첫 번째 난타전은 서로 상이한 가설과 입증 방법 때문
에 양측이 논쟁의 근거에 대해 의견의 일치를 볼 수 없다는 것을 보
여준다. 루터의 반박서 〈교황의 권력에 대한 실베스터 프리에리아스

의 문답에 관한 대답Ad dialogum Silvestri Prieratis de potestate papae responsio〉에서
는 논거보다 배척과 비난이 더 중요했다. 이미 그의 적수에게 보내
는 〈공문Anschreiben〉 첫 문장이 이를 분명하게 보여준다.

> 존경하는 아버지, 당신 명령에 따라 쓰인 아주 교만하고 철저히 이
> 탈리아적이며 토마스주의적인 문답이 제게 도착했습니다.[33]

    루터의 관점에서는 프리에리아스의 대답이 실제로 오만하게
느껴졌을 것이 분명했다. 그 대답은 첫 문장에서 마지막 문장까지
토마스주의적이었다. 그런데 왜 "이탈리아적"이었을까? "이탈리아
적"이라는 것은 분명 '무례한'이라는 뜻을 보충하는 의미였고, 또한
정곡을 찌르는 말이었다. 프리에리아스가 의미한 것을 루터가 우회
적으로 말한 것이다. 프리에리아스가 말하고자 했던 것은, 거칠고 고
집 세며 게다가 더 많이 아는 체하는 독일인들에 대한 불쾌함 이외
에 아무것도 아니었다! 이로써 루터에 대한 논쟁은 국가의 명예를
건 시합이 되었다. 루터가 볼 때 이탈리아인의 명예는 순수한 장식
이며, 순전히 외형적인 겉치레였다. 토마스 아퀴나스의 교리와 함께
발생한 그들의 신학 역시 마찬가지였다. 이탈리아와 도미니크 수도
사들에 대한 루터의 두 가지 공격 방향에 어울리게 그는 천사적 박
사Doctor Angelicus라는 별명으로 불리는 토마스 아퀴나스에 대한 비판
도 서슴지 않아서, 토마스가 추앙하는 아리스토텔레스처럼 토마스
도 잘못 말한 것이 많다고 했다. 토마스 아퀴나스의 주장과는 반대
로 베드로와 그의 후계자는 하느님에 의해 심판되는 단 하나의 벌
도 제거할 수 없고, 하느님의 의로운 은총도 줄 수 없다고 루터는 주

장했다. 따라서 교회의 수장을 통한 구원의 중재는 훨씬 제한되었다. 그러나 루터는 이렇게 교황이 주관하는 부분을 축소할 것을 주장하고 있지만, 지금 지배하고 있는 교황의 개인적인 존엄함 및 고귀함을 무시하는 것은 아니라고 단호하게 주장했다. "우리가 바빌론의 다니엘*과 같은 최고의 교황 레오 10세를 모시고 있음을 저도 잘 알고 있습니다."³⁴

이런 신원증명서는 교황의 궁정에 적용되지 않았다. 왜냐하면 교황의 궁정은 루터에게는 바빌론, 즉 악습의 동굴이었기 때문이었다. 루터는 메디치 가문의 폰티펙스를 그 주변의 부패에서 제외시켰는데 이는 아부가 아니었다. 그는 교황청이 베드로의 후계자를 교황이자 황제로 만들고 있다고 비난했다. 레오 10세의 선임자 율리오 2세는 메달에 새긴 자신을 카이사르 율리오 2세라고 명명했고, 이런 강력한 선전을 통해 카이사르의 유산을 받아들였다. 끝없이 높아진 교황 찬미로 인해 일어날 수 있는 결과가 루터의 눈에는 위험해보였다. 레오 10세와 같은 신중함이 없는 폰티펙스는 교황을 찬미하는 아첨꾼들로 인해 자칫 전체 교회에 재앙을 불러일으킬 수 있었다.

1518년, 루터는 교사로서 교황의 무오류성은 이미 오래전에 그 정당성을 잃었다고 선포했다. 1870년 7월에서야 교황의 무오류성이 다시 확인되었다.** 루터는 교황이 적어도 사소한 것에서는 틀릴

* 구약의 〈다니엘서〉에 등장한다. 다니엘은 느부갓네살 왕이 본 꿈의 수수께끼를 밝혀내어 바빌론의 장관으로 임명되었다
** 1870년 7월 제1차 바티칸 공의회는 교황의 무오류성을 확인함으로써 교황의 권위를 강력하게 옹호했다.

수 있으며, 유혹당할 수 있다는 회의적인 의견을 가졌다. 따라서 그는 교회를 몹시 비판했지만, 아직은 교회가 묵인한 생각의 범위 안에 머물렀다. 그러나 그는 프리에리아스에게 항변하면서 허용 범위의 한계를 점점 더 접근하고 있었다.

> 네 번째, 그대는 로마 교회의 말과 행동을 나의 규범이 되게 만들려 한다. 그대가 그대 교회의 권력과 교회의 대표에 의거하여 그대의 교회에 대해 말한다면, 나는 그대의 규범을 원하지 않는다. 왜냐하면, 내가 앞에서 말했듯이 (……) 그런 교회는 틀릴 수 있기 때문이다. 그러나 보편교회는 틀리지 않는다.[35]

이로써 프리에리아스도 말했던 보편교회가 교황을 통해서가 아니라면 대체 어떤 기관을 통해 대표되는가라는 질문이 제기된다. 진실한 교회를 신도들로 구성된 눈에 보이지 않는 공동체에 한정시킬 생각이 아니었다면, 눈에 보이는 단체로서는 공의회만 남았다.

추상적인 의미로서 교회뿐만 아니라 건물로서 교회 역시 논쟁을 가열시켰다. 루터는 이렇게 질문했다. 독일인들은 비용 외에는 얻을 게 없는데, 성 베드로 성당 신축이 대체 무엇을 위해 유익하다는 것인가? 독일인들에게는 멀리 있는 바실리카보다는 자신들의 교회가 훨씬 더 가까웠다. 따라서 또다시 민족적 목소리가 영향을 미쳤다. 교회의 부패에 관한 독일 민족의 원성도 건성으로 들어 넘길 수는 없었다. 프리에리아스는 마르틴 루터는 주교로서 돈벌이가 되는 면벌을 줄 수 있는 사람이니, 면벌을 반대할 수는 없을 것이라고 비꼬았다. 루터는 자신에게 향한 창끝을 반대로 돌렸다. "그대는 그대나 그대와 같은 사람들의 눈으로 나를 본다."

그대는 사람들이 어떤 방법으로 로마에서 주교구와 사제직을 얻는
지 내가 모른다고 생각하는가? 마침내 온 세상의 불량소년들이 거
리의 속된 유행가를 불러대고 있다. "드디어 지상에서 가장 추악한
것, 로마가 끝장났다."[36]

이렇게 논쟁은 한 세기 동안 그들이 교회와 신앙고백의 다툼에
서 사용하게 될 어법에 아주 빨리 접근했다. 이를 통해 논쟁 적대자
의 민족적이고 개인적인 명예를 박탈하고 도덕적 타락을 비난함으
로써 상대편 교리의 거짓을 드러냈다. 어느 누구도 다른 생각을 인
정하지 않았기 때문에 상대방의 마스크를 벗겨내고 그의 천박한 동
기를 폭로하는 것만이 중요했다. 이를 위해 모든 언어 수단을 동원
했다.

신학적 논쟁이 격화되면서 권력자들의 투쟁전선이 견고해졌다.
이미 1518년 여름 아우크스부르크 제국의회에서는 루터 사건이 큰
파문을 일으켰다. 제후들이 볼 때, 루터는 독일이 가진 불만의 전통
속에서 등장했다. 다시 말하면, 그는 스스로를 독일의 정당한 소원
을 대변하는 사람으로 만든 것이다. 이런 소원은 반세기도 넘게 교
황청으로부터 불손하다며 기각되었다. 비텐베르크의 교수는 신중하
게 이런 이미지를 만들어갔다. 1518년 초반만 해도 아주 짧은 간격
으로 수많은 글을 발표했는데, 대부분은 '뜨거운' 면벌부 문제 및 그
와 관련한 논제, 예를 들면 교황의 파문 실행과 같은 것을 다루었다.
이들 중 많은 글은 날개 돋친 듯 팔려 수차례 인쇄되었다. 사회에 퍼

져 있는 분위기, 즉 혐오와 갈망에 대해 루터가 확실한 직감을 갖고, 이것들을 직접적으로 거론했기 때문에 큰 성공을 거두었다. 독일 인문주의자들이 2세대 전부터 이탈리아 경쟁자들과 명예의 우위를 두고 겨루었던 시합처럼, 국가 간의 시합은 지식계층의 열광적인 호응을 얻었고, 이런 식으로 적개심도 쌓여 갔다. 루터는 이 적개심을 로마와 '로마 교황 숭배자'를 공격하면서 확인했고 더욱더 강화시켰다. 비텐베르크의 교수는 독일어로 된 설교와 글들에서 교황청이 하느님 말씀을 모호하게 만들었다고 비난했고, 이로써 그의 신학적 생각을 추체험할 수 없는 다수의 신자들에게도 구원에 대한 깊은 불안을 불러일으켰다.

이런 식으로 루터에 대한 찬성과 반대가 극단으로 갈리기 시작했다. 제국의 수장인 황제도 이런 갈등에 끼어들었다. 1518년 8월 15일, 막시밀리안 황제가 레오 10세에게 보내는 편지에서 보면, 그는 자신의 입장에 한 치의 의심도 없었다. 그에 따르면 루터와 같은 몽상적인 신학자들은 자신들이 날조한 교리로 교회 안에서 불안을 부채질한다. 뿐만 아니라 시기심 많고 공명심 많은 권력자들에게 주목받으면서 제국 안에서는 공공질서를 해치기도 한다. 이 권력자들은 이미 교회개혁 및 교황청 비판이라는 핑계를 대면서 자신들의 권력을 위한 이득을 따른다. 따라서 레오 10세는 빨리 일을 처리해야 하며, 이와 함께 그런 불평가들을 처리하는 데 유용한 논거를 제공하지 않는 교회 법규는 무시해야 한다. 과거 인문주의자 요하네스 로이힐린의 사례를 봤을 때 대응 여부를 두고 너무 오랫동안 망설여서 결국 종교적인 권위뿐만 아니라 세속적인 권위에 해가 되었다.* 교황과 황제의 긴밀한 협력만이 이런 재앙을 저지할 수 있다. 이렇게 합스부르크가 출신 황제의 편지에는 훗날의 로마 입장을 광범위하게 미리 예견한 듯한 내용이 적혀 있다. 그래서 오랫동안 개신교 역사학자들은 이를 교황청이 날조한 문서로 취급했다.

막시밀리안 황제가 루터의 공범자로서 공명심에 찬 권력가들이라고 지명한 사람은 특히 루터의 영주, 즉 현자 프리드리히 선제후를 의미했다. 선제후가 비텐베르크의 교수를 지금까지 보호했던 것을 교황청도 알게 되면서 서둘러 대응하기 시작했다. 교황청은 이제 선동적인 아우구스티누스 수도사를 공공연한 이단자로 생각했고, 굳이 자신의 정당함을 증명해보라고 그를 로마로 불러들일 필요가 없어졌다. 신학적 증명은 더 이상 중요하지 않았다. 그저 루터가 자신의 입장을 철회할 것인지가 중요했다. 그 어떤 주장도 철회하지 않을 뿐만 아니라, 각각의 논박 글을 통해 자기주장의 비범함을 점점 더 확장시키는 고집불통인 이단자는 그를 지켜주는 높은 신분의 보호자들을 잃어야만 굴복할 것이다. 그러니 교황청은 선제후를 겨냥해야 했다. 게다가 선제후는 독일의 학자와 주교들로만 구성된, 이단 소송이 아닌 루터의 교리를 판정할 공정한 중재 재판소를 제안하기까지 했다. 선제후는 이로써 루터에 대한 국가의 여론을 부채질했고 교황을 도발했다. 이제 교황은 반역자의 영주마저도 자신의 전권

---

[*] 로이힐린은 쾰른 도미니쿠스 수도회 수사 요하네스 페퍼코른이 이끄는 종교재판소 검열관들에 맞서 히브리 문학을 보존하고 연구해야 한다고 주장했다. 이 논쟁으로 유럽의 자유주의자와 인문주의자들이 모두 연합하여 대학에 몸담고 있는 스콜라 철학자들의 사변적 교의에 대항하게 되었다. 일반 대중의 지지 속에 처음에는 이단이 아니라는 판결을 받았으나, 결국 그는 교황 레오 10세에게 유죄판결을 받았다. 종교개혁가들은 이 논쟁이 일으킨 분위기를 적절히 활용했다.

을 위협하고 있음을 알아챘다.

따라서 레오 10세는 곧 날선 답변을 보냈다. 1518년 8월 23일, 작센 선제후 프리드리히에게 보낸 소칙서에서 레오 10세는 작센 왕가와 선제후 개인에 대한 존경을 표현하는 데 전력했다. 프리드리히의 찬란한 조상들은 믿음과 교회의 수호자로 두각을 나타냈었다. 그런데 선제후 자신은 루터와 같은 "부당함의 아들Sohn des Unrechts"을 위해 이런 고귀한 명성을 잃어버리려 하는 것인가? 자기 영주가 보호해준다는 것을 근거로 내세워 모든 권위에 대항하고, 신을 부인하는 이단적인 교리를 포고하는 루터를 위해서 말이다. 레오 10세는 교황으로서 세속의 제후에게 편지를 보냈지만, 또한 제후가 제후에게 보내는 것이기도 했다. 작센의 영주로서 프리드리히는 공공연한 이단자를 로마에게 넘길 의무가 있었다.

> 따라서 우리는 전하께 경고하며, 우리에게 바쳐야 할 복종을 근거로 명하노니, 교황특사(카예탄)가 요구하는 대로 하느님의 명예, 우리의 명예, 귀하의 명예를 위하여 마르틴 루터를 성스러운 권좌의 감독과 판결에 부치도록 하시오.[37]

비텐베르크 대학의 이단 사건은 이 대학의 설립자이며 후원자인 영주에게는 불쾌한 일이었다. 레오 10세, 메디치 가문의 일원이며, 명성과 명예 문제에서는 누구나 알아주는 전문가인 그는 주도면밀하게 이단자의 불명예를 통치자의 명예와 분리하려 했다.

루터를 로마에 인도하는 것은 관대한 믿음에게 바치는 바람직하며

유익한 선물이 될 것입니다. 이를 통해 신앙심과 종교를 정중하게
드러내시는 것이니, 전하께는 극히 명예로운 일이 될 것입니다.[38]

명예는 죽음으로 끝나지 않고 후세에도 계속 살아남는다. 명예
를 손상시킨 자 루터에 대한 단호한 행동을 통해서만 프리드리히는
자신과 가족을 위해 영예로운 기억을 지킬 것이라고 레오 10세는 말
한다. 레오 10세가 선제후에게 보낸 편지는, 인문주의자인 교황이 같
은 생각을 가진 사람에게 보낸 글이라고 할 수 있다.

마찬가지로 1518년 8월 23일 교황은 자신의 특사인 카예탄 추
기경에게도 소칙서를 내렸다. 카예탄은 전권을 위임받은 대리인으
로서 아우크스부르크 제국의회에서 교황의 이익을 대변하고 있었
다. 루터 사건은 우선순위가 아니었다. 레오 10세는 헝가리 쪽으로
밀고 들어오는 오스만투르크와의 전쟁을 위해 독일이 찬조금을 냈
으면 했다. 그러나 이런 청원은 독일에서는 쇠귀에 경 읽기였다. 우
르비노를 차지하기 위해 메디치 교황이 벌인 전쟁이 기억 속에 남
아 있었고, 교황이 자기 가족을 지원하기 위해 독일의 신성로마제국
왕관 후보자로 프랑스 왕을 지지한 사실이 문제를 악화시켰다. 루터
사건에의 개입은 카예탄에게는 그저 보충 과제였을 뿐이었다. 교황
의 소칙서에 담긴 중심 내용은 다음과 같았다. 루터는 끊임없이 새
로운 글을 발표하면서 민중에게 잘못된 교리를 전파하고 있으니 교
황특사는 가능한 한 빨리 루터를 소환해야만 하며, 위급한 경우에는
세속 권력, 즉 황제의 강제수단을 동원하여 루터를 소환해 심문해야
한다. 이미 이단자로 공포된 자가 자신의 글의 무효선언을 거부할
경우, 교황특사는 루터를 체포하여 로마로 보내야 한다.

이런 거친 명령들은 개신교의 루터 연구에서 볼 때는 교황의 표리부동과 교활함을 증명하는 것이다(현재도 그렇다). 정확히 16일 전에 피의자 루터는 로마로부터 소환장을 받았는데, 이 소환장은 그에게 출석을 위한 60일의 기간과 치외법권 보호를 허용하고 있었던 것이다. 비텐베르크의 교수는 전문가들에게 이단자로 선언되었지만 아직 이단자라는 판결을 받지는 않았다. 그럼에도 불구하고 로마 측은 그의 의견을 철회하도록 하거나 그를 체포하는 것만을 이야기했다. 이렇듯 로마의 입장이 갑자기 엄격해진 것은, 독일에서 루터가 책자와 팸플릿 같은 매체를 통해 불러일으킨 대중의 반향 및 정치적 반응 때문에 교황청이 루터 사건을 이전보다 훨씬 더 긴박하게 생각했기 때문이라고 볼 수 있다. 이처럼 루터 사건은 처리가 지연되거나 과소평가되지 않았다. 이미 약 반년 전 레오 10세가 가브리엘레 델라 볼타에게 보낸 글도 이를 입증하고 있다.

3주가 채 지나지 않아 카예탄은 만일 루터가 자신의 주장을 철회한다면 회개한 죄인을 무죄판결하고 이로써 불쾌한 사건 전체를 중재할 전권을 받았다. 이 전권 역시 정확한 전문적 지식과 외교상의 섬세한 감각을 가진 사람에게는 유리했다. 도미니크 수도회의 학식 있는 추기경 카예탄이 이 일을 해낸다면, 레오 10세가 델라 볼타에게 내렸던 지시에서 언급된 그 불꽃은 광범위한 화재로 번지기 전에 꺼질 것이다. 이 돌풍을 일으킨 사건에 대해 독일 대중이 가졌던 관심, 그러나 로마에게는 예기치 않고 번거롭기만 한 관심 역시 미연에 방지될 것이다.

하지만 반대편 역시 안전대책을 강구했다. 루터의 영주인 현자 프리드리히 선제후는 로마의 계획에 대응해 자신의 조건들을 제시행다. 선제후는 8월 23일자 교황의 소칙서는 별로 상관하지 않고, 자신의 교수가 아직은 법적으로 심판받은 것이 아니라는 점을 근거로 삼으면서, 루터가 독일 재판소에서 다시 재판받을 수 있게 해달라고 당당하게 요구했다. 이때 그는 루터가 공공연한 이단자로 공포되었다는 사실은 무시했다. 카예탄의 입장에서 이런 요구는 수락할 수 없는 것이었다. 그러나 호의와 인내심을 갖고 재판관이 아닌 아버지처럼 친절하게 조치를 취하겠다고 프리드리히 선제후에게 보증했다. 이런 표현은 선제후가 볼 때는 별 효력이 없는 것이었다. 선제후는 절대로 루터를 체포해 로마로 압송하지 않겠다는 확약을 달라고 요구했다. 만일 루터가 이단자로 판결받을 경우에는 군주로서 그를 보호하지 않겠다고 했다. 그 때문에 레오 10세는 이 점에서는 카예탄의 자유재량에 맡겼다. 따라서 루터가 소환을 거부할 경우 어떻게 될지는 카예탄의 판단에 달려 있었다. 앞날은 불확실했다.

아우크스부르크의 심문

추기경 카예탄은 믿을 만한 신학자로서 심문에서 다뤄질 주제들을 철저하게 연구했고, 그의 이런 헌신적인 준비조처는 루터의 결단을 이끌어냈다. 이 교황특사는 루터의 주요 논점에 대한 자신의 신학적 입장을 완성했다. 1518년 10월 12일, 처음으로 루터와 카예탄의 맞대면이 이뤄졌다. 루터는 이 격돌에 대중의 관심이 쏠릴 것을 분명히 알고 있었다. 다음 달에 그는 《아우크스부르크 공식기록Acta Augustana》이라는 제목으로 이 일에 대한 자신의 관점을 출판했고, 이후에도 여러 회담에 관한 기록들을 남기면서 좋은 평가를 받았다. 이런 정평은 오늘날까지도 유지되고 있다. 반면 카예탄은 이 주제에 대한 공식 발표를 주저했다. 그러나 그가 루터와의 만남을 어떻게 생각했는지에 대한 기록은 남아 있다. 1534년 카예탄 추기경이 사망한 뒤, 그의 오랜 비서 지암바티스타 플라비오 아퀼라노^{Giambattista Flavio} Aquilano는 1535년에 쓴 추도사에서 아우크스부르크 사건을 상세하게 언급했다. 이때 그는 아마도 자기 상관의 유고에서 발견한 기록들을 인용한 듯하다.

이 기록들은 상대방을 향한 눈길이 이미 인습적인 생각에 사로잡혀 있었음을 보여준다. 플라비오 아퀼라노가 옮긴 카예탄의 말에 따르면, 1518년 10월 12일의 첫 만남은 즉시 상황을 명료하게 정리했다. 추기경은 잘못 생각하고 있는 수도사에게 자비로우면서 정말로 상냥하고 동시에 반박할 수 없는 논거를 대며 다가갔다. 수도사는 패배를 인정했고 경직된 태도를 버리겠다고 약속했다. 이를 계기로 카예탄은 루터에게 다른 것들로 향하는 황금다리를 만들어주었다. 교회는 후회하는 죄인은 자비롭게 대하지만 잘못된 교리를 가르치는 자들에게는 한 치의 자비도 없다. 이런 관점에 대해 비텐베르크의 교수는 뜻이 모호한 말을 더듬거렸다. 이런 모습은 추기경에게는 이 사람이 악의에서가 아니라 그저 교육과 전문지식이 부족해서 잘못 생각하고 있는 것처럼 보였다. 따라서 칭송받는 토마스주의자인 추기경은 충분한 신학적 가르침을 그에게 주었다. 그러나 루터는 여기에 반응을 보이지 않았고 하다못해 반항하지도 않았다. 교황의 전권을 위임받은 카예탄 추기경은 모호한 수치심 때문에 루터가 자기주장을 철회하는 데 주저하고 있다는 결론을 내렸다. 따라서 로마 측은 다음 날인 10월 13일의 두 번째 회담을 낙관적인 태도로 기다렸다.

이 사건에 대한 카예탄의 관점은 훗날 교황청 외교사절과 독일 이단자의 만남에 관해 회자되는 여러 이야기들의 기원이라 할 수 있다. 로마의 모든 증인들은 이제부터 기대에 못 미치는 루터의 등장에 직면하여 똑같은 실망과 안도와 경탄을 보고하면서, 동일한 질문을 한다. 이 우직한 사람이 그렇게 많은 영혼을 진실한 믿음으로부터 등 돌리게 만든 그 유명한 반역자이자 대 이단자인가? 그토록 사악한 유혹자가 어찌 그토록 무력하고 허술하게 표현하며 논증할 수 있단 말인가? 말을 더듬고 발음도 어눌한 이 야만인이 정말 맹독을 품은 이 모든 글들을 썼단 말인가?

다음 날 루터는 자신의 두 번째 얼굴, 좀 더 무시무시한 얼굴을 보여준다.

저 곳을 보라. 마르틴이 전날과는 달리 비굴한 기색 없이, 그의 소환을 방해할 뿐 아니라 그에게 새로운 힘을 불어넣어줄 수도 있는 수많은 공범자들의 보호를 받아 의기양양해져서는, 야만적인 분노에 차 들어오더니 아주 당당하게 교황특사에게 다가왔다.[39]

이 이단자는 등장한 모습과 걸맞게 말도 그렇게 했다. 자신은 교황의 은총을 얻으려 노력할 필요가 없고, 철회할 것도 없다. 자신을 괴롭히는 짓을 그만두지 않는다면, 공의회에 도움을 청할 것이라고 했다.

찬양 일색인 추도사에 따르면, 이렇게 특정 목적을 가진 도발조차도 불손한 야만인을 대하는 기독교 문명의 대표 카예탄의 탁월함을 약화시킬 수 없었다. 이런 탁월함은 지난 수백 년간의 전통에 근거를 둔 것이었다.

> 극도로 뻔뻔스러운 이런저런 말들에 경악한 교황특사는 루터의 변화에 처음에는 아주 놀랐지만, 곧이어 부드럽게 경고했다. "인격적으로 조화를 이룬 사람은 그렇게 갑자기 의견을 바꾸지 않소!"[40]

이 대화는 이제부터 루터에 대한 로마의 인상, 즉 변덕이 심하고 초지일관하지 않으며 스스로 모순적인 인물이라는 인상이 확고해지는 결과를 낳았다. 이 야만인은 타인과 자기 자신에게 충실하지 않았다. 공공연한 이단자의 태도 변화에는 강경대응이 필요했다. 카예탄은 우선 종잡을 수 없는 이 인물의 마음을 친절한 경고를 통해 움직이려 했다. 아무 성과가 없을 때는 엄하게 꾸짖거나 격하게 위협함으로써 그의 입장을 철회하도록 해 교회의 통치관계를 인정하도록 만들고자 했다. 당신은 교회의 수장은 아니다. 황제 및 제국의 제후들은 이렇게 민중을 유혹하는 것을 참지 않을 것이며, 그들의 팔은 길고 그들의 징벌은 끔찍할 것이다. 처세에 능한 추기경은 루터의 완고함에 굉장히 분노하면서도 루터의 등장을 즐기는 듯 보였다.

> 자기편 사람들을 쳐다보면서 카예탄은 말했다. "이 남자는 시장에 좀 더 신선한 달걀을 들고 가야겠군!" 이렇게 말함으로써 그는 루터의 어리석음을 고상하게 표현하려 했다.[41]

카예탄과 루터가 무엇에 대해 논쟁했는지 여기서는 한 마디도 언급되지 않는다. 이런 빈틈을 메워주는 것은 자신의 심문에 대한 루터의 보고다. 대화 주제 및 변론에 관한 아주 확실한 보고였다.

이에 따르면 카예탄은 95개조 반박문과 그 해설들이 갖고 있는 논리를 흔들기 위해, 개별적인 핵심 내용에 관해 집중적인 논증을 펼쳤다. 그는 루터의 논제 58항을 주제로 시작했다. 이 논제는 교황 클레멘스 6세의 〈우니게니투스 대칙서〉를 통해 충분히 반박되었다. 교황의 고시가 교회의 보물에 대해 면벌부 설교자들과 똑같이 설명하고 있다는 것이다. 루터의 항변은 그가 교황의 권위를 얼마나 의심하는지 알려준다.

> 저는 교황 클레멘스 6세의 이 규정뿐만 아니라 죽은 자들의 면벌에 관한 식스토 4세의 규정 같은 다른 규정들도 알고 있다고 대답했습니다. (······) 그러나 제가 보기에 이 규정은 다른 많은 것들처럼 권위가 부족합니다. 특히 그런 규정이 성경을 오용하고, 성경 말씀을 (성경의 의미가 지속되어야만 하는데도) 그 구절에는 없는 잘못된 의미로 뻔뻔스럽게 왜곡했기 때문입니다. 실제로 말씀은 정반대의 것을 말하기까지 합니다.[42]

루터에 따르면 교황은 자신의 권좌를 강화하고 신도들 쌈짓돈을 끌어내려고 성경을 능욕한다. 따라서 루터는 교황의 관점이나 토마스 아퀴나스의 해석보다 더 사랑받는 성경을 따르겠다고 결론 내렸다. 이로써 카예탄은 이 모호한 아우구스티누스 수도사가 대부분의 이단자들처럼 완전히 사적인 성경 해석을 전체 기독교도들에게 통용시켜서 지금까지 인정된 모든 권위보다 자기 자신을 더 높이 평가하려 한다고 생각했다. 플라비오 아퀼라노에 따르면 교황특사 카예탄은 루터에게 좋은 뜻으로 당신은 교황이 아니라고 지적했다.

　루터는 자신이 교황에게서 박탈한 무오류를 자기 자신에게 적용하려 했던 것일까? 루터는 이런 의문을 아예 품지 않았던 것 같다. 왜냐하면 그는 자신의 성경 해석이 아닌 영원히 확정되어 있는 성경의 진술에 대해 말했다고 생각했으며, 스스로를 많은 해석자들 중 하나가 아니라 유일하면서도 정확하게 성경의 의미를 원상복구시킨 사람이라 생각했다. 카예탄에 맞서면서도 루터는 자신의 이런 입장을 옹호했지만, 어느 정도 제한을 두기는 했다.

> 그럼에도 불구하고 저는 하나의 인간이며 실수할 수 있습니다. 따라서 오늘날 합법적인 성스러운 교회의 판단과 결정 및 더 나은 방법을 알고 있는 모든 사람에게 복종합니다.[43]

　루터에게 "합법적인 성스러운 교회"는 어떤 기관을 의미하는 것이었을까. 성경의 해석 및 믿음의 문제에서 최종결정을 하는 것은 누구인가? 루터에게 이 최상의 심판관은 당연히 로마 교회는 아니었다. 그럼 공의회를 말하는 것이었을까?

　그러나 카예탄은 이런 의문을 갖지 않았다. 두 번째 심문에서는 성사聖事의 효력이 문제가 되었다. 교황특사가 볼 때 루터의 입장은 그리 이단적이지 않아서, 공식적인 판결이나 파문과 같은 더 진척된 조처를 취하는 것을 망설였다. 루터는 추기경에게 자신의 고발문에 대한 변명을 문서로 전달했고, 안전을 위해 비텐베르크로 돌아왔다.

여기서 루터는 카예탄이 자신에게 입장 철회를 명령했으나 이를 거부했다는 편지를 게오르크 슈팔라틴에게 보냈다. 당시 슈팔라틴은 선제후 곁에서 루터를 중재해주고 있었다. 다른 편지들에서 루터는 카예탄 추기경이 친절한 얼굴 뒤에서 음모를 계획하고 있는 것은 아닌지 두려움을 표현했다. 즉 카예탄은 이 문제에서 패배했으며, 이에 대한 복수를 궁리하고 있다는 것이다. 이로써 카예탄은 곧 독일 민족의 인습적 생각으로 굳어져버릴 또 다른 적대감을 만들어냈다. 즉 이탈리아 사람들은 교활하고, 그들은 너의 몰락을 준비하고 실행에 옮기는 동안 너에게 미소 짓는다!

　　루터의 다음 걸음은 교황에게 호소하는 것이었다. 그에 따르면 나쁜 조언자들이 교황에게 잘못된 정보를 주었고, 이제 교황은 사건의 진상을 알아야 했다. 공증된 1518년 10월 16일자 문서는 로마의 소송절차에 관련되어 있는 모든 사람들을 신랄하게 비난했다. 루터는 프리에리아스는 완전히 선입견에 사로잡힌 도미니크회 수도사이며, 기누치는 법률가이지 신학자는 아니라고 평했다. 95개조 반박문과 그에 이은 글들에 대해서는, 신학적 토론이자 이제까지 교회가 구속력 있게 확정짓지 못한 진리의 발견을 위한 기여다. 오히려 카예탄은 아직 판결도 받지 않은 자신의 주장을 철회하라며 불법적으로 몰아붙이고 있다. 게다가 이 교황특사는 논증을 행하는 대신 주변에 거친 협박을 일삼고 있다고 했다. 이제 루터에게 저지른 부당함을 보상하는 것은 모든 신도의 아버지인 교황의 의무라고 주장했다. 이후 이틀간 루터는 완전히 다른 어조로 두 번이나 카예탄에게 글을 썼다. 자신은 이제 결정권이 있는 레오 10세의 판단에 복종할 준비가 되어 있고, 심문 중 자신이 복종할 준비가 되어 있다는 것이 증명되었으니 이를 합당하게 인정해달라고 요청하는 글이었다. 갑자기 아우구스부르크를 떠난 것은 어쩔 수 없는 사정 때문에 일어난 일로 친구들 때문에 그렇게 된 것이라고도 썼다.

글의 수취인인 카예탄은 이런 반항적인 언행과 굴종의 혼합물에 대해 불쾌한 반응을 보였다. 그래서 카예탄은 현자 프리드리히에게 보낸 1518년 10월 25일자 글에서 루터와의 만남에 대해 완전히 사적인 결론을 내렸다. 즉 비텐베르크 대학 교수는 성경 및 클레멘스 6세의 교령 해설에서 교회의 입장과는 너무 멀리 떨어져 있다.

> 이런 견해들은 일부분은 교황제도의 교리에 반대되는 것이고, 일부분은 진정으로 저주받을 만한 것이기까지 합니다. 전하께서는 제가 진심으로, 심오한 지식에 기반을 두고 말하는 것임을 믿어주시기 바랍니다. 단순한 통념에서 말하는 것이 아닙니다.[44]

따라서 선제후는 루터를 체포하여 로마로 보내야만 할 것이며, 잘못된 동정심에 유혹당해 선제후의 명예와 품위에 손해만 끼칠 뿐인 관용을 베풀어서는 안 될 것이다. 귀찮은 사건을 끝내고자 하는 확고한 의도를 갖고, 카예탄은 이 편지 이후 곧 면벌부에 관한 논문을 썼다. 이 논문의 기초로 삼은 것은 1518년 11월 9일 발표된 레오 10세의 교령 〈쿰 포스트쾀Cum postquam〉이었다. 카예탄의 논문 덕에 교리로 사용될 만 판단이 내려졌다고 로마는 말했다. 더 정확히 말하자면, 이단으로 증명된 자의 말에 대응하기 위해 이런 판단이 내려졌다! 루터는 이 판단의 결함을 수차례 비판하면서 자신을 변호하기 위해 이를 인용했다.

〈쿰 포스트쾀〉은 아우구스부르크 심문과 관련이 있었는데, 1343년의 교서 〈우니게니투스 대칙서〉가 특히 교회의 정당한 교리로서 재삼 확인되었기 때문이었다. 교황은 그의 권한을 통해 교회의 보물을 가졌고, 이 보물은 그리스도와 성자들의 공로로 만들어진다. 이렇게 쌓인 공로에서 베풀어지는 면벌은 살아 있는 자나 죽은 자 모두에게 똑같이 적용된다는 것이다. 그러나 이로써 카예탄이 이전에 장황한 논문에서 행했던 구분은 아예 기각되었다. 추기경은 이 논문에서 죽은 자를 위한 면벌은 중보기도 방식으로 이뤄지는 것이지, 살아 있는 사람의 경우처럼 성자들의 공로 덕에 자동으로 이뤄지는 것은 아니라고 강조했다. 그러나 이제 교황의 교령 〈쿰 포스트쾀〉과 이후의 토론들에는 이와 같은 미묘한 뉘앙스가 설 자리가 없었다. 이제부터는 면벌부 문제로 어떤 호소도 할 수 없었다. 그 때문에 상황은 루터에게 더욱더 위협적이 되었다.

1518년 11월 19일 루터는 자신의 영주에게 편지를 보냈다. 이미 교황에게 호소한 대로 그는 이 편지에서도 자신이 부당하게 추적당하고 있다고 주장했다. 자신의 오류가 입증되지 않았는데도 사람들이 모든 위협을 동원하여 자신을 압박하고 있다. 자신을 로마로 이송하라는 요구는,

> 전하께 기독교도를 배반하고 살인자가 되라고 요구하는 것 외에 아무것도 아닙니다. 왜냐하면 로마에서는 교황조차도 충분히 안전하게 살지 않기 때문입니다.[45]

현자 프리드리히에게 보내는 편지에 따르면 로마에서는 한 무

리의 비열한 저술가들이 이단자라는 위조된 증거를 대며 루터가 심판받고 그 이후 처형되기를 고대하고 있었다. 따라서 그의 교리가 옳은지 그른지는 로마가 아니라 오직 독일 내에서만 밝혀낼 수 있었다.

> 결국 독일인인 제가 수많은 유명한 독일인들, 삶과 권위를 통해 그 존재가 입증된 독일인들을 어느 이탈리아인보다 좋아한다는 사실은 완고함의 증거가 아니라 자연스러운 감정입니다.[46]

로마가 거부한 정의를 독일이 줄 것이라고 루터는 말했다. 영주를 향한 도움 요청은 결국 그의 민족적인 명예심에 대한 호소로 확장되었다. 독일 제후로서 의무를 다하고, 로마의 악당 무리에 싸움을 걸 용기를 가진 동향인을 보호하시오!

따라서 루터의 운명은 프리드리히의 손에 달려 있었다. 이 손의 도움을 얻고자 비텐베르크 대학 교수는 이외에도 자신의 소송에 대해 최신 정보를 대중에게 제공했다. 그러나 그는 이런 일을 재빨리 처리하는 과정에서 외교적 문제까지는 고려하지 않아 선제후의 궁정에 걱정과 불안을 끼치기도 했다. 선제후의 궁정은 아우구스부르크의 심문에 대한 루터의 보고서인《아우크스부르크 공식기록》이 부정적 영향을 줄 것이라 생각했지만 루터는 이런 의혹을 무시했다. 현자 프리드리히에게 보낸 편지에서 아주 분명히 설명했듯 루터에게는 다수의 의견이 중요했다. 그들에게 루터는 점점 더 민족영웅이 되어가고 있었다. 이런 숭배는 동시에 일종의 안전대책이기도 했다. 왜냐하면 선제후 프리드리히와 같은 민족영웅이 또 다른 민족영

옹인 루터를 로마에 있는 독일 민족의 불구대천의 원수에게 넘기지
는 않을 것이기 때문이었다.

로마에서 루터는 더 이상 잃을 것이 없었다. 1518년 10월 16일,
그는 교황에게 호소했고, 몇 주 뒤인 11월 28일에는 한 걸음 더 나아
가 일반 공의회에 호소했다. 그런데 과거 비오 2세는 신도들이 폰티
펙스 막시무스의 결정에 반대하여 공의회에 호소하는 것을 엄벌로
처하겠다며 금지했었다. 그럼에도 루터는 이런 금지를 무시했을 뿐
만 아니라 공증받은 항소문에 문구를 하나 더 추가했다. 이 문구는
당연히 레오 10세를 극도로 자극했을 것이다.

> 성령 안에서 합법적으로 소집된 성스럽고, 가톨릭교회를 대표하는
> 이 공의회가 믿음의 문제에서 교황 위에 있다는 것은 충분히 알려
> 져 있습니다. 따라서 교황의 결정에 반대하여 공의회에 호소하는
> 것을 그 어떤 교황도 방해할 수 없습니다.[47]

이런 표현은 로마의 트라우마를 건드렸다. 루터는 이제 콘스탄
츠와 바젤의 위험천만한 전통을 부활시키려는 공의회 우위설 찬성
자처럼 처신했다.

이로써 그의 입장은 극도로 위험해졌다. 수십 년이 지난 뒤에
루터는 탁상담화에서 모든 밑천은 바닥이 났고 속수무책으로 로마
의 음모에 빠질 수밖에 없었던, 1518년 늦가을의 암담하고 재앙의
그늘이 드리워진 분위기를 회상했다. 이때 술수에 능한 레오 10세는
루터를 완전히 고립시키기 위해 마지막 조치를 취했다. 그는 자신의
궁신인 독일 출신의 카를 폰 밀티츠를 독일로 보냈다. 이 사람은 교

회의 무기로 완벽하게 무장했다. 예를 들면 슈팔라틴과 같은 제후의 고문관에게 보내는 교황의 소칙서도 그런 무기에 속했다. 이 글에는 "사탄의 아들인 마르틴 루터 형제의 뻔뻔함"[48]이 과장되게 표현되어 있었고, 이 악마의 자식을 이송하는 데 도움을 준 사람들에게는 충분한 보상을 약속한다고 적혀 있었다. 루터의 체포는 전 기독교도의 이득이며 무엇보다 선제후의 이득이라고 했다. 만일 선제후 프리드리히의 고문관들이 선제후의 명령을 어기고 루터를 넘겨줄 경우, 그들은 주군을 반역하는 것이 아니라 그의 명예와 이익을 수호하는 것일 뿐이라고도 했다. 야만인들은 탐욕스럽고 매수하기 쉽다는 표어 아래 로마에서는 온갖 수단을 다 사용했다.

로마에서는 선제후의 인품과 잘 알려진 그의 독특한 관심을 위해 아주 특별한 전략이 고안되었다. 작센의 영주는 수많은 성유물을 보유한 가장 큰 기독교 성유물 수집소 중 하나를 만들었고, 이 구원의 효험이 있는 수집소를 좀 더 가치 있는 물품들로 채우려고 늘 애썼다. 로마는 선제후를 도와줄 수 있었다. 왜냐하면 루터가 생각할 때도 이 영원한 도시에서는 수많은 순교자가 사망했기 때문이었다. 따라서 밀티츠는 작센으로 가는 여행 짐에 이를 잔뜩 넣어 갔다. 게다가 선제후가 황금장미*, 즉 세속의 지배자를 위한 최고의 훈장을 욕심내고 있다는 것을 교황청 사람들은 알고 있었다. 이는 다시 말해 영주가 바라마지 않는 명예훈장을 밀티츠가 갖고 간다는 것을 의미했다. 밀티츠는 여러 가지 목적을 위한 미끼로, 특히 루터 사건을

---

*   교황은 매년 금세공 예술품인 황금장미를 공로가 있는 왕, 성소, 교회, 도시 등에 선물했다.

위한 미끼로 이 훈장을 아주 유용하게 사용해야 했다. 루터는 더욱 위험해졌다. 안심하고 비텐베르크에 있으라는 선제후의 통지가 도착했을 때, 이미 친구들과 눈물의 이별을 했었다고 종교개혁가는 훗날 향수에 젖은 채 과거를 회상하면서 말했다.

현자 프리드리히는 1518년 10월 25일자 카예탄의 편지에 대한 답장을 상당 기간 뒤로 미루었다. 중재자들과 루터 자신에게 우선 조언을 구하기 위해서였다. 루터는 간접적으로 프리드리히의 답장에 영향을 끼칠 수 있었다. 적어도 이 시점부터 루터는 주군이 자기를 죽게 내버려두지는 않을 것임을 알았을 것이다. 12월 8일, 선제후는 카예탄 추기경의 모든 요구를 간결한 말로 거절하면서 모든 비난에 강력하게 항의했다.

> 우리가 그 어떤 확실한 근거를 통해 마르틴 루터 박사의 교리가 불경하다거나 불확실하다는 사실을 깨닫게 된다 해도, 우리는 전능하신 하느님의 도우심과 은총을 통한 도움을 받기 때문에 다른 사람을 통한 격려와 경고는 필요 없습니다.[49]

선제후는 자신이 보호하는 교수가 비텐베르크에서는 반드시 필요하고 앞으로도 이단으로 인정되지 않을 것이라며, 이 교수에 대한 로마의 공격에 강력하게 항의했다. 학식 있는 수많은 독일인들이 루터의 글들을 검토했지만 미풍양속을 침해하는 내용은 발견하지 못했다고 선제후는 강경한 어조로 항변했다.

1519년의 긴 막간극

카예탄에게 보낸 프리드리히 선제후의 답변은 크게 변화한 정치적 상황을 반영하는 것이다. 1518년 말, 신성로마제국 막시밀리안 황제의 건강은 급격히 악화되었다. 제국의 새로운 황제를 뽑는 선거가 임박해오고 있었다. 원래 레오 10세는 합스부르크 가문에서 차지하고 있던 신성로마제국 황제 자리의 후계자로 프랑스의 왕 프랑수아 1세를 선택했었다. 그러나 그 사이 이 입후보가 가망 없다는 것이 확실해졌다. 그래서 로마에서는 막시밀리안 황제의 손자인 스페인 왕 카를로스 1세가 황제가 되는 것을 막을 만한 다른 후보자를 찾을 수밖에 없었다. 이렇게 후보자를 찾는 과정 중, 선제후 중에서 가장 존경받던 현자 프리드리히가 점점 더 로마의 시야에 들어왔다. 그는 스스로 황제 선출에 입후보하려 들지는 않았지만, 그의 영향력 때문에 가능하면 그를 조심스럽게 다루는 것이 유리했다.

따라서 카를 폰 밀티츠는 임무에 관한 새로운 지시를 받았다. 이 지시는 그의 임무를 정말 놀라운 방식으로 변화시켰다. 이제 이단자 루터의 체포에 관해서는 더 이상 이야기되지 않았다. 그 대신 오랫동안 무익하게 시도되었던 타협이 갑자기 다시 주제로 떠올랐다. 루터는 교황에게 저질렀던 부당함에 대해 교황에게 겸허히 용서를 빌어야만 한다는 것이었다. 이것은 교황의 외교관이 볼 때는 어려운 일이 아니었다. 1519년 1월 3일, 이 특별한 조건 아래 루터와의 만남에 대해 카를 폰 밀티츠가 보고한 편지를 보자. 여기서 그는 루터가 입장 철회를 할 의사가 있다고까지 여겼고, 이제 모든 소송절차를 독일에 이전해도 될 것같이 생각했다. 1518년에서 1519년으로 넘어가는 겨울, 신학적으로 팽팽히 맞서던 양측은 긴장을 늦추는 듯 보였다. 그러나 곧 드러났듯이 이런 기대는 완전히 어긋났다. 루터는 자신의 잘못을 성경에 근거한 증거를 통해서 밝힐 경우에만 철회하 겠다는 조건을 내세운 것이다. 이미 카예탄을 통해 이뤄졌던 심문에 서도 그는 이렇게 주장했었다. 로마 측에서 볼 때 루터에 대한 소송 은 결코 종결되지 않았고 그저 중단되었을 뿐이었다.

따라서 현자 프리드리히의 거처가 있던 알텐베르크에서 카를 폰 밀티츠와 벌였던 협상의 유일한 구체적인 결과물은 루터가 레오 10세에게 보내는 또 다른 편지뿐이었다. 그러나 이 편지가 발송되었 는지는 명확하지 않다. 비교적 짧은 이 글의 서두에서, 밀티츠는 루 터가 교황에게 저지른 불경과 뻔뻔함에 대해 속죄하라고 요구했다. 그러나 1519년 1월 5일 혹은 6일자 편지에 따르면 밀티츠의 비난들 은 무의미했음이 드러난다. 밀티츠는 루터를 공격하려 했으나, 오히 려 자신이 공격을 당했다.

> 저의 가장 고귀한 의무가 실패해서, 제가 로마 교회의 명예를 보호 하기 위해 노력했던 것이 오히려 저를 교회 수장께 불경을 저지른 자, 또 다른 사악한 행위를 한 자로 의심받게 만들었다는 이야기를 들으면 정말 마음이 아픕니다. 그러니 성부여, 이제 저는 어떻게 해 야 한단 말입니까? 솔직히 저는 어떤 해결책도 없고, 교황 성하의 분노의 힘을 견딜 수가 없으며, 어떻게 당신의 분노에서 벗어나야 할지 모르겠습니다.[50]

마치 루터와 레오 10세 사이에 실제로 아무 문제도 없었던 것처럼 들린다. 따라서 모든 긴장은 루터의 말을 곡해했던 악의적인 적대자들이 의도적으로 유도한 것이었다. 루터에게 입장 철회는 큰 문제가 되지 않았다. 이미 철회는 불가능했다. 왜냐하면 루터의 글들은 그가 기대했던 것보다 더 널리, 특히 그의 '사건'을 과장한 적대자들의 엄청난 반항을 통해 더 널리 유포되었기 때문이다. 다음의 말은 프리에리아스를 비꼰 것이었다. "토마스주의자들이 나에게 분노하도록 그냥 내버려두어라. 그들은 그대들을 돕는 것이 아니라 나를 돕는 것이다!"

루터에 따르면, 입장 철회를 거부하는 결정적인 이유는 철회를 할 경우 탐욕으로 교회를 더럽힌 사람들이 우세해지기 때문이었다. 그러나 교회와 교황의 여러 문제점을 비난하는 루터지만, 아직도 이들을 부정하지는 않았다.

성부시여, 이제 저는 하느님과 인간 앞에서 맹세합니다. 저는 교회의 권력과 교황 성하의 신성함이 갖고 있는 권력을 제한하거나, 하물며 간계로 그것을 허물 생각은 예나 지금이나 절대 하지 않습니다. 그와는 반대로, 저는 교회의 권력이 모든 것 위에 있으며, 하늘이나 땅에서 오직 모든 것 위에 계신 주 그리스도 이외에 그 어떤 것도 교회보다 우선되는 것은 없음을 인정합니다. 그러니 교황 성하께서는 이 마르틴 루터가 사주했다고 하는 사악한 흉계에 대한 소문을 믿지 않으시기 바랍니다. (……) 왜냐하면 저는 그저 한 가지 목적밖에 없기 때문입니다. 생소한 탐욕에 의해 더럽혀져서는 안 되는 우리 어머니이신 로마 교회와 민중이 면벌이 이웃사랑보다 더 가치 있다는 착오에 빠지지 않았으면 하는 것입니다. 다른 모든 것

들은 제게는 사소하며 별로 중요치 않습니다.[51]

　이 글은 루터에게 요구되었던 사과문이 아니었다. 루터는 오히려 상대측에게 책임을 물었고, 그렇게 함으로써 은근히 교황에게 책임을 물었다. 선량한 레오 10세와 사악한 교황청 사이의 구분은 점차 믿을 수 없어졌고, 교황청의 야비한 탐욕은 폰티펙스 막시무스의 불이익을 초래했다.

　위의 글에서 보듯 교황제도의 권력을 제한하지 않겠다는 루터의 확약은 로마의 관점에서 볼 때는 정말 권력을 옹호하겠다는 주장으로 들렸다. 그러나 교황주의자들이 교황의 것이라 생각했던 권력, 지난 수십 년간 권좌의 소유자가 어느 정도 공공연히 자신의 것이라 내세운 권력을 놓고 볼 때, 사실 독일의 수도사는 베드로의 후계자의 능력을 말도 안 될 정도로 축소시켰다.

　이 시점까지 루터가 했던 모든 발언을 요약해서 정리하면, 루터에게 교황은 최고의 명예를 갖고 전 교회를 이끌어가는 기관일 뿐이었다. 그러나 성경 해석과 믿음의 교리에서 최종 결정권자는 아니며 연옥에서 영향력을 끼치는 사람도 아니다. 루터가 이렇게 기존의 권력을 제한하면서 교회와 교황은 손실을 입게 되었다. 교황청의 관점에서 볼 때 루터는 그저 미흡한 대용품을 제시했을 뿐이다. 교황은 신도들을 위해 기도하고 이들을 위해 신께 간청해야 하며, 도덕적 모범이어야 하고, 전 기독교도 안에서 평화를 유지해야 한다. 위대한 인문주의자 에라스무스 폰 로테르담도 3년 전 이와 아주 유사한 말을 그의 풍자 작품 《율리우스 엑스클루수스Julius exclusus》에서 했었다. 루터는 에라스무스를 굉장히 혐오했지만 이 작품은 높이 평가했다.

이 책에서는 얼마 전에 사망한 교황 율리오 2세가 베드로에게 천국에 들어가게 해달라고 요구한다. 하지만 통과시험에서 기초적인 교양상의 결함과 중대한 도덕적 결함이 드러날 뿐이다. 율리오 2세에게 교황직은 기쁨, 소동, 즐거움이며, 베드로에게는 울음, 기도, 금식이다. 천국에서는 고행자처럼 매진해야 할 것 같아 실망한 델라 로베레 가문 출신의 교황 율리오 2세는 자발적으로 훨씬 더 재미있어 보이는 지옥으로 간다. 지옥은 일종의 두 번째 성 베드로 성당으로 그는 이를 완전히 새로 지을 의무가 있다. 로마 및 다른 유럽 지역이 그때까지 갖고 있던 교황직의 권리와 의무에 대한 생각이 모순적이라는 사실이 점점 드러났다.

　루터가 교황제도에 어떤 두려움을 은밀히 품고 있었는지는 친구 벤체슬라우스 링크Wenzeslaus Linck에게 보낸 1518년 12월 18일자 편지에 나와 있다. 로마와의 실제 분쟁은 아직 일어나지 않았지만 교황청은 호의적인 해결을 바라지 않는 것 같다고 했다. 우선 루터를 기다리고 있는 질문이 있는데, 이에 대답할 경우 엄청난 결과가 나올 것이 분명했기 때문이다. 이 질문은 다음과 같았다. 교황은 그리스도의 적인가? 적그리스도에 대해서라면 〈요한계시록〉이 그 끔찍함을 잘 알려준다. 적그리스도는 가능한 한 많은 영혼을 지옥으로 보내려고 구원자인 그리스도를 흉내 냈고 온 세상을 혼돈과 파괴로 밀어트렸다. 게다가 이 그리스도 반대자의 등장으로 말세가 시작된다. 그 때문에 루터는 교황을 적그리스도라 한 것이다. 교황과 적그리스도를 동일시하는 것은 처음에는 그저 우려를 담은 추측에 불과했다. 확증할 수는 없지만 루터가 볼 때 많은 것들이 교황과 적그리스도가 동일하다는 것을 말하고 있기 때문이다. 마치 하느님의 아들을 비열하게 흉내 내듯 교황은 하느님의 말씀 위에 군림하는 태도를 취했고, 자신의 세속 권력을 확고하게 할 목적으로 인간의 양심을 내리누르며 하느님의 말씀을 마음대로 왜곡시켰다. 다가올 미래가 교황이 곧 적그리스도라는 논제가 옳은지 그른지에 관한 결정적인 증거를 제시할 것이다.

루터의 태도와 의도와는 완전히 상반되게, 카를 폰 밀티츠는 로마로 환희에 찬 보고를 보냈다. 이 보고는 루터 사건이 거의 중재되었다는 인상을 불러일으켰다. 그렇지 않다면 1519년 3월 29일자 루터에게 보낸 교황의 소칙서는 다른 식으로 설명될 수가 없다. 이 편지에서 "부당함의 아들"인 루터는 이제 "사랑하는 아들"로 불렸다. 이 문서가 담은 소식은 적잖이 희망적이었다. 우리는 그대가 우리에게 행한 모든 부당함을 아버지의 아량으로 잊어주겠노라.

우리는 전능하신 하느님께 감사드리는 바이오. 황송하옵게도 그분은 그대의 마음을 깨우쳐주셨기 때문이오. 또 영혼구제를 위한 중요한 일들에서 그대의 권위와 가르침을 믿는 독실한 기독교인들이 더 이상 위험한 착오에 빠지지 않도록 염려해주셨기 때문이오.[52]

물론 해결되어야 할 사소한 것이 남아 있었다. 회개한 사교邪教 전도자 루터는 속히 로마로 가서 공식으로 자신의 의견을 버리겠다고 맹세해야 하며, 그 이후 다시 교황의 은혜 안으로 받아들여져야 했다.

그러나 루터는 그런 일은 추호도 생각하지 않았기 때문에 화해 프로젝트는 물거품이 되고 말았다. 이 사건에서 주목할 만한 것은 로마가 폰 밀티츠의 간절한 소망을 믿어줬다는 것이다. 결과적으로는 '헛소동'만 일으킨 카예탄의 공식보고도 여기에 기여했다. 만일 이 비텐베르크 대학 교수가 그저 권력자의 허수아비라면, 단호하게 정치적 수단에 희망을 걸어야만 했다. 그것도 신중하고 섬세한 감각으로 처리되길 기다리고 있는 황제 선출을 감안해서 말이다. 이 문제는 신학적으로 철저히 토론되는 것처럼 보였다. 로마에서 인정된 권위와 논거로는 이 불쾌한 수도승에 맞설 수가 없었다. 이 수도승은 자신의 사적인 성경 해석만을 인정할 뿐 다른 의견은 잘못되었다고 혹평했다. 때문에 그와 논쟁하는 것은 아무 의미도 없었다. 특히 구원과 관련된 질문에 대한 공적 토론들은 쓸데없이 소란만 일으킬 뿐, 무지한 신도들을 혼란시키고 반역을 부채질했으며, 이는 세속 권력에게도 적용되었다. 이렇게 정치적 조처로 전술을 바꿈으로써 교황권은 싸우지도 않고 루터에게 대중을 넘겨주었고, 게다가 그에게 귀중한 시간을 절약해주었다. 루터는 끊임없이 글을 써서 이 시간을 매체를 통한 반향을 얻기 위해 아주 잘 이용했다.

1519년 1월 12일, 오랫동안 예상했던 사건이 터졌다. 막시밀리안 황제가 사망한 것이다. 이제 새로운 제국 수장 선거가 논의되어야 했다. 레오 10세는 그 사이 자신의 방식으로 모든 우발적 사태를 고려한 예비조처를 취했다. 1518~1519년 그는 다시 프랑스의 프랑수아 1세와 긴밀한 관계를 맺었다. 프랑수아 1세는 계약에 의해 메디치 가문의 지속적인 후원자로 임명되었다. 그러나 레오 10세는 프랑수아 1세 모르게 곧 스페인의 왕 카를로스 1세와도 유사한 계약을 맺었다. 그것은 카를로스 1세가 황제로 선출될 경우를 대비한 안전 대책이었는데, 그러면서도 레오 10세는 여전히 모든 수단을 동원하여 카를로스 1세가 황제로 선출되는 것을 막기 위해 싸웠다.

슈타우펜 가문*에 대한 기억, 율리오 2세가 맺은 협약과 메디치 가문의 이해관계 때문에 레오 10세 입장에서는 스페인 왕 카를로스 1세가 독일의 신성로마제국 황제로 추대되는 것이 탐탁지 않았다. 카를로스 1세는 스페인의 왕좌와 함께 나폴리 왕국도 상속받았다. 나폴리 왕국은 교황의 봉토권 아래 있었고 1266년까지는 슈타우펜 가문에 속해 있었다. 이 가문의 중요 인물인 황제 프리드리히 2세는 1250년까지 여러 교황과 대적해 힘든 싸움을 했었는데, 이 교황들은 남북 양쪽의 불구대천의 원수에 의해 위협받는다고 생각했다. 또 다시 양쪽에서 협공을 당하지 않기 위해, 율리오 2세는 아라곤의 페르디난트 왕에게 나폴리 왕국을 봉토로 수여했고 이때 나폴리 왕은 제국의 수장 선출에는 관여하지 않는다는 조건을 걸었다. 그러나 율리오 2세와는 달리 레오 10세에게는 트라우마와도 같은 이런 기억과 얽히고설킨 권리 문제보다 더 중요한 것이 있었다. 바로 자기 가문의 욕구였다. 메디치 가는 겉만 겨우 공화정으로 유지한 채 피렌체를 통치했다. 피렌체 사람들은 세금이 점점 더 많아지자, 메디치의 통치로 점점 더 큰 비용만 떠안을 것을 알게 되었다. 피렌체의 통치자 로렌초 2세는 교만한 태도 때문에 점점 더 미움을 받았다. 1519년 5월, 로렌초 2세가 27세의 나이로 사망하자 이 가문과 그 통치권의 정치적 생존은 풍전등화의 위기에 처했다. 레오 10세와 추기경 줄리

---

* 호엔슈타우펜(Hohenstaufen)이라고도 불리는 독일 제후 가문으로 11세기부터 13세기 동안 슈바벤 공작, 시칠리아 왕, 신성로마제국의 황제를 배출했다. 대표적인 사람은 프리드리히 1세, 하인리히 4세와 프리드리히 2세다.

오 데 메디치를 제외하고 이 가문에 대를 이을 남자들은 아직 미성년이거나 합법적이지 않은 자손들뿐이었다. 메디치 집안 서자들의 신분상의 결함은 교황이 펜 놀림 하나로 제거할 수 있었지만, 교황 자신도 적합한 지배자를 불러올 마술을 부릴 수는 없었다. 메디치는 프랑스이건 스페인이건 강대국의 지원에 그만큼 더 강력하게 의존하고 있었다. 레오 10세에게는 가족에게 그런 보호를 보장해주는 것이 루터 사건보다 훨씬 더 중요했다.

따라서 교황이 가장 우선시한 것은, 피렌체에서 자신의 통치권을 유지하고 확대하기 위해 프랑스 왕의 도움을 확보해놓는 것이었다. 그러나 양심 없는 권력정치가인 레오 10세가 세속의 통치자에게 잘 대해줄 때는, 자신과 연합한 자에게 공짜로 더 많은 권력만 허락한다는 의미는 아니었다. 프랑수아 1세는 이미 돈이 많은 밀라노를 소유하고 있었다. 그런 그가 여기에 더해 이탈리아 내의 수많은 권리 및 영향력과 관련되어 있는 신성로마제국 황제의 권위도 갖게 된다면 급속히 강력해질 수 있었고, 메디치 권력의 영역이 확장되는 것을 방해할 수도 있었다. 따라서 교황의 생각에는 프랑스와 스페인을 동일한 힘으로 유지시키는 것이 더 나았다. 그렇게 하면 두 세력을 서로 대치시킬 수 있었다. 그러나 이런 균형은 눈앞에 닥친 신성로마제국 황제 선거에서 제3의 인물이 이길 경우에만 유지되었다. 프랑수아 1세는 레오 10세의 권유로 입후보했는데, 당연히 로마가 자신의 입후보를 두고 이런 책략을 부리고 있는 줄은 몰랐다.

로마의 관점에서 볼 때 제3의 인물은 루터의 영주인 현자 프리드리히 말고는 없었다. 유서 깊고 명망 있는 베틴 가문 출신의 대공이자 선제후인 그는 로마에게 이상적인 후보자였다. 그가 정말 황제로 선출될 경우, 그는 로마에게 감사의 의무를 지게 되며, 그렇게 되면 루터를 둘러싼 싸움을 양보심을 갖고 평화적으로 해결하려 할 것이다. 그러나 오직 이것 때문에 교황이 선제후 프리드리히의 입후보를 원한 것은 아니었다. 후보자는 얼마 전에 사망한 황제보다 겨우 네 살 적었다. 이는 틀림없이 로마에게 새로운 카드를 내놓을 수 있는 시간을 벌어줄 수 있을 것이다. 프리드리히 선제후는 별로 생산성이 높지는 않은 통치 지역을 소유했고, 이 지역 외부에서는 그를 정치적으로 첫 번째 서열로 부상시켜줄 만한 자원이 없었다. 다른 한편으로, 그는 자신과 동등한 계층의 사람들 사이에서는 높은 신망을 받았다. 게다가 프리드리히는 자신의 고문이나 시종을 "아기"라고 부르며, 강한 징벌을 싫어하고, 가난한 자와 권리를 박탈당한 사람들에게 동정심을 갖고 많은 것을 해주는 관대한 수장으로 평가되었다. 루터에게는 개인적인 보호자이기도 했다. 그는 여러 관점에서 볼 때 진정 훌륭한 제후였으나 단 한 가지 점에서는 비판의 여지가 있었다. 선제후에게는 기독교의 이상적인 통치자가 되기 위해 반드시 필요한 엄격함이 부족했던 것이다. 사형에 대한 그의 태도가 바로 이 위험천만한 해이함을 증명했다.

프리드리히 선제후는 사형 말고도 다른 것도 혐오했다. 당시의 귀족에게는 완전히 비전형적인 일이었는데, 그는 결혼뿐 아니라 권력자의 허영심을 돋보이게 하며 가난한 자의 비참함을 더할 뿐인 전쟁도 혐오감을 갖고 있었다. 그 대신 고도의 노련함을 가진 외교 술책을 발전시켰고, 달갑지 않은 결정은 질질 끌고 지연시키는 기교를 완벽하게 구사했다. 그의 대답들은 다른 사람의 귀에는 종종 모호하게 들리거나 상황을 회피하는 것처럼 들렸다. 게다가 비판받을 수 있는 상황에 묶이는 것도 피했다. 이런 태도 덕에 가끔 예상하지 못했던 해결책을 얻기도 했다. 루터와 모든 직접적인 접촉을 회피했던 것도 이런 행동양식에 속했다. 이와 같은 접촉 금지 조처는 이제는 장점이 되어, 프리드리히는 이 '공공연한 이단자'와 모든 교제를 피하고 있다고 로마에게 주장할 수 있었다. 종교 및 교회 관점에서도 모든 의견을 미해결인 채로 두었다. 그는 루터와 루터의 추종자에게 보호의 손을 뻗었고, 루터의 교리에 완전히 개인적인 호감을 가진 채로 교황과 최종적으로 결렬하려는 마음을 먹었다. 교황은 선제후의 반동적인 교수에게 했던 것과는 반대로 선제후는 파면하지 않았다.

프리드리히는 레오 10세가 자신에게 제안한 황제 선출 입후보를 수락하기에는 너무나 현명했다. 입후보했더라면 아마 그는 허수아비 황제가 되었을 것이다. 작센 선제후는 7명의 선제후 중 유일하게 뇌물을 받지 않고 투표에서 합스부르크 가문의 카를로스 1세를 지지했다. 결국 그가 1519년 6월 28일 카를 5세라는 이름으로 새로운 신성로마제국 황제로 선출되었다. 교황청은 깜짝 놀랐다. 스페인 왕이 자신을 선출할 사람들에게 뿌린 엄청난 매수금은 푸거 가문이 운영하는 은행이 빌려준 것이었다. 그럼에도 불구하고 선거 결과는 로마에게는 좋은 일이었다. 이제 로마 사람들은 루터와 그의 보호자에 대한 정치적 관심을 거두었다.

라이프치히 논쟁

로마의 신학자들이 정치가들 뒤에 서 있는 동안, 독일의 한 신학자가 인상 깊게 등장했다. 요하네스 에크였다. 그는 잉골슈타트 대학 교수로 교황 그리고 푸거 가문과 밀접하게 연결되어 있었다. 루터와는 이미 글로 논쟁을 했고, 이때 양쪽의 문체는 급속히 사적인 비난과 모욕으로 타락했다. 따라서 1519년 7월 초 요하네스 에크, 일명 카를슈타트라고 불리는 루터파 신학자 안드레아스 보덴슈타인Andreas Bodenstein, 루터, 흥미를 가진 대중, 그리고 이들의 논쟁을 기록할 공증인이 라이프치히에 모였을 때부터 이미 분위기는 망가져 있었다. 이런 떠들썩한 볼거리 뒤에 있는 추진 세력은 가톨릭 편에 서 있는 게오르크 폰 작센 대공이었다. 그는 이를 통해 비텐베르크에 있는 루터 추종자들과 자신이 미워하는 친척인 선제후 프리드리히의 의도가 무산되기를 바랐다.

에크는 탁월한 연설가였고 논쟁적인 토론에서 늘 호응을 얻었다. 그는 논쟁을 재빨리 비판적 논점으로 유도했다. 교황은 교회사에서 어떤 역할을 했고 오늘날에는 그에게 어떤 힘이 있는가? 여기에 대해서 루터는 자신의 생각을 말해야 했다. 루터가 볼 때 로마의 주교, 즉 교황이 애초부터 주도적 지위에 있던 것은 아니었다. 레오 10세와 같은 사람이 가진 우선권은 루터가 볼 때는 전 기독교도가 초대교회의 원칙으로부터 점점 더 멀어져가는 붕괴 과정의 결과였다. 이렇게 근원에서 멀어지고 있는 상황에서 역사적 근원을 조망하는 것은 완전히 새로운 의미를 얻었고, 역사 서술은 신학의 한 분야가 되었다. 기독교 초기에는—루터의 몰락 이론에 따르면—서로 동일한 지위에 있던 대중이 자신들의 최고 성직자를 선출했다. 그러나 이후 로마 주교들은 대중에게서 이런 주도적 지위를 빼앗았고, 추기경들은 대중한테서 최고 성직자를 선출할 수 있는 선거권을 찬

탈했다.

루터에게 교황의 우위는 성경적으로도 아무런 근거가 없었다. 그리스도는 모든 사도들에게 동일한 권한을 부여했고, 베드로는 그 저 다른 사람에 비해 명예의 우선권을 가졌을 뿐이었다. 그래서 교 황은 오늘날에도 여전히 이런 우선권을 요구할 충분한 이유가 있다. 그리스도는 사도 그룹을 대리하도록 베드로에게 교황의 권한을 부 여했다. 그러나 교회에 대한 교황의 절대적인 권력은 이것으로는 정 당화할 수 없다. 따라서 교황의 권력은 하느님의 법에 필수적인 것 은 아니고, 교회의 통일을 위해서도 반드시 필요한 것은 아니다. 교 회의 이런 완결성은 오히려 공통의 믿음과 믿음의 외적 표시인 세례 에 근거를 두고 있다. 이 견해에 근거를 대기 위해 루터는 복음을 역 사적 원전으로 해석했다.

> 에크 박사께서 베드로가 70명의 제자 중에서 단 한 명을 성직에 임 명했다거나 파견했다는 사실을 증명할 수 있다면 나는 모든 것에 굴복하고 패배를 인정하겠습니다.[53]

권력은 고상한 행위를 통해 입증되어야 한다. 베드로는 그와 유 사한 그 어떤 것도 입증하지 않았기 때문에, 그는 단지 동년배 중에 서 첫 번째 사람일 뿐이었다. 또한 교황 무오류설에서도 루터는 강 력한 논쟁을 벌이며 다음과 같이 과감하게 전진했다. 교황 리베리오 (재위 352~366)는 4세기 중반 직후 "그리스도는 성부와 본질상 동일 하지 않고 그저 유사할 뿐"이라는 아리우스Arius의 사교에 굴복했다. 따라서 교황들이 교리의 순수성을 끊임없이 보호해왔다고는 할 수 없다. 따라서 로마의 교황수위권을 믿는 것은 구원을 위해 반드시 필요한 것이 아니다.

루터의 이런 주장이 얀 후스의 말과 동일하다고 생각한 사람은 에크뿐만이 아니었다. 따라서 논쟁은 체코 신학자 얀 후스의 교리로 넘어갔다. 후스는 치외법권의 보호를 약속받았음에도 불구하고 1415년 콘스탄츠에서 이단자로 화형당했다. 이 논쟁에서도 비텐베르크의 교수는 대담한 말을 서슴지 않았다.

> 얀 후스 혹은 보헤미아인들의 교리 중에는 보편교회가 정면으로 거부할 수 없는 매우 기독교적이고 복음적인 교리들이 아주 많이 있습니다.[54]

루터가 볼 때, 교황이나 종교재판관도 성경에 근거하지 않은 새로운 교리를 타당하다고 발표할 권한은 없었다. 그렇게 하기 위해서는 하느님의 새로운 계시가 필요할 것이다. 따라서 성경만이 중요하며, 교황에게는 성경을 타당하게 해석할 수 있는 권리가 없다. 여기에는 오직 심오한 이해만이 중요하다.

> 그렇습니다. 사람들이 별로 기대하지 않는 법학자들조차도 선거 규정인 〈시그니피카스티Significasti〉에 규정하기를, 개인의 판단이 교황, 공의회 및 교회보다 우위를 점한다고 합니다. 만일 그 판단이 더 나은 권위와 통찰로 뒷받침된다면 말입니다.[55]

루터는 교회의 전통과 교황의 권위에 대항하기 위해 아마 이런 뛰어난 해석을 이용한 듯했다. 루터는 교황들이 틀릴 수 있다고 생각했다. 보편교회를 대표하는 공의회에도 이것이 적용되었을까?

> 공의회는 틀릴 수 없으며, 과거에도 틀리지 않았고 현재도 틀리지 않는다는 사실을 존경하는 박사께서 증명하지 않으시는 한, 저는 (콘스탄츠 공의회의) 이 항목의 극도로 증오할 만한 훈계에 깊이 마음 쓰지 않을 것입니다. 왜냐하면 공의회는 그 본성상 하느님의 법이 아니며, 하느님의 법을 만들 수도 없기 때문입니다.[56]

에크는 적수가 바로 이런 말을 하도록 그를 유인한 것 같았다. 에크의 반박 연설이 이를 증명한다.

> 제가 그의 생각에 따라 공의회가 틀릴 수가 없다는 사실을 증명해야 한단 말입니까? 칭찬받고 찬양받을 만한 콘스탄츠 공의회에 은근히 혐의를 씌우려는 의도가 아니라면, 대체 그는 무엇 때문에 공의회가 틀렸다고 생각하는 겁니까? 존경하는 신부님, 한 가지 말씀드리겠습니다. 합법적으로 소집된 공의회가 과거에 틀렸고, 현재도 틀리다면, 제가 보기에 당신들은 이교도이거나 세리입니다.[57]

루터는 이로써 자신이 계속 과감하게 전진하고 있다는 확신이 들었고, 이제 공의회의 권위 문제는 관심 밖이었다. 논쟁을 계속하면서 성경을 근거로 한다면 연옥의 존재도 증명되지 못할 것 같았다. 95개조 반박문에서 비텐베르크의 교수는 교황의 팔이 연옥에까지 이른다는 말을 부인했다. 이제 교황의 확고부동함은 "오직 성경sola scriptura"의 유일한 권위 앞에서 불확실해진 듯 보였다.

> 왜냐하면 하느님은 연옥에 대해서는 아무것도 말씀하시지 않았고, 도처에서 천국과 지옥에 대해서만 말씀하셨기 때문입니다.[58]

　루터는 연옥이란 탐욕스러운 교황의 교회가 만들어낸 허구에 불과하다는 급진적인 결론을 아직은 도출하지 않았다. 성경이 이에 대해 침묵한다면, 다른 권위들이 이런 빈틈을 채워넣어야 한다고 했다.

　루터의 이 말은 오히려 화해를 요청하는 것처럼 들렸다. 사실 루터는 공의회의 잠재적인 오류에 대한 자신의 발언이 준 충격을 약화시키려고 했다. 루터가 성경 해석에서 보편교회의 권위보다 위에 있는 척한다는 에크의 결론에 맞서, 루터는 교회와 공의회의 오류에 대한 자신의 주장을 거의 전부 취소할 것이라고 항변했다.

> 저는 공의회와 교회가 믿음의 문제에서는 틀리지 않는다고 생각합니다. 나머지 문제에서는 틀려도 됩니다.[59]

　이런 사소한 지점에서 자기 주장을 취소하는 것은 루터에게는 아주 중요했다. 그는 논쟁이 진행되는 동안 이런 취소를 독설을 뿜으며 반복했다. 나는 공의회가 믿음과 영혼 구원의 문제에서 틀리지 않는다는 에크의 말이 옳다고 인정하지만, 면벌부는 그런 문제가 아니라는 것이다.

　라이프치히 논쟁 중 루터는 교황청에 대한 비판을 자제했다.

그러나 지인들과의 편지 교환에서는 또다시 심한 의혹을 제기했다. 1519년 3월, 슈팔라틴에게 보낸 편지는 이를 보여준다.

> 저는 지금 논쟁을 위해 교황의 지시를 연구하고 있는데, 교황이 적그리스도의 화신인지 아니면 적그리스도의 선구자인지 잘 모르겠습니다.[60]

논쟁이 끝난 뒤에 에크는 자신이 이겼다고 주장했다. 그는 적수에게 의견을 분명히 하라고 강요했고 이를 통해 귀중한 증거자료를 얻고는 드디어 이단자에 대한 소송을 계속 이어갔다. 두 적수는 논쟁에 대한 자기 견해를 각자 주위에 전달했는데, 이것이 논쟁 진행 방식이 되어버렸다. 논쟁이 끝난 뒤 에크는 사건에 대한 자신의 관점을 로마에서 진술할 기회도 얻었다.

로마에서는 카를 폰 밀티츠의 임무가 끝난 뒤인 1520년 초, 사실상 1년간 멈춰 있던 루터에 대한 심리가 다시 시작되었는데 처음에는 진행이 지지부진했다. 교황청 사람들은 비텐베르크의 교수가 입장 철회를 통해 놀라운 변화를 일으킨 것이라 믿었던 것은 아닐까? 신성로마제국 내 정치적 상황의 새로운 질서를 기다리면서 경솔한 걸음을 내딛는 것은 피하려고 했던 것일까? 레오 10세의 입장에서 볼 때 가장 그럴듯한 답변은, 신성로마제국 황제 선거전의 들뜬 분위기 이후 독일은 다시 정치적 관심사 밖으로 던져졌고, 그와 함께 정치적 사건으로 분류된 루터 사건 역시 마찬가지였다는 것이다. 신성로마제국의 새로운 수장은 로마에 대한 충성에서는 누구도 따라올 수 없었다. 남아메리카에서부터 스페인, 네덜란드, 독일을 거쳐 나폴리에 이르는 영토를 가진 세계의 지배자인 황제 카를 5세가 뻔뻔스럽고 하찮은 수도사와 그의 영주인 공범자를 손쉽게 처리할 수 있을 것이라고 교황청은 확신했을 것이다.

그 사이 신성로마제국에서 루터의 교리는 점점 더 영향력을 발휘했다. 여기에 근본적으로 기여한 것은 루터의 저술 작업이었다. 이 작업은 그에게 대중의 엄청난 관심을 보장해주었고, 이로써 논쟁에서 그가 주도권을 쥘 수 있도록 해주었다. 그의 생각에는 이 신학적인 대화가 미숙하게 진행되었기 때문에 어떤 대가를 치르더라도 자신의 인상을 잘 보여주는 사건 설명을 널리 퍼트려야만 했다. 〈라이프치히 논쟁의 주제에 대한 루터의 해설Resolutiones Lutherianae super propositionibus suis Lipsiae disputatis〉에서 루터는 이런 관점을 효과적으로 면밀하게 서술했다. 교황이 성경 해석의 독점권을 자신을 위해 사용한다면, 그는 악마 루시퍼보다 더 음험하다. 악마는 그리스도와 대등해지기를 원하지만 교황은 성경 해석의 독점권을 요구함으로써 하느님보다 더 높은 척하려 들기 때문이다. 마치 완벽한 적그리스도 같다. 적그리스도는 이런 과도한 자기과시로 식별할 수 있다. 따라서 교황제도의 찬미자인 에크는 말세의 괴물의 대제사장임이 드러났다.

파문위협칙서

1520년 2월, 레오 10세는 루터 사건을 교회법으로 종결시킬 여러 위원회를 소집했다. 이 중 가장 중요한 위원회에 교황의 파문위협칙서 초고를 구상할 임무가 주어졌다. 그런데 이 문서의 작성은 예상 외로 어려웠다. 그 이유 중 하나는 루터의 저술이 많았기 때문이었고, 다른 이유는 루터가 사용한 무기, 즉 성경에서 나온 증거로 그를 넘어트리려 했기 때문이었다. 뿐만 아니라 요하네스 에크와 함께 이 회합의 중요 인물인 카예탄 추기경은 비텐베르크 대학 교수의 교리를 통으로 묶어 유죄판결을 내리지 말고, 세분해서 특히 주의 깊게 본문을 증명하며 판결하라고 끈질기게 주장했다. 아주 사소한 인용 실수조차도 적의 손에 넘어가게 되면 로마의 대응을 불확실하게 만들지도 몰랐다. 이로써 이전에는 없었던, 증거를 강요하는 새로운 시대가 열렸다. 서로 경쟁관계에 있는 종교 유파에 속한 신학자와 역사학자들은 이제부터 경쟁 상대가 자신들의 글을 감시의 눈으로 점검한다는 것을 염두하고 있어야 했다.

에크는 적절한 원문을 선택하고 점검하면서 칙서를 보강하는 일을 담당했다. 그는 이를 통해 교황청에서 가장 노련한 루터의 적대자로 인정받았지만, 곧 지롤라모 알레안드로와 아주 강력한 경쟁관계에 놓이게 되었다. 칙서의 광범위한 부분에는 카예탄과 그와 마찬가지로 신학적으로 정통한 피에트로 아콜티Pietro Accolti 추기경이 기여했다. 이들의 집중적인 공동작업을 통해 방대한 문서가 완성되었다. 이 문서는 루터가 발표한 여러 글 중에서 뽑은 41개의 주장을 비난했는데, 카예탄의 바람과는 달리 정도의 심각함을 단계별로 구분하지는 않았다. 칙서에 따르면, 여기서 언급한 루터의 말들은 경건한 기독교도가 볼 때는 이단적이거나 상스럽거나 잘못되었거나 명예를 훼손했고, 따라서 가톨릭 교리의 진리에 어긋났다. 칙서의 비판은 아주 광범위해서, 개별적으로 아주 상이한 결론과 처벌이 나올 수 있었다. 따라서 루터는 이런 포괄적인 비판은 허용할 수 없다고 되받아쳤다.

　　이런 경우에 일반적이듯이, 1520년 6월 15일 칙서 〈주여 일어
나소서Exsurge Domine〉 서문에서는 이 사건의 과정이 요약 서술되었다.
루터가 로마로의 소환을 이행하지 않았다는 사실, 비오 2세가 단호
하게 금지했음에도 이를 어기고 공의회에 호소했고 이단자로서 벌
을 받을 것임을 수차례 경고받았다는 사실이 강조되었다. 그럼에도
불구하고 방황하는 자를 섬멸하기보다는 그가 더 나아지기를 바라
는 교황은 관용과 인내를 결심했으며, 이단으로 의심받는 아우구스
티누스 은둔자 수도사에게 자신의 오류를 철회하도록 60일간의 마
지막 유예기간을 허가했다. 그러나 그가 이 기간을 흘려버릴 경우,
이단자로 최종 판결이 내려질 것이다. 칙서 내용에는 이런 식의 상
투어와 인습들로 넘쳐났다. 루터 탓으로 돌려진 사건들도 이런 식으
로 표현되어, 루터는 "새로운 포르피리우스Porphyrius"[61]*로 불렸다. 이
선배 이단자처럼 루터의 주장은 이미 오래전에 반박당했다. 그럼에
도 루터가 더 격렬하게 독을 뿌려대면서 자신의 무기력을 증명하고
있다고 비난했다.

　　이로써 교황청은 루터가 논쟁을 할 수밖에 없는 동기를 부여했
다. 적수인 루터에게서 신학적 사고의 독립성을 박탈한 것이다. 로마
가 볼 때, 이제 이단이 발생할 가능성도 줄었고, 또한 진실한 교리와
신의 뜻에 따른 교회의 지도에 대항하여 이단자가 봉기하도록 만드
는 동기도 줄어들었다. 칙서는 합법적인 권위보다 더 많은 것을 원

---

*　　포르피리우스(234~305): 신플라톤주의 그리스 철학자. 성경 비판자로 유명하다.

루터의 악마와의 동맹: 1535년의 팸플릿은 루터와 그의 스승인 악마 루시퍼가 허물없이 얘기하는 모습을 보여준다. 다른 악령이 이단자의 귀에 중상모략을 속삭이고, 성경에 손을 올려놓은 이단자 루터와 악마의 동맹이 체결된다.

하는 교만, 명성과 세상의 재보에 대한 루터의 야심과 탐욕을 언급
했다. 루터는 역사의 모든 사교 전도자처럼, 가능하면 많은 인간들이
자만과 불행에 빠지기를 바란다고 했다. 이는 루터의 대중매체 등장
을 암시하는 것이었다. 모든 이단자들처럼 이와 같이 수상쩍은 행동
뒤에는 악마가 서 있다고 했다. 칙서에는 다음과 같은 내용이 계속
된다. 악마의 계획은 자신에게 순종하는 동조자 루터의 도움으로 독
일을 부패시키는 것이다. 독일은 이전부터 교황으로부터 특권을 부
여받았고 특별대우를 받았다. 예를 들면 제위 이전translatio imperii을 들
수 있다. 이는 교황이 황제의 권위를 콘스탄티노플에 있는 그리스인
들로부터 독일의 신성로마제국의 수장에게로 위임한 것이다. 이에
대한 보상으로, 독일 출신 황제들은 위급할 경우에는 교황의 합법적
인 특권과 교회에 대한 교황의 무제한적 통치권을 무력을 써서라도
보호해줘야 할 의무가 있다. 따라서 독일은 다른 어떤 나라보다도
더 로마에게 영원한 감사와 충성을 할 이유가 있다. 루터의 반란은
이런 관계를 지옥의 기쁨으로 변화시켰기 때문에 특히 사악하다.

　　교황청은 로마 인문주의자들의 주장을 근거로 대며 지난 수십
년 동안 교황청이 교회세를 통해 독일을 빨아먹고 있다는 불평을 막
아냈다. 로마가 독일에 믿음과 문화라는 보물을 가져다주었는데, 이
에 대한 대가로 독일인들이 지불하는 값이 과하지는 않다는 것이다.
이런 장광설은 오래전부터 독일의 인문주의자들과 이들에게 영향
을 받는 모든 사람들을 분격시켰다. 이런 결정적인 순간에, 교황청으
로서는 알프스 북쪽에서 발생한 증오스러운 논제를 이탈리아의 문
화적·종교적 우월감으로 대응하는 것 외에 달리 방법이 없었다. 이
런 사실은 교황청이 신성로마제국 안에 오래전부터 축적된 복수심

에 찬 정치적 입장을 완전히 오해했음을 증명한다. 결국 레오 10세는 독일을 멸시하는 이론을 루터에게, 또한 교황의 칙서에 맞서 루터가 주도하고 있는 캠페인에 직접 들이민 것이나 마찬가지였다. 독일에 대한 교황청의 생각은 반 이탈리아적으로 단결된 독일의 민족 정서로서는 견딜 수 없는 것이었다. 루터는 대중매체에 영향을 주면서 자신의 조국을 교황의 끝없는 탐욕으로부터 지키려 했고 그 때문에 로마로부터 박해를 받는다고 주장할 수 있었다. 칙서 〈주여 일어나소서〉는 루터의 분노 탓에 독일의 품위가 크게 손상되었다고 발표했다. 반면 루터는 칙서에 관한 그의 논쟁적 주석에서 이와 같은 공격 방향을 역으로 뒤집어, 마치 교황이 독일을 위대하게 만든 것처럼 주장한다고 비난했다. 황제와 제국 위에 군림하는 지위는 사실 교황이 불법으로 사취한 것이며, 독일은 로마를 통해서가 아니라 로마에 대항하면서 위대하고 명예롭게 되었다고 주장했다. 훗날의 탁상담화에서 이 종교개혁가는 독일의 인문주의자들처럼 독일을 로마 제국의 멍에로부터 벗어나게 한 해방자 아르미니우스Arminius*를 증인으로 내세웠고, 자신의 활동을 이런 연속선상에 놓았다.

고발당한 루터의 41개의 주장 중 신학적으로 가장 중요한 것들은 면벌과 고해성사에 대한 루터의 비판, 특히 통회와 고백을 동반하는 참회에 대한 그의 비판과 관련되었다. 이로써 칭의론이 논쟁의 중심으로 옮겨갔다. 비텐베르크의 교수는 95개조 반박문에 관한 해설에서, 프리에리아스에 대한 항변에서, 그리고 라이프치히 논쟁에

---

* 아르미니우스(기원전 17~기원후 21): 게르만족의 지파인 체루스키 부족의 추장으로 로마제국에 대항했다.

대한 논평에서 칭의론을 계속 발전시켰다. 루터에 따르면, 인간은 믿음을 통해 죄를 용서받았다. 교회가 요구하는 선행들은 이런 믿음의 열매이지 구원에 영향을 주는 것은 아니다. 인간은 세례를 받고 난 뒤에도 죄인으로 남아 있는데, 그것도 인간은 절대 자신의 의지로는 죄에서 풀려날 수 없을 정도의 죄인이다. 인간의 죄악은 너무도 많아서 절대로 모든 죄를 참회하지 못하며, 그저 그리스도의 한없는 자비만을 확신할 뿐이다. 원죄 이후 인간의 의지는 더 이상 자유롭지 못하며, 무조건 악에 기운다. 성사를 통한 사제의 구원 중재는 점점 더 희박해진다. 이런 루터의 주장은 〈주여 일어나소서〉를 작성한 신학자 위원회에게는 참을 수 없는 교회 경시이자, 그리스도가 교회에게 했던 약속을 경시하는 것이었다.

루터의 주장, 즉 연옥을 성경으로 증명할 수 없다는 주장 역시 격렬한 비난을 받았다. 그 외에 〈라이프치히 논쟁의 주제에 대한 루터의 해설〉에서 교회와 교황은 믿음의 교리를 확정할 수 없으며 도덕적 태도와 선행으로 죄를 사면할 수 있는 전권이 없다는 루터의 주장이 비난의 중점이 되었다. 고발당한 문장, 즉 성경의 기준에 따라 공의회의 결정을 채택하거나 비난하는 것은 기독교도의 정당한 권리라는 문장은 〈라이프치히 논쟁의 주제에 대한 루터의 해설〉에서 나온 것이다. 당연히 루터가 라이프치히에서 진술한 이론들 역시 모든 사도가 갖고 있는 권한에 속하며, 그것에서 도출된 결론은 이교도적이며 터무니없이 잘못된 진술들이라며 그 목록이 교황의 칙서 〈주여 일어나소서〉에 수록되었다.

칙서에는 주요 착오들이 열거된 뒤에, 루터가 그려낸 로마의 이미지가 간략히 서술되어 있다. 이로써 루터는 무지몽매하고 가련한 사람들을 유혹하고, 교회의 명예를 깎아내리며, 이를 통해 규율을 손상시킨다고 비난했다.

> 교회의 핵심, 복종, 모든 덕의 원천이자 기원을 손상시킨다. 모두가 아주 잘 알고 있듯, 이 모든 규율이 잘못되었다는 증거를 대지도 않으면서 말이다.[62]

루터는 교황제도와 공의회가 틀릴 수 있기에 결국 교회는 언제든 틀릴 수 있다고 했다. 따라서 로마가 볼 때, 그는 세계의 종말이 올 때까지 신도들 사이에 머무르겠다는 그리스도의 약속에 대항하는 듯했고, 그가 퍼트린 불순종의 페스트는 교회를 점점 더 전염시킬 것 같았다. 이단의 특성을 전염병으로 묘사하는 것은 아주 오래된 상투어다. 교황은 신자들을 배려하는 마음에서 이 전염의 위험과 맞서 싸웠다. 그러나 교황은 마지막 경고를 하는 것으로 이 싸움을 그만둘 것이라 했다. 만일 이단자가 계속 소환을 거부할 시에는 그에게 파문으로 위협하겠다고 경고한 것이다. 파문이 선고될 경우, 교황은 이단자가 직위를 행사할 수 없게 만들 것이고, 그를 교회와 시민사회 밖으로 내쫓을 것이며, "세속의 팔weltlicher Arm"인 황제, 제후, 시 행정 당국에게 모든 엄격함으로 이단자에 대응하겠다는 약속을 받겠다고 했다. 로마가 이런 위협으로 루터를 지속으로 압박할 수 있을 것이라고는 거의 기대할 수 없었다. 교황청의 유죄판결을 받은 자신의 24번째 주장에서 루터는 다음과 같이 말했다. 기독교도들은 파문을 두려워하기보다는 이를 사랑하는 법을 배워야 한다!

정신적 페스트가 더 퍼지는 것을 막기 위해서 루터의 책들은 금지되었다. 이미 출판된 책들은 보통 그렇듯이 수거되어서 불태워져야 했다. 그리고 교황의 충분한 자기변명과 함께 루터가 지은 죄의 목록이 다시 한 번 작성되었다.

> 선한 주님이시여, 루터의 마음을 움직여 오류를 철회시키기 위해 우리가 무엇을 놓쳤으며, 무엇을 하지 않았고, 아버지의 사랑에서 무엇을 빠트렸습니까?[63]

이는 수사학적 질문에 불과했다. 교황 자신의 의견에 따르면 그는 이탈자에게 언동을 신중히 하라고 공식으로 경고하면서 어떤 점도 소홀히 하지 않았고, 훈계도 부족함이 없었다.

> 루터가 모든 훌륭한 예의범절에 대항하여 치욕스럽게 비방한 성스러운 로마 교황들이 루터가 갈가리 찢었다고 믿고 있는 그들의 규범과 규칙 안에서 절대로 틀리지 않았다는 사실을 우리는 루터에게도 증명했고 명백히 보여주었습니다.[64]

성스러운 로마 교황들은 누구였던가? 이 표현은 위험한 이중의 의미를 담고 있었다. 로마의 폰티펙스 막시무스를 사람들은 '성하' 혹은 '성부'라고 불렀다. 그러나 이는 그가 성스러운 위치에 있음을 의미하는 것은 아니었다. 새 천년으로의 전환 이후 성스럽다고 불리는 유일한 교황은 경건하지만 통치에는 적합하지 못한 은자 첼레스티노 5세(재위 1294)뿐으로 그는 유별나게도 교황직을 임명받고 몇 달 지나지 않은 1294년 12월에 다시 내려놓았다. 따라서 "성스러

운 로마 교황들"이라는 칭호는 원래 단어의 의미로 볼 때는 오래전
부터 전혀 말이 되지 않았다. 게다가 사람들에게는 교황 알렉산데르
6세와 보르자 가문, 바티칸의 경건하지 않은 가문에 대한 기억이 여
전히 생생했다. 그 이후에 나온 말장난은 꽤 자극적이다. "길르앗에
는 송진도 의사도 부족하지 않았다."* 예언자 예레미아의 이 말은 교
회의 의사 메디치 교황을 겨냥해서 한 말이었다. 오래전부터 바티칸
에는 성스러운 교황들이 없었는데, 교회의 의사가 부족하지 않다니,
메디치 교황 혼자 성스러움을 가졌다는 뜻인가?

이단자의 이미지

파문위협칙서는 전 기독교도에게 해당되었지만, 우선은 독일에만
적용되었다. 독일에 팽배해 있던 로마 적대적인 분위기라는 배경 앞
에서 파문을 공시하는 것은 적절치 못했다. 파문 공시는 이를 정당
화하는 표현들 때문에 반교황적인 감정을 더욱 부채질했다. 완고한
이단자 루터는 로마의 우위와 이탈리아의 문화적 우월이라는 부드
러운 멍에를 지는 것을 거부하는 독일 야만인의 전형으로 지나칠 정
도로 명확하게 묘사되었다. 레오 10세는 칙서 〈주여 일어나소서〉를
공표하고 나서 약 3주 후 루터의 영주인 현자 프리드리히에게 보낸
소칙서에 좀 더 강력한 요구를 담았다. 교황청의 반루터 전략의 성

---

* 〈예레미야〉 8장 22절에 나온다.

패는 선제후 현자 프리드리히의 태도에 달려 있었다. 선제후가 계속 루터에게 최고의 보호를 받도록 해줄 경우, 제국 내 권력지형을 볼 때 루터라는 전염병을 없애는 것은 고사하고 퍼지는 것을 막는 것도 힘들게 된다. 따라서 교황은 제후와 수도사의 경건하지 못한 동맹을 억지로 끊어버리는 데 총력을 기울여야 했다.

이 목적을 위해 레오 10세는 1520년 7월 8일자 소칙서에서 상황의 중대함을 서술했다. 루터가 완전히 맹목적인 광기에 빠졌고, 다른 사람에게 범죄를 저지른다는 것이다.

> 마르틴 루터(우리는 이 사람을 더 이상 우리의 아들이라 불러서는 안 됩니다)는 처음에는 교황과 로마적인 모든 것에 대해 악의와 엄청난 미움을 품고 광란했습니다. 이후에는 정교의 근본을 와해시키고 고결한 인간을 더럽혔으며, 교회 안의 모든 질서를 파괴했습니다. 목자의 배려심에 주의를 기울이면서, 우리는 오랫동안 그의 이런 행동을 참아주었습니다. 따라서 전능하신 하느님과 전하께서 우리의 증인이 되어주시기를 간구합니다. [65]

따라서 이 상황은 곧 끝나야만 한다. 프리드리히 선제후가 루터를 계속 보호할 경우, 선제후는 이단 후스와의 싸움에서 두각을 나타냈던 그의 선조들의 공적에 죄를 짓는 것이다. 이는 특히 선제후로서 자신의 약속을 어기는 것으로, 귀족의 품격을 용서할 수 없이 위반하는 것이다.

우리는 귀하가 당시 교황특사로서 독일에 머물렀던 카예탄 추기경

을 통해 우리에게 했던 완벽한 신앙과 의연함에 대한 약속을 상기
시켜 드립니다. 그 약속에 따르면 귀하는 사도의 권좌가 루터를 버
리지 않는 한 그를 견뎌내겠다고 했습니다. 그러나 만일 사도의 권
좌가 이 사람을 내친다면 귀하는 그에게 어떤 호의도 베풀지 않겠
다고 했습니다.[66]

레오 10세에 따르면 이제 그 순간이 왔다. 프리드리히 선제후는
이 루터라는 뱀을 그의 가슴에서 잡아 떼낸 뒤 파문위협칙서를 공포
하고, 준수하고, 이행해야 한다. 이를 거부할 경우, 전 기독교도가 최
악의 위험에 빠질 것이다. 왜냐하면 루터가

> 그렇게 고삐 풀린 광기에 점점 빠져들어, 자신의 권위, 자신의 판단,
> 자신의 성경 이해를 전적으로 대학, 교부, 공의회, 교황의 다른 모든
> 공고들보다 앞에 놓았기 때문입니다.[67]

교황청은 칙서와 소칙서로 자신의 의지를 관철시키고자 했다.
이런 점에서 본다면 두 문서는 정치적 도구다. 이 두 문서는 세세한
표현까지 신학적 전통에 따랐고, 많은 내용을 담고 있다. 또한 로마
측이 루터 글의 핵심 주제 중 어떤 것을 적개심으로 확대해서, 자신
들의 견해와 정체성을 확고히 하기 위해 그것을 인용했는지 보여준
다. 비텐베르크의 교수가 오스만투르크인들과 한 패거리가 되었다
는 비난도 여기에 속했다. 파문위협칙서는 이단으로 판결한 루터의
34번째 주장을 두고 다음과 같이 비난한다. 오스만투르크에 대항해
전쟁을 하는 것은, 이 종족을 통해 기독교도의 불의를 벌하시려는

하느님께 반항하는 것이라고 루터가 가르친다고 말이다. 사실 루터는 95개조 반박문에 관한 자신의 〈대사 효력에 대한 논쟁 해설〉에서 오스만투르크인들을 의무를 잊은 기독교인들을 징벌하시는 하느님의 "채찍"[68]이라고 표현했다. 그의 주장에 따르면, '오스만투르크에 대한 전쟁'을 호소하는 대신, 유럽의 권력자들은 자신들을 죄를 참회해야 한다. 그런 뒤에야 기독교도의 적에 대항하는 전쟁에 성공할 수 있다는 것이다. 이런 전제조건 아래에서만 오스만제국에 대항하는 전쟁이 하느님의 뜻이며 기독교도의 의무라는 것을 분명히 했다. 루터를 '하느님을 믿지 않는' 적대세계의 동조자와 동일하게 규정하는 것은 그의 말에 담긴 의미를 왜곡하는 것이었는데, 그의 글을 읽는 독자 모두 이를 확신할 수 있었다. 교황청이 이런 문장들의 실제 의미를 이해할 생각이 없었다면, 교황청은 이미 자신이 만든 이단자의 상에 너무 사로잡혀 기독교도에 대한 배반의 책임을 이단자에게 전가하려던 것이 아니었을까? 많은 증거들에 따르면, 이미 상대방에 대한 로마의 인식은 너무 불분명해서, 무조건 상대방이 가장 저급한 동기를 갖고 있다고 생각하곤 했다. 로마는 비텐베르크의 교수가 성경 해석에서 자신의 권위를 터무니없이 과대평가했다고 비난했는데, 이는 로마의 반응을 이해하기 위한 또 다른 열쇠다. 교황이 생각할 때 성경은 그렇게 자명하지 않으며, 특히 루터같이 고집스러운 독자에게는 정말로 자명하지 않다. 하느님의 소식은 그 자체만으로 가치가 있다. 그런데 루터처럼 이 소식을 자신이 발굴했다고 주장하면서 교회의 규율을 전복시키려는 사람은 가련한 미치광이거나 사탄의 사주를 받은 반역자다. 이 두 가지 진부한 어법은 훗날 서로 결합되었다. 교황과 그의 추종자들이 생각할 때, 하느님의 계시의 의미, 성경에 기록되어 있는 그대로의 의미는 1500년 동안의 성경 해석 과정 속에서 명백히 확정되었다. 하느님의 구원 계획과 그로부터 발생한 기독교도의 의무 규정은 하느님과 인간 사이의 협력 과정이었다. 하느님은 성경의 개별 해석자들, 예를 들면 성 아우구스티누스와 성 토마스 아퀴나스와 같은 사람들에게 인간과 함께 하시는 하느님의 계획과 행동을 보편타당하게 이해하고 합당하게 표현할 수 있는 은총을 베풀어주셨다. 그래서 그들의 글은 교황과 공의회에 대해 쓴 루터의 글과는 달리 진실하다고 인정되었다. 교부와 신학자를 통해 성경의 의미가 확정되는 것은 사실 인간의 작업이지만, 하느님에 의해 이끌어지며 영감을 받는다. 로마의 관점에서 볼 때, 루터의 "오직 성경" 원칙은 이런 인간의 작업을 경시했고, 자신을 지나치게 과대평가하면서 수차례 증명된 성경 해석의 위치에 자신의 성경 이해를 갖다 놓았다.

또한 로마의 견해에 따르면, 인간은 원죄에 따라 악에 기울었고, 오직 하느님의 은총을 받아들임으로써만 이와 같은 파괴적인 성향에 효력 있게 대처할 수 있다. 그러나 이런 하느님의 제안을 받아들일지 혹은 내칠지는 인간의 자유의지에 달려 있다. 인간은 근본적인 은총을 받아들임으로써 보다 특별한 은총을 얻을 수 있다. 이 특별한 은총은 인간에게 경건한 의미의 선행을 할 수 있게 하고, 이를 통해 자신의 공로를 얻을 수 있게 해준다. 그러나 루터는 이런 자유, 품위, 공적을 거부했고 그로써 인간을 가련한 창조물로 떨어트린다. 루터가 인간을, 특히 높은 지위에 있는 인물들을 경멸적으로 다루는 것은 이와 같은 부정적인 인간상과 일치한다. 그는 거친 비방을 통해 모든 종류의 서열, 지위, 위계질서에 대한 경멸을 드러내지만, 이런 것들은 삼라만상을 유지하기 위해 신의 의지에 따라 만들어진 단계들을 표현하는 것이다. 위대함과 지상 질서의 표식, 즉 화려하게 장식된 교회, 성직자의 값비싼 예배복과 의식에 사용되는 훌륭한 집기 등을 조롱하고 비방하는 사람은 인간적인 따라서 정치적인 기본적 필요에 대해 아무것도 모를 뿐만 아니라 구원을 주려는 신의 규칙도 전혀 이해하지 못한다. 로마 측은 이렇게 생각했다.

종교개혁가와 새로운 교회

파문위협칙서 〈주여 일어나소서〉가 공표됨으로써 투쟁전선이 최종적으로 확정되었다. 루터의 입장에서는 교황이 적그리스도가 아닐까라는 두려움이 결국 진실이었음이 입증되었다. 이는 루터에겐 동시에 하나의 자유였다. 이제 더 이상 로마를 고려할 필요가 없게 된 것이다. 1520년과 1521년에는 아주 짧은 간격으로 루터의 주요 저술들이 쓰였다. 이 글들을 통해 비텐베르크의 교수는 한쪽 편에게는 종교개혁가가 되었다. 교황의 간계로 인해 의미가 흐려졌던 진정한 하느님의 말씀과 묻혀 있던 교회의 전통을 다시 회복시킨 사람이 되었다. 그리고 다른 편에게는 완벽한 이교도의 우두머리, 악마로부터 사주받은 교회의 적들의 우두머리가 되었다. 1520년 3월 말에 완성되어 7월 초에 인쇄된 논문 〈선행에 관하여Von den guten Werken〉를 필두로 루터의 주요 저술들이 발표되기 시작했다. 그 뒤를 이어 7월 말에 완성되어 8월에 인쇄된 〈독일 기독교 귀족에게 고함: 기독교 상황의 개선에 관하여An den christlichen Adel deutscher Nation von des christlichen Stande Besserung〉가 나왔다. 8월 말에는 〈교회의 바빌론 감금De captivitate babylonica ecclesiae praeludium〉의 원고가 완성되었고, 10월 초에 〈교회의 바빌론 감금에 관한 전주곡Vorspiel zur babylonischen Gefangenschaft der Kirche〉이 인쇄되었다. 그리고 11월에는 〈기독교인의 자유Von der Freiheit eines Christenmenschen〉가 발표되었다. 이 주요 논문들에서 루터는 이전에 그저 운을 떼거나 장황하게 표현했던 많은 것들을 체계적으로 완성했고, 이를 믿음과 교회에 관해 완벽하게 구상해놓은 계획과 결합시켰다. 이 일로 파문위협칙서를 작성했던 신학자 위원회가 루터의 주장에서 제대로 요점을 파악하고 예측했다는 것이 드러났다.

루터가 주장한 새로운 구원의 복음에 따르면 인간이 하느님 앞에서 어떤 공로도 드러낼 수 없지만, 행위가 아니라 오직 믿음을 통해 하느님으로부터 의롭다 말해진다. 따라서 신자는 의인이면서 죄인이다. 선행은 믿음의 열매이며, 어떤 의미에서는 믿음을 증명하는 외적 보증서이기도 하다. 선행은 구원을 위해서는 아무것도 기여하지 못하지만, 그럼에도 불구하고 기독교인의 의무다. 믿음 속에서 행한 모든 행위는 하느님이 보시기에는 동등하게 선하지만, 사실 행위의 효과나 공적 때문이 아니라 오직 믿음 때문에 선한 것이다. 믿음은 은총의 선물이며, 이 은총은 모든 인간에게 베풀어지지는 않는다. 믿음은 진정 인간에 의해 얻어질 수 없다. 하느님의 불가해한 뜻 안에서 하느님은 어떤 사람들은 선택하고 어떤 사람들은 포기하시는데, 그것도 이미 그들이 태어나기 전에 그렇게 하신다. 따라서 인간의 의지는 자발적인 동기로 하느님께 가는 길을 택할 만큼 자유롭지 않다. 오히려 반대로 인간은 원죄 때문에 일방적으로 욕정, 악과 죄에 빠진다. 따라서 인간의 공로로는 하느님의 은총을 받을 수 없으며, 인간은 은총을 받아들이거나 거부할 수 있는 자유의지가 없다.

성사聖事 역시 근본적으로 새롭게 해석되었다. 가톨릭교회에서 행하는 일곱 가지 성사* 중에서 루터는 두 개, 조건부로 추가한 것까지 합하면 세 개, 즉 세례·성찬·고해만 인정했다. 고해는 앞의 두 가지와는 반대로 개별적인 비밀 고백에서 회중의 공동 죄 고백으로 형태가 바뀌었다. 그러나 완전한 효력이 있는 두 가지 성사, 즉 세례와 성찬도 변형되기는 했다. 왜냐하면 루터가 보기에 성경에 근거를 둔 성사들이 완전히 새로운 의미를 얻었기 때문이다. 루터에게 성사는 그리스도의 행위인 성사적 예법을 통해 은총을 받는 행위가 아니었다. 성사는 자발적으로 구원의 효험이 있고 따라서 필연적으로 구원되는 것이 아니라 순수한 하느님의 약속이었고, 따라서 믿음을 지키기 위한 강장제였다. 미사에 관한 루터의 이해는 교회의 교리와는 정반대에 있다. 그에 따르면 미사는 미사 중 빵과 포도주가 그리스도의 살과 피로 바뀌는 성체변질이 아니었다. 그리스도의 육체인 빵과 포도주 이 두 가지는 본질적으로 하나다. 이와 같은 구세주의 살과 피의 현존을 루터는 상징이 아닌 실재로 이해했다. 루터에 따르면 그리스도는 성찬식을 시작할 때 "이것은 나의 살이다"라고 말했지, "이것은 나의 살을 의미한다"라고 말하지 않았다.

루터는 기존의 가치들을 신학적으로 재평가함으로써 초기 기독교의 순수한 교리에 닿을 수 있다고 생각했다. 이런 재평가는 교회와 신앙생활의 조직화에 결정적인 결과를 낳았다. 독일 귀족들에

---

* 　세례, 성찬, 고해, 견진, 혼인, 성품, 병자를 말한다.

게 호소한 글에서 루터는 교황제가 불법적인 권력지위를 확실히 하기 위해 사용한 세 개의 벽을 허물라고 호소했다. 이 벽들은 루터의 관점에서 보면 모두 거짓말이고, 자신의 등장으로 인해 진실이 밝혀져 저절로 무너질 것이 분명했다. 첫 번째 벽은 수많은 특권을 가진 성직자계급의 날조였다. 이 특권은 성직자계급을 세속정부 당국의 손에서 빠져나가게 했고 그들을 국가 안의 국가로 만들어준다. 두 번째 벽은 루터의 눈에는 월권으로 생각되는 교황의 성경 해석 독점이다. 세 번째 벽은 단독으로 공의회를 소집할 수 있는, 공인되지 않은 교황의 특권이었다. 루터는 이런 로마의 권한 요구를 성경 해석적으로 그리고 역사적으로 반증하려 했고, 이 시도는 성직록 위탁 및 교황청의 금융 술책에 대한 매서운 비판과 이 폐해를 제거하기 위한 대담한 충고와 연결되어 있었다. 이런 비판과 충고의 목적은 추기경의 수입을 제한하고, 교황제도의 위치를 순수하게 명예의 우위만을 가진 직책으로 축소하며, 교회를 종교적이고 오직 신자의 영혼 구원만을 걱정하는 기관으로 변형하는 것이었다. 루터는 바티칸이 적그리스도에 의해 다스려지고 있다고 생각했다. 이 교황제도를 개선해야 한다는 그의 신념에 따르면 위의 제안들은 당연하고 온건한 것이었다.

가장 큰 파장을 몰고온 것은 교회의 질서, 즉 서품을 받은 사제의 지위를 폐지하라는 주장이었다. 이들은 수많은 특권과 자신만의 재판소를 갖고 있어 세속정부 당국의 손에서 오랫동안 거의 완전하게 벗어나 있었다. 하지만 15세기 들어 이 권리는 점점 더 제후와 공화국의 주권 아래로 들어갔다. 제후와 공화국은 자신들의 손이 미치지 않은 이런 영역을 용납할 수 없었다. 자신들의 권한이 제한된다고 생각했기 때문이었다. 사제 서품 폐지와 함께 독신제 의무도 없어져야 했다. 교황제도는 11세기에 처음 독신제를 도입했는데, 루터는 이를 교황제도가 자신의 권력을 강화하기 위해 만든 것이라 주장했다. 이제 특별한 사제층이 더 이상 존재하지 않기 때문에, 모든 기독교인은 똑같은 사제다. 이는 종교개혁의 투쟁표어 중에서 가장 영향력이 크고, 동시에 가장 자주 오해되는 표어였다. 반란을 일으킨 농부들은 '만인 사제직'에 의거해서 자신들의 사제를 직접 선출할 권리를 얻어낼 수 있었다. 재세례론자* 및 성령체험주의자와 같은 급진파들은 교회의 옛 의례나 새로운 의례 모두에 문제를 제기하고 자신들의 방식을 만들었다.

　루터에게 만인 사제직은 남녀 모든 기독교인의 영적 동등함을 의미하는 것이었다. 이들은 자신과 하느님 사이에 구원 중재자가 필요하지 않았고 위급상황에는 평신도가 세례를 줄 수도 있었다. 그러나 남녀 기독교인은 절대로 성경을 자의적으로 해석하고 개인의 신앙 경험을 멋대로 형식화해서는 안 되었다. 오히려 반대였다. 종교개혁가 마르틴 루터에게 하느님의 계시의 정당한 의미는 언제나 고정되어 있었다. 정확히 말하면, 스스로 내린 하느님의 통역자라는 평가에 어울리게 그는 하느님의 계시를 그저 해석하고 확정한 것에 불과했다. 스스로를 하느님의 말씀을 알리는 사람으로 여긴 것으로 볼 때는 거의 예언자에 가까웠지만, 비텐베르크의 교수는 자신에게 절대로 예언자라는 칭호를 사용하지 않았다.

---

* 　유아세례를 부정하고, 성인이 된 뒤 세례받을 것을 주장한다. 초대교회의 제도와 정신을 복원하려고 했다.

이렇게 해서 목사는 다른 직업처럼 대학에서 공부하여 익히는 직업이 되었다. 목사가 되기 위해서는 신학, 도덕적 책임, 특히 설교 능력을 위한 근본적인 교육이 전제되어야 했다. 왜냐하면 미사의 자리에 설교를 통한 신학적·도덕적 지도가 들어섰기 때문이었다. 루터에게 미사는 희생이었고, 공적이 있는 행위가 아니었다. 미사는 교황의 만행이었다. 진실한 하느님의 말씀이 선포되는 그곳에서만 하느님의 은총이 진실한 믿음을 가져다 줄 수 있다고 루터는 생각했다. 새로운 질서는 실제로 세속정부 당국, 즉 제후와 시 당국의 보호 및 통치 아래 있는 교회로 빠르게 전파되었다. 루터가 볼 때, 당국의 통치 없이 자체적으로 교구를 만들려는 시도는 반란과 무정부로 이어진다. 인간은 죄악으로 기울기 때문에 엄격한 감독과 지도가 필요했다. 지난 세기의 교회의 지도는 모든 면에서 완전히 실패했기 때문에, 이제 제후들과 시 당국은 '비상 주교'의 역할을 해야 한다고 루터는 생각했다.

루터의 선언인 〈기독교인의 자유에 대하여〉 역시도 빈번히 많은 오해를 낳았다. 루터에게 자유의 본질은 확고한 권력질서에 대항하는 반란, 즉 루터의 글에 힘입어 1525년 농민들이 일으킨 반란에 있는 것이 아니었다. 왜냐하면 사도 바울은 〈로마서〉 13장에서 현재의 통치자들이 악하고 나쁜 행동을 일삼을 경우에도 그들을 변호했기 때문이었다. 루터에 따르면, 진정한 기독교인은 이 세상의 권력에 저항하지 말고 굴복해야 한다. 그들은 폭군이 행실을 고치기를 기도해야 하고, 이들이 진정한 믿음을 억압할 때는 다른 곳으로 떠나야 한다. 그렇지 않을 경우에는 하느님이 내린 합당한 벌에 복종해야 한다. 또한 루터가 생각할 때, 겉으로 볼 때는 자기 주인의 전횡에 무조건 복종하는 노예라도 기독교적 의미에서는 자유로울 수 있었다. 그리스도를 통해 죄 사함을 받고 구원받을 수 있다는 믿음을 통해 자유로울 수 있어, 결국 모든 인간적인 법과 계명에서 자유로울 수 있는 것이다. 이로써 사순절, 경축일, 면벌, 순례, 그 외의 수많은 규정들은 효력이 없어졌다. 루터는 이런 것들은 교황의 교회가 과도하게 날조한 것으로 구원을 방해한다고 했다.

루터는 1517년 가을부터 쉬지 않고 글을 쓰면서 아주 면밀하게 사전작업을 해놓았기 때문에 레오 10세의 파문위협칙서가 나오자 독일에서 분노의 폭풍이 일어났다. 대단한 언변을 가진 제국의 기사이자 시사평론가였던 울리히 폰 후텐은 이 칙서를 하느님의 말씀에 맞선 전쟁이며, 독일에 대한 견딜 수 없는 과소평가라고 조롱하고 혹평했다. 루터도 '자신'에게 내려진 칙서에 맞선 전쟁을 일종의 미디어 사건으로 만들었다. 칙서가 공포되자 루터는 이에 반대하는 수많은 글을 발표했고, 이에 대응하여 로마 측에서도 글이 쏟아져 나오게 만든 것이다.

이미 1520년 7월 칙서 〈주여 일어나소서〉가 파발꾼을 통해 독일로 향하고 있는 도중, 루터는 곧 엄청난 부수로 인쇄된 그의 글 〈로마의 교황청과 라이프치히의 유명한 로마주의자들에 반대하여 Von dem Papstthum zu Rom wider den hochberühmten Romanisten zu Leipzig〉로 자신에게 반대하는 독일과 로마의 적에 대해 총공격을 개시했다. 이들 모두는 바리새인*과 동일시되었다. 예수가 바리새인에게는 분노의 대상이

---

* 복음서에서 예수의 주요 논적으로서 등장하는데 예수에게 위선자로 엄하게 비판받았다.

었듯, 루터는 교황과 그의 독일 아첨꾼들, 즉 조국의 배반자들에게는 눈엣가시였다. 그러나 루터가 보기에 '교황 숭배자들'은 더러운 사리사욕 때문에 이단자와 성경 비방자가 되었다. 그들은 기독교도들이 하느님이 제정하신 로마 교회에 복종해야 한다고 주장하고 있다. 이로써 교회는 이미 오래전에 경건한 공동체의 일그러진 상이 되었다. 로마에서는 경건한 기독교인은 바보라고 조롱받는다. 이와 같은 주장은 루터의 글들과 탁상담화의 중심 사상이었다. 루터에 따르면, 교황의 궁신들은 특히 순진한 독일인들에 대해 음흉한 미소를 짓는데, 그들의 입장에서 보면 아주 지당하다. 왜냐하면 독일인들은 모든 술책에 따라 마지막 한 푼까지도 약탈당하기 때문이다. 따라서 교황 제도는 이 세상의 보물에 욕심내는 적그리스도와 걱정될 만큼 비슷하게 보인다. 그러나 적그리스도가 그토록 비열하게 흉내 내는 진정한 구원자는, 이와는 반대로 자신의 왕국은 이 세상의 왕국이 아니라고 예고하셨다. 적그리스도와는 달리 그분은 자신의 교회의 외적 형태에 대해서는 단 한 마디 말씀도 하지 않았다. 왜냐하면 그리스도는 유일하고 진정한 교회의 수장이자 믿음의 교회의 수장이기 때문이다.

교회는 교황 그레고리오 대제 이후 완전히 교황에게 지배되어, 억압상태에 있는 역사적인 교회는 하나의 잘못에서 또 다른 잘못으로 빠졌다고 루터는 생각했다. 점점 더 빈번히 사악한 최고 목자가 목자들의 우두머리로 선출되는 것은 이제 놀랍지도 않다. 지옥의 문이 당신의 교회를 절대 폭력으로 제압하지 못하게 할 것이라는 그리스도의 약속은 로마에게는 결정적인 유죄선고가 될 것이다. 여기서는 악마가 자주 대승을 거두었기 때문이다. 이렇게 격렬한 말을 하는 루터의 논쟁서 끝에는 기대하지 않았던 온화한 전향이 있었다. 루터의 눈에는 독재적인 교황들은 일종의 하느님의 벌이며, 따라서 진정한 기독교인들은 오스만투르크인들의 공포정치와 마찬가지로 이를 참을성 있게 견뎌내야 했다.

하지만 종교개혁가의 이런 인내는 그리 오래가지 않았다. 교황 제도에 대항한 논쟁 바로 직후, 루터는 최초의 이탈리아인 적수인 프리에리아스의 새로운 논쟁서에 자신의 조롱적인 견해를 첨부해서 인쇄하게 했다. 논평할 가치도 없어보이는 상대방의 글을 출판하는 것도 루터의 혁신적인 매체 전략에 속했다. 그는 이런 식으로 상대편 저자와 그의 보호자를 조롱했다.

교황제도와 토마스주의자들을 위한 프리에리아스의 새로운 변명에 대해 루터는 서문과 결론에서 늘 그렇듯 다음과 같이 대담하게 표현했다.

만일 로마에서 사람들이 그렇게 느끼고 가르친다면, 정확히 말해 교황과 추기경의 지식대로 가르친다면(내가 바라는 바는 아니지만), 나는 이 글에서 솔직히 다음과 같은 사실을 알리겠다. 그 진정한 적그리스도가 하느님의 성전에 앉아서, 바빌론, 즉 보랏빛으로 장식한 로마에서 지배하고 있으며, 교황청은 악마의 시너고그*라는 사실을 말이다.[69]

---

* 유대교 사원.

이는 교황을 적그리스도와 동일시하는 것이나 마찬가지였다. 폰티펙스 막시무스 모르게 수상한 3류 신학자들이 테베레 강가에서 자신들의 사교를 민중에게 퍼트린다는 주장은 정말 황당무계했다. 이런 말도 안 되는 주장 때문에 레오 10세가 프리에리아스에게 2년 전 루터 사건에 대한 공식 평가를 맡겼던 것이다. 따라서 레오 10세가 루터의 논제에 대해 알고 있었던 게 분명했다. 영원한 도시에 '적그리스도'가 거주한다는 것에 대한 또 다른 증거를, 루터는 교황청이 교황을 하느님으로 만들고, 성경의 정당성을 교황의 판단에 종속시킨 것에서 찾았다. 따라서 프리에리아스 글에 대한 주석 마지막 구절은 비텐베르크와 로마 사이가 본격적으로 분리되고 있다는 설명이 되고 말았다.

> 이제 그곳으로 간다. 불길하고, 타락하고 하느님을 모독하는 로마로. 그대가 종말에 맞을 하느님의 분노가 그대에게 내릴 것이다. 왜냐하면 그대를 위한 그토록 많은 기도에도 불구하고 그대는 그저 더 나빠지려고만 하기 때문이다. 우리는 바빌론을 개량하려고 했으나 그곳은 나아지지 않았다. 따라서 우리는 이제 그곳을 그대로 두려고 한다. 용과 혼령, 가면과 마녀들의 거주지인 그곳을.[70]

이 글은 마치 헤어질 때 퍼붓는 욕설 같다. 1520년 10월, 요하네스 에크에 대항하여 쓴 글에서 루터는 만일 칙서가 공표된다면, 그건 에크가 중상모략을 한 때문일 것이라고 했다. 루터는 칙서 〈주여 일어나소서〉가 정말로 고지될 것이라고는 생각하지 않았다. 로마의 사기꾼들이 이미 자주 거짓 문서를 통해 루터 자신을 독일 안에서 바보 멍텅구리로 만들었다고 생각했기 때문이었다. 그런데 요하네스 에크가 루터에게 보내는 일명 파문위협칙서를 짐에 싣고 독일로 온다면, 그를 믿을 필요가 있는가? 에크는 자신의 글을 통해 스스로 "국가에게 야비한 짓을 하는 최고 거짓말쟁이"[71]라는 것을 드러냈다. 루터에 따르면, 에크는 복음의 진리와 그의 조국 둘 다 배신했다. 제대로 된 독일인이라면 그런 이중 배반자를 믿지 않을 것이다.

그러나 에크가 칙서를 변조하지 않았다는 사실이 곧 밝혀졌다. 그래서 루터는 10월 말 〈주여 일어나소서〉에 대항하는 또 다른 소책자를 출판했다. 그는 이 글을 만일을 대비해서 라틴어 판과 이를 번역한 독일어 판으로 유포시켰다. 라틴어 판 〈저주받을 적그리스도의 칙서에 대항해서Adversus execrabilem Antichristi bullam〉와 독일어 판 〈적그리스도에 대항해서Wider die Bulle des Endchrists〉는 각각 같은 해에만도 두 번 인쇄되었다. 이 글에서 루터는 점점 광포해지는 욕설로 적에 대한 공격을 강화시켰다.

> 자 이제, 너희 패덕하고 미친 교황주의자들이여. 침착하게 생각이 떠오르는 대로 그렇게 써대라. 이 칙서는 한밤중 창녀들의 방탕한 축제에서 만들어졌거나 미친개들이 물어 내던져버린 것과 같다. 가장 어리석은 바보라도 그런 비정상적인 생각을 할 수는 없을 것이다.[72]

이런 모욕은 엄격한 논리의 결과였다. 모든 것이 신학적으로 말해졌는데도 불구하고 양측이 의견일치를 보지 못했다면, 그것은 한편이 사악하기 때문이다. 열린 진리에 단호히 마음을 닫는 사람은 한없이 타락한 것이 분명하다. '적그리스도'만이 그렇게 교활하게 부인하고 거짓말을 한다. 교황을 적그리스도와 동일시함으로써 루터가 해야 하는 역할이 더욱 뚜렷해졌다. 루터는 악에 대적할 인간으로 하느님의 부름을 받았다. 〈요한계시록〉에는 '적그리스도'에 맞설 인간 상대자가 나타나지 않았다. 이런 역할 서술은 또다시 예언자를 상기시킨다. 그러나 예언자가 하느님으로부터 직접 소식을 받는 것이 아니었기에, 루터는 절대 자신에게 예언자라는 표현을 사용하지 않았다. 게다가 예언자는 하느님의 대변자라는 직분도 보여주어야 했다. 루터는 그렇게 멀리 나가지는 않았지만, 이른바 성경의 진정한 의미를 발굴하고 로마에 있는 적그리스도의 정체를 폭로하는 것을 하느님이 주신 사명으로 여겼다. 그가 볼 때, 적그리스도는 로마라는 주소와 교황청이라는 주위세계를 가졌다. 그러니 교황으로 불렸던 그에게 이제 적그리스도라는 이름만 제대로 붙이면 되었다.

루터의 적수

1520년 6월 15일자 파문위협칙서의 완성은 교황청으로서는 중요한 걸음을 내딛은 것이었다. 다음 조처는 〈주여 일어나소서〉를 독일 전역에서 출판하는 것이었다. 이로써 작센 지역뿐만 아니라 독일에서 사람들은 이에 맞설 방어수단을 생각해 두어야 했다. 루터가 쓸데없이 민족적인 목소리를 낸 것이 아니었다. 영향력 있는 독일의 인문주의자들 특히 울리히 폰 후텐은 루터를 독일 명예의 수호자라고 생각하고 그의 편에 섰다. 또한 넓은 영토를 가진 제국의 제후들이 정치를 좌지우지하는 상황에서 작은 영토를 가지고 자주성을 보장받기 어렵다며 좌절한 제국의 기사들, 도시에서 교착상태에 빠진 2류 엘리트들, 정치적으로 만족하지 못하는 도시와 시골의 다른 집단들이 로마에 대한 루터의 논제를 열광적으로 자신들의 것으로 받아들였다. 그래서 로마는 교황의 입장을 확신하고 독일에 전달할 교황의 칙서를 지참할 사람을 반드시 찾아야 한다는 결론을 내렸다. 1520년 여름, 레오 10세가 추천서와 훈령을 내렸던 종교재판관과 교황대사는 다름 아닌 '루터 전문가'인 요하네스 에크와 지롤라모 알레안드로 두 사람이었다. 그간의 에크의 행적으로 볼 때 그의 임무는 당연한 것이었다. 교황청의 눈에 그는 독일 출신의 독일 전문가였다.

알레안드로를 대동함으로써 에크는 탁월한 인문주의자이자 세련된 외교관을 자기편에 두게 되었다. 알레안드로는 곧 루터의 가장 중요한 적이 되었다. 독일을 '감염'에서 구하는 것이 그의 삶의 과제가 되었다. 이 과제는 그에게 풍부한 경험을 선사할 것이었다. 그가 이 임무에 대해 쓴 보고서들은 로마의 관점에서 나온 글들 중 가장 날카로운 통찰력을 보여주는 원전이다. 알레안드로는 개신교 믿음의 영웅인 루터의 지적인 적이었다. 그러나 19세기와 20세기 초 개신교 측의 루터와 종교개혁에 관한 연구에 의해 알레안드로는 로마의 메피스토펠레스로 악마화되었다. 그는 매우 재능 있고, 뛰어나게 처신하며, 다양한 계략과 속임수를 부리고, 달변가이자, 자신의 목적을 추구하는 데 주저하지 않는 인물로 그려졌다. 이런 평가는 틀리지 않았지만, 이는 알레안드로의 상대편인 루터에게도 적용된다.

지롤라모 알레안드로는 1480년 베네치아의 프리울리에서 태어났다. 그의 가족은 베네치아가 다스렸던 이스트리아의 귀족 자손이라는 것을 자랑했다. 그러나 이 가문은 15세기 말에는 (어차피 의심스러웠지만) 이 지위를 갖고 있지 않았다. 알레안드로의 놀라운 히브리어 지식 때문에 종교개혁 추종자들은 그를 마라넨^{Marranen},* 즉 겉으로만 세례를 받은 유대인이라고 했다. 이것은 일종의 허구로서, 루터의 어마어마한 유대인 증오와 딱 맞아떨어졌다. 알레안드로는 파도바와 베네치아에서 대학을 다녔다. 그곳에서 유명한 인쇄업자인 알도 마누치오^{Aldo Pio Manuzio}를 도와 고전 문헌 출판을 주선했다. 인문주의자로서 알레안드로의 명성은 아주 높아서, 이미 25세에 파리 소르본 대학의 라틴어와 그리스어 교수로 임명되었다. 1514년 알레안드로는 비서로서 뤼티히^{Lüttich}의 제후 겸 주교 아래에서 일을 했고, 그곳에서 이후 3년 동안 네덜란드와 독일 라인지방의 문화 및 교회 상황을 익혔다. 그는 이곳에서 이제까지 알려지지 않은 규모의 로마와 교황제도에 대한 불만이 일어나고 있음을 꿰뚫어보았고, 교황청에 이를 알렸지만 교황청은 이를 귓등으로 넘겼다. 1517년 후원자가 바뀜으로써 알레안드로의 장래 경력은 결정적인 영향을 받게 되었다. 로마와 피렌체의 2인자인 추기경 줄리오 데 메디치의 비서가 된 것이다. 줄리오 데 메디치는 알레안드로의 탁월한 어문학적 재능을 알아보았고, 1519년 그를 바티칸 도서관장에 임명했다.

그로부터 1년 뒤 알레안드로를 독일로 보낸 것은, 루터 사건에

---

*   이베리아 반도에 살던 유대인이나 그의 후손으로, 강요나 압박에 의해 기독교로 개종한 사람들을 일컫는다.

대한 로마의 관점을 반영하는 것이었다. 신학자들이 말을 했고 그들의 판결이 내려졌으니, 이제 외교관이 교회법에 따른 결정을 정치적으로 실행할 순서였다. 그 일을 위해 외교관들의 훌륭한 언어 지식, 수사학적 재능, 확고한 행동거지, 심리학적 통찰력이 필요했다. 이 모든 재능을 알레안드로는 충분하게 갖고 있었지만, 갖고 있는 재능 이상의 것이 필요했다. 그의 첫 독일 임무는 그가 보기에 일종의 탐색 여행이었고, 개인적인 일에서도 마찬가지였다. 곧 밝혀졌듯이 그의 임무는, 지참한 훈령을 준수하고 제국의 권력자들과 함께하는 토론회에서 로마의 입장을 대변하는 것이 아니었기 때문이다. 1520년의 독일 상황은 일정한 규범에서 완전히 어긋나 있었고, 교황대사에게 특별한 능력을 요구했다. 알레안드로는 즉흥적으로 행동하고 새로운 전략을 설계해야 했으며, 예상치 못한 새로운 상황에 유연하게 반응할 수 있어야 했다. 따라서 알레안드로는 어쩔 수 없이 신학에 몰두해야 했다. 인문주의자로서 신학을 좋아하기는 했지만, 이제는 그 이상으로 몰두해야 한다는 사실을 깨달은 것이다.

1520년 7월 16일자로 되어 있는 알레안드로의 신원보증서와 훈령은 첫 번째 활동영역으로 카를 5세의 궁정과 네덜란드를 지정했다. 알레안드로는 교황의 칙서에 따라 황제에게 루터, 그의 추종자와 저서에 대응하라고 독촉해야 했다. 이단자와 그의 추종자의 모든 변명은 미연에 방지되어야 했다. 루터에게는 입장을 철회할 시간이 남아 있었다. 그래서 만일 그가 자신의 주장을 철회할 경우, 칙서에 예정된 대로 로마로 오는 길의 치외법권적 보호가 보장되었다. 그러나 곧 루터의 글은 불태워졌다. 이미 그해 말 알레안드로가 이런 지시를 내린 것이다.

이런 엄격한 전략과는 반대로 동일한 시기에 교황의 시종장인 카를 폰 밀티츠가 또다시 행동을 시작했다. 그가 레오 10세로부터 전권을 위임받았는지 혹은 혼자 책임을 지고 행동한 것인지에 대해서는 오랫동안 논쟁의 여지가 많았다. 개신교 연구 측에서 볼 때 밀티츠는, 비텐베르크와 로마가 이미 절교했던 좋지 않은 때에 자신이 중재를 할 수 있다고 믿었던 허풍쟁이였다. 하지만 레오 10세의 이 독일인 신하는 그의 주인의 지시에 따라 행동했을 뿐이었다. 이로써 레오 10세의 시도가 이제는 시대에 맞지 않다는 것을 알 수 있었다. 이미 2년 전에 밀티츠는 마지막 순간에라도 결정적인 결렬을 막을 수 있도록 교황에게 글을 쓰라고 루터를 독촉했다. 현자 프리드리히도 분명 회의적이기는 하지만 이 마지막 통합 시도를 피하지 말라고 루터에게 재촉했다. 현명한 선제후는 할 수 있는 모든 것을 시도해 보라고 집요하게 요구했다.

소돔과 고모라: 레오 10세의 최후

선제후의 요청은 루터에게는 명령이었다. 카를 폰 밀티츠는 루터와의 만남에 대해 이번에는 아주 낙관적으로 보고했다. 밀티츠의 계획에 따르면, 우선 루터는 논쟁이 심해진 것에 대한 모든 책임을 에크에게 전가하는 글을 써, 이를 12일 안에 인쇄하여 발표하고, 그런 뒤 로마로 가서 자신을 향한 모든 비난을 해소한다는 것이다. 객관적으로 볼 때, 이는 결국 루터가 자신의 주장을 취소해야 하는 것이었다. 하지만 루터는 전보다 더욱 그럴 준비가 되어 있지 않았다. 게다가 루터는 로마의 메시지에 대해 점점 더 격렬한 비난을 가했고, 이는 양측의 통합에 방해가 되었다. 이런 배경에서 루터가 1520년 10월 12일 이후, 즉 밀티츠와의 마지막 만남 뒤에 레오 10세에게 보낸 편지는 정치적 상황 때문에 억지로 쓴 전략적 조치라는 것이 드러난다. 사실 루터는 교황의 편에 조금도 접근하지 않았다. 그러기는커녕 〈레오 10세에게 보내는 공개서한〉를 썼다. 동부 독일에서 파문위협 칙서가 공시되기 전 날짜인 9월 6일(실제 작성일 이전이다)이 적힌 이 편지는 1517년 이후의 모든 분쟁에 관해 총체적으로 논쟁하고, 로마와 새롭게 시시비비를 가리는 내용을 담고 있었다. 루터는 서두에서 3년 전부터 "대단히 방종한 인간들"[73]과 싸움을 하는 중이라고 강조했다. 비기독교적인 아첨꾼들의 모략에 대항해 나를 지키기 위해 앞으로 열릴 공의회에 호소하지만, 이를 통해 교황과 성좌에서 멀어질 의도는 없었다. 나는 타락한 성경 모독자들에 대항해서 프리에리아스와 같은 사람의 일격으로부터 레오 10세를 항상 방어했다. 또한 나는 적들의 교리 때문에 싸운 것이지, 절대 그들의 처신 때문에 싸운 것은 아니다. 이는 바울이 사건 안에서만 "신랄하게"[74] 비난했을 뿐 결코 인물에 대해 악의적으로 비난하지 않은 것과 같다. 구약의 예언자들은 잘못된 견해와 싸워야 할 경우에는 터놓고 자신의 의견을 말했다.

로마 측에서 볼 때 이런 진술들은 거짓임이 증명됐다. 루터가 교황청을 비판하면서 현재 군림하고 있는 교황을 배제하는 식의 방향전환은 속이 뻔히 들여다보이는 것이다. 따라서 그가 교황을 보호한다는 것은 말도 안 되는 일이었다. 그리고 프리에리아스 같은 사람은 그의 신학적 명성뿐만 아니라 개인의 도덕성까지도 부인당하는 모욕을 감수해야 했다. 따라서 루터가 레오 10세에게 자신의 사죄를 받아달라고 노골적으로 청원한 것은 신뢰할 수 없었다. 더구나 그가 뒤이어 로마와 교황청을 비난하자 이런 인상을 더욱 깊게 만들었다. 이들의 중심인 교황의 궁전은 소돔과 고모라보다 더 사악하다고 했기 때문이었다. 이 역시 교황의 "생활방식을 반대한" 것이지 교리에 반대한 것은 아니라고 루터는 주장했다. 로마가 가장 저질스러운 동기에서 전 기독교도를 기만하고 있다는 것이다. 그는 "내 안에 기독교 정신이 살아 있는 한"[75] 이에 대항해서 싸우겠다고 했다. 이와 함께 이 비텐베르크의 교수는 당당히 자기에게 지도적 역할이 있다고 생각하고 있었다. "내가 모든 기독교도 중 마땅한 하인이라는 것을 깨달았습니다."[76] 이 표현은 교황이 자신을 '하느님의 하인 중의 하인'이라고 부르는 것과 아주 유사하다. 로마는 하느님의 말씀을 은폐하고 말씀에 헌신하는 것이 아니라 지배하지만, 자신의 경우는 완전히 반대라고 루터는 의기양양하게 주장했다. 이 점에서 전 기독교도는 누가 하느님께 헌신하고 누가 악에 헌신하는지 결론을 이끌어낼 수 있을 것이다. 훌륭한 교황은 성경의 진정한 의미를 발굴하여, 이로써 전 기독교도에게 구원의 길을 보여준다. 바로 이 점을 더 나은 목자인 루터 혼자 요구한 것이다.

이 글의 뒤를 이어, 이제 루터에게는 일상처럼 되어버린 교황과 교회의 죄악을 열거하는 내용이 나왔다. 이 글은 새롭고도 강력한 어법들로 가득했다. 루터에 따르면, 레오 10세는 자신의 교황청이 어떤 살인자 소굴인지 아주 잘 알고 있었다. 적어도 여기서는 지배자와 그의 조직 사이를 구분해봤자 효력이 없을 것이다. "로마의 권좌는 끝났다. 하느님의 분노가 그 위에 끊임없이 쏟아졌다."[77]

　　동시에 루터는 공개서한에서 레오 10세를 그의 궁중에 있는 늑대들 가운데 있는 양으로 표현했다. 교황의 이름인 레오leo는 '사자'라는 뜻이기 때문에, 이것은 명백한 조롱이었다. 모든 것은 레오 10세가 본질상 그의 궁정의 늑대들 중 대장 늑대라는 것을 말해주었다. 이와는 반대로 1517년 이후의 사건들에 대해 루터가 짧게 요약한 바에 따르면 자신은 항상 오직 평화를 설교했으며, 자신에게 일어나는 모든 명예훼손을 불평하지 않고 감수하고 있다. 권고와 경계를 함으로써 자신은 이미 300여 년 전 교회의 비리를 폭로했던 클레르보의 베르나르Bernard Clairvaux*의 전통에 있다. 로마 궁정, 이 지옥의 목구멍에 대항하는 용기 있는 행동에 대해 이단으로 고소당하는 대신 감사를 기대했다. 진정한 가치가 이렇게 곡해된 것은 악마한테 선동당한 에크와 아우크스부르크에서 뻔뻔하고 황당무계하며 불성실하게 행동했고 그로써 면벌부에 대한 무해한 논쟁을 극단적인 신학적 원리 문제로 전환시킨 카예탄의 잘못이다. 루터 자신은 모든 교사와 압박에 대항하여 절대로 의견을 취소하지 않을 것인데, 이는 자신이 오직 하느님의 말씀을 전하기 때문이다. 그럼에도 불구하고 교황을 존경해 마지않는다. 교황은 이제 드디어 아첨꾼들의 장사를 그만두게 할 것이며, 본인의 직책이 지상에서는 가장 위험하고 비참한 신분이고, 천국과 연옥과 지옥, 하다못해 공의회에 대해서도 어떤 권력도 갖지 못한다는 것을 깨달아야 한다. 그밖에도 레오 10세는 동봉한 기독교인의 자유에 대한 루터의 글에서 본인의 의무를 알게

---

*　　클레르보의 베르나르(1090~1153): 로마 가톨릭의 성인. 12세기에 활동한 수도자로 원시 수도회 제도로의 복귀를 주장한 시토회를 창립했다.

될 것이다.

루터의 〈레오 10세에게 보내는 공개서한〉은 밀티츠가 기대했던 '끝이 좋으면 다 좋다'는 식의 글이 아니라 고발, 자기변명, 전승된 질서를 결국 버려야만 하는 비탄이 독특하게 뒤섞인 글이었다. 이 글은 흥분한 군중이 성자의 그림과 조각상에 저질렀던 신성모독 행위와 유사했다. 군중은 성자들이 아무 영향력도 없다는 것에 대한 분노에서, 기만당했다는 격분에서, 그러나 동시에 갈망한 기적이 여전히 일어날지도 모른다는 억제할 수 없는 열망에서 이런 행동을 했다. 수도사 루터는 10년 이상 교황을 교회의 당연한 수장으로 인정했다. 물론 그는 훗날 탁상담화에서 자신을 표현했듯이 이때에도 신념이 투철한 교황주의자는 아니었다. 이와 같은 첨예화를 통해 종교개혁가는 과거와 현재 사이의 대비를 강조하고자 했고, 하느님이 그를 진정한 믿음을 알리는 사람으로 불러주심으로써 자신에게 베풀어주신 한량없이 큰 은총을 강조하고자 했다. 그럼에도 불구하고 교황을 향한 존경에서 그에 대한 공격으로 전환하는 것은, 교회에 순종하고 교회에서 교육받은 아우구스티누스 은둔자에게는 극히 중요한 걸음이었다. 루터는 헛된 것에 대한 믿음을 파괴하면서 교황제도를 거부했다. 그 시대의 상황으로 보아 충분히 납득이 가는 행동이었다.

1520년 10월의 공개서한 이후 족히 한 달 뒤에 루터는 다시 한번 더 교황에 대항하여 공의회에 항소했다. 라틴어와 독일어로 쓰인 이 공증 문서는 2년 전에 쓴 호소문과 함께 출판되어 열띤 관심을 불러일으켰다. 1520년 11월과 12월에 출판된 독일어 판만 해도 여섯 가지 출판본이 발견된다. 1518년 루터는 교황이 잘못된 조언을 받았다는 가설에서 출발했다. 그러나 이제는 다음과 같이 말했다.

> 레오 10세는 그 패덕한 전제주의를 계속 견고히 고수했고, 점점 더
> 분노가 심해졌습니다. 이미 알려진 것처럼 그는 소환도 청문도 않
> 고, 제 책 안에서 저를 반증하지도 않으면서 칙서로 제게 유죄판결
> 을 내렸습니다.[78]

당연히 로마는 루터에게 출두명령을 내렸다. 루터는 우선 카예
탄의 청문을 받았다. 그의 책들도 로마의 재판 규칙에 따라 시험받
았고 이단으로 판정되었다. 그러나 객관적인 사실은 양측 모두에게
오래전부터 더 이상 중요하지 않았다.

1520년 12월 10일, 루터는 비텐베르크 시 성벽 앞에서 그의 제
자들 면전에서 파문위협칙서를 불태웠다. 이처럼 물의를 일으키는
행동은 1520년 가을부터 지롤라모 알레안드로의 독촉에 의해 뢰벤,
쾰른, 마인츠에서 자신의 글들이 송두리째 불태워진 것에 대한 대응
이었다. 당연히 비텐베르크의 교수는 곧바로 자신의 반격행동을 대
중에게 알렸다. 같은 달 그의 변명서 〈교황과 그의 추종자의 글들은
왜 마르틴 루터 박사에 의해 불태워졌을까Warum des Papstes und seiner Jünger
Bücher von D. Martin Luther verbrannt sind〉가 인쇄되었고, 늘 그랬듯 널리 읽혔
다. 비텐베르크의 성문 앞에서 〈주여 일어나소서〉와 함께 교회법에
관한 글들과 신학적 논문들, 특히 교황의 성경 해석 독점권의 근거
를 댄 논문들과 '콘스탄티누스의 기진장' 인쇄본 하나도 재가 되어
흩어졌다. 이 기진장을 통해 콘스탄티누스 황제는 문둥병을 낫게 해
준 감사로 교황 실베스테르 1세(재위 314~335)와 그의 후계자들에게

로마 시와 제국 전체에 대한 통치권을 선물로 주었다. 인문주의자 로렌초 발라가 이미 1440년 증명했듯이, 교황청 측근이 이 문서를 위조했다. 이는 루터에게는 교황제도가 황제와 제국에 대한 통치권을 획득하기 위해 비열한 방법을 사용했다는 또 다른 증거였다.

루터는 같은 시기, 1520년 6월 15일자 교황 칙서가 자신의 글들에서 뽑아내어 유죄판결을 내린 41개 조항에 대해 상세한 답변문을 발표했다. 〈레오 10세의 최근 칙서에서 유죄판결을 받은 마르틴 루터의 모든 논문에 대한 확언Assertio omnium articulorum M. Lutheri per bullam Leonis X. novissimam damnatorum〉은 영주인 현자 프리드리히가 루터에게 쓰라고 위임한 것이다. 현자 프리드리히는 루터 사건과 관련해 가까운 시일에 제국 내에서 진행될 협상에서 가능하면 안전조치를 마련해놓고자 했다. 그래서 비텐베르크의 교수는 재차 자신의 논제에 대해 의견을 제시해야 했다. 루터는 전에 했던 주장을 수없이 반복했고, 게다가 이제는 수많은 진술들을 즐기면서 첨예화시키기까지 했다. 그는 로마를 배려해야 하는 책임에서 벗어났고, 이 자유를 기꺼이 만끽했다.

> 그들은 저를 후스파 교도라고 불렀는데 이는 부당합니다. 왜냐하면 후스파 교도는 저를 보증하지 못하기 때문입니다. 후스가 이단자라면, 저는 후스보다 열 배는 더 이단입니다. 왜냐하면 후스는 중요한 사실을 저보다 훨씬 적게 말했고, 그 사람으로 인해 진리의 빛이 그저 막 솟아오르기 시작했을 뿐이기 때문입니다.[79]

그럼에도 불구하고 루터에게 후스는 존경할 만할 선구자였다.

루터에게는 후스가 했던 개별적인 표현뿐만 아니라 콘스탄츠 공의
회에서 불태워진 후스의 모든 논문이 복음적이었다. 루터는 후스가
처음으로 지옥과도 같은 교황제도의 본질을 완전히 밝혔다고 생각
했다.

루터, 야만인

1521~1523

파문칙서와 그 결과들

1520년 6월 15일 파문위협칙서가 발포된 이후 루터에게는 60일간의 기간이 주어졌고, 이 기간 안에 루터는 자신의 주장을 취소해야 했다. 그러나 루터 측은 아무런 대응도 없이 이 시간을 보내버렸다. 로마의 관점에서 볼 때, 최후의 걸음을 내딛은 루터를 판결받은 이단자로 교회에서 쫓아내기에는 가을이 최적의 시기였다. 알레안드로는 이와 관련한 증서를 완성하라며 유독 강력하게 독촉했다. 그는 1520년 11월부터 독일 제후들과 협상을 했고, 이때 제후들이 현 법률 상황의 토대에서 루터를 내모는 데 별 관심이 없다는 것을 알아냈다. 특히 현자 프리드리히는 냉정하게 거부했다. 이제는 설득을 위한 외교적 선전 활동에 집중해야 한다는 것이 그의 결론이었다.

    1521년 1월 3일자의 칙서 〈로마 교황은 이렇게 말한다Decet Romanum Pontificem〉는 이제는 명확한 교회법적 상황을 만들었으면 하는 알레안드로의 소망이 담긴 것이었다. 이 칙서는 〈주여 일어나소서〉를 많이 본떠서, 악마의 사주를 받아 독일에서 광란하고 있는 이단자 루터의 파문을 알렸다. 루터와 함께,

다른 사람들, 적잖은 권위와 품위를 가진 그들도 판결을 받았다. 이들은 자신들의 영혼 구제를 잊어버리고 페스트를 가져오는 이단자 마르틴의 종파를 공개적이고 공공연하게 추종했다. 특히 모두의 눈앞에서 그에게 도움, 조언, 친절을 베풀었고 불복종과 완강함에 빠진 그를 지지했으며 파문위협칙서의 공고를 방해했다. 그리하여 이 칙서 안에 열거된 처벌에 이르렀다.[1]

이 공범자들이 누구를 의미하는지는 공개된 비밀이었다. 그들은 곧 독일의 제후들이었다. 알레안드로는 깜짝 놀랐다. 루터에 맞서기 위해서는 독일 권력자들의 협조가 필요한데, 어떻게 그들을 이렇게 무지막지하게 모욕할 수 있단 말인가! 공인된 이단자의 행동을 어떻게 그만두게 해야 할지 독일의 완강한 영주들과 담판을 내려는 상황에서 교황청이 권력을 휘둘러 중요한 인물들을 격분시킨 것이다.

이런 불쾌함을 유발하는 표현들을 고친 수정판 칙서는 1521년 5월에야 독일에 도착했기에 사건의 진행에는 더 이상 영향을 줄 수 없었다. 그 사이 알레안드로는 독일 내 전초전을 혼자 치러야 한다고 느꼈다. 공식상으로 그는 자신보다 직위가 높은 교황대사이자 나폴리 최고 귀족 가문 출신인 마리노 카라치올로^{Marino Caracciolo}의 감독 아래 있었다. 적어도 알레안드로가 1520년 12월 15일부터 로마에 보낸 편지들, 지금까지 제대로 잘 보존된 이 편지들을 믿는다면 사실 그는 혼자서 모든 일을 해야 했다. 이 글들은 한편으로는 무대장치 앞뒤에서 벌어지는 사건에 대한 보고이며, 다른 한편으로는 탁월한 자기표현이 담긴 서류였다. 특히 이 편지들은 이후 수십 년 동안 루터를 바라보는 로마의 관점을 만들어냈다. 또한 이 편지들은 글에서 드러나는 열정과 구체성을 통해, 교황을 위해 일하는 한 이탈리아 인문주의자가 루터와 그의 추종자 및 제국과 독일의 지배자들 전체를 어떻게 인식했는지 보여주는 탁월한 증거다. 알레안드로는 교황청에, 즉 자신과 같은 생각을 가진 사람들에게 편지를 썼기 때문에 의사표현에서 아무 막힘도 없었다. 그는 경력에 도움이 되도록 종종 극적으로 보고서를 작성했다. 생명을 노리는 시끄러운 적들 틈에 서 있는 불굴의 영웅으로 자신을 묘사하기도 했다. 이런 자기연출은 그의 불구대천의 원수인 루터가 했던 신화 만들기와 근본적으로 다르지 않았다.

알레안드로는 제국 내 고위층 인사들은 배려했지만, 루터에게는 가혹했다. 특히 마인츠에서 행했던 분서를 확실한 방법이라고 생각했다. 왜냐하면 이교의 책들로 쌓아올린 장작더미는 감정을 최고로 흥분시키기 때문이었다.

감쪽같이 변장한 루터주의자들, 이 악당들은 우리의 목적을 대변한다고 주장하면서 분서를 하지 말라고 우리에게 충고합니다. 정확히 말하면 그렇게 함으로써 우리가 적들과 우리 사이를 더 나빠지게 만든다는 핑계를 대는 것입니다. 그럼에도 불구하고 모든 관점을 광범위하게 토론한 결과 이런 분서는 아주 유익하며 유용하다는 것이 증명됩니다. 첫째, 이 방법은 독일과 다른 국가에서 담당 교회 부서와 그 대표들에게 고발보다 훨씬 더 효율적으로, 관련 서적에 대한 평가를 많은 사람에게 널리 알릴 수 있기 때문입니다. 물론 저도 이를 위해 늘 여러 곳에서 활동하고 있습니다. 둘째, 아리우스보다 수천 배 이상인 이 사람의 설교와 민중언어로 된 글들에 감염된 문외한들이 교황의 권위를 통해 그리고 황제의 명령으로 책 위에 떨어진 불을 보면서 손쉽게 그런 책과 거리를 두는 성향을 띠게 되기 때문입니다.[2]

알레안드로는 "수천 배 이상^{piú che milliarii}"*이라는 단어를 만들어 냈다. 예수는 하느님의 피조물로 하느님과 동등하지 않으며, 따라서 영원하지 않다는 잘못된 설교로 수많은 영혼을 지옥에 빠지게 한 고대의 대 이단자 아리우스보다 루터가 수천 배 더 나쁘다는 것이다. 정말 심각한 상황에서도 교황청에 있는 사람들은 이런 식의 재기발랄한 언어유희에 분명 웃을 수 있었을 것이다. 동시에 이 표현 안에는 어쩔 수 없이 입증된, 수상쩍은 존중 같은 것도 드러난다. 비텐베르크의 대 이교도는 진정 사탄과 같은 창조력과 유혹의 힘을 갖고 있음을 인정하는 것이었다. 이런 힘은 독일인의 본질적인 특성과 아주 관련이 깊었다. 그들은 못된 민족성 때문에 그런 사악한 유혹에 취약하다고 여겨졌다.

루터의 책을 꼭 태웠어야만 했는가에 대해서는 의견이 분분했다. 알레안드로는 앞으로 이를 반대하는 모든 사람들을 가차 없이 교황의 적으로 여겨도 괜찮다고 생각했다. 이 교황대사는 자신의 임무를 의학적 행위로 이해했다. 전염병의 확산을 막고, 가능한 한 많은 병자를 구제하며, 부패한 사지는 나머지 기독교도의 육체의 건강을 위해 잘라내는 것이 그의 과제였다. 그는 교황과 황제의 협력

---

* 'piú che milliarii'는 이탈리아어와 라틴어의 결합이다.

어릿광대 루터: 1522년의 토마스 무르너(Thomas Murner)의 논쟁서 《덩
치 큰 루터파 어릿광대에 대하여(Von dem grossen lutherischen Narren)》
에 수록된 삽화다. 논쟁서 전체의 모토가 삽화 안에 적혀 있다. "어리석은
체하는 것이 때로는 최고의 현명함이다." 루터로 대표되는 종교개혁의 온
갖 허황된 행동을 폭로하기 위해서, 작가 자신이 수도승의 옷을 입은 현명
한 고양이로 그려져 있다.

을 이끌어냈다. 폰티펙스 막시무스는 교회의 최고 기사로서 최종심에서 판결을 내렸고, 이제 평결을 수행하는 것은 제국 수장의 몫이었다. 따라서 루터 문제는 황제 카를 5세의 태도에 달려 있었다. 황제의 입장에서는 정말 마음이 가볍게도, 알레안드로는 황제에 대해 긍정적인 것만 교황에게 보고했다. 이 젊은 합스부르크 황제는 자기 조상의 믿음을 위해, 따라서 교황제도를 보호하기 위해 이단에 반대하는 입장을 분명히 밝혔다. 그러나 로마는 제국의 수장에게만 의지할 수는 없었고, 추가 보완조치가 절대적으로 필요했다. 알레안드로는 인문주의자로서 루터가 그렇게 신뢰하는 언어의 힘을 잘 알고 있었다. 그리고 이 전쟁터에서도 가톨릭 신앙의 변호인에게 루터에 맞서 단호하게 싸웠다. 교황대사인 알레안드로는 가톨릭 변호인들은 전 독일에서 루터에 맞서는 설교를 할 것이며, 설교를 할 때는 로마 교황이 루터에 선고한 적법한 판결을 강조하라는 지시를 내렸다. 그의 최종 목적은 제국 전체에 통용될 루터에 대한 판결을 황제를 통해 얻어내고, 이것이 실행되도록 하는 것이었다.

알레안드로는 1520년 12월 15일자 글에서, 이 목적을 달성하는 데 불쾌한 방해물이 있다고 썼다.

이제는 황제의 추종자들조차도 불확실하고 변덕스러운 모습을 보이고 있습니다. 로마의 유죄판결을 받은 독일인에 맞선다면, 최악의 분노를 불러일으킬 수도 있다는 것입니다. 조처를 취하는 대신 입장 철회를 하기 위해 왔을 뿐이라는 루터의 말을 듣는 게 당연히 좋을 것이라 합니다.[3]

알레안드로, 독일인들 그리고 다른 적들

카를 5세는 1520년 11월 28일 보름스에서 첫 번째 제국의회를 소집했다. 제후들과 자유도시들*이 참여한 회의의 주요 의제는 헌법과 세금 관련 문제였다. 루터 사건은 원래 심의사항으로 지정되지 않았지만, 대중의 엄청난 관심 때문에 점점 더 강력하게 중심 문제로 대두되었다. 루터는 1520년 8월 팸플릿을 통해 카를 5세에게 문의했다. 이 글에서 그는 자신의 교리를 변명할 준비가 되어 있다고 썼다. 그는 자신을 비열한 중상과 박해의 희생자로 표현했고, 끝에는 오직 성경 안에서 증거를 제시할 경우에만 자기 의견을 취소할 것임을 분명히 밝혔다. 교황 측에서는 수락할 수 없는 조건이었다. 반면 카를 5세의 조언자들은 의견이 달랐다.

알레안드로에게 루터의 초대는 이단자에게 멋진 등장을 마련해주려는 단순한 핑계였다. 하지만 이는 알레안드로의 오판이었다. 카를 5세의 조언자들이 볼 때 루터와 관련된 다툼에서는 아주 신중하게 행동해야 했다. 카를 5세가 자신의 권력으로, 또 교황의 파문칙서를 기반으로 단독으로 이단 판결을 내릴 경우, 이 판결은 제국법의 위반으로 이해될 것이다. 또한 독일 내 반로마적 분위기로 볼 때자칫 반란을 유발할 수도 있었다. 그래서 카를 5세의 조언자들은 제국 내에서 아직 확고한 기반을 잡지 못한 젊은 황제의 권위가 그런 부담을 이겨내지 못할까 봐 걱정했다.

---

*   자치권을 갖고 있는 도시다. 자체 과세, 동원명령권 및 재판권까지도 갖고 있었다. 제국도시와는 반대로 자유도시는 황제에게 납세와 복종의 의무가 없다.

"선출된 로마 황제"—카를 5세는 레오 10세로부터 이런 칭호를 받았다—가 제국의 가장 중요한 제후들과 협약했다는 것은 교황청 입장에서는 받아들일 만했지만, 확정판결을 받은 이단자 루터를 이 목적을 위해 제국의회에 소환하는 것은 받아들일 수 없었다. 따라서 알레안드로는 소송절차를 단축하라며 다음과 같이 독촉했다. 소환과 심문 없이 루터에게 제국 추방과 파문을! 이 최선의 해결책이 내려지지 않는다면, 루터가 자신의 입장을 취소하는 문제로 심문을 국한시키라고 요구했다. 어떤 일이 있어도 상세한 청문회가 열리지 못하게 막아야 했다. 보름스와 같이 루터의 추종자가 절대 다수이고, 분위기가 점점 더 그에게 유리하게 조장되는 그런 도시에서 루터가 도를 넘는 사상을 선전할 기회를 얻는다면, 알레안드로로서는 최악의 상황을 걱정해야 할 수도 있었다.

교황대사는 루터의 등장을 방해하려고 온갖 외교적 기교와 신학적 박식함을 사용해 황제의 고문관과 제국의 주요 제후들을 설득하기 위해 동분서주했다. 알레안드로는 특히 이런 일에서는 자부심을 가질 만했다.

불리한 상황에서 저는 충분히 생각했습니다. 이 바실리스크 도마뱀(루터)의 거의 모든 글을 외울 정도로 심도 있게 주의를 기울여야 한다고 말입니다. 그래서 믿음에는 유해하고 청중에게는 불쾌하게 생각되는 이 글들 중에서도 가장 터무니없고 조야한 글에 대해 연설을 했습니다. 이를 위한 증거로 저는 이자가 대부분 의지한다고 주장한 신약에서 구절들을 인용했고, 이자와는 상치되는 공의회와 옛 그리스와 라틴 교부에도 의지했습니다. 왜냐하면 이 미친개는 보다

새로운 신학자들과 교회법 교사들에 대해서는 아는 바가 없다고 주
장합니다만, 이와는 반대로 그는 이들을 수상쩍다고 조롱하며 비난
하기 때문입니다.[4]

스스로를 루터 전문가라 불렀던 알레안드로는 정말 루터의 글
을 읽었다. 루터가 "오직 성경" 원칙, 즉 성경의 유일한 정당성을 증
거로 끌어냈다면, 이에 똑같은 방식으로 보복해야 했다. 이를 위해서
특히 〈마태복음〉 16장이 안성맞춤이었다. 그리스도는 베드로에게만
하늘나라로 들어가는 열쇠를 넘겨주셨으며, 교회가 설 반석에 대해
설명하셨다. 공동체 사명에 대한 구세주의 이 통지를 루터처럼 왜곡
하는 사람은 이런 그릇된 해석을 통해 자신의 사악한 의지를 분명히
보여주는 것이다.

알레안드로는 또 자신의 계획들이 좌절되려는 마지막 순간에,
다음과 같이 훌륭한 말로 선한 일을 위해 제후들을 자기편으로 만들
었다고 했다.

저는 제국 수상 가티나라Mercurino Gattinara와 얘기했습니다. 그도 허황
된 생각에 사로잡혀서 루터가 제국의회에 오면 좋을 것이라고 했습
니다. 저는 대답하기를, 나도 찬성하나 루터가 자신의 의견을 취소
한다는 전제 아래에서라고 했습니다. 그러나 제가 보는 한, 그는 절
대로 이를 행하지 않을 것입니다. 그는 원래 모습대로 명성을 탐하
고 오만에 가득 차 있습니다.[5]

그런데 만일 이 이단자가 자신의 의견은 취소하지 않은 채, 치

외법권의 보호를 받아 보름스에서 무사히 빠져나간다면 그건 정말 최악일 것이다.

> 그것은 세상이 완벽하게 혼란스러워지는 결과를 낳을 것입니다. 왜 냐하면 루터의 신앙 없는 교리가 결국 인정받았다고 모두 평가할 것이기 때문입니다. 바로 그 때문에 루터파는 그들의 무함마드가 오기를 바라고 있으며, 이미 그가 와서 기적을 행할 것이라 퍼트리 고 있습니다.[6]

이것은 정말 앞을 내다본 평가였다. 따라서 알레안드로는 다음 과 같은 결론을 내렸다. 만일 루터가 온다면, 우리는 그가 이 일을 매 체를 통해 선전하려는 계획을 어떻게든 막아야 한다. 그렇지 않으면 우리는 그 이단자에게 선전 무대를 선물하는 것이나 마찬가지다.

루터의 등장을 망치기 위해 알레안드로는 궁정에서 영향력 있 는 인물들과 끝없이 협상했다. 이때 자신이 어떤 조처를 취했는지, 로마로 보낸 편지에 암시한다.

> 교황께서 황제의 고해신부에게 베푸신 호의를 통해 그는 이전보다 로마의 업무에 훨씬 더 잘 어울리게 되었습니다. 그래서 저는 선한 일을 위해 실패 없이 활동하고 있습니다. 사람들은 타인에게 항상 선을 행하는 것은 좋은 일이라고 생각할 겁니다.[7]

인간들은 좋은 신념에서 개인적 이득을 발견할 때에야 비로소 그런 신념에 도달한다. 따라서 그들이 좋은 일에 헌신하도록, 그들을 재치 있게 도와주어야 한다. 이런 인간 이해는 세련된 문체로 상대방을 매수하는 결과를 낳았다. 이런 우아한 매수는 알레안드로가 완벽하게 통달해 있는 분야였다. 알레안드로는 이런 식으로 제국의 부수상인 니콜라우스 치글러Nikolaus Ziegler와 영향력 있는 외교관인 파울 폰 아름스토르프Paul von Armstorff를 로마 편으로 끌어들였다.

알레안드로에게는 유감스럽게도, 교황청은 현자 프리드리히에게는 이 같은 섬세한 접근법을 취하지 못했다.

> 그건 그렇고 저는 프리드리히가 어떤 성직록의 문제 때문에 격분했다고 들었습니다. 당시 이 성직록은 로마에 체류하고 있던, 선제후의 혼외 아들이라고 소문이 난 어떤 사람이 많은 돈을 지불하고 받았습니다. 하지만 서임을 받아 독일로 돌아오는 도중 그는 볼로냐에서 이 성직록의 이전 소유권자가 죽은 뒤에 어떤 추기경이 소유권 경쟁에서 이겨 이를 가져갔다는 사실을 알게 되었습니다. 그의 측근 중 한 사람이 제게 한 말에 따르면, 이 일에 관해 프리드리히 대공은 마음을 진정시킬 수가 없었다고 합니다. 비록 과묵하고 내향적인 남자로, 자신의 관점을 잘 내보이지는 않는 사람임에도 불구하고 말입니다.[8]

황제 다음으로 독일에서 영향력이 큰 이 제후를 로마가 그렇게 무지막지하게 모욕했다면, 그가 교황의 적인 루터를 지지하는 게 놀랍지 않았다. 따라서 알레안드로와 그에게 임무를 맡긴 로마 사람들은 오랫동안 품었던 중요한 질문 중 하나에 대한 만족스러운 설명을 찾은 듯했다. 오랜 세월 품위를 지켰던 성유물 수집가였던 작센 선제후 현자 프리드리히가, 훌륭한 보물과 수십 년간 애써 로마로부터 얻은 모든 다른 은총을 소유한 그가 왜 무가치한 것을 보호하는가, 아니 왜 수상쩍은 미신과 같은 그런 수도사를 보호하는가라는 의문이 설명된 것이다. 독일에서도 피는 물보다 진했고, 하필 야만인들은 명예의 문제에서는 유난히 민감했다. 그래서 교황청에게 받은 냉대 뒤에 도사리고 있는 문명세계 이탈리아의 경멸을 직감하고 있었다. 물론 근본적으로는 그들도 이탈리아를 경멸했다.

알레안드로에 따르면, 현자 프리드리히는 이것 외에도 교회와 다툴 다른 이유가 있었다. 마인츠 대주교 알브레히트와 에르푸르트 시를 놓고 다툼을 벌이고 있었던 것이다. 이 다툼은 양측의 증오를 극도로 고조시켰다. 그럼에도 불구하고 불구대천의 두 원수는 서로 만났을 때 마치 가장 친한 친구인 척 행동했다. 야만인은 사람들의 예상과 달리 가장에 능했다. 특히 이단자의 영주 프리드리히는 극도로 조심해야 할 가장의 대가라고 알레안드로는 경고했다. 로마가 알아둬야 할 것이 더 있었다. 두 선제후가 속한 각각의 경쟁적인 두 가문, 베틴 가문과 호엔촐레른 가문*의 관계가 파괴되었지만, 두 사람의 의견이 완전히 일치하는 점이 있다는 것이다. 그것은 로마와 교황제도에 대한 혐오였다.

그들의 신하들 역시 그렇게 생각했다. 전 독일은 교황청에 반대한다. 이것이 보름스에서 개최될 결정적인 제국의회에 앞서 알레안드로가 독일의 분위기에 대해 보고한 내용의 요점이다. 이렇게 깊이

---

* 알브레히트는 호엔촐레른 가문 출신이고, 현자 프리드리히는 베틴 가문 출신이다.

뿌리박힌 증오의 이유를 해명하는 것이 더욱더 중요했다.

> 다른 모든 주교들은 호의적입니다만, 그들도 한 가지 점에서는 우
> 리에게 해가 됩니다. 그들은 음식과 의복 면에서 자신들의 생활양
> 식을 고수하며 이를 통해 교회 계층에 대한 독일인의 미움을 고조
> 시키고 있어, 그렇잖아도 이미 품고 있는 증오를 격화시킵니다. 과
> 거가 알려주듯이 그들은 태어나면서부터 성직자에게 이런 증오를
> 품고 있습니다.[9]

독일 고위 성직자들의 거창한 등장, 그들의 끝없는 호사벽은 알
레안드로가 보기에는 오히려 로마에 대한 적대적인 분위기 탓이었
다. 게다가 독일 역사 깊이 뿌리내리고 있는 성직자에 대한 근원적
인 적대감, 그리고 돈벌이가 되는 독일 성직록을 배분할 때 이탈리
아 성직자들이 받았던 우대조치가 이런 분위기를 더욱더 부채질했
다. 몇몇 집단에서는 로마와 성직자에 대한 혐오가 훨씬 심한 경우
도 있었다. 그래서 영락한 독일 귀족들은 성직자와 교황권을 희생시
켜 이득을 보기 위해 울리히 폰 후텐의 지도 아래 이들에 대항하는
동맹을 맺었다.

제국의 기사이자 도둑인 이들의 동기는 적어도 추론 가능하다.
하지만 독일 법학자나 특히 교회법학자들의 친로마적 태도는 이해
할 수 없는 일이었다. 아무튼 후텐을 중심으로 한 귀족들은 모두 로
마에 반대했고 명백한 루터 추종자였다. 물론 그들이 다음과 같은
사실을 더 잘 알고 있었음에도 그랬다.

마르틴 루터는 방방곡곡에 이 영락한 귀족들이 행한 일을 혹평하고, 그들의 글을 첫 글자부터 끝 글자까지 태워버려야만 한다고 사방에 외쳤습니다. 그럼에도 불구하고 그들은 어리석고 타락해서 루터를 위해 호소했고 그를 변호했습니다.[10]

이로써 알레안드로는 동일한 편지에서 주장한 논제, 즉 인간은 이득에 따라 신념을 갖는다는 논제를 다시 의심했다. 자신의 모순에 대한 변명은 인간의 한없는 어리석음을 보여줄 뿐이었다.

이는 자신들이 몰두하고 있다고 주장하는 학문에 대해 그들이 아무것도 모르기 때문입니다. 그러나 그들은 박사 칭호를 얻자마자 제대로 조사도 안 하고는 거창한 말을 해댑니다.[11]

이탈리아인들은 야만인에게 교육을 전수해주었지만, 결과적으로 명예욕과 탐욕에 찬 수다쟁이를 키운 셈이 되었다. 게다가 이 야만인들은 교육장소를 제공해준 은인들에게 맞서 공모하고 있는 것이다. 이렇게 독일 야만인들을 세련되게 만들려던 로마의 노력은 실패했고, 이 실패의 결과는 독일 인문주의자들보다 법률가들에게서 더 우스꽝스러운 행태로 드러났다고 알레안드로는 주장했다. 법률가들은 라틴어 기초문법을 익히자마자 형편없는 시를 쓰고, 스스로를 위대한 작가로 여기기 시작했다. 교회법학자들처럼 이 언어 파괴자들은 교회의 가르침에서 엇나가는 것을 기품 있는 태도라고 생각했다. 법률가들은 그렇다 치고 수도사들도 루터에 열광한다는 점은 정말 이해할 수 없었다. 게다가 비텐베르크의 교수는 수도사들의 생활양식도 없애버리려고 아주 적극적으로 노력하지 않았는가. 자신들의 이득에 어긋나는데도 이렇게 루터를 편드는 것은 알레안드로가 보기에는 오직 단 한 가지, 모든 것을 지배하는 로마에 대한 증오로 밖에 설명될 수 없었다. 교황제도에 모든 감사를 돌려야 하는 성직자들이 교황제도를 가장 격렬하게 비판했다. 로마에서 대학을 다녔고 어느 정도 개화된 생활방식을 수용한 소수의 성직자들만이 바티칸에 있는 은인을 인정했다. 야만인의 상은 이런 식으로 완성되었다.

교황대사 알레안드로는 주요 동기와 이유들은 모두 놓쳤다. 독일에서 교황제도가 완전히 신용을 잃은 것에는 다른 원인, 즉 교황들의 통치방식 및 생활양식과 관련되어 있다는 것은 아예 염두에 두지도 않았다. 자기비판은 거센 논쟁의 시대에는 당연히 금지되었다. 왜냐하면 자기비판은 상대의 입장을 강화시키는 것으로 이해될 게 분명했기 때문이었다. 인간이 이렇게 분명하게 자신의 직업적 이득에 어긋난 행동을 할 때는, 정직한 종교적 신념도 중요한 역할을 한다. 하지만 루터에 동조하는 적들과 마찬가지로 알레안드로는 이런 점은 별로 고려하지 않았다.

그 대신 이 교황대사는 보름스 제국의회가 시작되기 전인 1520년에서 1521년으로 해가 바뀔 무렵, 분위기에 맞춰 비장하거나 애처로운 목소리로, 자신이 어두운 야만인의 나라에서 적에 포위된 상태로 견디고 있다며 한탄을 늘어놓았다. 로이힐린파, 루터파, 에라스무스파 이들 모두가 자신에 맞서 공모하고 있으며, 자신의 불행을 도모한다는 것이다! 이런 극적인 어조로 알레안드로는 적인 루터처럼 계속 자신의 보름스 신화를 만들어 나갔다.

그들은 저를 좋은 학문bonae litterae의 배신자, 아첨꾼 중의 아첨꾼, 수도사들의 변호인, 사형집행인, 루터와 후텐의 펜에서 나온 훌륭하고 성스러운 책들을 불태운 자라고 욕을 하는데, 이것은 하느님의 명예를 위해 제가 웃어넘기는 험담 그 이상의 것입니다. 이렇게 저는 전 독일의 경멸을 받고 있습니다. 제게 강의를 들었던 사람들 대부분이 저에게 반대합니다. 그들은 마치 제가 파문이라도 당한 듯이 저를 멀리하는데, 저는 그저 웃을 뿐입니다. 다른 사람들은 루터의 변호를 위해 저와 논쟁하려 합니다. 그들을 반박하는 것은 아마 쉽겠지만, 그게 무슨 의미가 있겠습니까. 그들이 그것을 이해하지도 못하는데 말입니다.[12]

다른 사람들은 분명하게 적의를 드러내고, 후텐은 자신을 죽이겠다고 위협했으며, 집주인은 난방도 안 되는 더러운 방을 빌려주고는 엄청난 금액을 내라고도 했으나, 자신을 들볶는 이런 모든 적대와 질병에도 불구하고 악에 꿋꿋이 맞섰다고 알레안드로는 보고했다. 이렇게 효과적인 과장을 제외한다면, 알레안드로는 보름스의 분위기를 정확하게 묘사했다. 루터 사건은 로마에 대항하는, 따라서 이탈리아에 대항하는 독일의 싸움이 되었다. 이탈리아와 독일이 감정 대결을 멈추고 타협을 이룬다는 것은 불가능했다.

알레안드로가 볼 때 사람들이 종교적 진리로부터, 신의 뜻에 따른 교회로부터 그리고 유익한 삶의 방식으로부터 이탈하는 것은 감정에 의해 정해지는데, 이 감정은 사건 자체와는 아무 관계도 없었다.

민중은 다른 사람들의 말에 이끌리고 마음을 빼앗기는데, 마인츠와 보름스뿐 아니라 다른 곳에서도 그런 상황입니다. 여하튼 대체적으로 그러합니다. (……) 그들 모두는 루터파 교리의 기초 때문에 동요하는 것이 아닙니다. 이들은 루터파 교리에 대해서는 그저 그의 상소리나 후텐의 풍자에 대해서만 이해합니다. 그들은 이미 이전부터 로마 교회에 격분했고, 믿음의 문제를 자신들의 사적인 욕정, 미움, 로마에 대해 품고 있는 질투와 결합시킵니다.[13]

이런 분석도 정곡을 찔렀다. 이 남자는 당연히 루터의 '오직 믿음sola fide'과 '오직 은혜sola gratia'에 관한 그 어떤 것도 읽어보지 않았다. 하물며 이해할 리도 없었다. 대신 그는 그림이 그려진 전단지의 형태로 비텐베르크의 인쇄기에서 끝없이 쏟아져 나온 적의 모습을 더 열심히 수용했다. 이런 인쇄물은 매일 보름스 저잣거리에서 볼수 있었고, 많은 사람들이 이것을 사려고 달려들었다. 알레안드로는 이런 사실을 놀라워했다.

이 전단지들에서는 교황이 인간의 모습을 한 사탄과 어떻게 제휴했는지, 사람들이 이에 맞서 무엇을 해야 하는지 볼 수 있었다. 성직자들을 교수형에. 이런 모토가 그림과 글로 주장되었다. 민중의 마음에 불을 붙이는 슬로건은 이것뿐만이 아니었다. 교회가 진정한 구원의 길을 어둡게 하고 흙으로 덮어버린다는 걱정이 모든 계층에 퍼졌고, 이 걱정은 이제 드디어 하느님의 뜻이 이뤄질 것이라는 기대와 결합되었다. 알레안드로는 보름스를 돌아다니며, 루터의 등장이 불러온 구원에 대한 걱정과 기대를 목격했다. 그는 이를 이해할 수가 없었다.

독일과 독일인에 대한 깊은 혐오가 알레안드로를 눈멀게 만들었다. 깊은 통찰력에도 불구하고 알레안드로는, 그리고 그와 함께 교황청은 두 가지 본질적인 요소를 간과했다. 첫째, 교황제도는 한 세대 전부터 독일 민족의 불만을 유발시켰고, 그래서 독일과 교황청 사이의 대등한 거래가 매우 불균형적이라는 느낌을 없애지 못했다. 이로써 로마의 평판은 심각한 손상을 입었다. 성직록 위임 및 교황의 은총 재분배와 관련해서, 오직 교회 수뇌부를 단호하게 개혁하는 것만이 전체 분위기를 바꿀 수 있었다. 그러나 1520년은 이런 일을 하기에는 이미 너무 늦었다. 알레안드로의 조언, 즉 독일 내 돈벌이가 되는 성직록을 독일인에게 우선으로 수여하자는 조언은 사실 제대로 된 방향으로 가는 것이기는 했지만, 그것만으로는 충분하지 않았다.

둘째, 이탈리아 인문주의자들은 이제 독일을 경멸한 벌을 받았다. 이들은 한 세대 훨씬 이전부터 수많은 풍자와 '지역학적인' 글들 안에서 알프스 북부에 사는 세상물정 모르는 야만인들에게 경멸을 드러냈었다. 이미 15세기 말에 콘라트 첼티스^{Conrad Celtis}와 같은 독일 인문주의자는 이와 관련하여 로마가 자신들의 지도적 위치를 주장하고, 문화 전달자라는 자신들의 역할에 감사를 요구하자 격렬하게 항의했다. 이런 반감은 한 세대 뒤, 루터와 후텐의 등장과 함께 거센 민족주의로 고조되었다. 이 민족주의는 누가 누구를 문화적으로 세련되게 만드는가 혹은 누가 더 훌륭한 라틴어를 쓰는가 하는 구식의 쟁점을 훨씬 넘어선, 광기 어린 살인 포고와 살해 환상으로 이어졌다.

이처럼 감정적인 논쟁 속에서 단 한 사람만이 거리를 둔 채 사태파악을 하고 있었다. 그는 바로 에라스무스 폰 로테르담이었다. 이 '인문주의 거장'은 그의 도덕철학적이며 풍자적인 글 안에서 교회의 상황, 특히 교황청의 상황에 대해 신랄하게 비난했다. 알레안드로는 에라스무스가 이를 통해 로마 비난자의 무리에 들어갔다고 생각했다. 하지만 이때 교황대사는 이 위대한 학자가 루터와 그의 추종자들에게는 거리를 두고 있으며 구 교회와 여전히 연결되어 있다는 사실을 간과했다. 교황대사가 이렇게 상황을 제대로 판단하지 못하고 있는 것은, 적에 대한 그의 생각이 이미 강력하고 확고부동해졌음을 보여주는 것이다. 에라스무스가 양측에 대해 표현한 것처럼, 이들을 정확하게 구분하고 섬세하게 비판할 여지는 이미 오래전에 사라졌다. 게다가 알레안드로는 인문주의 학자 세계에서의 서열을 놓고 에라스무스에게 경쟁심을 가지고 있던 데다가, 루터의 책을 태운 것 때문에 이 네덜란드인과 개인적인 싸움을 벌였다. 알레안드로가 루터의 책을 태우라고 명령했던 것에 대해 에라스무스는 심한 혐오를 드러냈던 것이다. 이로써 알레안드로는 의도치 않게 자신의 주장이 옳았음을 보여준 셈이 되었다. 그는 루터에 대한 찬반 싸움에서 종교적인 동기와 사적인 동기가 얽혀 있다고 주장했다.

보름스 제국의회를 둘러싼 줄다리기

루터가 몰고 온 유행병이 번지는 것을 막기 위해 로마는 이 얽히고 설킨 암담한 상황을 어떻게 빠져나가야 하는가? 알레안드로는 다음과 같이 조언했다.

단순한 민중은 루터에 반대하는 설교와 분서를 통해 매일 더 개선될 것입니다. 그리고 이들은 앞으로 강림절이나 사순절에 훨씬 더 좋은 사람이 되었음을 자각하게 될 것입니다. 그러나 다른 사람들에 대해서는, 이 제국의회에서 하느님의 도우심과 황제의 호의를 통해 적절한 치료제가 발견되기를 바랍니다.[14]

알레안드로가 자신의 명령에 따라 실시된 루터에 대한 반대 조처의 효력을 확신한 것은, 1520년과 1521년 해가 바뀔 무렵 그가 품었던 과시적 낙관주의 때문이었다. 특히 자신이 맡은 일을 선전하기 위해서였다. 알레안드로가 낙관과 비관을 오갔던 것처럼, 훗날 독일에 온 교황대사들 역시 극단적인 감정의 기복을 보였다. 이렇게 시계추처럼 오락가락하는 감정의 변화는 분열된 정신상태 때문이라고 설명될 수 있다. 이미 넓은 계층에 퍼진 루터 교리의 매력을 이해할 수 없는 무능력과, 이성과 도덕의 힘이 결국 실행될 것이라는 인문주의적인 기대에서 나온 분열된 정신상태 때문인 것이다. 특히 인문주의적 기대는 자신들이 상대의 야만적인 세계에 비해 우월하다는 감정과 연결되었다.

알레안드로는 루터가 벌이는 신학적 논쟁이 감정을 부채질하고 진의를 감추는 데 이용된다고 생각하면서, 자신이 찾아낼 수 있는 루터의 모든 새로운 글을 읽었다. 그 중에는 〈교회의 바빌론 유수에 관하여Vorspiel zur babylonischen Gefangenschaft der Kirche〉도 있었다.

제가 전에 아리우스보다 더한 새 이단자의 글에 대해 말씀드렸는데, 로마 사람들 모두 이 글을 알고 있는 것 같습니다. 이 책은 깊이

성자숭배를 없앰으로써 인간에게서 하늘에 계신 그들의 후원자를 빼앗는
덩치 큰 루터파 어릿광대.

를 헤아릴 수 없이 사악하며 신을 부인하고 있어서 우리의 목적에 큰 도움이 됩니다.[15]

이런 기대도 알레안드로의 기분을 낙관적인 상태로 급격히 변화하는 데 기여했다. 그는 이단자를 초대하지 못하게 하려고 카를 5세의 최측근 조언자들을 설득하려 했다. 그래서 우선 이들에게 자신의 의견을 말한 뒤, 이 이단자가 주장하는 끔찍한 이교에 대해 길게 설명했다. 여기서 그는 루터의 중요 저서에서 핵심이 되는 문장을 모아 조목조목 반박하기 시작했다.

저는 옛 공의회와 이탈리아어 및 그리스어로 쓰인 교의를 통해 루터에 반대하는 여러 부분을 언급했습니다. 하지만 지난 700년 동안의 신학자들은 이와 관련해서는 언급할 가치가 없습니다. 루터가 그들을 인정하지 않기 때문입니다. 따라서 가련한 제가 이 악당을 반박할 목적으로 페트루스 롬바르두스Petrus Lombardus,* 토마스 아퀴나스와 유명론자들을 듣고 읽는 데 사용했던 많은 시간들은 정말화가 나게도 잃어버린 시간이라고 생각할 수밖에 없습니다. 여기서 사람들은 이 암살자가 모두에게 얼마나 해로운지 알게 됩니다.[16]

주저하는 심의회들, 로마에 적대적인 제후들 그리고 끔찍한 이단자로 인해 온갖 스트레스를 겪으면서도 알레안드로는 신랄한 유

---

*   페트루스 롬바르두스(1100~1160): 중세 이탈리아의 스콜라 철학자.

머를 유지했다. 그는 인문주의자로서 실무에 근접한 인생철학을 진심으로 좋아했다. 이 철학은 현세 삶의 최상의 목적인 영혼 구제에 의문을 품지 않고, 이 삶의 안락함의 가치를 높이 평가했다. 이 철학과는 반대로, 그가 편지에서 열거한 스콜라 철학자들은 세상과 동떨어진 문제, 활동하는 인간의 일상적 삶에서는 절대 제기되지 않는 문제를 현학적인 방식으로 논의했다. 반면 유명론자들은 스콜라 철학만큼이나 비현실적인 사변을 늘어놓는다. 이들의 글을 읽는 것은 이제 어떤 관점에서도 쓸데없는 짓이었다. 루터 사건을 위해서도 알레안드로 자신을 위해서도! 이것은 아주 솔직한 고백이었다. 왜냐하면 교황청에 있는 토마스주의자들이 여전히 큰 영향력을 갖고 있었기 때문이었다.

동시에 박식한 교황대사는 자신이 어떤 방식으로 이단을 반박하려는지 분명히 밝혔다. 그는 처세에 능한 정치가들 앞에서 이야기해야 했기에 신학적 궤변은 제쳐두었다. 그가 보기에 귀족 출신의 루터 추종자들은 믿음과 구원이 아니라 권력 문제를 중시했다. 따라서 이들에 비하면 알레안드로가 신학적 논거를 등한시하는 것이 훨씬 정당했다. 알레안드로에 따르면, 제국의 결정권자들이 보기에는 모든 싸움의 중심에 교황의 권좌가 서 있었다. 루터는 성경을 제멋대로 해석하고 교회사적 논거를 대면서 이 권좌를 반박했다. 하느님 말씀의 진정한 해석의 문제에서는 독일 제후들 같은 청중을 대적할 수 없다는 알레안드로의 말에, 제후들은 어깨를 으쓱하면서 이는 신학자들의 싸움이라며 별 관심을 두지 않았다. 역사적으로 입증된 사건들에 관한 신뢰할 만한 증거들을 살펴보면 상황은 달랐다.

루터파들은 교황의 권력 및 연옥, 그곳에 머물고 있는 영혼들을 위한 중보에 관련한 그들의 논문에서 볼 때, 라틴 교회와는 상당히 벗어난 그리스 교회에 아주 강력하게 연결되어 있습니다. 저는 그리스 교회 교부들을 고려했을 뿐만 아니라, 피렌체 공의회의 칙서 원본도 빼냈습니다. 정확히 말하면 이 원본은 그리스어와 라틴어로 쓰였으며, 동서 교회의 연합을 찬성하며 이를 확정한다고 서명되어 있습니다. 저는 이 칙서를 보름스의 문서실에서 찾아냈습니다.[17]

학자로서는 멋진 성공이었다. 그러나 루터 식으로 생각하고 있는 청중이 원본의 발견에 대해 경탄했을지는 아주 의심스럽다. 그리스 교회와 라틴 교회의 통합은 1439년 오스만의 위협 때문에 억지로 성사되었지만, 곧 그리스 교회 성직자들에 의해 다시 취소되었다. 알레안드로는 독일 제후들로 하여금 루터를 부정적으로 보게 하려고 이 문서를 사용했다. 이런 사실은 간접적으로 많은 것을 알려준다.

문헌학자이자 역사학자로서 알레안드로는, 냉혹한 실제사실을 제시하여 루터 교리의 잘못된 전제와 날조를 교정함으로써, 아직 루터의 망상에 눈이 멀지 않은 대중에게 루터 교리를 반박할 수 있다고 믿었다. 루터파들이 과거에 관여했기 때문에, 알레안드로는 역사적 무기를 사용하여 그들을 무찔러야 했다. 문서실에서 지치지 않고 연구한 알레안드로는 원전들을 발굴해냈다. 이 문서들 안에서 카를 대제와 오토 대제는 교황을 보편교회의 폰티펙스라고 묘사하고 있었다. 이 두 통치자는 독일의 영웅이었고, 이제 로마의 요구가 합법하다는 것을 독일인에게 설득시켜야 했다. 이 작전에는 단 한 가지 작은 결함이 있었다. 루터가 교황 그레고리오 대제 때까지는 로마의 교황수위권이 없었고, 그의 후계자들이 나중에서야 교활한 지도권을 주장하고 이를 실천에 옮겼다고 주장한 것이다. 루터에 따르면 이런 음험한 전략이 악의 없고 아무 생각 없던 카를 대제로 하여금 레오 3세로부터 황제의 관을 받게 만들었고,* 이로써 162년 뒤에는 오토 대제가 마음에도 없는 교황의 지도권을 인정하게끔 만들었다.** 이 지도권은 콘스탄츠 공의회의 날조된 선물에서 얻어낸 것이었다. 루터의 관점에서 볼 때는 카를 대제와 오토 대제는 교황제도에 속았다. 알레안드로는 자신의 논거를 듣고 있는 청중 가운데는 루터 추종자들도 있을 것이라 생각했다. 이런 사람들에게 알레안드로가 신중하게 고안해낸 증명은 큰 이득이 되었다.

또한 알레안드로는 루터의 글 〈교회의 바빌론 유수에 관하여〉에 대해 짧게 요약하면서 제멋대로인 논제를 제시했다.

저는 모든 것이 달려 있다고 할 수 있는 교황의 권력을 위해 많은 것을 구하고 찾았습니다. 이 새로운 무함마드는 극도로 사악한 글에서 기독교도 사이에는 차이가 없다고 썼기 때문입니다. 즉 교황이 사면을 베풀어 줄 수 있는 곳에서는 모든 평신도도 자신의 이웃이나 자기 자신에게 교황처럼 행동할 수 있다고 했습니다.[18]

---

*   카를 대제는 서부·중부 유럽의 대부분을 차지해 프랑크 왕국을 제국으로 확장했다. 800년 12월 교황 레오 3세에게 신성로마제국 황제직을 수여받았다.
**   오토 대제는 자신이 임명한 주교와 수도원장 등을 통해 교회권을 장악하고, 교회의 권위와 조직을 통해 세속 귀족들을 약화시키려 했다. 그러나 오토 대제 이후 강력한 군주가 나오지 않으면서 이런 전략을 유명무실해졌다.

　　이상하게도 루터의 만인 사제설은 거의 오해를 불러일으키지 않았다. 알레안드로는 교회의 새로운 성례 질서에 대한 루터의 구상 안에서 모든 서열과 조직이 분해되는 것임을 알아차렸다. 그의 적개심은 이 이단자가 모든 질서를 단호하게 거부한다고, 즉 루터가 자신의 추종자들에게 허세와 이기심을 나눠주고 있다고 말하고 있다. 교황대사는 얼마 뒤 루터의 글 〈기독교인의 자유에 대하여〉를 비슷하게 해석했다. 그는 이 글에서 무질서가 선포되었다는 것을 알아냈다. 이제부터 모든 것이 허용된다. 모든 인간은 가장 저급한 본능을 방임해도 된다는 것이다. 하지만 기독교인은 그리스도의 율법과 이에 더해 자유의지로 세속정부의 법률 아래 산다는 사실, 그리고 세속정부의 법률은 그것이 옳건 그르건 하느님에 의해 합법으로 인정되었고 따라서 침해할 수 없음을 루터가 믿고 있다는 사실은 완전히 감춰졌다.

　　자칭 루터 전문가인 알레안드로는 1521년 1월 27일 드디어 개최된 보름스 제국의회가 시작될 무렵, 여론을 얻기 위한 싸움에서 중요한 활동영역을 발견했다. 이 영역에서는 싫지만 할 수 없이 적들에게 존경을 표해야 했다. 그들은 자신들의 영웅 루터가 보름스에 도착하기 전부터 이미 그를 무대에 올릴 줄 알았던 것이다! 독일인의 90퍼센트가 루터에 찬성을 표했고 나머지 10퍼센트는 적어도 로마에 적대적이며, 독일 민족이 주관하는 민족 공의회에 찬성했다는 사실은, 알레안드로의 관점에서 볼 때는 우선 루터가 행한 혹은 루터를 위한 대중매체 캠페인의 결과였다.

　　루터파들은 매일 새로운 책을 독일어와 라틴어로 쏟아내고 있습니다. 그들은 전속 인쇄업자까지 한 명 고용했습니다. 그런 직업이 아직 알려지지 않은 이곳에서 말입니다. 루터의 책 이외의 다른 책들은 전혀 팔리지 않습니다. 궁전에서조차 말입니다. 그들이 이를 위해 얼마나 단결하는지, 얼마나 큰돈을 내놓는지 놀라울 정도입니다.[19]

다른 한편, 로마를 여행하고 돌아오는 사람들은 교황청 사람들이 루터를 비웃으며 그의 사건에 대해 최소한의 의미도 부여하지 않는다고 보고했다. 알레안드로에게 이런 소식은 교황제도를 비방하는 루터의 전략에만 도움이 될 뿐이었다.

알레안드로의 적들이 택한 매체 전략은 이단자를 성자로 만듦으로써 큰 성과를 이뤘다.

지난날 사람들은 아우크스부르크에서 성자의 후광이 그려진 루터의 그림을 팔았는데, 여기 보름스에서는 성자의 후광이 없는 그림을 팔고 있습니다. 그 그림은 굉장히 잘 팔려서, 제가 그림 하나를 손에 넣기도 전에 다 팔렸습니다.[20]

성령의 상징인 비둘기도 루터의 초상화를 장식할 수 있었다. 이러나저러나 효과는 같았다. 새로운 성자 마르틴을 위한 한없는 존경만이 있었다. 알레안드로가 보기에 이에 맞설 무언가가 확실히 일어나야 했다.

독일어와 라틴어로 루터에 반대하는 글을 쓰는 몇몇 독일인들이 인쇄업자를 찾지 못하는 것은 정말 놀라운 일입니다. 수없이 부탁하고 많은 돈을 들여 인쇄를 한다고 해도, 마라넨들이 돈을 공동금고에 넣듯이, 루터파는 할 수 있는 한 그 책들을 모두 사들여 없애버리고 있습니다.[21]

진리의 투사들이 이에 맞서려면 계획성 있게 조치를 취해야 하며 서로 보조를 맞춰야 할 것이다. 이들은 우선 협조할 만한 인쇄업자들을 찾아내 뇌물을 주어 호의를 사야 한다. 그런 뒤 적당한 저자를 찾고, 성직록과 다른 특전을 베풀어 이들을 자극해야 한다. 이와 병행해서 설교와 분서의 형태로 홍보 및 경고 캠페인을 시작해야 한다. 그러면 공포와 경외심에서 루터에 반대하는 이 훌륭한 글들에게 합당한 반향이 일어날 것이다.

이때 선한 일에 가담한 투사들은 적들로부터 많은 것을 배울 수도 있었다.

최근 후텐 추종자들의 전단지 한 장이 제 손에 들어왔습니다. 후텐이 사제들에 대항해서 쓴 편지의 사전연습본 같은데, 수백 군데 이상이 삭제되었고, 사용된 단어들이 수차례 바뀐 흔적이 있었습니다.[22]

로마를 먹어치우는 독일인 울리히 폰 후텐은 이렇게 주도면밀하게 전단지 초안을 갈고 다듬었다! 이런 점에서 다른 사람들은 후텐을 모범으로 삼아도 좋을 것이다.

한 달에 네 개의 짧은 시행을 쓰고 사소한 단어 하나 사용하는 것 때문에 서로를 헐뜯는 로마에 있는 우리 연설의 대가와 시인들은 기필코 다음과 같은 일을 해야 합니다. 이제는 의견을 통일하고, 우리의 믿음을 변호하기 위해 합심 단결해 글을 써야 합니다! 이들은 비평 능력을 사용해서 정말로 훌륭한 것을 이룰 것입니다. 그러면 이들은 진정한 신학자들을 이기기라도 한 듯 과장된 선전으로 민중을 현혹시키는 사람들의 말문을 막을 수 있을 것입니다.[23]

알레안드로는 동료 인문주의자들을 이렇게 신랄하게 비난하는 것이 옳다고 믿었다. 그는 심지어 자신이 이들의 훌륭한 모범이라 생각했는데, 스콜라 학자와 루터파에 대한 연구를 통해서만 그랬던 것이 아니었다. 1521년 2월 13일, 그는 황제와 선제후들(선제후 현자 프리드리히는 몸이 불편하다는 핑계로 불참했다), 다른 제후들과 여러 도시의 대표들, 즉 제국의 모든 엘리트들 앞에서 세 시간에 걸쳐 루터와 그의 교리를 퇴치하기 위한 자신의 계획을 다시 한 번 일목요연하게 요약한 것이다. 그는 최고위층의 정치적 압박, 교양 있는 인물들의 섭외, 언변이 뛰어난 지식인 획득, 위협 조치와 교회 밖에서의 복음 전도 등을 총동원해 루터에 맞서자고 했다. 따라서 이 계획은 가톨릭 개혁의 가장 중요한 요소들을 미리 앞당겼다. 그러나 알레안드로에게는 아주 유감스럽게도, 가톨릭 개혁은 1530년 중반부터야 발전하기 시작했고, 1545년부터 시작된 트리엔트 공의회에서 점차 확고한 형태를 갖추게 되었다.

알레안드로는 루터의 교리가 확실한 직위를 가진 모든 세력들, 즉 교회의 체계뿐만 아니라 세속정부에게도 위험하다고 주장했고,

고귀한 계층의 청중이 이에 귀를 기울였다. 보름스에서는 매일 새로운 끔찍한 소식들이 퍼졌다. 진을 쳤던 제국 기사 프란츠 폰 지킹겐 Reichsritter Franz von Sickingen*은 함께 모여 있는 제국의 권력가들을 기습하겠다고 위협했고, 그의 편인 울리히 폰 후텐도 음모를 계획했다는 소식이 들렸다. 이에 더해 루터에 대한 찬반 논쟁에서 즐겨 사용되던 상상의 인물에 대한 두려움이 일었다. 만일 카르스트한스Karsthans**가 힘을 쓴다면 제후들의 영지 중에 남아나는 게 없을 것이라는 소문이 퍼진 것이다. 사실 카르스트한스는 문학에 등장하는 교활하고 반항적인 농부일 뿐이다.

폭도인 루터에 대항하려는 단호한 행동 때문에도, 또한 루터 사건에 대한 변호를 위해서도 전반적인 민중봉기가 일어날지 모른다는 두려움이 팽배했다. 작센 선제후의 고문관들도 같은 말을 했다. 단순한 민중의 우상인 루터에 대항하는 조처를 통해 이들을 선동해서는 안 된다. 만일 그렇게 한다면 살육이 일어날 것이다!

저는 루터의 교리에서 기인한 위태로움을 밝혔고, 여기에서 유래했을 것이 분명한 독일 민족에 대한 모욕과 치욕을 강조했습니다. 또한 저는 제국이 동일한 조처를 통해서만 유지, 보존될 수 있다는 점을 상기시켰습니다. 카를 대제와 오토 왕조가 교황권에 호의를 표

---

* 프란츠 폰 지킹겐(1481~1523): 독일 라인과 슈바벤 지역 기사들의 우두머리. 루터의 사상에 공명하여 신교도가 된 후 신성로마제국에서 추방되었다.

** 1521년 익명으로 발표되어 큰 영향을 끼친 친 종교개혁적 팸플릿의 제목이다. 카르스트한스는 자부심 강한 가상의 농부의 이름으로, 초기 종교개혁 시기부터 1524~1525년의 농민전쟁까지 여러 정치적 내지 문학적 글에 등장했다.

했기 때문에, 이로부터 선제후 제도와 함께 독일이 황제 직위를 받을 수 있었다는 사실을 기억해야 한다고 했습니다.[24]

보름스에 모인 제후들은 바로 이런 속이 뻔히 들여다보이는 논제들은 들으려 하지 않았다. 알레안드로는 호의를 베풀려다가 피해를 입은 셈이 되었다. 여러 나라 언어에 통달했지만 독일어는 절대 배우지 않았던 이 통찰력 있는 외교관은 아마 이런 위기의 순간에 저 야만스러운 독일에 대한 경멸에 휩싸여, 감히 이탈리아 사람들을 종교적·도덕적으로 가르치겠다고 말하는 이 세상물정 모르는 사람들에 대한 분노를 억제하기 힘들었을 것이다. 결국 그는 그의 청중인 제후들을 심하게 몰아세웠다.

저는 이 모든 것을 하느님의 도우심으로 용감하게, 마치 학교에 다녀야 할 스무 명의 소년들에게 수업을 해주듯 처리했습니다. 비록 루터 식으로 생각하면서 이전부터 저를 위협한 많은 제후들이 화난 얼굴로 저를 노려보고 있는 것을 알고 있었지만 말입니다.[25]

이렇게 바티칸의 도서관장은 자기 자신과 자신에게 임무를 부여한 사람을 도와줄 새로운 동지를 만들지 못했고, 자신의 발언을 향한 강력한 항의에 대해서도 이해하지 못했다. 알레안드로는 자기 연설이 훌륭한 마음을 품고 있는 사람들 사이에서, 특히 카를 5세에게서 전폭적인 찬성을 얻었다고 자체 평가했다. 그러나 황제가 루터 사건에서는 로마의 입장에 동의했다고 하더라도, 가장 중요한 작전상의 문제에서 알레안드로는 황제의 태도를 바꿀 수 없었다.

보름스로 향하는 루터: 사실들

1521년 3월, 루터의 보름스 소환은 확정되어 있었다. 이로써 현자 프리드리히는 모든 면에서 완벽한 승리를 거두었다. 루터의 영주는 독일인은 독일인에 의해 평가되어야 한다는 입장을 고수했기 때문이다. 그는 마치 로마에서 아무 일도 벌어지지 않았던 양, 균형 잡히고 공정하게 비텐베르크의 교수의 교리에 대해 판단할 독일 전문가로 구성된 '중재위원회'를 계속 요구했었다.

이 중재위원회가 교황에게는 다른 것과는 비교할 수 없는 도전을 의미한다는 사실을 현명한 전술가인 프리드리히 선제후는 잘 알고 있었다. 그는 이런 식으로 1520년 6월 15일과 1521년 1월 3일에 포고된 두 칙서를 무시했다. 이제까지 루터의 글들이 취소되는 것도 납득하지 못했는데, 하물며 불태워져야 한다는 것 또한 납득할 수 없다고 했다. 교황 레오 10세의 심한 비난에는 신경도 쓰지 않은 채, 자신을 교회의 순종적인 아들로 보여줌으로써 작센의 선제후는 알레안드로를 머리끝까지 화나게 만들었고 자신과 같은 제국의 제후들 사이에서 성공을 거두었다.

1521년 2월 19일, 제후들은 루터 사건을 결정하기 전에 카를 5세와 여러 신분대표들 앞에서 루터가 자신의 의견을 피력해야 한다는 선제후의 요청을 받아들였다. 이 요청의 이면에는 적대적이며, 돈으로 매수 가능하며, 부패하고 무능하다는 소문이 자자한 교황청에 대한 깊은 불신이 깔려 있었다. 또한 자신의 영토 안에서의 교회 업무를 자신의 책임으로 해결하고자 하는 선제후의 의도가 숨어 있었다. 교회의 통치권을 회수하려는 노력은 한 세대 이전부터 있었고,

루터의 등장으로 드디어 목적을 이룬 것처럼 보였다.

카를 5세가 로마로부터 이단으로 판결받은 자를 호출하기로 결정함으로써, 알레안드로는 패배하고 말았다. 그러나 그는 모든 것을 다 잃었다고 생각하지 않았다. 왜냐하면 어떤 조건 아래 그리고 무슨 목적을 위해 루터가 보름스에 나타날지 아직 확실하지 않았기 때문이다. 루터가 등장하여 단시간의 심문을 받고, 일부 주장에 대해서 입장을 철회하는 것으로 마무리될 경우, 혹은 그렇게 되지 않을 경우에도 협상은 루터에게는 득보다는 실이 될 것이라는 필사적인 희망을 알레안드로는 가졌다. 하지만 이와는 반대로 작센파들이 의심스러운 중재재판소 앞에서 루터의 논제를 철저하게 논의하라며 압박할 경우, 이 독일의 혁명가가 더 많은 영혼을 부패시킬 것은 거의 확실했다.

루터 자신은 보름스에서 이루어지고 있는 협상에 대해 비텐베르크에서 계속해서 상세한 정보를 제공받고 있었다. 보름스에 머물고 있는 선제후 및 그의 궁신과의 협력은 늘 그렇듯 슈팔라틴과 그레고르 폰 브뤼크^{Gregor vo Brück} 수상과 같은 신뢰할 만한 중재자를 거쳐 용의주도하게 진행되었다. 그렇게 해서 프리드리히 선제후는 늘 그랬듯이 교황에게 아무 죄도 짓지 않은 채 자신의 일을 처리할 수 있었다.

루터에게 보름스로의 소환은 승리를 의미했다. 유죄판결을 받을 경우에도 치외법권의 보호가 보장된 상태였기 때문이다. 게다가 그는 유죄판결 받은 이단자가 아니라 제국의 공적인 소송절차에 따라, 1521년 3월 29일 비텐베르크에 도착한 제국의 전령에 의해 아주 정중하게 제국의회에 소환되었다.

그러나 루터는 제국의 수장인 황제의 입장에 대해서는 환상을 품어서는 안 되었다. 온갖 말재주를 동원해도—설령 자신의 입장을 상세히 설명할 허락을 받을 경우에도—카를 5세를 자기편으로 만들 수는 없었을 것이다. 그럼에도 불구하고 루터는 가톨릭파를 거세게 비난하면서도 황제의 자리에 앉아 있는 그 '젊은이'는 이 비난에서 제외했고, 본래 호의적인 제국의 수장이 나쁜 조언자들에 의해 현혹되었을 것이라는 가설에 의지했다. 보름스를 향한 여행과 루터가 그곳에서 나타남으로써 기대할 수 있는 선전효과가 훨씬 더 중요했다. 여행과 등장, 이 두 가지는 아주 신중하게 계획되었다. 그 사이 유명한 신학자이자 시사평론가가 된 루터는 이런 연출 속에서 평범한 아우구스티누스 은둔자로서 등장했고, 결백한 희생자의 역할을, 거의 예루살렘으로 입성할 때의 그리스도와 같은 역할을 했다. 이에 걸맞는 적당한 소도구로는 덜커덩거리는 낡은 마차였다. 교황 교회의 호사스러운 낭비와 대비되는 운송수단을 이용한 것이다. 루터와 함께 여행할 사람으로는 영향력 있는 법학자 니콜라우스 폰 암스도르프 Nikolaus von Amsdorff와 법학자이자 신학자로서 훗날 종교개혁가의 가장 친밀한 동지가 되는 유스투스 요나스Justus Jonas를 택했다. 작센에서 라인 강으로 여행하는 동안 믿음의 영웅이자 민족의 영웅인 루터를 위해 수많은 집회가 열렸고, 또한 몇몇 '반대 시위'도 열렸다. 이 모두는 루터가 통과하는 지역 영주의 교회 정책에 따른 것이었다.

　　루터에게 적대감을 드러내는 방식 중 하나는, 피렌체 종교개혁가이자 예언가인 지롤라모 사보나롤라Girolamo Savonarola*의 초상화를 흔드는 것이었다. 이런 행동을 통해 명확한 통지가 전달되었다. 83년 전 프라하의 얀 후스처럼 1498년에 사보나롤라가 장작더미 위에서

루터가 카를 5세의 자리에 앉아, 자신의 거짓 교리로 황제를 미혹시키고 있다. 작가 토마스 무르너는 이어지는 호소에서 제국의 수장에게 이런 어리석음에 빠지지 말라고 간청한다.

불태워진 것을 알리는 것이었다. 후스도 여행을 떠나고 돌아올 자유를 보장받았지만, 교황제도를 비난한 그 사람에게 이런 보장은 아무 도움도 되지 못했다. 루터도 이런 위험 속을 헤매고 있는 것일까? 루터 추종자들은 아주 성공적으로 이런 두려움을 부채질했고, 양심에 따라 두려움 없이 사자 굴로 들어가는 이 영웅에 대한 숭배를 고조시켰다. 몇 년 뒤, 종교개혁 급진파 출신으로서 루터의 가장 집요한 적이 되는 토마스 뮌처^{Thomas Münzer}**는 루터의 보름스 등장을 아무 위험도 없는 순전한 구경거리로 조롱하려 했다. 아마 진실은 그 중간일 것이다. 보름스 안과 그 주변의 분위기는 너무 가열되어서, 루터에 맞선 강력한 행동이 혹 제국기사들의 습격과 심지어 '평민'의 봉기를 유발시키지 않을까 가톨릭 측은 두려워했다. 다른 한편으로 교황 측의 개입으로 제국의회에서의 협상들이 비텐베르크의 교수에게 불리하게 전개될 수도 있었다. 여행 그리고 곧 황제와 제국의회 앞에 서게 될 것에 대한 흥분으로 루터는 격렬한 복통을 일으켰고, 늘 그렇듯 이를 악마의 시험이라고 생각했다.

1521년 4월 16일 루터는 목적을 달성했다. 보름스 성당의 나팔수가 루터의 도착을 알렸고, 이는 로마로부터 유죄판결 확정을 받은 이단자에게는 이례적인 환영이었다. 그의 숙소는 곧바로 권력의 문

---

*   사보나롤라(1452~1498): 도미니크회 수도사로 메디치 가에 반대하여 민주정과 신재정(神裁政)을 혼합한 헌법으로 피렌체를 통치하려 했으나 교회 내부 개혁에 과격한 방법을 취함으로써 크게 반감을 샀다.
** 토마스 뮌처(1489?~1525): 종교개혁 시기 독일의 급진적인 사회개혁운동 지도자로, 영주제와 타협해 기존질서의 존중을 역설하는 루터와 정면으로 대립했다. 1524~1525년 독일 농민봉기에 참여했으나 결국 패해 참수되었다.

제가 되었다. 황제 측은 루터를 자신들 근처에 숙박시켜 통제하려
했다. 그러나 이 점에서도 작센 측의 의견이 관철되었다.

보름스에서의 루터: 알레안드로의 관점

비텐베르크에서 보름스로 가는 루터의 여정을 교황대사는 큰 관심
을 갖고 추적했다. "루터에 대한 새로운 소식이 있습니다"라고 알레
안드로는 로마에 보고했다.

> 루터가 오는 중이며, 이틀 뒤 이곳에 도착할 것입니다. 그는 여행에
> 엄청난 사치를 부리고 있습니다. 귀족들과 여섯 명의 박사를 대동
> 하고 옵니다. 앞서는 에르푸르트에서 7학예의 대표자들과 법학자들
> 에게 아주 예의를 갖춘 환영을 받았고, 그곳에서 설교를 했습니다.
> 하지만 여기에 대해서 자세한 것은 말씀드리고 싶지 않습니다. 왜
> 냐하면 말들이 너무 많고 소문이 무성하기 때문입니다. 그러나 그
> 를 데려온 파렴치한 의전관이 미친개처럼 행동했다는 것은 장담할
> 수 있습니다. 루터는 우리에게는 음흉한 적이며, 보고된 바에 따르
> 면, 이곳으로 오는 도중 진정한 승리를 누렸습니다. 그에게 이런 임
> 무가 주어졌다는 것을 우리가 알았더라면, 온 힘을 다해 그것을 방
> 해했을 것입니다. 왜냐하면 우리는 그를 잘 알고 있기 때문입니다.
> 그러나 황제의 사람들은 우리에게 참석자에 대해서도 일정표에 대
> 해서도 결코 아무 말도 해주지 않았습니다. 왜 그랬는지는 저도 모
> 릅니다.[26]

그렇게 중요한 문제에서 제대로 정보를 전달받지 못했다고 고백할 수밖에 없다는 사실, 이는 외교관의 무능을 드러내는 것이나 마찬가지였다. 하지만 사실 알레안드로는 다른 내용을 전달하고 있었다. 황제는 신뢰할 수 있지만 그의 주변사람들은 신뢰할 수 없다는 것이다. 결국 이 불쾌한 독일인들이 일치단결했고 황제의 최고 고위 관리들까지도 이단자와 한패가 되었다. 이것은 보름스에 있는 교황대사에게는 이전보다 훨씬 더 충격적인 경험이었다. 벽을 보고 이야기하는 것 같은 기분이었을 것이다. 사람들이 그에게 좋은 말을 해주기는 했지만 결국 그의 계획은 좌절되고 그의 조처들은 약화되었다. 처음부터 모든 것이 그의 뜻대로 되지는 않았지만 그의 잘못은 아니었다. 이제 최악의 사태를 저지하는 것이 중요했다. 왜냐하면 루터주의는 신속히 근절될 수 없는 데다가, 오히려 독일 제후들은 교황을 압박할 수단으로써 루터를 비호하기 때문이었다. 이제 비로소 "작센의 용", 즉 선제후 현자 프리드리히와 "루터의 뱀들"[27]을 고립시키는 것이 중요한 문제가 되었다. 그렇게 된다면 나머지들은 하느님의 도움으로 어느 정도 지나면 저절로 해결될 지도 몰랐다.

이런 목적을 위해서는 살아 있는 전염병이나 마찬가지인 루터를 보름스에서 외부세계와 차단해야 한다.

우리는 우리 의견을 들어주려는 황제의 고해신부에게 말했습니다. 황제가 가능하면 루터를 남의 눈에 띄지 않게 보름스에 들어오게 하고 이후에는 황제의 궁전에 루터의 자리를 마련해줘야 한다, 그곳에서 그 어떤 의심스러운 자도 그와 접촉할 수 없도록 해야 하며 루터는 입장을 취소할지 아닐지에 대해서만 질문받아야 한다고 말

입니다. 이것에 모든 것이 달려 있습니다. 그렇잖으면 우리는 엎친 데 덮친 격이 되고 말 것입니다.[28]

회의적인 알레안드로의 계속된 간언은 곧 동의를 얻었다. 하지 만 신뢰할 수 없는 황제의 사람들은 그를 따르지 않을 것이다. 이미 4월 16일자 편지에서 보듯 결과는 그가 짐작한 대로였다.

제 마지막 편지를 끝내자마자, 여러 명의 전령한테서 듣고, 또 민중이 이리저리 뛰어다니는 것을 보고 저도 벌써 대 이단자가 도착했다는 것을 알았습니다. 제 하인 중의 한 명을 그곳으로 보냈는데, 그가 보고하기를, 백여 명의 말을 탄 사람들이 그 이단자를 시의 성문 앞까지 배웅했는데, 지킹겐의 사람들인 것 같았다고 합니다. 그런 뒤 그자는 마차를 타고 도시로 들어왔고, 세 대의 다른 마차들과 여덟 명의 기수들이 뒤를 따랐으며, 그자는 자신의 주군인 작센 영주의 거처 앞에서 내렸습니다. 그가 내리자마자 어떤 사제가 그를 포옹했는데, 이 사제는 이단자의 옷을 세 번 건드리고는 최고 성자의 성유물을 만진 것 같다고 자랑했습니다. 그러니 이제 곧 그의 기적에 대해 이야기될 것이라 예언해도 될 법합니다. 루터는 마차에서 내리자 여기저기 둘러보면서 악마와 같은 눈으로 이렇게 말했답니다. 하느님께서 나를 위해 계실 것이다![29]

이로써 황제의 사람들은 스스로를 난처하게 만들었다! 그들은 그저 멍청하고 비겁했던 것일까 아니면 음험했던 것일까? 알레안드로가 볼 때는 결정적인 순간에 모든 것이 계획과 어긋난 게 분명했다. 그것은 더 이상 우연이라 할 수 없었다. 그러나 대체 누가 몰래 잘못된 방향으로 실을 꿰었단 말인가? "작센의 용" 혼자서는 그렇게 할 수 없었다. 그는 제후들 중 다수를 자기편으로 삼은 게 틀림없었다. 그 제후들이 '망할 놈의 독일!'이라며 독일을 반대했음에도 말이다.

다음 날 고대했던 루터가 등장하게 된다. 이단자는 황제와 제국에게 자신의 태도를 변명해야 했다. 이 심문을 이끈 사람은 알레안드로의 절친한 친구인 트리어 주교구 재판소의 수석판사인 요한 폰 에크Johann von Eck였는데, 잉골슈타트 대학 교수인 요하네스 에크와는 친척관계도 결혼을 통한 인척관계도 없는 사람으로, 물어볼 것도 없이 로마에서 온 교황대사의 동지이자 게다가 옆방 친구이기도 했다. 요한 폰 에크는 우선 루터 앞에 쌓아올린 서적들이 그가 쓴 것인지부터 루터에게 물어보았다. 알레안드로는 보름스에서 문제 삼은 루터의 책을 처음에는 25권이라 언급했지만, 그가 나중에 쓴 글에서는 19권이라 했다. 이들 중에는 루터가 1520년에 쓴 주요 저서도 들어 있다. 루터는 이 책들이 자신이 쓴 것이라 인정했는데, 알레안드로는 이로써 루터가 처음부터 거짓말을 한다고 주장했다.

그는 거짓말을 했습니다. 왜냐하면 몇몇 글은 비록 마르틴 루터의 이름으로 돌아다니고 있지만 그가 쓴 것이 아님을 사람들이 알고 있기 때문입니다.[30]

루터에게 그의 글에서 주장한 내용을 철회할 생각이 있는지 묻는 폰 에크의 두 번째 질문은 모든 것을 결정짓는 질문이었다. 교황대사 알레안드로는 아니라는 대답을 예상하지 않았다. 거의 모든 청중처럼 그는 격정적인 방어 연설을 기대했다. 그러나 루터가 이 어려운 사건을 조용히 검토하기 위해 생각할 시간을 달라고 하자, 그는 매우 놀랐다. 대 이단자가 입장 철회를 진지하게 생각하고 있는 것인가? 그러나 수석판사는 이단자에게 다음과 같은 질책을 쏟아냈다. 그대는 보름스에서 중요한 문제가 무엇인지 알고 있었고, 그러니 대답을 준비할 시간이 충분하지 않았는가! 회합은 다음 날 오후 4시로 연기되었다. 폰 에크는 루터에게 몇 가지 적절한 경고를 주어 보냈다. 자신이 이단행위로 무슨 일을 저질렀는지 생각해볼 것이며, 이단행위를 철회함으로써 제국과 전체 기독교도에게 끼치는 손해를 멈춰라! 폰 에크는 이제 승리감을 느끼고 있는 알레안드로에게 말했다.

> 이 미친 자는 웃으며 입장했고, 황제 앞에서 계속 머리를 이리저리 움직였습니다. 좌우, 위아래로 말입니다. 그러나 나갈 때는 전혀 기뻐 보이지 않았습니다.[31]

이단자는 철저히 마력을 벗었다. 좀 더 가까이에서 보니 그는 우스꽝스러운 인물이었다. 또한 비텐베르크의 교수가 단지 강력한 배후인물의 꼭두각시에 불과하다는 로마 측의 의심이 더욱 커졌다. 특히 루터보다 어린 그의 아군 필리프 멜란히톤이 루터의 글의 원저자로 지목되었다. 교황 측에서 볼 때 멜란히톤은 루터가 일으킨 야비한 사건을 위해 싸우는, 아름다운 정신을 가진 인물이었다. 루터의 짧은 등장은 별 성과가 없었고, 이 때문에 그에게 큰 손해를 입혔다고 알레안드로는 생각했다.

루터를 본 이후, 그 사람에 호의적이었던 사람들 중 많은 이들은 그를 미쳤다고 생각하거나, 아니면 악마에 들려 있다고 생각했습니다. 또 다른 많은 사람들은 그를 성스럽고 성령으로 가득한 사람이라 여겼습니다. 그러나 어쨌든, 루터가 명성을 잃은 것은 의심의 여지가 없습니다.[32]

교황대사는 더욱더 긴장하면서 루터의 두 번째 등장을 기다렸다. 한 번 더 모욕을 당하면 루터는 자신의 몰락을 인정할까?

이 첫 번째 등장은 전체적으로 썩 나쁘지 않게 진행되었습니다. 이제 모든 것은, 내일 또다시 심문을 지연시킬 지도 모르는 추종자들의 선동에 그가 어떤 대응을 하느냐에 달려 있습니다. 그러니 이에 대비해 반드시 예비조치가 취해져야만 합니다.[33]

이에 대해서는 황제도 같은 생각이었다. 이제 무슨 일이 일어날 것인가? 승리를 확신하면서도 알레안드로는 결정의 전날 밤에 자신의 두려움을 숨기지 않았다.

하느님께서 주관하셔서, 우리가 늘 무의미하다며 맞섰던 이 적그리스도의 도착이 전 기독교도의 평화와 안녕에 유용하게 되기를![34]

모든 사람들이 아주 초조해하며 고대하던 두 번째 심문은 한 시간 반가량 지연된 뒤에 시작되었다. 황제와 제후들이 심문 이전에 좀 더 중요한 안건을 협의해야 했기 때문이었다. 심문이 재개되자 요한 폰 에크는 첫 심문 때처럼 시작이 또 지연된 것을 탓하고 난뒤, 가장 중요한 질문을 했다. 그대는 교회의 전통과 현 교황에 의해 유죄판결을 받았음에도 불구하고 그대의 입장을 고수하겠는가 아니면 취소하겠는가? 명확히 대답하라, 평계 대지 말고!

마르틴은 자신이 세 가지 종류의 책을 썼다고 대답했습니다. 첫 번째는 로마의 악용에 관한 것으로, 여기에 대해 악의에 차서 교황과 로마를 모욕했습니다. 결국 그의 끝없는 장광설이 끝난 뒤에 황제는 이 문제에 대해 입을 다물라고 명령했습니다. 두 번째는 자신의 적들의 공격에 맞서 쓴 것으로, 그 책에 강력하게 표명하기는 했지만, 그것은 적의 잘못이라고 했습니다. 세 번째는 복음의 교리에 관한 것으로, 그중 몇 가지는 자신의 적에 의해서도 또 교회에 의해서도 금지될 수 없다고 했습니다. 사람들이 논쟁 중 구약이나 신약에서 증거가 되는 말씀이 아니라 성경의 권위로만 자신을 반박한다면, 세 종류의 책에서 그는 단 한 단어도 철회할 수 없다고 했습니다. 그러나 만약 다른 이유에서 철회한다면(그는 그럴 생각이 없지만), 그는 양심과 하느님의 진리에 반하여 행동하게 될 것이라 했습니다. 대신에 그는 황제께 자신의 교리의 행로를 방해하지 말아달라고 간청하고 경고했습니다. 그렇지 않을 경우 황제께서는 저명한 독일 민족뿐만 아니라 그의 다른 제국*과 통치권에 해를 입게 될 것이라 했습니다. 루터는 자기는 어쨌든 기독교의 진리를 부정하지 않는다고 했습니다. 왜냐하면 만일 그럴 경우 하느님 앞에서 그리

스도가 자신을 부정할 것이기 때문이랍니다.[35]

여기에 대해 요한 폰 에크는 루터에게 대답하기를, 루터의 모든 이교는 100년 전부터 반박되었고 유죄를 받았으며 따라서 새로운 교리가 나타날 경우는 전문위원회의 설치가 고려되지만, 이 경우는 불필요하다고 했다. 요한 폰 에크는 맨 마지막으로 루터에게 민족의 명예에 관해 질문했다. 그대는 콘스탄츠 공의회에 대해 어떻게 생각하는가, 그대는 독일 땅에서 열린 이 성스러운 회합이 내린 결정을 정말로 반대하고, 그로써 이 모임의 명예를 부인할 생각인가? 그러나 이런 말로도 요한 폰 에크는 이단자의 마음을 흔들어놓을 수 없었다. 공의회는 성경의 바탕 위에 있을 때만 권능을 갖는데, 늘 그런 상황은 아니라고 루터는 대답했다. 공의회가 틀렸고 앞으로도 틀릴 것이라는 논제에 대해 요한 폰 에크가 반박할 때, 황제는 이 파렴치한 행동들을 참을 수 없어 회의를 돌연 중단시켰다고 알레안드로는 보고한다. 그럼에도 불구하고 황제에게 질책을 받은 루터 이자는 자신이 승자라고 느꼈다.

그렇게 루터는 자리를 떠나야 했고, 많은 사람들, 특히 작센 대공 수하의 귀족들이 그와 동행했습니다. 그리고 루터는 황제의 방에서 나오자, 독일 용병들이 무술경기에서 제대로 일격을 가했을 때 환호하는 방식으로 손을 높이 쳐들었습니다.[36]

---

* 카를 5세는 당시 유럽을 넘어 아메리카 대륙과 필리핀 제도까지 포함한 광대한 영토를 다스렸다.

알레안드로는 이 회의를 루터와는 다른 시각으로 보았다. 그가 4월 19일 상세한 보고에서 밝혔듯이, 황제는 이전보다 더 확고하게 가톨릭과 교황에게 충실했다. 게다가 황제는 독일 광신도들의 기를 꺾었다. 자신들의 영웅이 보름스에 등장한 이후, 광신도들은 이제 더 이상 이 사람이 로마 폭정의 제물이 될 것이라는 뻔뻔스런 주장을 펼 수 없었다. 교황대사는 4월 19일자 편지 마지막에 다음과 같이 썼다. 끝이 좋으면, 거의 모든 것이 좋다. 곧 사람들은 자신들이 이겨낸 모욕을 유쾌하게 기억하게 될 것이다!

4월 24일, 제후와 성직자들 앞에서 또다시 열린 루터 심문은 이런 자기만족에 기여했다. 교황대사의 말에 따르면, 이때 비텐베르크의 교수는 경망한 행동으로 그의 마지막 명성을 잃어버렸다. 마인츠 대주교 알브레히트와의 사전 토의에 루터는 두 명의 박사를 대동했고, 이로써 알레안드로가 오랫동안 마음에 품었던 의심이 옳았음이 증명됐다. "마치 이들의 후견을 받고 있듯, 그는 이들 없이는 어디에도 가려 하지 않았고 말도 하지 않으려 한다."[37]

그와 논쟁했던 사람들 중 많은 이는 그가 문법학자도 변증가도 신학자도 아니며, 완전히 광인임을 알아차렸습니다. 그리고 사람들은 그가 그의 글 대부분을 직접 쓰지 않았다고 생각합니다. 그 스스로도 자신의 글 중 가장 나쁜 것들은 친구들이 썼다고 몰래 고백했습니다. 그러나 자신이 이런 식으로 다른 사람들과 결탁했다는 비밀을 알고 있는 이들에게 신의를 지켜야 한다고 했습니다.[38]

이렇게 소문이 만들어졌고, 소문에서 확신이, 확신에서 확고부동한 신념이 만들어졌다. 루터가 세력가들의 공모자이며 허수아비임을 몰래 고백했다! 마지막 심문을 주관한 바덴의 궁내관 히에로뉘무스 베후스Hieronymus Vehus는 심문이 끝날 무렵, 루터가 궁지에 몰려거의 입장 철회 직전까지 갔다고 확신했다. 그러나 알레안드로는 이완고한 이단자가 철회를 하는 대신 최후의 속임수 카드를 꺼냈다고말했다.

> 수석판사가 변증법적 방식으로 논증했을 때, 루터가 그에게 답변하기를, 자신은 수석판사가 논리를 사용하는 것을 원치 않는다고 했습니다. 이는 정말로 완전히 미친 짓으로, 말할 가치도 없습니다. 그리고 그런 수치스러운 어리석음으로 이 괴물은 어리석은 자들을 자기편으로 만들고 있습니다.[39]

논리와 변증법적 방식을 거부하고 교부, 공의회 및 교황의 가르침을 비난했던 자는 자신을 공격할 수 없게 만들려고 철통방어를했다.

> 그를 설득할 가능성은 없습니다. 그렇습니다. 이성적으로 그와 논쟁할 희망조차도 없습니다. 그는 모든 판사를 거부하고, 어떤 공의회도 혹은 그 어떤 다른 권위도 인정하지 않으며, 그가 철저히 자기뜻대로 해석하는 구약의 말씀만 인정하겠다고 대놓고 말하기 때문입니다. 그리고 그 말씀을 달리 해석하는 사람을 그는 조롱하면서, 증명된 것이 아니라고 주장합니다.[40]

이로써 미개한 독일 수도사가 어떻게 1500년 동안 축적된 지혜 위에 자신을 둘 수 있는지, 알레안드로는 심리적으로도 정치적으로도 이해했다. 권력가들의 공범자로 이용되는 바보들을 찾는 것은 쉽다! 바보도 자신의 어리석음에 이유를 댈 의무가 있다. 알레안드로에 따르면, 지롤라모 사바나롤라가 25년 전에 피렌체에서 주장했던 것처럼, 실제로 루터는 자신을 예언자라고 생각하는 게 분명했다. 그러나 이런 중요한 문제에서 이단자는 모호한 태도를 보였다. 그는 어떤 교서를 받았다고 주장하기도 했고, 다른 때는 이 주장을 취소하기도 했다. 트리어 대주교와의 대담에서는 자신의 글과는 모순되고, 오히려 다른 저자의 논제 증명에 사용될 법한 교리들을 말했다. 결국 교황대사가 보는 신학적 전망은 암담했다. 비텐베르크에서 행패를 부리는 이단자 공동체는 성찬식을 그저 단순한 표식일 뿐이라며 그리스도의 실제현존을 부인하고 있는 것이다. 따라서 가까운 미래에 더 심한 이단들이 닥쳐올 수도 있었다.

루터의 성체 이해에 대한 알레안드로의 잘못된 진술과 관련해 어쩔 수 없이 또 다른 질문이 생긴다. 그가 정말로 루터의 글을 읽었는가 하는 점이다. 그리고 비텐베르크의 교수가 다음번에는 하느님과 그리스도의 동등함을 부정할 것이며, 하느님의 아들은 처음부터 존재하지 않았다고 주장하게 될 것이라는 예측으로까지 나아간다. 게다가 루터가 실제로 새로운 아리우스가 될 것이라는 그의 논제는 그리스도중심주의를 주장하는 루터 신학의 논제와 완전히 어긋났다. 적대감이 눈을 멀게 한 것이다.

루터의 보름스 등장: 루터의 관점

알레안드로가 볼 때, 지금까지 제국의회의 결과는 완전히 성공적이었다. 이제 이단자에 대해 제국 추방이 선고되기만 하면 루터 사건은 끝이 난다. 물론 루터 사건의 마지막 처리는 앞서 언급한 이유 때문에 몇 년 지연되기는 할 것이다. 루터 몰락의 첫 번째 징후들은 루터 자신도 간과할 수 없었다. 지식인뿐만 아니라 평범한 사람들도 그들의 이전 우상에게서 등을 돌렸다. 그 우상은 보름스에서 본래의 추한 얼굴을 드러냈다. 전 기독교도의 이런 압도적인 승리는 누구 덕인가? 이런 질문이 교황대사의 편지 행간에 제시되었고 동시에 대답도 되어 있다. 모든 명예는 마땅히 알레안드로, 루터의 정복자에게 돌아간다!

당연히 루터 측은 결과를 달리 보았고, 이로써 주저하지 않고 사건에 대한 자신들의 관점을 대중에게 알렸다. 이미 1521년 5월, 관심이 있는 대중은 〈보름스 제국의회에서 마르틴 루터 박사와 담판 Verhandlung mit D. Martin Luther auf dem Rechstage zu Worms〉이라는 인쇄물에서 루터의 견해를, 즉 라틴어로 된 원본과 요하네스 폰 슈팔라틴이 독일어로 번역한 것을 읽을 수 있었다. 알레안드로는 이를 이미 예측했고, 역습을 준비했다. 얼마 뒤에는 그의 보름스에서의 공식기록도 책 시장에 나타났는데 한 가지 흠이 있었다. 라틴어로만 출판이 되어 폭넓은 대중이 읽기에는 적합하지 않았던 것이다. 알레안드로의 보고는 중요 부분에서 그가 로마로 보낸 편지와 상응하지만, 연설의 윤색과 장중한 미사여구를 통해 극적으로 묘사되었다.

루터 측 견해도 다를 바 없었다. 분명 루터 자신이 작성했거나,

어쨌든 루터가 동의했을 그 견해는 곧 사건에 관한 권위 있는 해석으로 입증되었고, 점점 더 확대되어 오늘날까지도 생생하게 남아 있는 신화가 되었다. 첫 번째 심문의 날에 대한 묘사에서 보면, 사실 그 자체와 관련해서는 양측의 설명이 거의 일치한다. 물론 루터는 심문을 연기해달라고 요청했던 이유에 대해 알레안드로의 글보다 훨씬 더 설득력 있게 설명한다.

> 믿음과 제 영혼의 구원이 문제가 되고, 또 우리 모두가 응당히 공경해야 마땅한 하늘과 땅에서 가장 위대한 하느님의 말씀에 관련된 것이기 때문에, 제가 경솔하게 대답할 경우 그것은 주제넘고 위험한 일이 될 것입니다. (……) 이런 이유에서 폐하께 공손히 청할 뿐 아니라 탄원하오니, 하느님의 말씀을 모욕하지 않고 또 제 영혼을 구제하는 데 위험에 처하지 않고 심문에 임할 수 있도록 생각할 시간을 주시옵소서.[41]

따라서 유죄판결을 받은 이단자를 심문하면서, 그곳에 있던 모든 사람들은 직접적으로 양심의 시험에 들게 되었다. 루터의 영혼 구제뿐만 아니라 모든 사람들의 영혼 구제가 위험에 처하게 된 것이다. 루터가 최종 답변에 앞서 자신의 양심을 철저하게 시험해야 했던 것처럼, 그의 청중과 판사들도 자신의 행동을 성찰했다. 이로써 답변 연기 신청은 완전히 새로운 의미를 얻었고, 도덕적으로 아주 중요하게 되었다. 동시에 소환된 자는 답변을 이전에 생각해두었어야 한다는 수석판사의 비난은 공허해졌다. 루터는 생각할 시간이 필요하다며 심리를 지연시켜달라고 했다. 사실 생각할 시간이 필요한 것은 루터가 아니라, 루터를 판단해야 했지만 경망한 행동으로 자기영혼을 구제하지 못할 위험에 처한 판사들이었다. 그런데 이를 넘어서 사람들은 다음과 같은 인상을 받을 수도 있다. 혹시 루터가 주요 사건을 연기시킴으로써 이 사건의 연출가가 되려고 했던 것은 아닐까?

두 번째 날에 대한 설명에서도 심문당하는 루터가 한 묘사는 분위기와 동기에 대한 설명에서는 로마의 견해와 동일하지만, 협의 주제에 관한 설명에서는 로마의 견해와 근본적으로 다르다. 그것은 이미 1521년 4월 13일에 행한 루터의 위대한 연설에 관한 글에서 드러난다.

마르틴 박사는 라틴어와 독일어로 대답했습니다. 정확히 말하면 겸허하고 나직하며 겸손하게 그러나 기독교도의 용기와 확신을 갖고 대답했습니다. 적들은 아마 자신의 말과 태도에서 다른 것을 바랐을 것이라고, 즉 의기소침하고 겁먹기를 기대했을 것이라고 말입니다.[42]

카를 5세에게 방향을 돌려, 루터는 자신의 경건한 바람에 귀 기울여주고, 동시에 많은 것을 눈감아달라고 간청했다.

이곳에서 제가 무지한 탓에 어떤 분의 작위 호칭을 불러드리지 않거나, 그 외에 어떤 식으로든 궁정의 관례와 관습을 위반한다면 너그럽게 용서해주시기 바랍니다. 저는 우아함에는 익숙하지 않고, 수도사의 고요하고 구석진 곳에 익숙합니다. 제가 입증할 수 있는 것이라고는 오직 하느님의 영광과 기독교도의 공명정대한 가르침에 헌신하기 위해 이제까지 정신의 소박함 속에서 가르치고 글을 쓴 것뿐입니다.[43]

알레안드로가 2월 13일의 장황한 연설에서 했던 것과는 반대로, 루터는 청중을 정확히 염두에 두고 있었다. "저는 독일인이며, 따라서 정교한 위장 따위는 저와 거리가 멉니다"라는 연설의 시작 부분은 어느 정도 독일 제후들이 그에게 호감을 가지게 했다. 사실 그가 세속 권력가들과의 교제에서 세상물정에 어두운 순진함을 가졌다고 말할 수는 없었다. 비텐베르크의 교수에게는 선제후의 조언자들이 있었고, 그는 추기경인 교황대사에게 연설과 답변을 했으며, 자신감 넘치는 글을 교황에게 보냈다. 하지만 매체 및 대중과의 관계에서 대가다운 전략을 갖고 있다는 사실은 철저히 감췄다.

입장 철회를 할 준비가 되어 있는가라는 질문에 루터는 글로써 답변했는데, 자신의 글들을 등급별로 분류한 것은 위와 같은 노련함을 증명한다.

폐하와 고귀하신 분들께서 제 책들이 모두 동일한 종류가 아니라는 것을 알아주시기를 감히 바라옵니다. 이 책 중 몇 가지에서 저는 사실 신앙심과 율법에 대한 진정한 규율들을 명확하고 복음적으로 다루었습니다. 그래서 그 규율들이 쓸모 있고 무해하며, 기독교적 가르침에 아주 유익하다고 반대편조차 어쩔 수 없이 시인했습니다. 기괴한 판결을 하면서 제 책들을 혹평하기는 했지만, 악의적이고 잔인한 교황 칙서조차 그중 몇 권은 해가 없다는 사실을 분명히 밝히고 있습니다. 전하께 간청하오니, 만일 제가 이 글들을 철회한다면, 저는 무엇을 할 수 있겠습니까?[44]

이로써 회의 전체의 목적이 완전히 전환되었다. 단순하며 명쾌한 진리의 포고자인 루터가 해명을 해야 하는 것이 아니라, 전 그리스도의 신념에 맞서 사리사욕과 교활함으로 무장한 채 이 진리와 맞서 싸우는 교황이 해명을 해야 했다! 자신의 신학적 글들이 모든 신학자들에 의해 순수한 하느님의 말씀으로 받아들여졌다는 뻔뻔한 가설을 내세우면서, 루터는 자신의 사건과 재판의 신학적 문제를 비켜갔다. 이는 그의 청중으로서는 황당하거나 화가 나는 일이었다. 이 교리에 대해 루터는 논쟁할 게 없었다. 왜냐하면 이는 이미 오래전에 복음의 진리로서 확고한 위치를 차지했기 때문이었다. 따라서 루터가 볼 때 피고인석은 뻔히 들여다보이는 권력욕 때문에 진리에 대항하는 소수의 사람들이 서야 할 자리였다.

악인들의 마지막 저항거점에 대한 분노의 고발이 뒤를 이었다. 루터는 두 번째 책 유형에서는 사악한 교조 및 방종한 삶을 통해 전 기독교도들의 정신과 육체를 파괴시킨 교황제도와 그의 추종자를 심하게 욕했다고 시인했다.

그것 역시 누구도 부정하거나 숨길 수가 없습니다. 왜냐하면 모두가 경험하고 불평하면서 알 수 있듯이, 교황의 법률과 교리를 통해 신자들의 양심이 가장 비참한 상태로까지 상처받고 학대받고 고문당했으며, 고귀한 독일 민족의 재산과 재보가 믿을 수 없는 폭정을 통해 착취당했기 때문입니다. 정확히 말하면 오늘날까지 그리고 가

장 추악한 방식으로 착취당하고 있습니다.[45]

　이렇게 공공연하게 드러난 사태를 부정하는 사람은 교황 전제 정치의 하수인이라고 루터는 주장했다. 이런 결론과 함께 이미 로마로부터 유죄판결 받은 이단자를 판단해야 할 상급 법원이 교황의 부당한 통치권에 대한 증인으로 소환되었다. 황제와 제후들은 잘못된 진술을 통해 자신이 피고인이 되지 않으려고 경계해야 했다. 부끄러움을 많이 탄다고 주장했던 수도사는 자신만이 절대적으로 진리를 독점하겠다는 아찔한 요구를 하며 제국의 명사들 앞에 등장했다. 이 절대적인 진리독점권은 그의 상대방을 완벽히 부당하게 만드는 것이기도 했다. 적들도 루터의 의견이 옳다는 것을 알고 있었다. 따라서 그 옳은 의견에 동조하지 않는 자신들에게 의도치 않게 유죄판결을 내린 셈이 되었다. 루터에 따르면, 더욱 나쁜 것은 교황이 악에 종사하고 있음을 모든 사람이 알고 있다는 사실이었다. 그러나 자신은 이런 끔찍한 진실을 말할 용기를 가진 유일한 사람이기 때문에 유죄판결을 받을 것이라고 주장했다.

　루터는 자신의 글의 세 번째 유형에 대해 해설하면서도 똑같은 요구를 했다. 자신은 이런 글에서 적들에 맞서 종교 문제 및 신학 전문분야의 가치에 대해 썼던 것보다 훨씬 더 날카롭게 비판한다, 하지만 그것은 전 기독교도들을 로마의 전제정치와 그들의 잘못된 교리로부터 지키기 위함이라고 주장했다. 이런 변명은 교황에 대한 사죄가 아니라 새로운 공격이며, 동시에 자기예찬이었다. 공공연한 진리를 악의적으로 해석하는 사람들에게는 맞설 수가 없다며, 루터는 이런 사람들보다 현명한 사람들이 제시한 성경상의 증거를 통해 배우겠다는 각오를 비쳤다. 하지만 앞서 자신의 교리는 어디에서나 복음적인 것으로 인정받았다고 주장했기 때문에, 더 배우겠다는 루터의 이런 고백은 완전히 허언이 되고 말았다. 게다가 자신이 성경의 권위에 복종한다는 주장을 다음과 같이 미화시켰다. 루터의 적들이 볼 때는 이는 루터의 과도한 자만심을 드러내는 것이었다.

> 저는 인간이지 하느님이 아닙니다. 그렇기 때문에 예수 그리스도께서 당신의 가르침을 지키기 위해 하셨던 방식으로만 저의 책을 옹호할 수 있습니다. 예수께서는 안나스* 앞에서 질문을 받으셨고, 어떤 하인에게 뺨을 맞았습니다. 그때 그분은 말씀하셨습니다. 내가 말을 잘못했으면 그 잘못한 것을 증명하라![46]

그리스도는 자신이 틀릴 수 없다는 것을 알았지만, 그럼에도 불구하고 잘못 생각하고 있는 인간들의 비판에 직면했다. 루터처럼 죄지은 인간은 그와 같은 항의와 더 많이 씨름해야 했다. 이 비교는 그런 의미였다. 그러나 교황 측에서 볼 때 이런 비교는 신성모독으로 들렸다. 루터는 자신의 교리를 하느님의 소식과 동일시했다. 그는 이로써 자신을 구원자와 비교한 것인가, 아니면 '그저' 예언자로서 등장한 것인가?

루터의 보름스 보고의 결론은 주목을 끌었다. 그리스도는 스스로 말씀하셨듯이 평화가 아니라 칼을 주러 오셨다. 예수의 가르침에

---

* 성경에서 안나스는 체포된 예수를 심문하고, 사도 베드로와 요한을 추궁하는 자리에 함께하기도 한 인물이다.

서 인간은 선과 악으로 서로 갈라질 수밖에 없다. 거짓 예언가들은
평화를 권했지만, 반대로 진짜 예언자들은 악에 대항하여 불가피한
전쟁을 불러일으켰다.

> 저는 파라오, 바빌론과 이스라엘의 왕들에 관한 서적의 여러 예를
> 들어서, 그들이 자신들의 통치권을 현명한 조언을 통해 충족시키고
> 강화시키려고 노력할 때, 최악의 경우 파멸했다는 것을 증명할 수
> 도 있습니다.[47]

희망에 차서 시작된 젊은 황제의 정부는 파멸에 이를 수도 있
다. 그것은 계시록의 어투였다. 마치 옛 이스라엘의 예언가가 자신
의 왕에게 말하듯 루터는 자신의 황제에게 장황하고 난해하게 이야
기를 했다. 아직은 반성할 시간이 있다. 만일 카를 5세가 루터의 가
르침을 따른다면, 훌륭한 황제로서 행복하게 왕국을 다스릴 수 있을
것이다.

입장을 철회할 것인지에 대한 질문에 답변하라는 요청에 따라
서, 루터는 자신이 그동안 말했던 대로 모든 내용을 마지막으로 요
약했다. 교황들과 공의회들이 자주 틀렸고 모순되었음이 확실하다
는 것이다. 루터는 자신은 오직 성경을 근거로 한 경우에만 패배당
할 것이며, 양심은 하느님의 말씀 안에 사로잡혀 있을 것이라 했다.
양심에 거역해서 행동하는 것은 슈팔라틴이 독일어로 번역한 것에
따르면, "힘들고, 유해하며, 위험하다."[48] 루터는 자신이 라틴어로 쓴
이 결정적인 부분을 직접 독일어로는 다음과 같이 옮겼다. "저는 달
리 어떻게 할 수가 없습니다. 저는 여기 서 있습니다. 하느님 저를 도

3장 루터, 야만인(1521~1523)

우소서, 아멘."⁴⁹ 모국어의 사용은 의미가 있었다. 루터는 독일인으로서 독일인에게 말을 했다. 이는 그의 라틴어 판 보름스 사건보고를 읽은 학식 있는 청중에게도 엄한 경고였다. 이때 그가 어떤 노련함으로 청중의 적개심과 기대에 호소했는지, 독일에 대한 지식이 없었던 알레안드로는 눈치채지 못했다.

1521년 4월 24일 히에로뉘무스 베후스가 주관한 심문에 대해 루터는 눈에 띄게 짧게 서술했다. 기독교인의 자유에 대한 자신의 글을 대중이 순종의 거부 및 반역의 증거로 사용한다는 질책을 받자, 루터는 이런 떠도는 소문과 반대되는 자신의 글 내용을 참고해 보라고 주장했다. 그는 기독교의 자유에 대한 자신의 글에서 기독교인은 설령 정부가 나쁘더라도 그 정부에 순종하기를 하느님은 바란다, 믿음의 일에서는 정부에게 불복종해도 되지만 수동적으로 그 뜻을 드러내길 원하신다고 썼다는 것이다. 어쨌든 루터는 모든 공의회가 틀렸다고는 하지 않았으며, 콘스탄츠 공의회의 잘못된 교리만을 비난했다. 이 공의회는 그리스도의 교회는 예정된 자들의 공동체라고 주장한 얀 후스의 교리를 금지했고, 이로써 복음의 진리를 위반했다고 주장했다.

보름스 칙령과 그 결과들

알레안드로에게는 심문이 끝난 이후에 심문의 수확을 제국 법률상 구속력 있는 유죄판결로 만드는 것이 중요했다.

우리의 후원자, 우리의 명예, 우리의 조국과 교황, 우리의 성스러운 믿음의 기초에 반대하는 적들에 대항하여![50]

유죄판결이 내려져야 했다. 루터와 알레안드로는 각각 자신과 자신들의 추종자들에게 하느님의 영광을 '세상의' 관심사와 연결시키지 않겠다고 맹세했지만, 스스로 부과한 이 규칙을 끊임없이 위반했다. 루터와 루터파가 볼 때 독일 민족과 그들의 명예 문제에서 교황과 교황주의자들이 범죄자였고, 알레안드로에게는 루터와 루터파들이 범죄자였다.

보름스에서의 협의가 지속될수록, 알레안드로는 루터라는 꼭두각시를 뒤에서 조종하는 사람을 알아낼 수 있다고 점점 더 확신했다.

사람들이 말하기를 마인츠 대주교가 이번 주에 여행을 떠난다고 합니다. 또한 대주교의 형제와 파렴치한 작센인 프리드리히 선제후도 떠난다고 합니다. 이 작센인은 아주 뚱뚱해지고 더 젊어지기는 했지만, 그로 인해 더 잘 생겨지지는 않았습니다. 오히려 개의 눈을 한 뚱뚱한 마멋과 닮은 모습이 되어버렸습니다. 이 사람은 개와 같은 그 눈으로 잠깐 곁눈질은 합니다만, 절대 얼굴을 정면으로 쳐다보지 않습니다. 이 사람이 뉘우치지 않는다면, 그가 더 많은 영혼을 하느님의 무리에서 불행으로 밀어 떨어트리기 전에 사람들이 그의 목을 부러트릴 수도 있습니다.[51]

알레안드로는 오랫동안 애쓴 끝에 루터의 완고한 영주가 품은 진정한 동기도 결국 찾아냈다고 생각했다.

이 대공은 너무 교만해서 명성을 잃으니 차라리 자신의 영혼이 상실되는 것을 보려 하고, 자기 사람들의 영혼이 파멸로 추락하는 것을 보고자 합니다. 그는 그렇게 자만심이 강하고 수상합니다! 루터교도들은 프리드리히를 그렇게 홀딱 반하게 만들어서, 그는 그것이 진정한 믿음인 양 행동하고 있습니다. 선제후 폰 브란덴부르크가 제게 말해준 바에 따르면, 프리드리히가 종종 말하기를 가톨릭 신앙은 그가 보기에는 오랫동안 빛이 부족했던 것처럼 보이는데, 마르틴이 이 빛을 새롭게 다시 비추게 한다고 했답니다.[52]

'작센의 여우'가 이제까지 루터 사건에서 얼마나 영악하고 교활하며 전략적으로 노련하게 조치를 취했는지 알레안드로는 눈여겨봤지만 위의 진단이 이런 관찰과는 모순된다는 사실을 그는 전혀 알아차리지 못했다.

이제 많은 징조들이 승리를 보장하는 것처럼 보였기 때문에 불일치들은 매끄럽게 일치되었고, 인문주의자 알레안드로의 세계관 속에서 가끔씩 불쑥 나타났던 균열도 봉합되었다.

황제와 그의 고문관께서 제게 임무를 주셨습니다. 루터의 유죄판결에 대한 판결문을 작성하고, 가능한 한 정당함을 많이 증명하여, 민중도 만족할 수 있게 하라고 하셨습니다. 판결문은 마르틴 루터의 변명서보다 훨씬 더 쓸모가 있습니다. 그는 자신의 사람들을 최후까지 분발하도록 격려하고 민중과 화해하기 위해 황제 앞에서 했던 자신의 행동을, 물론 거짓말을 섞어 이미 독일어로 출판했습니다. 그 안에서 노련하게 자신을 변명했습니다. 사실 민중은 대부분 루터에게 등을 돌렸는데, 정확히 말하면 그의 사악한 풍기와 행동, 완고함과 공의회에 대한 참을 수 없는 말 때문에 그렇습니다. 이것이 여기 있는 사람들을 동요시킵니다.[53]

알레안드로에 따르면, 루터 측은 로마에 대한 증오 및 교회 재산에 대한 탐욕을 통해서만 결속된다. 그래서 루터는 증오와 탐욕을 부추기기 위한 확실한 구실들을 계속 제공한다.

그러나 황제의 지원 덕분에, 또 독일 성직록을 독일인에게 위임하도록 하는 교황의 승인을 통해, 특히 준비 중에 있는 유죄판결 칙령 덕에, 힘들이지 않고 일을 끝낼 수 있었다고 교황대사는 긍정적인 결론을 내렸다. 유죄판결의 첫 번째 판결문 작성 임무가 자신에게 맡겨진 것은 탁월한 언어적 능력과 심오한 신학 지식 때문이기도 했지만, 전략적 의도가 숨겨져 있다는 것을 알레안드로는 나중에야 깨닫는다. 결국 황제의 조언자들은 자신들에게 적절한 시기에, 알레안드로의 초안을 악용할 수 있었다. 특히 그들은 이런 식으로 칙령이 선포된 것에 대한 책임을 '로마인'에게 뒤집어씌웠다. 알레안드로의 평가와는 반대로 칙령은 독일인의 정서상 절대 지지받지 못했다. 이 칙령은 오늘날까지도 확고부동한 루터 추종자들에게는 '로마의 악질적 칙령'으로 여겨진다.

교황대사는 1521년 5월 1일 첫 번째 초안을 작성했다. 9일 뒤 최종본이 제시되었다. 5월 12일, 라틴어와 독일어로 쓰인 칙령이 서명을 위해 카를 5세의 책상 위에 올려졌다. 그러나 황제는 그 이전에 신분대표들 앞에서 칙령을 읽으려고 했다. 독단적이고 제멋대로 행동했다는 비난을 피하기 위해서였다. 알레안드로에 따르면, 5월

25일에 칙령이 공개적으로 낭독되었다. 그것과 관련해서 신분대표들은 자신들의 대표자, 즉 브란덴부르크 선제후를 통해 그 글에 동의했다고 알레안드로는 전한다. 하루 뒤에 카를 5세는 칙령에 서명을 했고, 칙령은 독일어 본으로 공표되었다. 그렇게 황제와 교황청의 견해에 따라 칙령은 법적 효력을 획득했다. 루터 추종자들은 칙령의 정당성을 부인했다. 19세기의 개신교 교회사가들은 이런 관점에서 의견이 일치했다. 그래서 그들은 제국법에 따른 루터의 추방은 공식적인 제국의회의 의결 모임에 상정되지 않았다는 점에 주의를 환기시켰다. 하지만 법역사학 연구자들은 황제가 여기서 입법기관이 아니라 제국의 최고 법관으로서 행동했다면서 이들을 반박한다.

따라서 제국의 최고 수장과 교황에게 있어 이 사건은 법학적으로 해결되었다. 로마의 관점에 따르면 이미 1521년 1월 3일의 파문 칙서를 통해 이 사건은 해결되었어야 했다. 그러나 황제는 유죄판결을 받은 이단자를 다시 한 번 더 소환하고 심문하는 독단을 부렸다. 전통상 자동으로 이단자는 제국 사법부로 이송되는데, 황제는 이런 독단을 부림으로써 이 자동장치를 폐지한 것이다. 교황청의 입장에서 보면, 1521년 5월 26일의 보름스 칙령을 통해 교황청과 황제의 견해는 일치되었고 세계는 다시 올바로 확립되었다. 로마는 제국법에 따라 루터에게 내린 유죄판결의 판결문으로써 법적으로 뿐만 아니라 신학적으로 재판을 종결했다.

칙령에 최종결산과 유죄판결의 무게를 부여하기 위해, 알레안드로는 상세한 보고문에서 루터의 논거를 정반대로 뒤틀어버렸다. 루터가 민족적 혐오와 대중 정서를 이용해 여론을 자신의 것으로 만들려 했다는 것이다. 이렇게 비판의 방향을 전환시킴으로써 루터는 칙령에서 자신의 조국과 전 기독교도의 파괴자로 낙인찍히게 된다. 민중의 언어로 쓴 그의 신학적 글들도 알레안드로에게는 비난거리였다. 알레안드로의 펜 아래서 루터는 그에게 현혹된 영혼들을 악마에게로 모는 민중의 유혹자가 된다. 특히 일곱 가지 성사를 부인함으로써 '불순종의 아들'은 교회가 신자들에게 내준 구원의 길을 막아버렸다. 칙령은 다음과 같이 서술한다. 이 모든 이단들은 실제로 오래된 것이며, 수백 년 전부터 유죄판결을 받았다. 예를 들어 루터가 고대 마니교로부터 차용한, 자유의지에 대한 오만한 부정도 이런 이단에 속한다. 루터는 교회의 포괄적인 지혜의 자리에, 자기 고유의 판단, 순전한 전횡과 반역에 대한 파괴적인 욕구에서 촉발된 판단을 갖다 놓았다. 하느님보다 더 높아지려 했던 모든 이단자가 그랬듯이 루터는 이런 판단에 절대적인 법적 구속력이 있다고 여긴다. 기독교도들을 교황의 전제정치로부터 구원하는 해방자라는 구실 아래, 루터는 진리와 양심을 억누르고 인류의 파멸을 위해 노력하는 최악의 폭군이 되었다. 따라서 인간의 형상을 한 이 악마가 장사를 그만두게 하는 것이 황제와 교황의 시급한 과제이며, 이들은 모든 기독교도의 협력에 의지할 것이다.

우리가 이 소송을 영원히 기억하도록, 칙령에 따라 결정과 판결 그리고 영겁의 벌을 집행하도록, 이 사건의 정식 재판관이신 우리의 성부 교황께서는 언급한 마르틴 루터가 하느님의 교회로부터 분리된 일원이자, 완고한 교회분열자이며, 공인된 이단자임을 선언하고 공표하신다. 이에 근거하여 이를 분명히 실행에 옮길 것을 결정하셨노라.[54]

이로써 루터는 공동체로부터 제외되고 숙청되었다고 공표되었다. 루터에게 가장 엄중한 벌을 내리면서, 이제 다음과 같은 규정도 선포되었다.

> 누구에게나 빠짐없이 촉구하노니 (……) 앞에 언급한 마르틴 루터를 집안에 들이지도 마당에서 맞이하지도 말 것이며, 먹을 것도 마실 것도 주지 말라. 숨겨주지도 말고, 말이나 행동으로 은밀히 혹은 공공연하게 그 어떤 도움도 주지 말 것이며, 추종, 협력 혹은 후원도 하지 말라.[55]

도움을 주지 않는 대신 추방당한 자를 붙잡아 황제에게 인도할 수는 있었다. 이 모든 규정은 물론 20일 이후, 즉 카를 5세가 이단자에게 보름스에서 자유롭게 나갈 수 있도록 베풀어준 기간이 만료된 이후에 효력이 발생했다. 알레안드로와 교황청으로서는 화가 나게도, 이 황제는 콘스탄츠 공의회에서 선배인 지기스문트 황제가 얀 후스에게 했던 것과는 달리 약속을 지켰다. 루터는 아무런 방해도 받지 않고 작센으로 향하는 귀로에 오를 수 있었다.

동시에 그는 영주의 보호를 계속 받을 수 있었다. 현자 프리드리히는 보름스 칙령과 교황의 교서 〈로마 교황은 이렇게 말한다Decet Romanum Pontificem〉를 무시하기로 결정했다. 그러나 선제후는 그사이 너무나 유명해진 비텐베르크의 교수에게 숨 쉴 틈을 만들어주는 것이 좋겠다고 생각했다. 그래서 루터는 보름스에서 돌아오는 길에 떠들썩한 가짜 유괴를 당해 바르트부르크로 보내졌다. 이 조처는 너무나 은밀히 행해져서, 보름스에서 그에 대한 정보를 제일 많이 알고 있는 사람들조차 이단자가 어디에 있는지 몰랐다. 땅이 집어삼킨 듯 이단자 루터가 사라졌다. 여기에 어울리게 소문도 무성했다. 매사에 열심인 알레안드로도 비난받았고, 욕설과 협박이 난무했다. 당연히 알레안드로 역시 아무것도 몰랐다. 다른 사람들처럼 그도 루터가 덴마크로 도망쳤다고 추측했다.

로마에서의 세력교체

레오 10세와 그의 오른손 줄리오 데 메디치 입장에서 볼 때, 루터 사건은 만족할 만한 결론을 얻었다. 알레안드로는 큰 칭송은 받았지만, 원하던 추기경의 모자는 얻지 못했다. 프리울리 출신의 루터 전문가는 추기경의 모자를 쓰기까지 7년이나 더 기다려야만 했다. 로마의 관점에서 이제 공은 카를 5세에게 넘어갔다. 교회의 보호자이자 대변인으로서 황제는 보름스 칙령을 실행해야 했다. 그러나 칙령이 명령이나 외교적 압박을 통해서도 실행되지 않자, 카를 5세 황제는 자신의 권위를 강하게 피력해야 했다. 로마에게 그것은 구체적으로 다음을 의미했다. '작센의 여우'가 그가 우대하는 이단자와 함께 굴에 숨어 있다면, 연기를 넣어 굴 밖으로 몰아내야 한다는 것이다. 교황은 카를 5세에게 루터 문제를 군사적 힘으로 해결하라고 끊임없이 요구했다. 그러나 해결책은 겉으로는 그렇게 간단해 보였을지 몰라도, 교황청이 알고 있을 법한 것보다 혹은 알려고 하는 것보다 더 많은 방해물이 놓여 있었다. 동쪽에는 오스만제국이 진군해오고 있었고, 제국 내에는 세력분배의 문제가 있었다. 제국 내에서는 도시와 제후들이 은밀히 혹은 공개적으로 루터의 교리에 점점 더 동조해가면서 가톨릭교회는 암담한 상황에 처하고 있었다.

이 교황, 이런 추기경들, 이런 식의 성직록 운용, 이런 성직자들의 문화 및 도덕 상태로는 도저히 독일 내에서 루터에 대항한 효과적인 선전활동을 전개할 수 없었다. 이런 괴로운 인식이 카를 5세의 주변에서 빠르게 커져갔다. "신앙의 혁신Glaubensneuerung"—루터가 "개혁Reformation"이라 부른 것을 가톨릭 측은 이렇게 불렀음—에 성공적으로 대처할 수 있기 위해서는 가톨릭교회의 결정적인 개혁이 필요했다. 이것이 일어나지 않는 한, 가톨릭교도에게도 교황의 권리를 위해 노력할 기회는 별로 없었다. 알레안드로가 깨달았던 것처럼, 모든 로마적인 것에 대한 거부는 광범위하게 확산되고 깊이 뿌리내리고 있어서, 최고 성직자들조차 이런 반감에 함께했고, 가톨릭교회의 문제 해결에 관해서는 암묵적으로 포기한 상태였다.

예기치 못한 전개와 우연한 사건이 겹쳤다. 황제 선거전을 전후한 기간을 제외하면, 전체적으로 볼 때 레오 10세는 루터 사건을 소홀히 다루지 않았다. 집중적인 신학적 논쟁 시기 이후 한층 강력하게 법률적·정치적 대응 전략이 나온 이유는, 루터 사건의 다층적 특성 때문이다. 보름스 회의 동안 특히 메디치 가문 교황에게는 거대한 유럽 정치 및 이와 밀접하게 관련된 자기 가문의 독자적인 이해관계가 중요했다. 그 외에도 교황은 두 거대 세력인 프랑스와 스페인을 서로 반목시켜 어부지리로 이득을 얻으려 했고, 자기 가문의 이득에 결정적인 영향을 주려고 했다. 그것은 결국 변덕스러운 지연 정책을 초래했고, 이 정책은 교회의 독립을 위한 것이라는 근거를 댔지만 사실은 메디치 가문을 고려한 것이었다. 알레안드로가 보름스에서 칙령의 마지막 판을 다듬고 있는 동안, 교황은 카를 5세와 함께 비밀동맹을 맺었다. 기독교도의 두 우두머리 사이의 당분간 비밀에 부쳐진 이 동맹의 목적은, 모든 오류를 근절하고 두루 평화를 이루며 오스만투르크인을 쳐부수는 것이었다. 그렇게 해서 모든 삶의 영역에서의 총체적 개혁을 궤도에 올리는 것이었다. 루터, 프랑스, 오스만투르크의 퇴치 역시 위에 언급한 것과 같은 숭고한 목표에 이용되었다. 당연히 이탈리아의 자유도 확약되었다. 이는 로마와 피렌체의 관점에서 나온 모든 계획에 애국적 색깔을 넣기 위해서였다.

이 목적에 도달하기 위해서는 밀라노와 제노바에서 프랑스를 몰아내야 했고, 그곳의 스포르차 가문과 아도르노 가문을 이용해 충성스러운 총독을 임명해야만 했다. 실제로 이 작전이 성공한다면 이탈리아 내에서 프랑스 세력을 몰아내고 대신 스페인이 지배권을 행사하도록 만들 수 있을 것이다. 하지만 레오 10세에게 이런 세력교환은 중요하지 않았다. 파르마, 피아첸차와 함께 교회국가 북쪽에 있는 중요 도시들이 다시 그의 권력 아래 돌아오는 것이 중요했다. 게다가 페라라를 지배하는 에스테 가문의 권력이 흔들리고 있어, 메디치 입장에서는 이곳에서도 세력 확장을 할 수 있는 가능성이 열렸다. 황제는 메디치 가문에게 모든 적으로부터 무조건 방어해주겠다고, 그것도 영원히 그렇게 해주겠다고 약속했다. 당시는 외교상 이런 격앙된 표현법을 사용했다. 하지만 이런 표현은 경험에 따르면 굳은 약속의 소멸 시기가 짧을 수도 있음을 배제하지 않은 것이다. 협약이 내포하고 있는 이와 같은 족벌주의적 핵심을 가리기 위해, 양측은 교회의 적에 대한 공통의 행동양식을 논의했다. 그리고 이런 확약을 강한 어조로 피력하기 위해, 곧이어 루터의 초상화를 그의 글들과 함께 로마의 피아차 나보나 광장에서 공개적으로 불태웠다.

곧이어 교황에 맞서는 여러 적대행위가 시작되었다. 제일 먼저 일어난 곳은 이전에 반프랑스 폭동들이 일어났던 제노바와 밀라노였다. 하지만 모든 것들은 성과 없이 수그러들었다. 누구를 위해 그리고 무엇을 위해 교황이 그렇게 많은 군대를 모집하는지 추측이 난무했는데, 1521년 6월 말, 교황과 황제의 동맹군이 밀라노를 향해 전진할 때 그 해답이 나왔다. 어째서 이 출정이 교황 혹은 교회의 이익에 중요한지는 당연히 이탈리아 대중에게는 비밀이었다. 2년 전에 교황은 스페인, 독일, 나폴리를 지배하는 합스부르크 가문을 저지하기 위해 모든 것을 했다. 그런데 이제 교황은 롬바르디아의 중심지인 밀라노까지 얻으려는 막강한 카를 5세를 돕고 있었다. 이렇게 함으로써 그는 세력균형의 마지막 부분까지 파괴했다.

동맹전쟁에 필요한 용병을 모집하자 전운戰運은 황제와 교황 편으로 향했다. 교황은 긴장한 채 이탈리아 반도 북쪽에서 일어나고 있는 군사행동을 주의 깊게 관찰했다. 흥분되는 이 사건으로 다른 모든 일은 관심 밖으로 밀려났다. 그것은 독일에서나 이탈리아에서나 마찬가지였다. 1521년 11월 24일, 동맹군이 밀라노를 정복했다는 소식이 도착하자 레오 10세는 로마와 오스티아 사이에 있는 자신의 사냥용 별궁인 라 마글리아나에서 기쁨에 겨워, 교황으로 선출된 것보다 이 도시를 정벌한 것이 더 기쁘다고 축배의 말을 했다. 그리고 일주일 뒤에 교황은 사망했다. 주치의는 감기 때문에 사망한 것이라 알렸다.

따라서 선거로 수장이 선출되는 이 교황 왕국의 규칙에 따라 모든 용무와 협상은 정지되었다. 이제 교황청 조직 및 교황 외교사절단의 관리직을 맡고 있는 거의 모든 사람들은 곧 있으면 전부 자리가 바뀔 것을 염두에 두어야 했고, 현재 코앞에 닥친 개각에서 가능하면 유리한 상황에 도달하기 위해 총력을 기울여야 했다. 멀리 비텐베르크에 있는 루터는 적을 잃었다. 교황제도를 점점 더 격렬하게 비판하면서도, 그렇게 오랫동안 이 비판에서 제외시켰던 적을 말이다. 동시에 루터는 숨 돌릴 틈도 얻었다. 이 휴식은 특별한 상황으로 인해 일반적인 교황 교체에 걸리는 시간보다 좀 더 오래 지속되었다. 왜냐하면 이미 콘클라베가 시작되기 전부터, 한 명의 후보자를 선출하기 위해 3분의 2에 해당하는 표를 얻는 것이 평소보다 더 어려울 것임이 드러났기 때문이었다. 사망한 교황은 몇 년 동안 교회 재정을 과도하게 망가트렸을 뿐만 아니라 경망한 행동으로 수많은 신뢰를 날려버렸으며, 이탈리아와 로마 안의 엘리트들을 극도로 양극화시켰다. 그래서 레오 10세에 의해 내쫓긴 교회국가의 북쪽 지역 영주들은 재빨리 원래 그들이 물려받았던 권력을 되찾았다. 프란체스코 마리아 델라 로베레도 거의 싸우지 않고 5년 전 메디치에게 빼앗긴 자신의 공국 우르비노로 돌아왔다.

추기경단 내부의 친프랑스적 회원과 신성로마제국 황제를 신뢰하는 회원 사이의 대립은 이번에는 극복되지 못할 것처럼 보였다. 카를 5세의 추종자가 더 많았지만, 이 그룹 내에서 교황 후보자인 줄리오 데 메디치 때문에 성직자들은 의견이 갈렸다. 레오 10세의 사촌동생이 콘클라베에서 목표를 관철한다면, 교회의 최고위직은 메디치 가문의 성직으로 간주될 것이라는 것이 줄리오 데 메디치를 반대하는 사람들의 주요 논거였다. 메디치 가문에서 두 명의 교황이 차례로 배출되는 것은 알프스 이북의 교황청 비판자들에게 힘을 실어주는 격이며, 이탈리아에서조차도 그런 후계자는 눈살을 찌푸리게 만들 것이라고 했다. 줄리오의 주요 적은 프랑수아 1세였다. 이 프랑스 왕은 '배신자'의 선출을 저지하기 위해 자신에게 허락된 모든 권한을 사용했다. 그는 레오 10세가 카를 5세의 편으로 넘어간 것이 줄리오의 책임이라 생각하고 있었다. 따라서 1521년 12월 27일, 37명의 추기경들이 교황 선출을 위해 시스티나 성당에 모여 있을 때, 콘클라베가 오래 지속될 것으로 예측되었다. 가장 중요한 파벌들이 너무나 고집스럽게 방해를 해서, 결국 후보자를 절충해야 했다. 그러나 강력한 영향을 가진 파벌 지도자들과 적대적이지 않으면서도 이들이 인정할 만한 중도적인 교황은 보이지 않았다.

이런 상황에서 줄리오 데 메디치는—그것이 진정이었는지 혹은 선거전략상의 진로변경이었는지는 오늘날까지도 밝혀지지 않았다—그곳에 없던 스페인 토르토사의 추기경을 추천했다. 이 인물은 네덜란드인 아드리안 플로리즈 데델Adrian Florisz d'Edel로, 젊은 시절에는 카를 5세의 교사로 일했고, 이제는 황제를 위해 스페인에서 총독 임무를 맡고 있었다. 아드리안은 존경받는 신학자로서 네덜란드에서 루터 사건의 영향으로 어려움을 겪었고, 이때 '종교혁신자' 루터를 단호히 반대했다. 진심이었건 그렇지 않건, 줄리오 데 메디치의 제안은 카예탄 추기경에 의해 받아들여졌고, 추기경은 이를 위해 신학적·도덕적으로 전력을 다했다. 다른 추기경들은 그의 표결에 동의했고, 그래서 과반수인 26표를 차지하면서 거의 150년 만에 이탈리아인이 아닌 교황이 선출되었다. 이 사람보다 더 황제에 충성하는 후보자는 쉽게 찾을 수 없었을 것이다. 이로써 메디치 가문은 카를 5세에 의지하는 그들의 정치를 시종일관 이어갔고, 이를 통해 옛 동맹자인 프랑스의 프랑수아 1세를 극도로 자극했다.

그러나 선거인들이 곧 자신들의 결정에 회의를 품은 것은 이런 이유 때문만은 아니었다. 그들은 고행자이자 도덕개혁자라는 평판이 자자한 수장을 뽑은 것이다. 이 엄격한 노인이 교황청의 느슨한 생활양식과 이곳의 인문주의 문화에 대해 뭐라고 생각할까? 예의에 어긋나는 성직록 분배 실무는 그렇다 치고, 이 혁신적인 경향을 새로운 이교세계라며 거부하고 압박할까 봐 사람들은 두려웠을 것이다. 아드리안은 교황에 오르기 전에 과도할 정도로, 교회와 성직자의 광범위한 개혁을 위한 공의회 개최에 찬성하는 하는 말을 했었다. 교황청의 관점에서 이는 최악의 상황을 예상하게 했다.

교황이 바뀔 때마다 선임 교황의 추종자들은 새 교황을 괴롭혔는데, 새 교황 아드리안은 이때 자기 측근의 지지조차 기대할 수 없었다. 인문주의적 사고방식에 따라 행동을 조심하면서 신중하게 교회를 개혁하기 원했던 카예탄 같은 소수의 추기경들은 신뢰와 불신이 뒤섞인 마음으로 교황을 바라보았다. 다른 성직자들은 미개한 교황의 정치를 조롱과 무시로 방해할 결심을 했다. 이 북쪽 사람을 로마의 생활양식으로 전향시킬 수 있으리라는 희망을 품는 사람은 아무도 없었다. 아드리안은 자신을 하드리아노 6세라고 칭함으로써 자신의 세례명을 고수했고, 이를 통해서 자신의 개혁사상에서 단 한 치도 물러설 용의가 없다는 것을 분명히 밝혔다.

하드리아노 6세는 선출되고 거의 8개월이나 지난 1522년 8월 28일에야 로마에 입성했기 때문에 그의 적들은 새 교황에게 저항할 방책을 논의할 기회가 충분했다. 새로운 교황은 가을이 되어서야 비로소 적극적으로 공무를 집행할 수 있었다. 교황청 조직의 비협조적 태도는 또 다른 지연을 초래해서, 대략 1년 동안 루터 사건에 관해 로마 측은 거의 아무 일도 하지 않았다. 로마는 자신의 문제에 깊이 빠져 있었고, 독일 내에서 벌어지는 일은 그들의 주의를 거의 끌지 못했다.

성경 번역과 교회의 새로운 규정

1521년 5월 4일, 튀링겐 숲에 있는 알텐슈타인 성 근처에서 루터가 위장 납치되었다. 이는 아주 효과적인 선전 방법이었다. 이 사건은 제국 전체에 엄청난 물의를 일으켰고, 루터의 추종자들로 하여금 최악의 일이 일어나지나 않았을까 두려워하게 만들었다. 사람들은 '교황의 추종자들'이 진리를 증거하는 독일인을 자신들의 통제 아래 두었고, 이제 그가 순교할 것이라고 생각했다. 이런 완벽한 연출 속에서 루터와 동행했던 니콜라우스 폰 암스도르프는 루터의 납치에 당혹스러워하는 역할을 맡았다. 게다가 너무나 사실적인 연기를 해서 아무도 그가 비밀을 알고 있을 것이라고 생각하지 못했다. '작센의 여우' 현자 프리드리히는 이런 과감한 행동으로 걸작을 만들어냈다.

　프리드히리는 이 '죄수'가 바르트부르크 성에서 가능한 한 편안하게 체류할 수 있도록 배려해주었다. 지휘관 한스 폰 베어렙쉬Hans von Berlepsch는 '융커 외륵Junker Jörg'*이라는 가명을 쓰는 루터에게 풍성

---

*　루터는 바르트부르크 성에서 융커 외륵, 즉 귀족 외륵이라는 가명으로 지냈다.

하고 고급스러운 식사를 대접하게 했고, 신간들을 공급해주었다. 그리고 인근 도시인 아이제나흐에서도 이 추방자는 자유롭게 돌아다닐 수 있었다. 그러나 쾌적한 생활조건이 의기소침함과 여러 유혹으로부터 루터를 보호해주지는 않았다. 10년 뒤 루터가 탁상담화에서 말했듯이, 그는 교황 및 교황이 요구한 전통을 따라야 할지 말지 결단을 내리지 못했다. 교회의 전통에 따르면 교황은 오류가 없다. 그러나 성자 및 교부와 비교할 때 정말로 오직 교황만이 옳은 것인가? 교황은 다른 사람들은 오류를 저질렀다고 비난했지만, 그런 오류들을 교황 자신이 저질렀을 가능성이 훨씬 더 많지 않을까? 이런 생각이 바르트부르크 성에 체류하는 동안에 들었는지 혹은 나중에 그런 생각이 들었는지, 늘 그렇듯 과거를 회상하면서 한 루터의 말에서는 명확하지 않다. 어쨌든 그런 경우 항상 그렇듯 탁상담화자는 다음과 같이 생각하면서 자신을 치유했다고 한다. 그는 주로 밤에 자신의 교리와 활동에 대해 의혹을 품는데, 악마가 힘을 발휘해서 그런 회의에 빠지게 만든다고 생각한 것이다. 그가 악마를 향해 잉크병을 집어던졌던 일화는 물론 훗날에 만들어진 전설이다.

'융커 외륵'은 자부심 있게 자신의 바르트부르크 성 체류를 사도 요한이에게 해의 작은 섬 파트모스로 추방된 일과 비교했다. 기독교 전설에 따르면 사도 요한은 그곳에서 적그리스도의 등장에서 최후의 심판까지 시대의 종말을 서술한 〈요한계시록〉을 썼다. 이미 그 사이 교황과 적그리스도를 동일시하는 것은 루터의 중심 사상이 되었고, 이를 통해 그는 세상의 종말이 가까워졌으며, 자신은 그리스도 재림 전의 마지막 인류 중 하나라는 신념을 분명히 했다. 루터가 더욱 절박하게 생각한 것은, 이런 어려운 시국에 가능한 한 더 많은 영혼을 영겁의 불에서 구하기 위해 로마에 있는 인간의 얼굴을 한 악에게 대항하는 일이었다.

이 목적을 위해 루터는 바르트부르크에서 마지못해 휴식을 취하면서 다양한 저술 활동을 펼쳤다. 영적상담과 관련된 글들과 논쟁적인 글들 예를 들면 마인츠 대주교 알브레히트와 그의 성유물 수집에 반대하는 글들을 계속 발표했다. 그가 불가사의하게 사라진 이후 몇 달 되지 않아 이런 글들이 나타나자, 파문당한 자가 살아 있고 적의 손에 있지 않다는 사실이 입증되었다. '구금 상태' 시기의 주요 계획은 성경을 독일어로 번역하는 것이었는데, 이 번역 자체가 신화가 되었다. 그러나 신화와는 달리 민중언어로 성경을 번역한 것은 루터가 처음이 아니었다. 1521년 12월, 루터가 1534년에야 끝이 나는 이 길고 힘든 작업을 시작했을 때 이미 상당수의 독일어 성경이 나와 있었다. 루터의 번역이 '전 독일'의 표준어의 탄생이라는 것도, 19세기의 개신교 언어학자들이 만들어낸 신화였다. 하지만 그런 과장은 수정하더라도, 루터의 독일어 성경이 탁월하며 문학적이고 독창적인 언어로 이루어진 업적인 것은 사실이다. 이 문학적 성경은 인상 깊은 관용어구들로 번역되어 있어, 독일 개신교는 이런 어구들을 통해 자신만의 독자적인 표현과 정서를 나타낼 수 있었다. 번역은 단숨에 성공을 거두었다. 1522년 9월, 우선은 독일어로 된 신약이 나왔고, 단시간에 수차례 재인쇄되었다. 루터가 바르트부르크에서 세상과 동떨어져 하느님 말씀의 신비에 빠져 있다는 것은 말이 되지 않았다. 그는 친한 중재인들을 통해 작센 선제후국에서, 특히 비텐베르크에서 무슨 일이 벌어지고 있는지에 관해 아주 정확한 정보를 듣고 있었기 때문이었다.

신학적 기초를 완성한 뒤에 루터와 그의 동료들은 새로운 교리를 민중에게 전하는 것을 중요하게 여겼다. 이 교리는 새로운 예배순서 그리고 새로운 세례식과 성찬식의 형식 안에서 행해져야 했다. 이외에도 교황의 통치권을 인정하지 않음으로써, 이제 교회 안에서 누가 최고의 세력을 갖는지가 문제로 등장했다. 앞으로 누가 교회에서 결정권을 행사할 지위를 갖는가, 어떤 형식과 어떤 제도로? 조직화의 문제는 이런 질문과 밀접하게 관련되어 있었다. 루터 측에서는 금욕생활과 독신이 신학적으로 가치가 없다고 여겼기 때문에 이 두 가지는 새로운 교회의 생활양식으로 고려되지 않았다. 그러면 그 자리에 무엇이 들어와야 하는가? 이런 진공상태는 빨리 채워져야 했다. 루터가 바르트부르크에 있는 동안 그가 라이프치히 논쟁 때 알게 된 오랜 지인인 카를슈타트가 갑자기 등장해서는, 민첩하고 단호하게 행동하라며 루터를 독촉했다. 카를슈타트는 모두 한마음으로 정당하게 초기 기독교 모범에 따라 '복음' 공동체를 원하고 있기 때문에 새로운 교리는 이런 공동체 안에서 삶을 이룰 수 있게 해야 한다고 주장했다. 그러나 카를슈타트 혼자 이런 주장을 한 것도 아니고, 그가 이런 주장을 한 사람들 중에 가장 급진적인 사람도 아니었다. 특히 학식이 높은 토마스 뮌처는 다가오는 종말을 설교하는 사람으로서 점점 더 두각을 나타냈다. 그는 그리스도의 재림과 천년왕국의 시작을 준비하기 위한, 사회정치적 관계의 획기적인 개혁을 요구했다. 새로운 교회 질서 확립은 이처럼 뮌처에 의해 자극을 받았고, 이 과정에서 루터는 신학적이고 실천적인 의견을 밝혀야 했다. 이런 목적을 위해서 발표한 루터의 글 중에는 훗날 '바르트부르크 종교서들Wartburgpostillen'이라 불리는 글들이 있는데, 이 글들로 루터는 자신이 보기에는 너무나 격렬한 카를슈타트와 그의 추종자들의 행동에 대항했다.

루터는 처음에는 목사 선거 등을 통해 교구가 새로운 교회조직에 적극 참여하게 만들 예정이었지만, 이제 이런 요구를 하지 않았다. 루터와는 반대로 카를슈타트와 그의 추종자들은 신도들로 이뤄진 훨씬 광범위한 교회기구를 생각하고 있었다. 그러나 이런 단체는 루터가 보기에는 혼돈과 무질서나 마찬가지였다. 루터는 자신의 '대리인'으로 임명된 24세의 필리프 멜란히톤이 카를슈타트의 선전활동에 대해 수수방관하고 있다고 여겼다. 그래서 1522년 3월 루터는 비텐베르크로 돌아가서, 정부 당국이 교회를 지도하는 것에 찬성하며 논쟁을 끝냈다. 결론은, 영주는 기독교의 이웃사랑에서 일종의 예비 주교 혹은 최고 주교의 공직을 맡으며, 신의 뜻에 따른 행위인 믿음의 복구를 위해 길을 닦아야 한다. 이 목적을 위해 영주는 교회재산을 취해도 괜찮다. 그렇게 해서 서열을 갖춘 옛 가톨릭 성직자의 자리에 공직자 조직이 들어섰고, 이들은 제후로부터 임명되며 급여를 받고 감시를 받았다.

이런 전개를 예상한 알레안드로는 자신의 판단이 옳았다고 생각했다. 제후들은 신앙의 갱신이라는 허울 아래 교회를 국가에 소속시키려는 자신들의 오랜 목표를 이루려고 루터라는 꼭두각시가 필요했던 것이다. 그러나 이를 통해 제후의 권력이 확장되고 종교화될 뿐만 아니라 새로운 예배식과 신앙의 새로운 형식을 가진 교회가 등장하고, 그로 인해 로마의 모델과는 반대되는 구상이 구체화되는 것을 교황청 외교사절들은 오랫동안 깨닫지 못했다. 이들이 볼 때 사제의 미사복, 향, 미사예물도 없는 쓸쓸한 예배는 '새로운 신자'들의 조야함을 반영하는 것이었다. 새로운 교회는 옛날부터 내려오던 규율과 상징적인 형태들을 거부함으로써 의식적으로 로마와 경계를 긋고, 믿음과 하느님의 은총 및 성경 말씀의 강조를 통해 원시 교회를 직접 계승하려 했다. 그러나 이런 의도는 상대방에게는 완벽하게 감추어져 있었다. 상대편은 반대자에게서 조야한 세속화와 정치적인 반항 이외에 어떤 것도 알아차리지 못했다.

죄의 고백

신임 교황 하드리아노 6세도 값비싼 체면유지와 사치를 거부했는데, 물론 이유는 달랐다. 그가 생각한 교회개혁은 교황청의 고상한 공동체를 영적상담 사제와 교육자들로 이뤄진 금욕적인 생활공동체 및 사상공동체로 개조하는 것이었다. 이 목적을 위해 바티칸의 식단은 극단적으로 간소화되었고, 재정도 최소한으로 줄었다. 게다가 로마 고위 성직자들의 외형에 혐오감을 느낀 네덜란드 위트레흐트 출신의 폰티펙스 막시무스는 팽창된 교황청 기구의 어느 정도는 제멋대로인 자리들을 없애고 줄였다. 이와 같은 절감 조치는 많은 인문학자들로부터 과도하게 마련된 자리를 빼앗았고, 이들은 '미개한 교황'에 반대하는 글을 썼다. 이로써 알레안드로가 요구했던 선전 캠페인과는 정반대 상황이 발생했다. 교황이 로마의 지식인들의 지지를 가장 필요로 할 때, 이들은 교황을 조롱한 것이다. 이는 독일에 있는 교황청 반대자들에게 보충 탄약을 공급한 꼴이 되었다.

오래전부터 모든 개혁세력들에게는 눈엣가시였던, 상궤에서 벗어난 로마의 성직록 시장에 교황 하드리아노 6세가 맞선 행동도 달 갑지 않은 결과를 가져왔다. 그는 세력이 큰 성직자들이 거침없이 부를 축적하는 것을 깊이 혐오했고, 이에 대항한 그의 조처들은 법 적 불안정을 야기했으며, 교황에 대한 증오를 계속 부채질했다. 적 어도 옛 시스템을 개혁하기 위해서는, 그것의 마지막 지류들까지 알 고 지배해야 한다는 것이 드러났다. 하드리아노 6세는 이런 지식이 없었고, 교황청의 내막을 훤히 알고 있는 사람들은 그런 공동작업을 할 준비가 되어 있지 않거나 능력이 없었다. 카예탄과 같은 소수의 개혁자는 자신들이 어떤 교회를 원하는지 알고 있었지만, 그쪽으로 가는 길을 몰랐다. 하드리아노 6세의 개혁 실패에 기여한 또 다른 요 소는, 그가 하필 동향인이자 지난 10여 년 동안 가장 성공적인 성직 록 사냥꾼 중 한 사람인 엔켄포이르트^Enckenvoirt를 추기경과 개혁문제 의 조언자로 등용한 것이다. 따라서 1978년 이전의 마지막 비 이탈 리아인 교황*은 중부 유럽과 이탈리아 사이의 본격적인 문화 갈등을 일으켰고, 이 점에서는 루터 사건과 유사했다. 하드리아노 6세는 '남 방계 외국인들'에 대한 불신을 감추지 않았다. 그의 성격은 의사소 통을 하기에는 퉁명스러웠고 냉정하기까지 했다. 이런 특징들은 개 혁할 준비가 되어 있는 카예탄과 로렌초 캄페조^Lorenzo Campeggio와 같 은 추기경들을 당혹스럽게 만들었다. 이로써 교황은 자신의 이탈리 아 수행원들한테도 언어능력도 부족하고, 인간의 품위에 대한 감각 도 결여된 야만인의 전형임을 증명했다.

---

*   하드리아노 6세 이후 수백 년이 지난 1978년이 되어서야 비로소 이탈리아인이 아 닌, 폴란드 출신의 요한 바오로 2세가 교황에 즉위했다.

알레안드로의 낙관적인 확신에도 불구하고, 루터 문제가 앞으로도 해결되지 않을 것이라는 사실을 하드리아노 6세는 교황청보다 훨씬 더 분명하게 인식하고 있었다. 이 문제를 해결하기 위해선 무엇보다 교회 수뇌부를 단호하게 개혁해야 한다는 것도 알고 있었다. 이런 식의 확실한 보증 없이는 독일 내에서 로마를 위해, 그리고 루터를 대적해서 할 수 있는 일이 아무것도 없다고 하드리아노 6세는 생각했다. 알레안드로도 같은 의견이었지만 이를 위해서는 몇 가지 상징적인 문서를 작성하고, 독일 성직자들의 관심을 끄는 성직을 위임하는 것만으로 충분하다고 생각했다. 전적으로 교황청의 입장을 대변하면서, 그는 여러 분야의 폐해를 책임지는 일은 하지 말라고 로마에 단호하게 충고했다. 그런 일을 할 경우 루터파의 비판이 옳았음을 확인해주는 것이 될 것이고, 그것을 넘어 그들이 또 다른 요구를 하게 될 위험한 선례를 남길 수도 있기 때문이었다.

하드리아노 6세는 자신의 정책이 안고 있는 결점을 알았고, 사람들의 비난을 고려해 다른 전략을 택하기로 했다. 그는 자신의 대사 프란체스코 키에리가티Francesco Chierigati에게 뉘른베르크의 제국의회에 모인 독일 신분대표들에게 오스만투르크 그리고 이단자 루터에 대항하도록 촉구하라는 임무를 맡겼다. 그것은 이전에 레오 10세가 했던 일이었다. 1523년 1월 3일, 키에리가티는 뉘른베르크에서 교황의 교서를 낭독했다. 이 교서는 알레안드로의 생각대로 이단자 루터에게 죄를 전가하면서 시작했다.

수년 동안 진정한 믿음을 알려왔던 우리 고매하고 경건한 독일 민족이, 믿음을 부정한 단 한 명의 하찮은 수도사 때문에 진리의 길에서 멀어졌습니다. 그리스도께서 그분의 사도들과 함께 보여주셨고, 그토록 많은 순교자들이 스스로를 피의 제물로 바치며 증명했던 그 길에서 말입니다. 이런 이해할 수 없는 일이 벌어졌다는 게 믿기지 않습니다.[56]

독일 제후들을 향한 경고는 명확했다. 루터처럼 하느님의 말씀뿐만 아니라 오랜 세대를 거쳐 축적된 지혜에 대항하는 자, 그는 세상의 질서를 전복시키는 것도 개의치 않는다. 자칭 복음의 자유를 선포하는 예언가는 실제로는 동요를 일으키는 자이며, 따라서 창조를 망치려는 사탄의 아들이라는 것이다. 제국의 신분대표들은 이미 2년 전 보름스에서도 이와 같은 주장을 들었다. 그러나 교황대사의 임무는 이런 공고로써 끝나지 않았다. 그는 교황의 또 다른 지시를 낭독했는데, 이는 교황청을 향한 격렬한 설교와 같았다.

우리는 오래전부터 성좌에서 비열한 일들이 있었다는 것을 잘 알고 있습니다. 종교적인 일들에서 여러 폐해들이, 여러 규범 위반이 있었고, 그것도 너무나 비열해서, 상황이 거의 정반대로 돌아설 정도였다는 것을 말입니다. 따라서 머리부터 발끝까지, 교황부터 최고 성직자와 그 아래 고위 성직자까지 전염병에 걸렸던 것은 놀라운 일이 아닙니다. 우리 모두는 정의의 길에서 벗어났습니다. 그리고 오랫동안 바르게 행동한 사람은 아무도 없습니다.[57]

이것은 교황청의 총체적인 죄의 고백이나 마찬가지였으며, 청중도 그렇게 이해했다. 이 안에 제시된 비난은 단계적으로 낭독되었다. 주요 비난은 앞선 교황들에 대한 것으로, 이들이 자신들의 직위를 제대로 이해하지 않았다는 것이다. 이런 책망을 통해 하드리아노 6세는 금기를 깼다. 금기는 다음과 같았다(그리고 오늘날에도 이 금기는 통용된다). 선임자를 비난하지 말라. 이런 비난은 흠 없는 교회의 명망과 정당성을 빼앗는 것이다! 교황제도는 중단 없이 계승됨으로써 그 권위를 얻었다. 이를 통해서만 교황제도는 교리의 구속력 있는 결정 및 교회 지배권을 계속 요구할 수 있었다. 그러나 하드리아노 6세가 선임 교황들이 심각하게 책무를 위반했다고 책망했을 때, 이런 신뢰는 사라졌다. 더욱 나쁜 상황은, 하드리아노 6세가 교회사에 대한 루터의 관점을 받아들인 듯 보인 것이다. 전 교회의 수장으로서 지켜야 할 규범을 위반한 중대한 죄를 범한 교황들이 교리론과 도덕론의 영역에서 구속력 있는 판단을 해야 할 경우, 전 기독교인의 결정적인 권위자로 행동할 수 있을까? 그리스도는 그의 교회가 세상의 종말에 이르기까지 존속할 것이라 약속했다. 교회의 수장 때문에 한탄스러운 상황이 발생한 교회에게도 이런 확약이 적용될 수 있을까? 그리고 교황 스스로 폐해에 대해 불평을 토로했다면, 실제로는 상황이 훨씬 더 나쁠 것이라는 추측이 저절로 떠올랐다.

하드리아노 6세는 죄의 자백을 통해 교황청이 지닌 마지막 신뢰를 잃게 만들었다. 교황청의 위신을 지켜야 한다는 기본 규칙을 깼으며, 이런 충성 규율을 깼기 때문에 그의 신하들의 잣대에 따르면 교황 자신이 체계의 적이었다. 교황은 이런 굴욕적인 비평에 자신도 포함시켰지만, 로마에 있는 사람들은 이를 순전히 말뿐인 고백이라고 얕보았다. 이방인 교황은 이제 로마의 폐해에서 벗어난 교황제도를 원한다고 했다. 하드리아노 6세는 가차 없는 죄의 고백을 통해 개혁이라는 엄청난 과제를 위한 도덕적 권위를 마련하려는 전략을 썼으나, 이 전략은 아무 영향력 없이 헛되이 끝났을 뿐만 아니라, 정반대의 상황을 초래하기까지 했다. 그의 고백을 들은 독일 청중이 볼 때, 로마는 죄를 고백함으로써 개혁할 능력이 없음을 인정한 것이다. 따라서 개혁은 전 기독교도 중 매수, 무신앙, 무도덕이라는 로마의 전염병에 아직 감염되지 않은 유일한 곳, 바로 독일을 출발점으로 삼아야만 했다. 루터파이건 루터파가 아니건 모두 이런 입장을 취했다. 루터파 입장에서 볼 때, 개혁은 오래전부터 활발히 진행 중이었고, 이미 많은 부분에서는 완결되었다. 하지만 가톨릭 입장에서는 개혁은 독일에서 개최될 공의회에서 시작되어야 했다.

그렇게 네덜란드인 교황은 여러 규칙을 동시에 위반했다. 성공적인 정치인들은 이런 규칙들을 오늘날까지도 확고하게 따르고 있다. 세계관이 갈등하는 시기에는 절대 자신의 실수를 고백해서는 안 되며, 자신의 조직을 약화시켜서는 안 된다는 규칙이다. 교황은 교회에 대한 배반을 중지시킬 방법을 제안하라고 모두에게 명령함으로써 엄청난 저항을 불러일으켰다. 이로써 최고의 의지로 충만한 교황은 판도라의 상자를 열었다. 전 기독교도는 베드로의 후계자에게서 속수무책의 고백을 기대한 것이 아니라 구체적인 조처를 기대했다.

루터 추종자들에게 프란체스코 키에리가티의 등장은 작전을 펼치기에 유리한 상황을 의미했지만 동시에 로마의 협박이기도 했다. 교황청은 처음으로 개혁 준비가 되어 있음을 드러냈고, 독일의 고충에 관해 잠재적으로 양보하는 모습을 보였다. 교황청이 전에는 불손한 태도로 반로마적 격앙을 부추겼다면, 이제는 기대하지 않았던 친절을 베풀면서 뿌리 깊은 반로마적 성향들에 대응했다. 이런 식으로 종교개혁은 이를 부채질하는 가장 중요한 수단 중의 하나인 이탈리아를 향한 민족의 적개심을 잃어버릴 위험에 처했다. 게다가 제국의 제후들은 옛 교회와 관계를 끊는 위험스러운 상황은 촉발시키지 않으면서, 타협적인 교황으로부터 세속과 종교에 대한 지배권을 조금이라도 더 얻을 수 있지 않을까 고심하고 있는 게 분명했다. 이런 모든 이유 때문에 루터는 선전을 통한 압박을 강화할 수밖에 없었다. 냉정을 가장하고 있는 교황은 결국 적그리스도일 뿐이었다.

루터와 멜란히톤이 1523년 〈로마에 있는 당나귀 교황〉이라는 제목으로 출판한 그림 팸플릿의 목적은 바로 이런 증거를 제시하기 위한 것이었다. 목판화로 찍은 형상과 그에 딸린 글귀를 통한 도발적인 풍자로, 로마와 교황에 맞서는 개신교 측의 논쟁은 새로운 차원에 도달했다. 팸플릿은 공인되지는 않았지만 1496년 테베레 강에서 발견되었다고 하는 반인반수와 관계가 있다. 그림 글귀에 따르면 하느님은 이 괴물로 당신이 교황제도에 대해 어떻게 평가하고 있는지를 보여주려 한다.

악에 대한 이런 경고는 글을 읽을 줄 모르는 사람들에게도 분명했다. 교황의 깃발이 나부끼고 있는 왼쪽 천사의 성탑과 오른쪽 로마의 감옥 토르 디 노나Tor di Nona 사이에 몸 대부분이 물고기 비늘로 덮인 섬뜩한 생명체가 서 있다. 이 생명체의 당나귀 머리는 무분별과 무지를 나타내고, 왼발의 맹금의 발톱과 오른발의 발굽은 역겨운 창조물의 탄생지인 지옥을 드러낸다. 이것이 무엇을 갈망하고 있는지는 여성의 성적 특징이 보여준다. 엉덩이 부분에는 음탕하게 쳐다보고 있는 수염 난 남자의 머리가 눈에 띄게 솟아 있는데, 이 머리는 갈라진 혀를 가진 용의 머리로 이어진다. 그림의 수수께끼는 간단히

로마에 있는 당나귀 교황: 하느님은 인간에게 이 괴물을 통해 테베레 강가에 사는 적그리스도에 대해 경고하시려 한다. 루터는 1523년 자신의 팸플릿에 이렇게 썼다.

풀린다. 교황은 인간을 그의 구원자로부터 등지게 만들고 악마에게
로 내모는 엄청난 거짓말쟁이다. 로마는 방탕한 사탄 추종자들이 사
는 바빌론이며, 동시에 온 세상을 억누르려는 폭군의 아성이다. 그러
나 하느님은 세상에게 이에 관한 징조를 주셨고, 그것을 해석할 루
터라는 해석자를 선물하셨다. 이제 이런 징조들에서 올바른 결론을
뽑아내는 것은 관찰자의 몫이었다. 관찰자인 루터는 로마의 만행의
원흉을 뿌리째 근절해야 한다.

4장

루터, 잊힌 자

1523~1534

클레멘스 7세와 루터 사건

로마의 폐해를 인정함으로써 '야만인' 하드리아노 6세는 권위를 완전히 잃었다. 1523년 9월 14일 그가 사망할 때까지 사람들은 그의 지시를 그저 마지못해 혹은 뭉그적거리며 따르거나 전혀 따르지 않았다. 그의 실패를 통해 교황청에게 확실히 입증된 사실은, 더 나을 것이라고 오인한 과거로 되돌아가는 길은 없다는 것이었다. 따라서 이전 상황을 복구하는 의미에서의 교회개혁은 최종적으로 불가능해졌다. 지금 애를 쓰고 있는 위로부터의 교회개혁을 위해서는 시대에 맞는 계획이 필요했다. 고위 성직자와 평신도의 유감스러운 현상태를 변화시키기 위해 교회는 시대 상황에 조심스레 적응해야 한다. 그런 후에 교회의 문제점을 단호하게 개혁해야 한다. 이와 같은 개혁에 관한 표상들은 몇 년 전부터 고위 성직자와 평신도로 구성된 지식인 모임에서 논의되었지만, 얼마 동안은 교황청에서는 아무런 반향도 얻지 못했다.

1523년 10월 1일, 35명의 추기경들이 새 교황을 선출하기 위해 모였다. 이 모임에서는 늘 그렇든 정치적 관점과 이해가 아주 중요했다. 이 콘클라베에서 레오 10세의 사촌인 줄리오 데 메디치에게는 베드로의 후계자가 되는 것보다 훨씬 더 중요한 문제가 있었다. 그에게 교황제도는 보다 더 높은 목적을 위한 수단이었다. 외국의 힘에 의존하고, 교회와 로마 교황령을 수단으로 삼아 그 어느 때보다도 불안정한 메디치 가문의 피렌체 권좌를 지속적으로 안전하게 하는 것이 중요했던 것이다. 이런 추가적 밑천이 없다면 그의 가문의 미래는 암울한 듯했다. 피렌체의 지도적인 귀족 가문들은 줄리오와 대부분 미천한 태생인 그의 하수인들의 점점 냉혹해져가는 통치에 싫증나 있었고, 비록 자신들의 지배권을 몇몇 수공업자와 나눠가지는 한이 있더라도 자유로운 공화국으로 되돌아가기를 바랐다.

콘클라베에서 줄리오 데 메디치는 고향에서보다 더 많은 충성을 기대해도 좋았다. 여기서는 여전히 다수의 고위 성직자들이 레오 10세에게 감사의 빚을 지고 있었다. 이런 식으로 메디치 가문의 수장은 16명의 충성스러운 지지자이자 콘클라베에서 의결을 저지시킬 수 있는 이 소수의 사람들을 자기 멋대로 다룰 수 있었다. 그의 동의 없이는 누구도 교황이 될 수 없었고, 그의 경쟁자인 알레산드로 파르네세Alessandro Farnese는 더욱더 그랬다. 오래전부터 그랬듯이 밀라노를 차지하려는 스페인과 프랑스의 싸움이 또다시 콘클라베에 작용했다. 카를 5세는 다시 메디치 가문 후보를 지지했고, 그만큼 격렬하게 프랑스의 프랑수아 1세는 메디치 가문을 반대했다. 그러나 레오 10세의 '교황 대리'로 8년을 보낸 줄리오 데 메디치는 이 절망적 상황에서 빠져나와 목적을 달성하기 위한 수단과 방법을 알고 있었다. 그는 적대적인 로마 귀족 가문인 오르시니와 콜로나 가문 출신의 추기경들을 서로 반목시켰고, 자신을 선택한 사람들에게는 아주 두둑한 녹을 받는 성직을 주겠다고 확약했다. 대부분의 외교관들의 평가에 따르면, 메디치 가문에서 또다시 교황이 나올 조짐이 확실했다. 1523년 11월 19일, 줄리오 데 메디치가 교황으로 선출되었다. 신임 교황은 자신을 클레멘스 7세라 불렀는데, 향락적인 인간이었던 레오 10세와는 반대로 성실하고 근면하며 사려 깊었고 소박한 인격에 대담한 계획을 꺼렸다. 교황청의 소수 신학자들도 기뻐했다. 클레멘스 7세는 루터 사건에 대해 전문가는 아니었지만, 이 문제를 철저하게 살펴보았다.

따라서 1523년 12월 2일, 새 교황이 직접 주관한 첫 추기경 회의에서 곧바로 이 문제를 교황 임기 중 처리해야 할 최우선 사항에 놓은 것은 당연했다.

교황은 현 시점의 불행한 사건들, 즉 루터 사건과 오스만투르크의 위험에 대해 언급했고, 두 개의 추기경위원회를 구성할 것을 토론에 부쳤다. 위원회 중 하나는 루터 사건에 적합한 수단을 검증해야 했고, 다른 하나는 어떻게 기독교 제후들 사이에서 평화를 이뤄 오스만투르크의 공격을 효과적으로 대처할지 연구해야 했다.[1]

일주일 뒤에 루터 위원회의 설립이 의결되었다. 곧이어 독일로 대사를 파견하라는 지시가 내려졌고, 이 대사는 보름스에서 알레안드로가 했던 일을 이어가야 했다. 사실 입증된 전문가인 알레안드로를 대사로 보내는 것이 논리적이었겠지만, 교황청에서 이 일을 주관하는 사람들의 복잡한 상황 때문에 그렇게 되지 못했다. 프리울리 출신의 외교에 정통한 지식인 알레안드로는 레오 10세 치하에서보다 두 번째 메디치 교황 클레멘스 7세 아래에서 훨씬 더 어려운 상황에 처해 있었다. 사람들은 알레안드로에게 소견서를 청해 그의 후계자가 숙지하도록 했다.

이 소견서는 교황청의 인문주의자가 자신이 보름스에서 얻은 경험을 어떻게 평가하며, 어떤 결론을 내렸는지 보여준다. 어떻게 독일 여론을 로마 편으로 끌어들이고, 루터에게는 반대하도록 만들 수 있는지가 비망록의 핵심이다. 양쪽의 성공과 실패가 각각의 선전에 달려 있다는 사실을 이미 1521년에 알레안드로는 분명히 알고 있었다. 교황청 입장에서는 잃어버린, 그러나 루터 편에서는 상당한 성과를 얻은 2년 반이 지난 뒤에, 알레안드로는 출판물을 통해 대 이단자와 그의 추종자들의 강력한 선전에 대항하기에는 이미 때가 늦었다고 생각했다. 그는 이에 대항하기 위해서는 목적에 부합하는 작가들에게 특정한 편의를 제공함으로써 그들을 독려해 일을 하도록 하고, 그들에게 제국의 인쇄기에 접근할 기회를 주어야 한다고 주장했다. 이때 로마가 어떤 조치를 취해야 하는지, 즉 어떤 인맥을 형성하고 어느 정도 금액을 투자해야 하는지를 독일 전문가 알레안드로는 아주 상세하게 서술했다.

논박서와 신학 소책자를 발행함으로써만 교황제도를 위해 독일 대중을 차지할 수 있다. 호전적인 말에는 결연한 행동이 따를 수밖에 없다. 잃어버린 신뢰는 교황청을 광범위하게 개혁함으로써만 되찾을 수 있다. 이 일에서 교황은 무엇보다 자격이 없는 사제들을 본보기로 처벌해야 하는데, 특히 상습적인 성직록 사냥꾼들에 대한 처벌은 독일에서 좋은 반응을 일으킬 것이다. 교황제도는 이를 통해 필요한 권위를 얻을 수 있고, 독일의 주교들을 루터주의에 대항하는 싸움에 훈련시키며, 이교에 반대하는 설교를 하도록 수도회에 동기를 부여할 수 있다. 치료 불가능한 감염자들에 대항하기 위해서는 가장 엄격한 조처만이 도움이 된다. 작센의 선제후와 같은 고집불통의 이단자는 파문해야 하며, 이단자의 보금자리인 비텐베르크는 대학 특권을 빼앗고, 제국도시들 내 후원자들은 파문과 교역금지 포고를 통해 축출해야 한다. 이런 지시를 통해 알레안드로는 이미 3년 전에 그랬듯이, 투쟁적이고 비판적인 어조로 훗날 행해질 가톨릭 개혁 프로그램을 미리 강조했다. 알레안드로의 소견서에 따르면 이런 대응책들은 로마에서 근본적인 변화가 실행될 때만 결실을 맺을 수 있었다.

독일에서 해야 할 행동에 관해 알레안드로가 제안한 기략이 뛰어난 충고들은 유익했다. 클레멘스 7세는 교황대사를 제국에 보냈을 뿐만 아니라, 곧 그의 뒤를 이어 추기경 직위를 가진 또 한 명의 교황특사를 보냈다. 알레안드로의 의도대로, 이 임무를 위해서 로렌초 캄페조가 로마 개혁 대리인으로 선출되었다. 알레안드로는 캄페조를 위해 또 다른 소견서를 썼다. 이 소견서는 그 이전의 비망록보다 더욱더 강력하게 독일 상황에 맞춰졌다. 이 글은 게르만에 관한 문화와 역사 정보를 제공하고 광신적인 야만인들과의 성공적인 교류를 위한 입문서 역할을 해야 했다.

위기 상황을 고려하여 제안된 성공 규칙 첫 번째는 적개심을 없애는 것이었다. 교황특사가 조심스럽고 품위 있으며 상냥하게 처신할 때, 반로마적인 격정의 힘이 가장 쉽게 약화되었다. 야만인들은 경멸의 표현을 제일 증오하고, 반대로 존중과 공경의 확언에는 아주 민감하며, 아첨을 통해 쉽게 제압되었다. 따라서 교황청의 외교관은 위장할 줄 알아야 하고, 몹시 자제하면서 로마 식의 세련된 태도의 우월함을 마음껏 활용해야 하는데, 상대를 위축시키거나 적개심을 돋우기 위해서가 아니라 선량한 사람들을 독려하고 고집 센 사람들의 기를 꺾어놓기 위해서였다. 보다 높은 문화의 대변인으로서 캄페조는 어떤 경우에도 신학적 논쟁에 응하지 말아야 한다. 논거를 위한 것이 아니라 대중의 지지를 받는 것이 중요한 그런 논쟁에서는 자칫 너무 빨리 우월함을 잃을 수 있었다. 이런 종류의 격론을 어떻게 해도 피할 수가 없다면, 교황특사는 독일에서 미움받는 스콜라의 대가들을 인용해서는 안 되며 상대의 규칙, 즉 "오직 성경"에 따라 성경만을 근거로 대며 논증해야 했다. 야만인들의 요청을 가능한 한 여유 있게 들어준다는 것은, 그들의 불평이 모두 정당하다고 인정하는 것을 의미하지는 않았다. 알레안드로에 따르면, 특히 연공이 너무 높다는 그들의 불평은 근거가 없었다.

이런 점에서는 교황청의 독일 전문가가 옳았지만, 이런 최소한의 양보만으로는 독일 내 만연한 로마 및 교황에 대한 깊은 혐오를 극복할 수 없었다. 1524년 3월 뉘른베르크 제국의회에서 이 혐오는 마치 충격파처럼 교황특사 캄페조를 덮쳤다. 이제 보름스 칙령을 제국 전체에 실행시키자는 그의 요청은 거의 묵살되었다. 레겐스부르크에서 개최된 별개의 회의에서는 합스부르크 대공 페르디난트와 바이에른의 영주들 그리고 12명의 주교들만이 루터파에 대항하는 적극적인 행동에 동참하겠다는 뜻을 밝혔다. 아무튼 이로써 제국 내에서 가톨릭파 저항동맹이 조직되기 시작했다. 캄페조는 다음과 같이 제안하며 문제의 핵심에 도달했다. 제국의회 의원은 그들의 불평에 관해 로마와 외교적 방법으로 토의해야 하고, 이 목적을 위해 정기적으로 외교사절단을 보내야 하며, 이런 방식으로 지속적인 결합을 가져야 한다는 제안이었다. 비난 대신에 타협을 보자는 것이었다. 이 처방은 옳았지만 10년이나 늦었다. 1524년 독일에서는 종교 문제를 풀기 위해 단 한 가지 방법밖에 없다고 생각했다.

제국의회에 참석한 거의 모든 자유도시들은 독일 내에서 보편 공의회를 소집하라고 요구했다. 그때까지 그들은 루터파에게 내린 설교 금지령 때문에 분노와 소요가 발생했으며, 이 때문에 종교 문제에서 어떤 새로운 일도 계획할 수 없다고 생각하는 것 같았다.[2]

교황과 추기경들이 1524년 5월 2일 로마에서 개최한 추기경 회의 기록에는 이렇게 적혀 있다. 교회의 수장은 독일 내 상황의 심각성을 알리는 캄페조의 보고를 받았다. 독일의 신분대표회의는 독일 안에서 공의회를 개최하자고 요구함으로써 교황청, 특히 클레멘스 7세의 아픈 곳을 건드렸다.

교황청 전체는 여전히 공의회 트라우마에 지칠 대로 지쳐 있어, 교회개혁을 목적으로 한 공의회 소집을 온갖 수단을 동원해 방해하려고 했다. 개혁은 오직 교황으로부터만 시작될 수 있다! 이것이 그들의 주장이었다. 이것은 또한 하드리아노 6세의 입장이기도 했다. 하드리아노 6세와는 다른 이유에서 클레멘스 7세도 개인적으로 공의회를 아주 두려워했는데, 최악의 경우 공의회에서 자신을 해임시킬지도 모른다고 생각했기 때문이다. 왜냐하면 사생아인 그는 교회법 규정에 따르면 성직자 지위를 갖지 못하기 때문이었다. 이외에도 공의회가 교황에게는 막대한 권력의 손실을 주고, 고위 성직자들로부터는 수많은 특권과 익숙해진 향락적 생활방식을 빼앗을지 모른다는 두려움이 있었다. 알레안드로와 함께 어떤 익명의 저자가 이 사건에 대한 기록을 남겼다. 그는 위와 같은 위험에 맞서 신성한 전통은 지켜져야 한다고 주장했다. 또한 말을 듣지 않은 어떤 야만인이 세상과 동떨어진 독일 안에서 환각에 빠진 사교를 퍼트리고 있을 뿐이니, 교회 운영의 입증된 원칙에서 물러나지 말라고 충고했다.

이 의견은 결국 교황 클레멘스 7세의 생각이기도 했다. 그러나 교황은 독일에서 강력하게 처신하는 것보다 교황청의 개혁이 먼저 일어나야 한다는 알레안드로의 경고를 잊지 않았다. 따라서 상당히 허술한 타협이 이루어졌다. 타협의 내용이 무엇인지는 1524년 9월 9일의 추기경 회의 기록이 보여준다.

성하께서는 희년*인 1525년을 기다리시면서, 모든 기독교인과 특히 로마로 오는 순례자들의 본보기가 되기 위해 몇 가지를 개선하는 것이 적절하겠다고 말씀하셨다. (……) 우선 로마 교회를 검열하고, 필요할 경우에는 바로잡고 개선하며 복원해야 할 몇몇 성직자를 임명해야 할 것이다. 둘째, 교회 소속이 아닌 모든 사제들은 심사받아야 하며, 그들 중 적절하지 않고 교양이 없다고 판명된 자들은 희년 내내 미사를 거행해서는 안 된다. 셋째, 모든 수도회 총장들은 훌륭한 수도사들에게 고해신부와 함께 성 베드로 성당, 산 조반니 인 라테라노 성당, 산타 마리아 마조레 성당에서 고해를 들어주러 가라고 요구해야 한다.[3]

---

* 성년(聖年)이라고도 한다. 희년을 맞으면 노예는 해방되고 조상의 재산을 저당 잡혔던 사람들은 재산을 돌려받았다.

11월 7일, 모든 성직자들은 복장과 머리 중앙부 삭발 규정을 정확하게 지킬 것이며 도덕적 스캔들을 피하라는 지시를 받았다. 기준이 느슨한 로마 성직자들이 볼 때도 이것은 가장 피상적인 종류의 '개혁'이었다. 영원의 도시 로마의 외관을 향상시키고 그 명성을 높이는 것, 이 자체는 현명한 조처였다. 이런 식의 이미지 관리는 여론을 얻기 위한 전쟁이었지만, 사방에서 요구하는 개혁이 그런 종류의 미화로 끝날 수는 없었다.

공의회에 관한 싸움에서 교황청은 유사한 전략을 이용했다. 공개토론에서 논의되었던 세 가지 변형들은 교황청으로서는 여러 가지 이유로 수락할 수 없었다. 세 가지 공의회 형태 중 교황청이 가장 꺼리는 것은 독일 도시들과 제후들이 협박에 가까울 정도로 요구하는 독일 '민족 공의회'였다. 독일 땅에서, 독일의 감독 아래 열리는 공의회는 루터주의의 승리로 끝나거나, 독일 가톨릭이 로마에 대한 복종 의무에서 벗어나는 것으로 끝날 수도 있었는데, 이는 로마의 입장에서 보면 거의 동일한 결과였다. 두 번째 변형은 독일 안에서 열리며 전 유럽 국가가 대표를 파견하는 보편 공의회였는데, 이 공의회는 종교정책적·신학적으로는 크게 위험하지 않았다. 그러나 로마의 영향력이 제한될 수 있기 때문에 아주 위험했다. 또한 잠재적으로 가장 무해한 듯 보이는 변형, 즉 이탈리아 혹은 하다못해 로마에서 개최되는 공의회 역시 앞서 언급한 두려움 때문에 교황에게는 고려 대상이 되지 않았다. 따라서 클레멘스 7세에게는 단 한 가지 출구밖에 없었다. 공의회에 대해 자신이 철저하게 준비되어 있음을 늘 강조하고, 동시에 스페인과 프랑스 사이의 지속적인 갈등과 같은 어려운 정치적·군사적 상황에 대해 주의를 환기시켜서, 공의회는 현

시점에서는 시기적절하지 않다고 해명하는 것이었다. 공의회는 전기독교들 사이에 평화 상황이 지속적으로 유지될 때야 비로소 소집될 수 있다. 따라서 결코 소집되지 않을 것이라는 뜻이었다. 교황이 제시한 이탈리아 혹은 로마 교황령 내의 공의회 장소들은 공의회가 절대 개최되지 않을 것임을 확실히 보여주는 증거였다.

교황의 모든 제안 뒤에는 어떤 일이 있어도 공의회를 방해하겠다는 의지가 있었다. 이런 사실은 독일이나 다른 유럽 국가들에게도 오랫동안 비밀이었다.

로마의 줄타기 정치

공의회 소집 요구에 대해서는 얼버무리며 답변하고, 적절한 시간에 열겠다는 희망을 주어 달래라는 교황의 교시 때문에 캄페조의 교황 사절단은 비상식적인 대표단이 되었다. 동시에 모든 개혁 조짐이 보이지 않았기 때문에, 교황제도는 독일에서 가톨릭파에게도 신뢰를 잃었다. 이탈리아, 피렌체 및 자기 가문만을 중시하는 게 눈에 뻔히 보이는 이 교황을 독일에 간 사절단들이 어떻게 변호해줘야 한단 말인가? 이후 10년 동안 로마의 외교사절들은 점점 더 자주 다른 사람들로부터 이런 질문을 들어야 했고, 결국은 자신에게도 이런 질문을 했다. 위험한 외교정책으로 신뢰는 더욱더 빨리 사라져갔다. 클레멘스 7세는 1524년에 시작한 이 정책을 1534년 9월에 사망할 때까지 포기하지 않았다. 이렇게 정책의 우선순위를 새롭게 정한 탓에 사람들은 루터 사건으로부터 거의 완벽하게 눈을 돌리게 되었고, 뿐만 아니라 이상하게 독일 문제에 대해서는 점점 더 무관심해지는 결과를 낳았다. 이는 독일에서 일어나는 사건 전개를 잊으려는 엉뚱한 강박관념과 그것을 기괴하게 미화시킨 탓이기도 했다.

기독교 강대국들 간의 싸움에서 아버지와 같은 중재재판관을 맡는 것은 오래전부터 교황의 역할로 생각되었다. 그러나 클레멘스 7세는 자신의 역할을 달리 해석했다. 왜냐하면 그는 더욱더 빠른 속도로 양쪽 파벌, 즉 프랑수아 1세와 카를 5세와 각각 동맹을 맺었기 때문이었다. 어떤 일이 있어도 승자의 편에 서서 자신과 가족을 위해 최대 이득을 얻어내는 것이 목표였다. 이미 레오 10세가 이와 유사하게 변덕스러운 정치를 했지만, 전체적으로는 큰 성공을 거두지 못했다. 하지만 레오 10세는 그때 주요 가담자들의 예민함을 참작하는 확실한 안목을 유지했다. 1524년 말부터 레오의 사촌인 클레멘스 7세가 이끌어가는 정치에서는 이 두 사람에 대해 더 이상 아무런 언급도 없었다. 이미 모든 상황을 객관적으로 판단하고 있던 동시대 사람들, 예를 들면 교황의 수석 외교관 프란체스코 귀차르디니 Francesco Guicciardini와 프란체스코 베토리Francesco Vettori 같은 사람들이 볼 때, 두 번째 메디치 교황은 몰락할 게 분명한 어리석은 정치를 하고 있었다. 결과적으로 교황권은 경솔하게 행동한 탓에 유럽 무대에서도 마지막 신용을 잃어버렸다. 이제까지 폰티펙스 막시무스는 외교적·군사적 시도에서 심각하게 패배한 이후에도 보너스를 기대할 수 있었다. 이는 승자의 가혹한 보복조치로부터 그를 구해주었다. 이런 특별 지위를 누리는 것도 이제 끝났다. 변덕스러운 정치로 모든 사람들을 무지막지하게 모욕하고 있는 교황을 왜 세속의 지배자들이 고려해줘야 하는가?

클레멘스 7세의 최측근들의 판단에 따르면, 교황은 자신이 현재 하고자 하는 역할에는 정말 적합하지 않았다. 물론 그가 메디치 가문 사람들 중에서 어떤 문학적 토론도 정확하게 이해하는 지식인인 것은 분명했다. 그러나 의지와 실행력에서는 명민함이 부족했다. 매일 교황을 알현한 귀차르디니는 그의 성격을 분석했다. 오늘날까지도 깊은 인상을 주는 이 분석에 따르면, 교황은 어떤 결정에 대한 찬성과 반대를 충분히 생각한 뒤 고심 끝에 결단을 내리면, 곧바로 반대이유의 설득력에 들볶여 다시 결정을 취소하고 반대명령을 포고했다. 그리고 그 일로 또다시 불확실과 두려움의 고통 속으로 추락했다. 레오 10세와 줄리오 데 메디치는 강력한 팀이었고, 자신들의 약점을 서로의 반대되는 성격으로 중화시켰다. 그러나 이제 줄리오 데 메디치, 즉 클레멘스 7세만이 남아 바티칸에는 혼란이 일어났다. 교황청 내의 친스페인파와 친프랑스파가 팽팽히 맞서, 이미 결정 능력이 없는 교황이 이런 상황에 이리저리 끌려다니자 혼란은 더 심해졌다. 어찌할 바 모르는 귀차르디니의 보고에 따르면, 중요한 훈령을 받은 파발꾼이 프랑스 혹은 스페인으로 떠나면, 막 체결한 모든 협정을 다시 뒤집는 전령이 얼마 되지 않아 이들 뒤를 따르는 일이 점점 더 잦아졌다. 이런 식으로 합법적인 협약들은 멸시당했고, 적대적인 감정을 부채질했다. 지나치게 소심함에도 불구하고 교황은 서서히 다가오고 있는 위험에 대해서는 아무런 직감도 갖지 않았다. 그는 위험이 없는 곳에서 위험을 보았고, 위험이 존재하는 곳에서는 이를 부인했다.

이런 진단은 아주 정확하지만, 1524년에서 1534년 사이 자기 파괴 직전까지 도달한 바티칸의 권력해체 현상을 설명하기에는 충

루터

분하지 않다. 혼란한 상황을 이해하기 위한 또 다른 열쇠는 클레멘스의 극단적인 친족 등용이 제공한다. 그의 야심찬 계획의 중심에는 피렌체가 너무나 확실히 자리 잡고 있어, 교황제도와 로마는 완전히 뒷전으로 물러나 있었다. 그러나 또한 그 계획에는 도무지 이해할 수 없는 비합리성, 억압 및 망상의 잔재도 남아 있었다.

이제 로마의 희망적인 관측이 루터 사건과 그로 인해 촉발된 갈등의 평가를 어떻게 억눌러버렸는지 곧 드러났다. 캄페조는 루터주의가 특히 제국 신분대표들 사이에서 계속 퍼져나가는 것을 알아차렸다. 그러나 로마는 캄페조의 보고 내용 중 입맛에 맞는 것만 수용했다. 이는 1524년 11월 말 추기경 회의에서 교황과 추기경들의 회의 기록이 증명한다.

> 교황께서는 독일 담당 교황특사인 캄페조 추기경으로부터 보헤미아인들과의 싸움 해결에 큰 희망을 품어도 된다는 편지들을 받았다고 말씀하셨다.[4]

실제로 이후 보헤미아 교회와 동맹을 맺으려는 협상들이 있기는 했지만, 로마에서는 이런 협상들을 몹시 과대평가해서, 제국 내에서 루터주의가 끝나간다고 판단했다. 이런 낙관적인 평가와는 반대로 독일 상황에 대한 캄페조의 비관적인 관점은 완전히 뒷전으로 밀려났다. 로마 측은 아무런 행동도 하지 않기 위해 그런 관점에 대해서는 그저 눈을 감아버렸다.

독일 내 문제들이 곧 해결될 것이라는 환상 속에서, 클레멘스 7세는 이제 열강들과 외교정치를 해도 된다고 생각했다. 이 열강정치는 1524년 말 프랑스와의 동맹으로 시작되었는데, 그때 프랑스 왕 프랑수아 1세가 밀라노를 정복하려고 강력한 군대를 이끌고 침입해서, 모든 사람들은 이 도시가 곧 프랑스인의 손에 넘어갈 것이라 생각했다. 그러나 상황은 교황의 기대와 달리 진행되었다. 1525년 2월 24일 프랑스 병력은 파비아의 궁정 정원에서 카를 5세의 용병에게 전멸되다시피 했고, 프랑스 왕도 스페인의 포로가 되었다. 예상치 못한 전쟁 결과는 교황청에 엄청난 공포를 불러일으켰다. 공포는 스페인에 있는 교황대사로부터 보고를 받은 뒤에야 사라졌다. 그의 보고에 따르면, 승자는 교황에게 어떤 반감도 품지 않으니, 그의 복수를 두려워하지 않아도 된다는 것이다. 그러나 이 사건에 대한 충격이 로마에서 정치적 깨달음으로 이어지지는 않았다. 프란체스코 베토리와 같은 현명한 조언자는 이제부터는 카를 5세의 편에 서라고 교황에게 절실하게 조언했다. 다른 사람들도 이런 끔찍한 분쟁에 아예 관여하지 말라고 요청했음에도 불구하고, 클레멘스 7세는 마치 아무 일도 없었던 듯 친 프랑스 정치를 계속했다. 프랑수아 1세는 스페인의 포로에서 풀려나는 조건으로 카를 5세와 조약을 맺었다. 그러나 교황 덕분에 이 의무를 지키지 않아도 되었다. 이후 교황과 프랑수아 1세는 합스부르크 가에 대항하는 다른 동맹을 체결했다. 이런 정치적·군사적 사건들 뒤에서 제국 내 교회와 정치는 점점 더 후퇴했다.

독일 내 교황청 대사의 편지들이 낭독되었다. 편지는 루터파가 독일 내에서 일으킨 소요와 루터가 당한 엄청난 참패에 관한 것이었다. 이로 인해 7만 혹은 8만 명의 남자들을 잃었다고 한다.[5]

"소요"는 독일 농민전쟁을 말하는 것이다. 이 전쟁은 1525년 초에 독일 남부 대부분을 뒤흔들었다. 로마는 농촌에서 일어난 이런 반란운동을 '루터파'가 획책했다고 생각했다. 오래전부터 내려오던 적개심이 이런 오판에 또다시 중요한 역할을 했다.

폭도 루터가 조만간 통치권과 정부의 모든 형태에 반대해서 전반적인 폭동을 꾸밀 것이라는 사실을 지롤라모 알레안드로는 이미 1521년 초에 확신했다. 성경의 구속력 있는 의미를 대담하게 자기 마음대로 결정하는 사람은 제후의 권위도 전복시킬 수 있다고 생각한 것이다. 그런데 이제 보아하니 그럴 시기가 온 것이다. 이단자는 사회개혁자가 되었고, 이로써 그의 악마의 얼굴이 드러났으며, 엄청난 참패를 당한 것이다.

농민전쟁과 루터의 결혼

못된 통치자에 적극적으로 맞서는 것을 루터는 절대 옹호하지 않았지만, 교황대사는 보름스에 있을 때도 이런 사실을 알아차리지 못했다. 추종자 혹은 반대자 사이에서 이런 오해가 일어나는 것을 예방하기 위해, 비텐베르크의 교수는 1523년 출판된 그의 글 〈세속정부에 대하여, 세속정부에 얼마큼 복종해야 하는가Von weltlicher Obrigkeit, wie weit man ihr Gehorsam schuldig sei〉에서 자신의 정치적 신조를 더욱 확장시켰다. 루터의 두 왕국* 이론 및 통치에 대한 교리에 따르면, 세속의 지배 정부는 그의 손에 든 칼로 지상의 악, 다시 말해 모든 형상으로 드러나는 악에 맞서 싸우도록 결정되었다.

구체적으로 말하자면 공중 질서의 파괴자, 도둑, 살인자, 마녀, 마술사와 선동 설교자들에 대해 엄중한 조치를 취해야 한다는 것이었다. 군주로서 사형을 많이 언도하길 꺼리는 사람은 자신의 천직을 그르치는 것이다. 왜냐하면 그의 소명은 악에 대항하여 창조물을 보호하는 것이기 때문이었다. 〈로마서〉 13장에 적힌 사도 바울의 가르침에 따르면 군주의 판단은 하느님으로부터 주어진 것이라서 절대 침해할 수 없다고 루터는 생각했다. 믿음의 은총을 선물로 받은 기독교도는 비록 부당하더라도 군주의 판단을 불평하지 말고 받아들여야 한다. 왜냐하면 보이지 않는 소수의 신자들은 영적정부인 그리스도의 나라에서 그 신실하고 종교적인 삶을 이어가기 때문이다. 이 나라에서는 복음의 율법과 이웃사랑 및 희생정신 이외에 다른 모든 율법은 가치가 없다. 세속의 군주이며 동시에 그리스도인인 사람은 세속정부와 영적정부의 규율에 따라 자신의 통치권을 행사해야 한다. 그는 세속의 모든 권력자처럼, 기독교도이건 아니건 상관없이 악인을 견제해야 하며, 이때 사리사욕을 갖지 않아야 한다. 구체적으로 말하자면, 군주는 자신의 왕국에서 자신의 명예가 아니라 오직 보눔 코무네bonum comune, 즉 자기 신하들의 보편 이익과 안녕을 살펴 줘야 한다. 그것은 외줄타기처럼 아주 힘든 일이다. 어디까지를 공공의 이해로 생각해야 하는지, 사리사욕의 시작은 어디인지를 결정하기 어렵기 때문이다.

두 왕국 이론은 아주 복잡해서 대중은 거의 이해할 수 없었다.

---

*   세속정부와 영적정부를 의미한다.

불평에 찬 그룹과 계층 들은 루터가 주장한 기독교인의 자유를 억압의 자유라고 생각했다. 이들에 의해 종교개혁의 이념이 원래 목적과 달리 정치적 의미가 된 데에는 또 다른 이유가 있었다. 1530년부터 카를 5세와의 갈등이 첨예화되기 전까지, 루터는 통치권은 분할될 수 없는 것이라 생각했다. 반면 반란을 일으킨 제국의 기사들과 농부들은 권력이란 나누어가질 수 있는 것, 그것도 군주로부터 마을사람들까지 다함께 나누어가질 수 있는 것이었다. 하층민의 권리가 상층 권력가에 의해 손상될 경우, 이들은 자신들의 권력 몫을 위해 항의할 수 있는 권리가 있었다. 마을 공동체와 특히 시골의 상층부에게 특별한 자율성과 참여를 보장했던 이 권리는 이제 군주, 영주, 지주 및 재판권 소유자 등에 의해 계속 제한되었다. 그래서 1525년 초 폭동을 일으킨 농부들은 집요하게 이 권리를 다시 찾으려 했던 것이다. 농민반란을 주도했던 시골 엘리트들 생각에 이와 같은 권리의 거부 및 약화는 경건한 기독교인으로서 감수해야 할 운명의 타격이 아니라 계약 위반이었다. 경건한 기독교인이라면 이를 폐기해달라고 호소할 권리가 있었다. 그들은 이 일에서 비텐베르크의 종교개혁가 루터를 증인으로 내세웠다. 하지만 이는 루터의 입장에서는 그들이 자신을 제대로 이해하지 못한 것이고, 그의 원래 주장을 심각하게 왜곡한 것이었다.

그래서 루터는 처음부터 반란 가담자들이 자신들의 행동을 정당화하기 위해 루터 자신과 복음을 근거로 삼을 권리가 없다고 했으며, 이들이 군대를 이루어 악랄한 착취를 하는 것을 비난했고, 갈등 당사자들이 서로 타당한 합의와 타협을 하도록 경고했다. 그러나 아무도 귀담아듣지 않은 채 결국 이런 포고가 소멸되자, 루터는 유례

없는 잔혹함으로 반란자들을 무자비하게 학살하라고 제후들에게 호
소했다. 농부에 반대하는 그의 인신공격의 정점은 다음과 같았다. 이
제 진정한 기독교 순교자로서 죽을 기회가 왔다. 폭동을 일으킨 농
부들에 맞서 전투에 가담하는 사람은 복음의 이타심과 이웃사랑의
정신 속에서 행동하는 것이다! 대량학살을 부추기는 이런 포고는 승
자의 입장에서도 깊은 불쾌감을 불러일으켰고, 많은 비난을 유발했
다. 그러나 루터는 자신의 논제를 철회할 생각이 없었다. 오히려 반
대로, 이 포고에 이어 상당히 논쟁적인 글이 뒤따라 나왔다. 반란 가
담자에게 동정을 가진 자는 선동자로 의심받을 것이다. 특히 루터는,
농민전쟁의 정당함을 증명하고 튀링겐에서는 몸소 농민전쟁을 이끌
기까지 한 토마스 뮌처와 같은 신학자들을 비난했다. 루터가 볼 때,
뮌처는 잘못된 예언자의 전형이었고, 따라서 자기 생각에 빠져 있는
"열광자Schwärmer"*의 전형이었다. 뮌처와 재세례파 같은 몽상가들은
복음을 '육체적으로' 만들려 한다. 다시 말해 항상 악이 다수를 차지
하는 이 땅에 거짓 낙원을 건설하고자 하는데, 이 낙원은 모든 질서
를 없앰으로써 위선자들에게 권력을 가져다 줄 것이며, 창조물은 파
괴될 것이라고 했다.

　　1525년은 루터에게는 이별과 결단의 해였다. 한 해 전에 에라
스무스 폰 로테르담은 그의 글 〈자유의지에 관하여De libero arbitrio diatribe
sive collatio〉를 통해 한 가지 핵심, 즉 인간의 자유의지의 문제에서 루
터와 거리를 두었다. 루터는 〈노예의지에 관하여De servo arbitrio〉라는 글

---

*　　루터는 급진적 종교개혁가들에게 이 단어를 사용했다. 루터는 이들을 악마에게 유
　　혹당한 적대자라고 생각했다.

로 이에 맞섰고, 이 글에서 칭송받는 인문주의자 에라스무스를 날카롭게 공격했다. 루터가 보기에 이 위대한 인문주의자는 자신의 상에 따라 편안하게 타협할 수 있는 하느님을 만들어내는, 오만하고 논리적인 인간의 전형이었다. 1530년대의 탁상담화에서 루터는 에라스무스를 완전한 '에피쿠로스파'로, 즉 그리스도가 아니라 인간의 허영에 의해 만들어진 신을 믿는, 따라서 자기 자신을 믿는 향락주의자로 여겼다. 이 인문주의자를 증오한다는 점에서 예외적으로 루터와 알레안드로는 일치했다. 에라스무스의 글을 관통하는 부드러운 야유의 음색과 그의 성경 해석의 방식을 루터와 알레안드로 모두 마음에 들어하지 않았다. 에라스무스는 다음과 같이 주장했다. 성경은 제한된 인간의 이해능력으로 파악하기에는 어려운, 따라서 매우 논란의 여지가 많은 모호한 지점을 수없이 포함하고 있다. 이런 지점은 선한 삶을 위해서는 중요하지 않으며, 가능하면 논의되지 말아야 한다. 말씀의 본래 핵심을 그것과 무관하게 확정하기보다는 그냥 내버려두는 것이 훨씬 더 권장할 만하다. 하느님은 원죄 이후 악으로 기운 인간에게 그리스도의 희생을 통해 은총을 베풀어주셔서, 선한 의지를 가진 자는 이런 구원의 닻을 움켜잡을 수 있다. 마치 어린아이가 나무에서 떨어진 사과를 잡으려 할 때 아버지의 도움을 필요로 하듯, 인간은 원죄 이후 또 다른 은총을 통해 도움을 받는다. 그러나 루터가 볼 때 에라스무스의 이런 관점은 인간을 과대평가한 것이었다. 인간은 스스로의 힘으로는 자신의 구원을 위해 절대 아무것도 할 수 없다. 스스로는 얻을 수 없는 선물, 언제나 공로 없는 선물인 하느님의 은총의 물결에 인간은 밀가루 부대처럼 휩쓸려간다고 루터는 생각했다. 그런데 에라스무스는 이것을 달리 보았다. 비록 구원을 획득하기 위해서는 하느님의 여러 은총이 필수 불가결하지만, 그럼에도 불구하고 하느님에게 자발적으로 협력함으로써 죄 있는 인간에게도 품위의 잔재가 남아 있다고 생각한 것이다.

1525년 5월 5일, 작센의 선제후 현자 프리드리히가 사망했다. 루터는 후원자이자 보호자를 잃었다. 선제후의 현명한 조처가 없었더라면 루터는 로마 교회에 대놓고 맞서지 못했을 것이다. 프리드리히는 죽을 때까지 지연 및 은폐 전략을 충실히 실행했고 생애 마지막 시기에는 자신의 비텐베르크의 교수의 교리에 점점 더 접근했지만, 가톨릭교회와 공식적으로 관계는 끊지 않았다. 군주의 교체가 루터에게는 단절을 의미하지 않았다. 왜냐하면 작센의 새로운 대공이자 선제후인 요한Johann der Beständige이 자신의 형 현자 프리드리히가 하던 일을 계속했기 때문이었다.

42년간의 루터의 인생에서 커다란 개인적 결단은 카타리나 폰 보라Katharina von Bora와의 결혼이었다. 그는 성직자의 독신생활을 자연법칙에 어긋나며 하느님을 거역하는 것이라 비난했다. 1521년 이후부터는 이 일에서 자신도 결론을 내리지 않으면 안 될 것 같은 예감이 들었다. 바르트부르크에서 돌아온 이후 그는 비텐베르크의 아우구스티누스 수도원에서 계속 살았고, 여전히 수도사 옷을 입고 있었다. 1524년 가을에야 비로소 이 옷을 벗었다. 이 시기 작센 선제후국 내의 많은 수도원과 수녀원은 이미 비어 있었다. 루터는 당연히 이를 자신의 교리의 결과로 보았고, 자신의 글에서 이것의 정당함을 증명했다. 그러나 '누구에게도 속하지 않은' 수녀들은 당시의 가부장적 가족 관념에서 볼 때 문제가 되었다. 이제까지 귀족의 딸들은 신분에 맞게 수녀원에서 부양을 받았고, 여기서 그녀들은 수녀원장으로서 경력을 쌓으며 가족의 명망을 높일 수 있었다. 미혼 여성을 위한 피난처이자 자기계발 공간은 더 이상 존재하지 않았다. 여성이 결혼하지 않고 있을 경우, 비도덕적이고 부적절하다는 의혹을 받았다. 그래서 루터는 훗날 칼뱅Jean Calvin*이 제네바에서 그랬듯이 친구와 지인들 사이에서 결혼중매인 역할을 했다. 교회의 새로운 보호자의 의견에 따르면 수녀원에서 도망친 수녀들은 남편에게 종속될 수 있었다. 몰락한 지방 귀족 출신인 카타리나 폰 보라는 이런 수녀들 중 하나였다. 26세였던 그녀는 당시의 일반적인 결혼 연령을 훌쩍 뛰어넘었다. 자신감이 넘치던 그녀는 루터의 측근인 니콜라우스 폰 암스도르프보다는 루터를 원했고 결국 그와의 결혼에 성공했다.

혼인은 1525년 6월 15일에 이뤄졌고, 결혼식은 12일 이후에 거행되었다. 결혼식은 신랑이 호소했던 농민 학살이 마지막 단계에 접어들었을 때 행해졌다. 독일 내 루터의 적들은 이 '비텐베르크의 피의 결혼식'을 최대한 마음껏 이용했다. 적들이 볼 때 이 결혼은, 제후의 교회 자산 몰수와 농민봉기에 이어, 루터에 의해 기존세계의 질서들이 폐지되는 세 번째 증거였다. 그들 눈에는 수도원의 금욕생활의 자리를 육신의 거친 욕망이 차지하는 것으로 보였다. 신랑의 친구들 역시도 마음이 불편했다. 존경하는 영적 스승이 남편으로서, 그리고 얼마 후면 가장으로서 살아간다는 것이 수치스러웠던 것이다. 루터 본인에게는 자신의 결혼이 모든 질서의 파기를 의미하지 않았다. 이는 자연적이고 신의 뜻에 따른 생활양식을 취하겠다는 신앙고

---

* 　장 칼뱅(1509~1564): 프랑스의 종교개혁가. 제네바에서 종교개혁에 성공하고 신정정치 체제를 수립했다.

백이었다. 이런 생활방식은 방탕과 거리가 멀 뿐 아니라, 교황제도가 주장하는 자연법칙에 어긋나는 금욕과도 거리가 멀었다. 루터 부부는 전에 아우구스티누스 수도원이었던 건물 안에서 곧 태어날 자녀, 고용인, 하숙 대학생들로 가득한 대가족으로 확장될 살림을 시작했다. 이제 목사 가정이 수도사의 생활양식을 대신하게 되었고, 이는 독일 문화사에서 엄청난 결과를 가져왔다.

로마의 착각

1525년 내내 독일에서 무슨 일이 일어나는지 로마에서는 이전처럼 전혀 모르고 있거나 그저 왜곡되어 알고 있을 뿐이었다. 교황과 추기경들의 조언이 입증하듯, 교황청 사람들은 루터를 농민전쟁의 실제 원흉으로 보았고, 따라서 농민전쟁의 가장 중요한 패배자로 생각했다. 왜냐하면 이단자는 그저 반역자이기 때문이었다.

9월 6일 추기경 체시는 헝가리 교황대사가 보헤미아에서 보낸 편지들을 읽었다. 이 편지에 따르면 작센의 새로운 대공이자 선제후인 요한이 1,100명의 기마병 및 4,000명의 보병과 함께 비텐베르크로 입성해 그곳에서 루터에게 호의를 갖고 있는 모든 귀족들을 몰아냈으며, 이 이단의 다른 추종자들에게 사형을 언도했다. 또한 요한은 거룩한 어머니이신 교회die heilige Mutter Kirche*가 명령한 대로 교회의 전례들과 설교 및 예배의 모든 요소들을 다시 복귀시키도록 했다. 마르틴 루터가 선제후에게 기만당한 것을 아쉬워하는 사람은 별로 없

었다고 했다.[6]

농민전쟁을 잔학하게 진압하기 위해 제국의 가톨릭파와 루터파 제후들이 일치단결하여 연합했다는 사실을 교황청은 전혀 알아채지 못했다. 작센 군주가 바뀌면서 이단자 역시 곧 제거되었을 것이라는 생각은 급진 개혁가인 토마스 뮌처와 정부에 충성스러운 루터의 종교개혁을 구분하지 못하는 로마의 무능력과 일치했다. 게다가 희망적 관측이 만들어낸 오보를 보면, 클레멘스 7세와 그의 추기경들이 루터 사건을 그저 새로운 정치적인 조처를 통해서 해결될 수 있는 갈등으로 보고 있다. 루터파에게는 교회에 새 질서가 확립됨으로써 새로운 믿음의 확신, 감정세계, 성향, 순종과 정체성이 완성되었다. 이 모든 것은 군주의 펜 놀림 하나로 간단히 포기될 수 없는 것들이었다. 그러나 이런 인식을 교황청은 전혀 받아들이지 않았다. 때로 교황청은 제국 내 종교와 관련한 정치 상황을 예측하지 못했다. 때문에 클레멘스 7세는 필리프 폰 헤센 방백에게 루터파에 승리를 거둔 것을 축하하는 편지를 보냈지만, 이때 이 야심 있고 행동력 있는 젊은 제후가 1년 전부터 제국 내 반로마 편에 선 것도 모를 정도였다.

같은 시기 로마 신학자들의 글에서도 루터주의에 대한 예리한 깨달음은 찾아볼 수 없다. 루터 적대자들의 성과가 부족해서 그런 것은 아니다. 이미 프리에리아스도 비텐베르크의 교수와의 첫 난타

---

* 　가톨릭교회 전체를 의미한다.

전 이후 꾸준히 토론을 이어갔다. 물론 루터는 이 도미니크 수도사가 쓴 나중의 글들에 대해 반박할 가치가 있다고 생각하지 않았다. 이후 1520년대 중반까지 모든 중요한 교단들은 자신들의 지도적 신학자들과 함께 신학 논쟁의 무대에 올랐다. 이제 독일의 이단자에 대항해서 펜을 놀리는 것은 품위 있는 일이 되어버렸다. 알레안드로는 대중의 지지를 얻기 위한 싸움에서 적에게 효율적으로 저항하자고 호소했지만, 학식 있는 수도사들은 라틴어로 글을 써 대중에게 영향을 주는 것을 단념했고, 면벌부나 교황수위권 문제에서 자신들의 주장이 힘을 잃자, 이를 지키려고 애를 썼다. 이미 알레안드로는 루터파에게 토마스 아퀴나스의 사상과 교황의 지시를 가르칠 수 없다는 사실을 독일에서 임무를 수행할 때 알아차렸다. 교황청 주변의 이탈리아 신학자들은 마음에 들었던 이런 교사적 지위를 아무 저항 없이 포기하기 힘들었다. 그들이 더욱 힘들어 했던 것은, 교황제도를 의심하는 루터의 신학적 신념을 이해하는 것이었다. 그래서 그들의 글 대부분은 상투어에 국한되어 있었다. 오만에 의해 움직이는 이단자, 자제력 없는 자만에 취해 자신을 교부들 위에 놓는 루터가 끝없이 자기모순에 빠져 불화의 씨앗을 뿌리고 악마에게 봉사한다는 식이었다.

　　신학적으로 정말 무엇이 문제인지는, 도미니크 수도사인 암브로조 카타리노Ambrogio Catharino와 같은 입증된 전문가들에게서나 비로소 서서히 드러났다. 훗날의 논쟁에서 그는 루터의 성경 해석 방식 및 그의 은총론을 집중적으로 연구했다. 이런 연구에서 카타리노는 루터의 '오직 믿음'을 통한 칭의의 원칙을 모든 악의 근원이라 여겼다. 그는 루터가 원죄에 과도한 의미를 부여한다고 생각했다. 사실

원죄가 인간을 손상시키기는 했지만, 인간의 자유의지를 완전히 없애지는 않았다. 더욱이 카타리노는 인간이 낙원에서 원죄를 지은 탓에 완전히 하느님의 은총에 의지하게 되었다는 점에서는 루터가 옳다고 인정했다. 그러나 카타리노가 볼 때, 인간의 공로 없이 그리스도의 희생을 통해 인간에게 베풀어진 이 첫 번째 칭의^{prima justificatio}는 끝이 아니라 인간이 의롭다고 선포되는 시작일 뿐이었다. 루터는 하느님이 어느 정도 죄인에게 분에 넘치는 의를 주신다고 했다. 하지만 카타리노 생각에, 칭의는 하느님이 일방적으로 선포하는 것이 아니었다. 인간이 하느님의 은총을 받으려고 적극적으로 협력할 때만 의롭다고 인정을 받는 것이다. 왜냐하면 인간은 그리스도의 희생을 통해 세상이 얻은 은총에 마음을 열어놓거나 닫을 수 있기 때문이다. 이것은 오직 인간의 자유의지만이 결정한다.

> 그 때문에 우리는 그리스도에게 존경을 거두지 않으며, 그의 공로를 헐뜯지 않는다. 오히려 반대로 그리스도의 공로를 증대시킨다. 반면 우리는 인간의 오만을 억누른다. 오만은 어떤 요구를 할 수 없음에도 마땅히 예수께 돌아갈 공로를 획득하려 든다. 이는 진정한 불손함이다. 그러나 자신의 선행과 공로를 제대로 평가하는 사람, 악행을 선행으로 여기는 바리새인과 같은 오류를 범하지 않는 사람, 자신의 선행이 하느님의 은총과 그분의 여러 선물과 도우심에 의해 기인했고 이것 없이는 우리가 결코 선하게 행동할 수 없음을 아는 사람, 오직 그리스도의 공로를 통해서만 공적이 있음을 생각하는 사람, 이런 사람은 외람하지 않고 굴종하며 하느님의 선물을 점점 더 많이 깨닫는다.[7]

인간의 행위는 하느님의 은총에 협력하겠다는 의지와 일치할 때 인정받는다. 또한 선한 행동을 한 사람이 하느님의 은총 없이는 선을 행할 수 없음을 항상 자각하고 있을 때, 인간의 행위는 인정받는다. 따라서 선행이란 눈에 보이는 믿음의 증거이며, 하느님 앞에서 의롭다고 인정받을 수 있은 요소다. 에라스무스는 인간의 자유의지와 부자유에 대해 루터와 격론할 때 이와 유사한 주장을 펼쳤다. 루터가 가르쳤고, 훗날 칼뱅이 강화시켰던 신의 냉혹한 예정^{Prädestination}은 절대다수의 이탈리아 인텔리들에게는 이해할 수도, 받아들일 수도 없는 것이었다. 설령 그들이 '오직 믿음', '오직 성경'이라는 루터의 칭의 법칙에 동의한다고 해도 마찬가지였다. 인간이 신의 은총의 노리갯감이고 스스로의 힘으로는 자신의 구원에 기여할 수 없다는 사실은, 도미니크회 수도사나 프란체스코회 수도사, 인문주의자와 종교적 회의론자들이 생각하는 인간상과 맞지 않았다.

카타리노의 해석학적 비판은 루터가 신약을 선별적으로 다루고 해석한 것도 문제 삼았다. 그의 비판은 다음과 같았다. 비텐베르크의 교수가 무슨 권리로 바울 서신은 효력이 있다고 해석할 수 있는가? 그가 무슨 권리로 〈야고보서〉는 구원을 얻기 위해 선행을 강조하기 때문에 자신의 '오직 믿음'의 원칙에 어긋나며, 따라서 〈야고보서〉는 중요하지 않다고 해석할 수 있는가? 더욱 제멋대로인 것은 말씀과 의미에 대한 독단적인 첨가였다. 바울은 〈로마서〉에서 믿음을 통해 인간이 하느님 앞에서 의롭게 된다고 말했지만, '오직 믿음'을 통해서라고 하지는 않았다. 〈로마서〉에는 오직^{sola}이라는 단어가 없다. 그러나 루터의 '오직 믿음', '오직 성경', '오직 은총'의 3원칙 때문에 그 의미가 깊어졌다. 왜냐하면 이 단어는 위의 세 가지 외에 선행과 같은 다른 형태의 의義를 제외시켜버렸기 때문이었다. 비텐베르크의 교수가 어떻게 감히, 사도이며 명료한 표현방식의 문제에서 이교도를 개종시킨 민중의 교사인 바울에게 보충수업을 해줄 수 있는가?

카타리노와 같은 수준의 논증을 편 루터의 또 다른 문학적 적수인 카르피의 백작 알베르토 피오Alberto Pio도 같은 말을 했다. 아우구스티누스 은둔자 수도회의 수도사가 1500년 기독교 역사 동안 성경의 진정한 의미를 해명한 첫 번째 인간이라 주장한다면, 그는 이에 적합한 신분임을 증명하는 칭호를 제시해야 한다. 예언자들은 자신을 입증해야 하는데, 이런 기본 원칙은 이미 구약에도 통용되었다. 그렇게 많은 자칭 구원설교자가 스스로를 하느님의 대변자라고 사칭하는 현재에는 더욱더 자신을 증명해야 한다. 그런데 루터의 기적은 어디에 있는가? 그가 등장함으로써 초래했던 것, 더 정확히 말하면 종교의 분열, 농민전쟁, 전반적인 혼란 등은 하느님을 따른 것이 아니라 사탄을 따른 것 같다. 피오가 볼 때는 인간으로 하여금 도덕적 노력을 포기하고 완벽한 부도덕으로 유혹하는 예정론 역시 악마와 같은 것이었다.

대참사와 교착상태

1525년 말, 강대국인 스페인과 프랑스 사이의 전쟁은 극에 달해 있어 클레멘스 7세는 교황특사나 교황대사를 더 이상 독일의 제국의회에 보낼 수 없을 정도였다. 그래서 교황청은 어렵게 쟁취한 보름스 칙령이 1526년 6월 슈파이어에서 열린 제국의회에서 사실상 폐기된 것을 알아차리지 못했다. 이제 앞으로 제국의 신분대표들은 하느님 과 황제 앞에서 종교상의 문제를 책임질 수 있었다. 이런 문구는 루 터파거나 루터주의적 성향이 있는 제후와 도시들에 의해 종교개혁 을 위한 특권으로 공표되었는데, 교황이 언급되지도 않았고 교황 사 신이 큰 소리로 이에 대해 이의를 제기하지도 않았다.

한 달 전에 클레멘스 7세는 프랑스, 베네치아 및 이탈리아의 다 른 국가들과 '코냐크 동맹League of Cognac'을 맺었다. 그리고 곧이어 카 를 5세를 격렬하게 비난하는 말로 가득한 교황의 소칙서에서 자기 행동의 정당함을 표명했다. 동맹이 황제의 강력한 패권에 대항할 뿐 황제 개인에게 대항하는 것은 아니라고 주장했다. 소칙서의 본문은 너무나 냉혹하게 작성되어서, 수취인은 이를 독일의 제국의회에 제 시할 수 없을 정도였다. 왜냐하면 이를 제시할 경우, 교황을 거부하 는 루터파의 입장을 더욱 공고하게 만들 수 있기 때문이었다. 클레 멘스 7세는 경솔한 행동으로 제국에서 가장 중요한 자기편, 즉 루터 파와의 싸움에서 모든 희망을 걸 수 있는 황제를 등 돌리게 만들 위 험에 빠졌다. 추측컨대 교황은 이런 위험을 감수할 수 있다고 생각 했을 것이다. 이것이 그가 처리한 일 중 유일한 잘못은 아니었다. 교 황은 동맹국인 프랑스와 베네치아에 대해서도 근본적으로 잘못 계 산했다. 프랑수아 1세는 경쟁자인 카를 5세보다 갈팡질팡하는 로마 정치에 훨씬 더 화가 난 상태였다. 베네치아 공화국은 어차피 이기 주의적 정치를 추구했다. 베네치아는 프란체스코 마리아 델라 로베 레를 동맹군 총사령관으로 내세웠다. 10년 전 레오 10세는 사촌의 적극적인 도움을 받아 이 사람을 우르비노에서 축출했었다. 그러나 이후 프란체스코 마리아 델라 로베레는 자신의 수도와 지위를 되찾았다. 하지만 전체 영토를 되찾지는 못했다. 따라서 그는 두 번째 메디치 교황 클레멘스 7세와 청산해야 할 문제가 남아 있었다. 내막을 아는 관찰자가 볼 때는, 클레멘스 7세가 이 총사령관과 그의 군대로부터 어떤 지원도 기대하지 않았다는 것이 분명했다.

코냐크 동맹보다 황제 카를 5세의 전투력이 훨씬 더 위협적임이 드러났다. 카를 5세는 독일 용병부대인 란츠크네히트^{Landsknecht*}의 전설적인 대장 게오르크 폰 프룬츠베르크^{Georg von Frundsberg}와 그의 노병들을 다시 채용할 수 있었다. 여기에 더해 두려움을 불러일으키는 스페인 용병들도 왔다. 게다가 프랑스 최고 사령관 샤를 드 부르봉^{Charles de Bourbon}이 카를 5세 편에 붙었다. 당대 가장 전쟁 경험이 많은 군인들과 최고 능력을 가진 지휘관들이 황제의 편에 섰다. 하지만 황제는 그들에게 지불할 돈이 없었다. 이런 상황으로 인해 프룬츠베르크와 그의 란츠크네히트들은 굶어죽지 않으려면 약탈을 할 수밖에 없었다. 이 생존전쟁이 길어질수록, 북이탈리아를 통과해서 진격하는 황제 군대의 군기는 점점 더 문란해졌다. 결국 1527년 3월에 수치스러운 일이 일어났다. 용병들이 자신들의 '아버지'인 프룬츠베르크에게 공공연하게 대든 것이다. 프룬츠베르크는 이 폭동으로 뇌졸중을 일으켰다. 용병들은 가능한 한 빨리 남쪽으로, 봄을 향해 그리고 피렌체를 향해 진격하자고 요구했다. 점점 더 사나워지는 이 규율 없는 군대는 그곳에서 풍부한 노획물을 얻을 것이라 기대했

---

*   15세기 후반부터 16세기 후반까지 유럽, 특히 독일에서 자주 활동했던 보병 용병이다.

다. 그들은 진격 내내 교황 동맹군의 군대는 한 번도 마주치지 못했다. 프란체스코 마리아 델라 로베레는 안전한 거리를 두고 적을 뒤따르며 모든 싸움을 피하는 것에 만족하고 있었다. 그 사이 샤를 드 부르봉은 클레멘스 7세에게 인질의 높은 몸값을 요구하며 집중적인 협상을 벌이고 있었다. 만일 교황이 적군에게 돈을 지불하면, 그들은 피렌체와 로마는 손상을 입지 않을 것이라 했다. 이 결정적인 순간에 클레멘스 7세의 성격 중 두 번째 특징, 즉 병적인 인색함이 등장한다. 그는 너무 시간을 끌며 황제의 사령관과 몸값을 깎고 있었다.

1527년 4월 말, 피렌체 사람들은 온 힘을 다해 굶어 지친 황제의 군대가 피렌체 성벽을 그냥 지나가게 할 수 있었다. 그러나 이 군대의 종착역은 로마였다. 클레멘스 7세는 자신의 수도 안에 전투력이 강한 점령군이 들어올 것에 대한 준비도 없이, 인질의 몸값을 지불하면 철수하겠다는 샤를 드 부르봉의 마지막 제안을 거절했다. 1527년 5월 6일 아침, 영원의 도시의 성벽으로 돌격대가 투입되었다. 첫 번째 공격에서 부르봉이 사망했다. 그러나 두 번째 돌격에서 독일과 스페인의 용병들은 포병을 투입할 수 없었음에도 이 도시를 정복했다. 지휘관이 없는 군대를 이제 그 누구도 더 이상 저지할 수 없었다. 5월 7일로 넘어가는 밤에 로마에서 어마어마한 약탈이 시작되었다. 이와 함께 혼란이 몇 달간 계속되었다. 이미 용병들은 자기 지휘관의 말도 더 이상 듣지 않았다. 게으름뱅이들의 천국인 로마에서는 여전히 강자의 법칙만이 유효했고, 그 강자는 용병들이었다. 클레멘스 7세는 스위스 친위대의 보호 아래 간신히 카스텔 산탄젤로로 후퇴했다. 그는 이곳에서 황제의 포로가 되어 황제의 평화조건을 기다렸다.

이 난공불락의 도시 요새 안에서 교황은 날마다 종교개혁의 승리를 눈앞에서 보았다. 다수의 란츠크네히트들이 '루터적'인 생각을 갖고 있었기 때문이었다. 이런 흔적은 오늘날에도 남아 있다. 예를 들면 빌라 파르네시나Villa Farnesina에 있는 프레스코화에는 선명하게 "바빌론"이라는 낙서가 새겨져 있다. 이곳에 들어왔던 독일 정복자 중 한 사람이, 로마는 더 이상 사도 베드로와 바울의 도시가 아니며, 그리스도 대리자의 지상의 자리도 아니고, 모든 죄악과 타락의 아성이라는 내용의 루터 전단지를 손에 넣었으며 그것을 행동으로 옮긴 것이 분명했다. 용감한 란츠크네히트들은 적그리스도를 정복했다. 루터는 그동안 지속적으로서 그림과 글로 교황과 추기경들을 죽여 적그리스도가 부리는 행패의 종말을 준비하라고 호소해왔다. 그런데 이제 드디어 그렇게 되었다. 용병들은 교황을 잡을 수는 없었다. 그 대신 4,000명의 로마 사람들이 목숨을 잃었는데 그중에는 추기경들과 프리에리아스와 같은 지도적인 루터 적대자들도 있었다.

승리자들은 자신들의 승리를 손에 석필을 쥐고 그림을 그리는 것으로만 축하하지 않았다. 이 전쟁에서 정말로 문제가 되었던 것은, 그들이 교황과 그의 측근들 앞에서 생생한 연기를 해 보인 것이다. 용병 하나가 교황의 옷차림을 하고 머리에는 진짜 왕관을 쓰고는 교황을 조롱하기 위해 그의 눈앞에서 당나귀를 타고는 이리저리 몰고 다닌 것이다. 교회에게는 신성했던 모든 것이 완전하게 모욕당했다. 성유물, 예배용구, 교회와 교회의 표상이 모독당했고 파괴되었다. 고삐 풀린 직업 군인들은 이전에 제국에서 적그리스도와의 싸움을 위해 수많은 전단지에 그려졌던 장면들을 하나씩 하나씩 충실하게 따라했다. 마치 반란을 일으켰던 농민들이 자신들의 봉기에 대한 성경적 근거를 루터의 논제 안에서 찾았듯이, 용병들은 이렇게 함으로써 자신들의 행위를 정당화했다.

교황, 교황청 및 로마인에게는 란츠크네히트들의 몇 달에 걸친 공포정치는 중요한 경험이었다. 이 경험은 전체적으로는 야만스러운 독일인이라는 이탈리아인의 판단이 옳았음을 입증했고, 특히 수백 년 전부터 우려했던 종교개혁이나 사회개혁에 관한 모든 예상을 입증해주었다. 알레안드로와 같은 경고의 목소리들은 이미 예언했었다. 교회를 다스리는 축복 가득한 교황의 통치에 맞서는 야만인의 반란은 폭력의 방탕한 축제와 사회혁명 속에서 끝날 것이라고 말이다. 영원한 도시의 거주민들은 이제 이를 몸소 체험했다. 무기를 든 단순한 용병들은 모든 것을 강탈했다.

교황은 로마 약탈에 대한 공식 입장 표명에서 자신은 이 재앙에 대해 아무 잘못이 없고, 죄 없는 희생자라고 했다. 교황이 볼 때 이 모든 것은 미쳐 날뛰는 그 수도사 잘못이었다. 자신의 무절제한 경향을 억누를 수 없어서 독신을 거부하고, 교단의 규칙이나 구속력 있는 도덕적 계명이 더 이상 존재하지 않는다고 온 세상에 떠벌리고 다니는 그 루터의 잘못이었다. 이제 모든 것이 다 허용되었다. 이 상황이 불러온 엄청난 결과를 성스러운 도시 로마는 한 번도 겪어본 적이 없었다. 그리스도가 인간의 죄를 스스로 감당했던 것처럼, 이 세상에서 그리스도를 대리하는 자신이 이제 다른 인간들이 저지른 죄 때문에 치러야 할 벌을 대신 참고 견뎌야만 했다.

그러나 교황청에도 비판적인 목소리가 없지는 않았다. 이들은 교황의 목적 없는 정치와 더 나아가 교회개혁에 대한 그의 무능력에 큰 책임이 있다고 생각했다. 그러나 이런 비판자들은 교황과 그의 정치에 어떤 영향도 주지 못했다. 1529년 말, 교황청이 다시 어느 정도 제대로 일을 할 수 있게 되자 전과 다름없이 클레멘스 7세가 마음대로 일을 처리하기 시작했다. 그가 카를 5세와 동맹을 맺은 것이다. 이 동맹은 교황이 피렌체를 탈환할 수 있도록 그에게 황제의 군대를 확보해주었다. 로마의 약탈이 시작된 이후 며칠 되지 않아 피렌체에서 메디치의 권력은 추락했고, 1498년 화형당한 사보나롤라의 정신 속에 공화국이 설립되었다. 이 공화국은 빠른 속도로 급진화되었고, 도시귀족에 맞섰으며, 그리스도를 피렌체의 왕으로 공표했다. 1527~1530년 피렌체 사람들이 루터의 종말론에 보인 호응은 건성으로 받아넘길 일이 아니었다. 비텐베르크의 교수와 피렌체 사람들에게 교황은 악의 힘이었다. 세계를 구원으로 이끌려면 이 악의 힘은 타도되어야만 했다.

1524년 이후 이탈리아에서는 교황이 족벌정치 및 세력정치를 우선시함으로써, 루터와 루터주의에 맞선 싸움은 미적지근하게 진행되다가 이제 로마의 약탈로 인해 다시 중단되었다. 1519년 황제선출의 해, 1522년 하드리아노 6세 즉위로 인해 발생한 막간극 이후 세 번째 중단이었다. 이 중단은 루터 측에게는 아주 유용했다. 이는 단순히 우연이었을까, 어리석은 정치의 결과였을까, 하느님의 섭리였을까, 아니면 교황제도의 내적 모순의 필연적인 결과였을까? 시대의 증인 중에는 이 모든 해석을 옹호하는 사람들이 있었다. 역사학자들과 교황 클레멘스 7세의 측근인 프란체스코 귀차르디니, 프란체스코 베토리 같은 정치사상가들이 보기에, 교황은 지상에서 그리스도의 대변인으로서 자신의 특별한 지위에 모든 것을 걸었고 결국 모든 것을 잃었다. 왜냐하면 교황의 세력정치 및 족벌주의 때문에 이 특별한 지위가 더 이상 받아들여지지 않았기 때문이었다. 교황청 내 개혁세력들이 볼 때, 로마의 약탈은 결국 교회개혁에 착수하라는 하느님의 마지막 경고였다. 하느님은 로마 교회의 적들을 얼마 동안은 승리하게 내버려두시기로 결정하신 것 같았다. 이를 통해 의무를 잊어버린 성직자들의 참회, 회개, 자각을 불러일으키려고 말이다. 만일 성직자들이 이를 겸허하게 받아들여 올바른 결론을 이끌어낸다면, 하늘이 그들을 도와줄 것이다.

특히 루터의 적인 알레안드로는 로마의 약탈로 인해 세상의 부당함에 대해 깊이 통찰하게 되었다고 주장했다. 1524년 8월, 뛰어난 언어능력을 가진 이 인문주의자는 이탈리아 남동부의 브린디시 대주교가 됨으로써, 네덜란드와 보름스에서 근무한 노력에 대한 첫 번째 보상을 받았다. 그러나 그의 눈에는 불충분한 보상이었다. 이 임명은 장점도 있었다. 1527년 초, 알레안드로는 로마를 떠나 자신의 주교구로 갈 수 있었고, 그래서 약탈의 공포에서 아슬아슬하게 벗어날 수 있었다. 그러나 곧이어 예상치 못했던 다른 액운이 그를 덮쳤다. 이 액운은 재앙이 일어나기 이전 사건으로까지 거슬러 올라간다. 1525년 초, 알레안드로는 교황청의 명령에 따라 파비아로 여행을 갔고, 그곳에서 곧바로 황제의 군대에 포로로 잡혔다. 돈을 내고 풀려날 수 있도록 클레멘스 7세의 막후 실력자인 로렌초 메디치의 사위 자코포 살비아티Jacopo Salviati가 그에게 500두카텐을 줬다. 교황청은 4년 뒤에 이 금액에다 200두카텐을 더 보태서 반환하라고 했다. 이 200두카텐은 외교사절 알레안드로가 교황의 돈궤에서 받았다가 황제군의 기습을 받았을 때 잃어버렸던 것이다. 당연히 알레안드로는 자신이 아니라 교황이 이 돈에 대한 배상을 책임져야 한다는 입장을 고수했다. 클레멘스 7세는 500두카텐에 관해서는 인정할 자세가 되어 있었지만, 200두카텐에 대해서는 고집불통이었다. 돈이 반환되지 않자, 교황은 지불을 연체하는 채무자를 즉시 파문해 그가 직업 활동을 할 수 없게 만들었다. 교황 주치의의 두 달 치 월급에 해당되는 미상환 채무 때문에 교황청은 1530년에 열린 아우크스부르크 제국의회 동안 탁월한 독일 전문가이자 가장 노련한 외교관의 도움을 포기해야 했다.

많은 동시대인들과 달리 루터는 로마의 약탈에 대해 극히 조심스러운 입장을 취했다. 그것은 놀라운 일이었다. 왜냐하면 수많은 루터의 저술 어디에나 교황제도는 적의 모습으로 그려져 있었기 때문이었다. 1531년 루터의 조교들에 의해 기록된 탁상담화에서도 로마의 타락이 주요 주제였다. 예를 들어 '근친상간을 한 알렉산데르 6세', '잔학한 율리오 2세', 자신의 딸을 프랑스 왕의 아들과 결혼시킨 '뚜쟁이 클레멘스 7세'와 같은 여러 교황들은 종교개혁가와 그의 제자 및 손님들과의 대화에 반복적으로 등장하는 이야깃거리였다. 로마의 약탈은 테베레 강가의 바빌론에 대한 루터의 저주 때문에 일어난 듯 보였지만, 루터의 글과 대화에서는 이 약탈 내용이 빠졌다. 하지만 두 가지 예외는 있다. 루터가 니콜라우스 하우스만Nikolaus Hausmann에게 보낸 1527년 7월 13일자 편지에서 그의 논평은 몇 줄 안 되지만 의미심장했다. 하느님의 의지에 따라 로마는 교황과 함께 끔찍하게 황폐되었다. 지금까지 황제는 교황 편을 들어 루터를 추적했지만, 이제 그리스도가 루터를 위해 황제를 부추겨 교황을 습격하게 만드신 것이다. 이는 무지한 자들이 볼 때는 세상이 뒤집어진 것처럼 보일 것이다. 하지만 내막을 아는 자들은 겉으로는 모순되어

보이는 이 사건에서 하느님의 교훈을 이해했다. 로마의 약탈도 루터 때문에 일어났다. 그러나 이런 사실을 너무 공공연하게 말하지 않는 것이 더 이롭다.

루터의 탁상담화에서도 영원한 도시의 재앙은 잘 언급되지 않는다.

로마는 이제 죽은 시체와 잔해 더미일 뿐입니다. 1527년 로마, 가장 안전한 그곳은 부르봉 대공과 소수의 군인들에 의해 정복되었습니다. 그때 로마인들과 교황 자신도 안전하게 교회 안에 있었습니다. 교황은 가까스로 도망쳐 카스텔 산탄젤로로 피신했습니다. 사람들이 사태를 파악하기 전에 적들은 성벽을 기어올랐는데, 마치 엄청나게 짙은 안개와 같았습니다. 적들은 추기경들을 약탈했고 교황을 사로잡았습니다. 교황은 30만 두카텐을 군인들에게 주고 풀려났습니다. 도서관에 소장된 최고의 책들이 찢기고 썩었습니다. 필경사들의 작업실은 마구간이 되었습니다. 그때 많은 로마인들이 비참하게 죽었는데, 황제 편인 사람들은 빼고 귀족들도 죽었습니다. 그것은 하느님께서 이 도시에 내린 특별한 벌이었습니다.[8]

사소한 오류는 있었지만, 1536년 가을 루터는 1527년의 사건에 대해 이례적으로 객관적인 보고를 했다. 이 보고는 문화와 경제에 끼친 황폐한 결과를 숨기지 않았다. 또한 '그렇게 우리 독일인들은 이탈리아인에게 능력을 과시했다!'와 같은 말을 들먹이며 민족주의적 표어를 외치거나, 국수주의적인 친목을 주장하지도 않았다. 로마의 약탈은 하느님의 벌이라는 결론도 평소 루터의 표현방식과 비교해볼 때 상투적이고 조심스러운 느낌을 준다.

뮌처의 몰락에서 혹은 가톨릭 신자인 작센 대공 게오르크가 아내를 잃은 것*처럼, 루터는 적들이 처한 모든 어려움 속에서 하느님의 손이 개입했음을 보았고, 그 손길의 지배를 아주 상세하게 묘사했다. 그런데 로마의 약탈처럼 교황제도와 교회사에 대한 루터의 주장을 증명해주는 사건도 없었을 텐데, 이 사건은 그런 의미로 해석되지 않는다. 왜 그럴까? 유럽의 인문주의자들 특히 루터의 적 에라스무스 폰 로테르담은 용병들의 잔학함, 인간과 책의 존엄성에 저지른 그들의 범죄에 대해 격동적인 언어로 탄식했다. 루터는 이 사건에 대해 반대의견을 제시함으로써 완전히 미개한 교양 경멸자로 인식되는 것을 두려워한 것일까? 하지만 루터는 다른 경우에서는 이를 두려워하지 않았다. 혹시 문화민족에게서 많은 희생자가 발생한 것을 그가 애석해한 것일까? 하지만 그의 견해에 따르면 로마 시민들은 그런 일을 당할 만했다. 아니면 교황과 추기경들을 살해하라며 그렇게 풍부하게 삽화를 넣은 호소문을 작성했기 때문에, 학살의 책임이 자신에게 돌아올까 두려워했던 것일까? 그러나 뮌처의 경우에서처럼, 루터는 필요하다면 서슴지 않고 적들이 몰락한 책임은 그들 자신에게 있다고 주장했다.

루터와 그의 추종자들은 로마의 재앙을 매체적으로 또 이데올로기적으로 최대한 이용하지는 않았다. 그들은 애초부터 사회 전반의 규칙을 없앤다는 비난을 받았는데, 만일 이 사건을 이용한다

---

* 게오르크는 38세에 폴란드 왕의 딸 바르바라와 결혼했다. 그녀가 사망한 뒤 슬픔의 표시로 수염을 깎지 않았고, 이후 "수염 난 게오르크"라는 별명을 얻게 되었다.

면 이런 비난이 옳았다는 것을 확인해주는 꼴이 될까 봐 두려워했기 때문이라고 볼 수 있다. 로마의 약탈은 로마인은 물론 독일 및 스페인 용병대장의 관점에서 볼 때도 오랫동안 효력을 미친 유일한 사회혁명이었다. 1527년 내내 영원의 도시의 부자와 권력가들은 용병들, 즉 무장한 민족들의 전횡에 내맡겨졌고, 이 고삐 풀린 폭도들의 통치는 사람들이 예상했던 최악의 상황을 훨씬 능가했다. 이 방종한 천민 정치를 도왔다는 의심을 받은 사람은 결국 이름을 더럽히고 말 것이다. 이렇게 루터는 탁상담화에서 은밀한 기쁨을 고백하는 것으로 논평을 끝냈다.

황제와 교황의 화친

교황청이 독일 문제에 크게 신경 쓰지 않았다는 것은 1529년 초에 개최된 슈파이어 제국의회에서 드러났다. 클레멘스 7세는 마지못해 교황특사 한 명을 제국의회에 파견하기로 결정했지만 너무 늦었다. 그래서 이 교황특사는 종교 문제에 관한 토론이 끝난 뒤에야 슈파이어에 도착했다. 그것은 수치스러운 일이었지만, 어쨌든 로마의 도움 없이 가톨릭 측이 성취한 결과는 훌륭했다. 카를 5세의 동생이며 제국의회에 그의 대리인으로 참석한 페르디난트 대공이 다수의 가톨릭파 신분대표들과 함께 3년 전 슈파이어에서 정한 규정을 다시 파기시킨 것이다. 이 규정에 따르면 모든 신분대표들은 황제와 제국 앞에서 자신의 종교정책에 대해 책임을 져야 했다. 페르디난트의 규정 파기는 작센과 헤센의 주도 아래 있는 루터파 신분대표의 항의

Protest를 불러일으켰다. 이후 이들을 항의하는 사람이라는 뜻의 '프로
테스탄트Protestant'로 불렀는데, 이는 개신교도를 칭하는 말이 되었다.

이 진영은 단지 적들을 염두에 두었기 때문에 신학적·정치적
으로 맺어졌다. 1523년 울리히 츠빙글리Ulrich Zwingli*의 지도 아래 교황
의 교회와 관계를 끊겠다고 선언한 취리히인들도 교황청이 볼 때는
'루터파'였다. 취리히에서는 독립적 유형의 비가톨릭적 교리 및 교
회 조직이 만들어졌는데, 이 유형은 일시적으로 남 독일로 강력하게
전파되었고 그곳에서는 루터의 모델을 능가했었다. 그러나 이런 사
실은 테베레 강가의 로마에서는 논의 대상이 아니었고, 비텐베르크
에서는 더욱더 그랬다. 개신교도들 사이의 서로 다른 생각들은 반로
마 세력들이 로마에 맞선 저항을 위태롭게 했다. 이런 이견들을 없
애기 위해 헤센 방백 필리프는 1529년 10월 경쟁적인 파벌들의 주
요 인물을 마르부르크에서 열리는 종교회담에 초대했다. 그러나 여
기에서 대립이 조정되기 어렵다는 것이 곧 드러났다. 인문주의 교육
을 받은 츠빙글리가 생각할 때, 그리스도의 몸은 한 장소에만 머물
수 있었고, 그 장소는 하늘이었다. 따라서 성찬식에 그리스도가 현존
한다는 루터의 교리는 츠빙글리로서는 수용할 수 없었다. 마찬가지
로 루터도 성찬식을 실제 예수의 살과 피를 먹고 마시는 것이 아니
라 그것의 의미를 기억하는 의식이라는 츠빙글리의 견해를 받아들
일 수 없었다. 츠빙글리는 이 만찬이 그리스도의 희생에 대한 경건

---

* 울리히 츠빙글리(1484~1531): 스위스의 종교개혁가. 체계적인 성경 강해로 명성
  을 날렸다. 루터의 영향으로 취리히의 종교개혁에 나섰다. 가톨릭을 고수하는 주
  (州)들과의 전투에 종군목사로 참전했다가 카펠 전투에서 전사했다.

한 생각 속에서 신자들을 하나로 만든다고 했다. 취리히의 종교개혁 가는 스위스의 리마트 강가에 있는 도시 취리히의 지배계층과 밀접하게 협력하여 하느님의 법에 집중함으로써 정치의 기독교화를 촉구했다. 그의 정치 이론들은 복음의 자유를 정치적인 것으로, 따라서 "열광주의Schwärmertum"*로 변용시킴으로써 이를 악용하고 있다고 루터는 감지했다. 루터는 탁상담화에서 취히리의 종교개혁가를 강요하는 사람이라는 뜻의 "츠빙엘Zwingel"**이라 불렀고, 그는 비텐베르크에서는 적대적인 급진주의자 중 한 사람이 되었다. 루터가 볼 때 이처럼 이론적인 모순들은 정치적·전략적 단절을 피할 수 없게 만들었다.

같은 시기 클레멘스 7세는 오랫동안 망설인 뒤에 황제의 편에 가담했다. 여기에는 가문의 관점이 결정적이었다. 메디치 교황은 피렌체를 재탈환하는 데 필요한 효과적인 군사적 지원을 제국의 지배자에게만 기대할 수 있었다. 이 지배자는 교황은 물론 프랑스의 프랑수아 1세를 이겼고 굴욕감을 주었으며 포로로 잡았다. 황제에게는 계속 운이 따랐고, 이는 앞으로의 지속적인 성공을 약속하는 듯 보였다.

실제로 카를 5세는 1529~1530년에 권력의 절정에 있었다. 1529년 8월 프랑스와 캉브레 조약을 맺음으로써, 카를 5세는 파비

---

*   기독교에서 비이성적인 광신주의나 비성경적인 경향 또는 왜곡된 신앙적 태도를 일컫는 용어다.

**   츠빙글리가 성경의 의미를 자기 식대로 강요한다는 뜻에서, 츠빙글리라는 이름과 독일어의 강요하다라는 단어 츠빙엔(zwingen)을 합성한 말장난을 한 것이다.

일곱 개의 머리를 가진 마르틴 루터: 1529년 제작된 팸플릿에서 루터는 머리 일곱 개가 달린 괴물로 그려졌다. 흉측한 얼굴들은 각각 무신론자, 광신자, 거짓 사제, 새로운 교황, 영혼의 도적 등을 나타낸다.

아에서 싸워 획득한 우위를 재확인했다. 이탈리아에서는 로마의 약탈에 대한 공포가 뿌리박혀 있어, 카를 5세의 반대자들은 아무것도 못하고 있었다. 반면 스페인에서는 도시들과 도시 지도층을 위해 더 많은 권리를 요구하는 '코무네로스Comuneros 반란'이 일어났는데, 카를 5세가 이를 진압한 이후 스페인에서 그의 권력은 더욱 확고해졌다. 황제는 1527년의 대참사, 즉 로마의 약탈에 대한 책임을 늘 부인했지만, 내막을 아는 모든 사람들 특히 교황은 황제가 단호하게 개입했더라면 이를 막을 수도 있었음을 분명히 알고 있었다. 그러나 카를 5세는 교황에 대한 자신의 승리를 전면적으로 이용하지는 않았다. 오히려 이 성공은 그의 체면을 너무 손상시켰다. 로마 측이 노련하게 부채질을 했기 때문에 전 기독교들 사이에서 순교자 교황에 대한 동정과 '전제군주' 카를 5세에 대한 분노가 들끓어, 마치 황제는 새로운 디오클레티아누스Diocletianus*인 듯 기독교 박해자로 오인받았다. 따라서 황제는 포로가 된 폰티펙스 막시무스를 철저히 협박하는 것은 포기했고, 공의회 개최에 관해 모호한 승낙을 받는 것으로 만족했다.

제국의 최고 수장은 공의회 개최와 공의회에서 결정되어야만 하는 개혁 조처들이 절실히 필요했다. 계속 타오르고 있는 제국 내 종파 분열을 해결하기 위해서였다. 1521년 봄, 독일 내 가톨릭의 흥망은 황제에게 달려 있으며, 황제는 확고부동하게 구교에 충실할 것이라고 했던 알레안드로의 예언이 완전히 진실임이 판명되었다. 그

---

* 디오클레티아누스(244~312): 로마 제국 51대 황제. 통치기간 중 그리스도교에 대해 마지막 대박해를 가했다.

러나 1527년 5월에 드러났듯이 황제의 충성심은 교황이 아닌 가톨릭 종교를 향한 것이었다. 교황은 이후 지연작전, 외교적 변덕, 불안정하고 예측할 수 없는 그의 정신상태로 인해 스페인뿐만 아니라 프랑스와 이탈리아 세력들을 절망으로 몰아갔다. 매해 깊어지는 종파 분열을 제거하고 루터파 제후들과 제국도시들에 효과적으로 대처하기 위해, 제국의 수장은 교황청의 개혁과 즉각적인 공의회 소집을 요구해야 했다. 그렇지 않으면 남은 건 두 가지 선택뿐이었다. 하나는 프로테스탄트에 대해 군사행동을 하는 것이었다. 그러나 군사행동은 일단 보류해야 했다. 카를 5세가 오스만투르크의 위협에 직면해 있었기 때문이었다. 1525년 오스만투르크가 빈을 포위하자 합스부르크 가문의 고향은 아주 절박한 위험에 처해 있었다. 또 다른 선택은 서로 다투고 있는 종파들의 합의를 끌어내는 것이었다. 이 목적을 위해 양측의 전문가들은 신학적 타협을 이끌어낼 가망이 있는지 고려해봐야 했다. 하지만 카를 5세는 자신의 권력으로 신학적 합의를 이끌어내려 했다.

1530년 2월 24일, 카를 5세는 자신의 권위를 높이기 위해 볼로냐에서 클레멘스 7세로부터 신성로마제국 황제의 관을 받았다. 교황을 감금했던 교도소 소장인 황제와 그의 전쟁포로인 교황은 유서 깊은 이 대학도시에서 값비싼 허례허식을 치르면서, 오래된 우주적 권력인 황제직과 성직자직의 대표자가 되었다. 이 의식에 참가한 모든 사람들은 많은 것을 알고 있었지만, 이런 사실과는 어긋나게도 두 사람은 굉장한 조화를 보여주었다. 대관식 직전인 1530년 1월 21일, 제국의 수장은 제국의회에 참석하기 위해 아우크스부르크로 갔는데, 여기서 다시 한번 오스만제국과의 전쟁과 종파 분열 제거가 문제가 되었다. 아우크스부르크에서 황제는 종파의 중재재판관으로 나서서 그들의 의견을 들어주고, 잘못된 것은 비난하면서, 가톨릭 교리에 상응하고 가톨릭교회의 이득에 유익한 것은 그 효력을 유지시키려 했다. 이것은 루터파의 귀에는 거의 노골적인 협박으로 들렸고, 실제로 그런 뜻이기도 했다. 푸거 가문의 도시 아우크스부르크에서는 자유로운 학술 토론이 아니라, 엄격한 시험이 개최되고 결정이 내려져야 했다. 모든 참가자들은 심판의 날을 신중하게 준비해야 했다. 그러나 그들은 이를 위해 예고된 것보다 더 많은 시간을 사용했다. 그래서 4월이 아니라 1530년 6월 20일에야 비로소 아우크스부르크 제국의회가 시작되었다.

이 무렵 피렌체를 쟁취하기 위한 전쟁은 끝나가고 있었다. 황제의 군대가 몇 달 전부터 도시를 포위하고 있어, 거주민의 생계는 점점 더 곤란해져 갔다. 군사적 상황이 가망 없어 보일수록, 내부의 상황은 더욱더 급진적이 되었다. 그래서 하느님께서 자신이 선택한 도시에 도움을 주실 것이며 적그리스도 클레멘스 7세를 거꾸러트리실 것이라는 예언이 대담한 희망을 불러일으켰고 시민들의 사기를 강화시켰다. 1530년 8월에서야 완전히 지친 아르노 강가의 이 도시는 항복했다. 아우크스부르크에서 가톨릭교도와 루터파가 종교 교리에 대해 논쟁하는 동안, 클레멘스 7세는 그의 가장 중요한 목적을 달성했다. 메디치가 다시 피렌체를 다스리게 된 것이다. 메디치 가문의 사생아인 알레산드로 데 메디치Alessandro de Medici는 카를 5세의 약속에 따라 공작이 되기까지 했다. 물론 공화국 체제는 유지되었다. 황제가 피렌체 사람들에게 도시의 자치권을 보존해주겠다고 약속했기 때문이다. 그러나 승리한 교황에게 이는 입에 발린 말에 불과했다. 얼마 전까지만 해도 피렌체에서는 권력을 잃었고, 로마에서는 황제 측에게 사로잡히기까지 했던 이 교황은 부지중에 명성 높은 자기 가문의 가장 성공한 자손이 되었다. 클레멘스 7세는 코시모 데 메디치 이후 그의 모든 조상들이 노력했으나 결코 도달하지 못한 일을 해냈다. 메디치 가문을 제후의 길에 한 발 들어서게 만든 것이다.

멀리 피렌체에서 일어나는 사건들이 아우크스부르크 제국의회에 영향을 주지 않은 것은 아니었다. 클레멘스 7세는 이탈리아의 사건에 온 신경을 집중해야 했기 때문에, 이번에는 제국의회에 적합한 사람을 파견해야 했다. 이를 위해 두 명의 옛 전사가 차례차례 다시 활동하게 되었다. 우선 1530년 3월 로렌초 캄페조 추기경이 교황특사로, 그리고 1531년 8월에는 대주교 지롤라모 알레안드로가 캄페조의 지시를 받는 교황대사로 임명되었다. 빚 때문에 알레안드로에게 내려졌던 파문은 즉시 철회되었고, 덕분에 교황청은 자신들의 가장 중요한 독일 전문가를 다시 불러낼 수 있었다. 두 명의 외교사절의 보고서와 로마에서 그들에게 보내는 글들이 계속 오갔고, 이때부터 로마의 외교관들이 독일에서 보내는 보고의 물결은 더 이상 중단되지 않았다. 루터와 그의 추종자들은 이후에도 사건에 대한 자신들의 관점을 연이어 계속 대중에게 알렸기 때문에 9년 전 보름스에서처럼 양측의 입장과 견해가 서로 비교될 수 있었다.

1530년 아우크스부르크 제국의회

1530년 봄, 독일로 다시 돌아왔을 때 교황특사 캄페조는 충격에 빠졌다.

> 제가 보는 한, 독일 내 사건들은 생각했던 것보다 훨씬 더 혼란스럽
> 습니다. (……) 이곳에 산적한 많은 어려움 중에서 공의회는 하찮은
> 문제가 아닙니다. 왜냐하면 제가 보는 한, 선한 사람들도 나쁜 사람
> 들도 보편 공의회 혹은 민족 공의회를 원하기 때문입니다. 공의회
> 를 요구하면서 우선 바이에른의 대공들, 이 훌륭한 가톨릭파 제후
> 들은 루터라는 페스트로부터 자신들의 땅을 항상 순수하게 지켰고
> 앞으로도 순수하게 지키겠다는 데 서로 의견의 일치를 보았습니다.
> 하지만 그들 역시도 이런 혼돈을 해결하기 위한 최고의 수단은 공
> 의회라고 생각하고 있습니다. 독일의 민족 공의회는 영원히 열려서
> 는 안 되는 불가피한 이유들이 있습니다. 반면 보편 공의회에 관해
> 말씀드리자면, 제가 이것이 개최될 수 있도록 좋은 길을 선택하여
> 제 의무를 다하길 바랍니다.[9]

이미 독일 지역에서 보낸 첫 편지에, 모든 임무가 진퇴양난에
빠졌다는 것을 캄페조는 노골적으로 드러냈다. 진실한 종교에 맞서
는 적들은 크게 발전했으며, 우리 측 친구들의 평가에 따르면 유일
한 방어는 공의회라고 하는데, 이 공의회가 열리지 못하게 하는 것
이 자신의 주요 임무 중 하나라고 쓴 것이다. 따라서 로마의 입장
에서는 두 가지 선택만이 열려 있었다. 보름스 칙령을 근거로 황제
로 하여금 프로테스탄트에 맞서는 군사행동을 하도록 만들거나, 아
니면 황제가 압박해 신학적 재결합을 이루게 하는 것이었다. 후자
는 곧 루터파의 항복과 다름없었다. 이 목적을 위해 아주 좋은 기회

가 온 것처럼 보였다. 개신교 측이 아우크스부르크에서 열릴 협상에 루터 대신 필리프 멜란히톤을 대표로 보내기로 한 것이다. 사람들은 루터와는 달리 멜란히톤은 타협할 용의가 있을 것이라 기대했고, 이제는 로마 측의 탐욕적인 눈길이 그를 향했다.

캄페조의 편지들은 교황청을 대변하는 편지다웠다. 그가 루터와 그 추종자들을 나머지 세상 사람들을 위협하는 페스트로 표현한 것은, 종교재판소의 전통적인 언어를 사용해야 할 의무에 따른 것이다. 루터적 운동을 '폭동'으로 표현한 것은 여러 의미가 있다. 로마는 알프스 이북에서 자신들만의 가치와 전례 그리고 정체성을 가진 다른 교회의 등장을 시종일관 부정한 것이다. 교황특사가 볼 때 로마의 반대쪽 세상은 순수한 허상 위에, 따라서 악마 위에 세워진 것이었다.

> 작센 대공이 자신의 신앙고백*을 보냈습니다. 그의 신앙고백은 처음에는 정말 대단히 성스럽고 가톨릭적인 듯했지만, 중간과 결론은 독으로 가득했다라고 보고받았습니다. 그의 신앙고백은 단 두 가지 성사, 즉 세례와 성찬식만을 허용하고 나머지 전체는 부정합니다.[10]

캄페조가 받은 첫 번째 인상은 극도로 비관적이었다. 그는 황제

---

*　슈바바흐 조항(Schwabacher Artikel)을 말한다. 작센의 선제후 요한의 요청에 따라 마르틴 루터와 비텐베르크 신학자들이 작성했다. 여러 개혁자와 그들의 추종자들에게 통일된 문서를 제공하기 위해 마련되었다. 선제후 요한은 이 조항을 아우크스부르크 의회에 제출하기에 앞서 카를 5세에게 작센의 공식 신앙고백문으로 제출했다.

가 이용 가능한 모든 군사적 수단으로 단호한 태도를 취하지 않는다
면 로마적인 것들이 사라지리라 판단했다.

그러나 이 교황특사에게 임무를 부여한 로마 사람들은 이런 경
고의 목소리에 응하지 않았다. 그들로서는 교황특사의 주장을 수용
한다는 것은, 그의 주장이 자신들 생각보다 낫다는 것을, 적어도 옳
다는 것을 시인하는 것이다. 클레멘스 7세의 입장에서는 그렇게 할
최소한의 준비도 되어 있지 않았다. 1530년 8월까지 캄페조에게 보
낸 교황청의 답장의 주요 내용은 메디치 가문의 여러 일들, 로마의
결혼 계획, 모데나Modena 소송을 수반한 피렌체를 얻기 위한 전쟁 등
이었다. 에스테 가문의 통치영역인 모데나 시가 교황의 봉토인지 혹
은 제국의 봉토인지를 두고 클레멘스 7세와 페라라 공작 간의 다툼
이 일었다. 곧이어 카를 5세는 중재재판관으로서 이 일에 관해 교황
에게 불리한 판정을 내렸고, 이 일로 교황은 황제를 절대 용서하지
않았다. 결국 캄페조는 아우크스부르크에서 혼자 모든 것을 감당해
야 할 입장에 있었다. 교황청이 예외적으로 한 번, 독일 내 종파 분열
에 관해 약간 세부적으로 다룬 적은 있지만, 교황청의 논증들은 세
상과 동떨어진 낙관주의로 물들어 있었다.

성하의 솔선수범하는 사절단들이 전 기독교도에게 이미 여러 가지
로 도움이 되기는 했습니다만, 다음과 같은 훌륭한 결실을 맺는다
면 더 바랄 게 없습니다. 하느님의 은총으로 이미 시작된 보헤미아
사람들과의 작업이 마무리되고, 루터파의 소동이 끝나는 그런 결실
말입니다. 이는 제가 바라는 것이고 또 귀하의 글에서 짐작해 보건
데 이미 그럴 가능성이 다분하게 보입니다.[11]

이때 캄페조와 편지를 주고받은 자코포 살비아티는 캄페조의
주군인 클레멘스 7세의 대변인이었다. 교황특사 캄페조는 독일 내
루터주의가 걱정될 정도로 발전하고 있고, 황제가 여기에 대처하는
결정을 내렸다는 사실을 알렸다. 교황은 이런 보고 중 마음에 드는
부분만 자의적으로 해석했고, 이단자에 대한 승리가 눈앞에 있다고
결론을 지었다.

> 교황께서는 황제가 루터파에 대항할 전쟁 방법을 논의하기 위해 귀
> 하의 의견을 요구했다는 사실을 아시고 기뻐하셨습니다. 그래서 성
> 하께서는 하느님과 황제의 선한 생각과 귀하의 현명함 그리고 성
> 하의 다른 조언자들 덕에, 전 기독교인 중의 일부를 구원할 수 있는
> 방법과 길이 발견되기를 바라십니다. 그리고 이들이 강해져서 오스
> 만투르크인을 두려워하지 않게 되기를 희망하십니다.[12]

바티칸의 이런 정치적 환상은 분명 캄페조에게도 영향을 주었
을 것이다. 결국 이런 편지는, 교황은 더 중요한 이탈리아 문제를 처
리해야 되기 때문에 독일의 귀찮은 종교싸움으로 더 이상 괴로움을
당하고 싶지 않다는 것을 암시하고 있다. 이런 암시는 효과가 있었
다. 순종적인 외교관인 캄페조는 교황의 낙관주의에 적응한 모습을
보였다. 교황청에 보내는 편지뿐만 아니라 황제와의 회담에서도 이
런 모습이 드러난다.

> 저는 그들에게 분명히 반대의사를 표명했습니다. 우선 이 이단을
> 철저하게 멸절하지 않으면 그 어떤 선善도 이행할 수 없다. 이런 일

을 우선으로 처리할 경우, 많은 것을 기대할 수 있는데, 예를 들면 믿음에서는 재결합이 이뤄질 것이고, 이를 오스만투르크인에게 보여줄 수 있을 것이라고 했습니다.[13]

이렇게 제국의회가 시작되기 직전 교황특사 캄페조는 방향을 잡았고 목적을 정했다. 이는 살비아티가 캄페조에게 보낸 편지에서 알 수 있다.

추측하시겠지만, 귀하의 편지들은 성하께 최고의 기쁨을 불러일으켰습니다. 그분은 첫 번째 대단한 성과를 보고 계십니다. 독일 상황을 재건하는 데 황제가 그냥 그곳에 있기만 해도 큰 영향을 끼친다는 것을 말입니다. 사람들은 여기서 하느님의 도움을 똑똑히 보고 있습니다. 하느님께서는 영원한 자비를 베푸시면서, 엄청난 시험에 든 전 그리스도인에게 이런 재산을 선물해주셨습니다.[14]

독일 상황이 잘 풀릴 거라는 확신을 가지라는 지시를 받았음에도, 캄페조는 절대 낙관적인 입장을 보이지 않았다. 교황청은 루터로 인한 분쟁이 곧 해결될 것이라는 기대를 갖고, 만일 분쟁이 실패할 경우 이에 대한 책임은 캄페조와 황제에게 있다며 둘에게 미리 압박을 가했다. 이런 압박은 캄페조가 현지에서 이끌 협상에는 아무 도움이 되지 않았다. 그의 전략은 늘 그렇듯 신학적 논쟁에 개입하지 않고, 황제를 독촉하여 프로테스탄트 측이 신학 토론을 못 하게 만드는 것이었다.

루터파는 당파로 체계화되었고, 우리도 그렇게 처신하게 만들려 했습니다. 이를 통해 모든 것을 의심스럽게 하려는 의도가 있었기 때문입니다. 루터파에게 대항하기 위한 적절한 방법이 발견되었습니다. 가톨릭교도들이 전혀 의견을 말하지 않는 방법입니다. 왜냐하면 가톨릭교도들은 선한 옛 믿음의 기반 위에 서 있고 우리 선조의 예식에 뿌리를 내리고 있기 때문입니다. 만일 루터파가 자신들의 견해에 대해 뭔가 말하고 싶다면, 황제에게 견해를 말해야 할 것이고, 그러면 황제가 결정을 할 것입니다.[15]

이로써 캄페조는 9년 전 알레안드로가 만들었던, 어떤 논쟁도 하지 말라는 원칙을 따랐다. 가톨릭 진리의 대변자의 말을 왜곡하기 위해 반대편이 논쟁을 이용할 것이기 때문이었다. 그러나 달리 보면 아무 싸움 없이 루터파에게 이론영역을 넘겨준 셈이 되어버렸다.

캄페조가 원한 대로 황제는 프로테스탄트들에게 그들의 믿음을 효력 있는 신앙고백서에 요약하라고 명했다. 이 신앙고백서는 유용했지만, 곧 드러났듯이 곤란하면서도 매우 위험한 과제였다. 프로테스탄트들이 로마와 얼마큼 거리가 있는지, 재결합은 어떤 전제 조건에서 가능한지 등의 질문이 제기되었기 때문이었다. 그러나 이 질문에 대해 루터 진영 내의 의견은 서로 달랐다. 비텐베르크 그룹 중심부에서도 의견이 일치하지 않았다. 특히 인문주의자 필리프 멜란히톤은 로마 측과 타협할 의사를 갖고 있었다. 따라서 당시 코부르크에 머물면서 회담 경과를 보고받고 있던 루터는 멜란히톤이 협상 지도자의 역할을 제대로 할지 의심했다. 사람들은 멜란히톤이 종파 분열을 제거하기 위해 노력하면서 상대편의 요구를 지나치게 많이

들어주지는 않을까 두려워한 것이다. 특히 루터는 이런 염려들이 옳았다는 성급한 생각을 갖게 되었다.

　제국의회에서 처리되는 공식적인 사건 뒤에서 캄페조는 멜란히톤과 논의했고, 이 논의에서 곧 루터파와 합의에 방해가 되는 것은 단 네 가지 문제뿐이라는 확신을 갖게 되었다.

　첫째, 두 가지 형태의 성찬식의 문제. 이 문제는 이전에 보헤미아 사람들과 합의했듯이 쉽게 해결될 수 있는 문제입니다. 이때 믿음은 건드리지 않는 것이 전제입니다. 둘째, 사제의 독신제 폐지의 문제. 우리의 교회법학자들은 교회가 과거 언젠가 중요한 이유 때문에 독신생활을 명령했다고 주석을 달았습니다. 그런데 루터파는, 과거 독신생활을 명령할 때 근거로 댔던 이유보다 더 중요한 이유 때문에 이 독신제를 폐지할 수 있다고 주장하고 있습니다. 당연히 루터파는 이 일을 제대로 이해하지 못하고 있습니다. 왜냐하면 이들은 당시 그리스인들*에게 허용되었던 것보다 더 많이 요구하기 때문입니다. 따라서 교황님께서 즉시 누군가의 조언을 받으시면 좋을 것 같습니다. 제게 새로운 지시를 내리셔야 할지 말지 말입니다. 셋째, 성체예배는 다른 많은 의식과 함께 개선되어야 한다는 문제. 그러나 저는 이에 대해 더 상세한 것은 아직 모릅니다. 그렇지만 제가 이 문제에서 적당히 절제하면서 알맞은 조처를 취할 것이라는 사실을 여러분은 믿으셔도 됩니다. 넷째, 보편 공의회가 소집

---

*　〈고린도전서〉에서 사도 바울은 독신에 대해 말한다. 그리스인들이란 고린도 사람들을 말하는 듯하다.

되어야 한다는 문제. 저는 이에 대한 교황님의 생각을 알고 있습니다. 그래서 이 문제에서 성과가 있기를 바라고, 마찬가지로 다른 문제도 쉽게 처리되기를 소망합니다.[16]

정말로 화해의 방해물들은 이것뿐인가? 성찬식과 독신제 폐지 문제에 관해서는 가톨릭교회가 이미 인정을 했다. 아니면 자신들의 전통을 계속 내세웠을 수도 있다. 여기에 예배의 몇 가지 규정과 전례의 문제, 그리고 교황과 교황청의 주저함 때문에 늦어진 보편 공의회 문제를 더한 것인가? 캄페조는 멜란히톤의 제안에서 이런 의구심이 들었다.

저는 그들이 연옥에 관한 사항뿐 아니라 여러 문제들에 대해 교황 성하께 의지하고자 한다는 말을 여러 경로를 통해 들었습니다.[17]

캄페조는 1530년 6월 26일에 쓴 글에서 이렇게 결론을 내렸다. 언뜻 보면 마치 10년 이상 이어진 종파 간 분리가 실제 일어난 적이 없었던 것 같다. 깊은 도랑들, 즉 칭의, 자유의지, 성사 그리고 특히 교황의 우위에 대한 극복할 수 없는 의견의 차이들, 이 모든 것들이 삽시간에 다 없어졌단 말인가? 교황특사의 낙관적인 보고에서 사람들은 이런 인상을 받았을 것이다.

어제 루터파들이 그들의 강령을 낭독했습니다. 듣기로는 약 50항목 정도 된다고 합니다. 라틴어 본이 제게 전달될 것입니다. 오늘 가톨릭 제후들이 대표의원들과 만나 모든 것을 황제와 제게 맡기기로 결정했습니다. 답변을 하고 그에 따른 조치를 취하기 위해서는 적합한 전문가들과 결정해야 할 것입니다. 제가 아직 저들의 강령을 읽지 않았기 때문에 그와 관련해서 더 자세한 사항을 쓸 수는 없습니다만, 일이 낙관적으로 진전될 것이라는 말씀은 드릴 수 있습니다.[18]

루터 측 선임 교섭자 멜란히톤 덕분에 사람들은 계속 이런 낙천적 태도를 유지했다.

멜란히톤이 제게 편지를 보냈습니다. 그 편지를 여기에 동봉합니다. 오늘 그는 오랫동안 저와 함께 있었습니다. 정확히 말하면 그는 독일의 자유를 위해 좋은 합의를 이뤘으면 하는 내적 소망을 드러냈습니다. 최근 편지에서 말씀드렸듯, 그는 세 가지 항목으로 만족했습니다. 제가 협의를 더욱 잘할 수 있도록 멜란히톤은 그들이 요구하는 모든 것을 문서로 알려줄 겁니다.[19]

이제 주요 문제는 단 세 가지였다. 양측은 일단 공의회 문제를 배제한 것 같았다. 위에 언급된 캄페조에게 보낸 멜란히톤의 편지에는 놀라운 말이 담겨 있다. 그가 로마의 외교사절에게 알리기를, 루터파는 교황 및 로마 교회의 권위를 여전히 인정하며 자신들은 로마 교회의 교리와 구분되는 교리를 갖고 있지 않다. 이것이 공식적인 비텐베르크의 입장이라면 낙관주의자들이 옳았다. 이제 교황청의 과제는 계속 화해를 위한 조치를 취하는 것이었다. 그런데 다른 상황이 벌어졌다. 1530년 7월 13일, 살비아티가 캄페조에게 편지를 보내, 교황과 추기경들이 멜란히톤이 제안한 네 가지 항목을 추기경 회의에서 상의했고 만장일치로 다음과 같은 결정이 났다고 알려준 것이다.

> 귀하는 황제께 이 제안들에 대해 그 어떤 조치도 취하지 말 것이며, 또 귀하와 황제가 보상해야 할 상황이 발생할 수도 있는 문제에 대해서는 아예 언급하지 마시라고 청하셔야 합니다. 이때 황제께서는 여러 가지 이유를 근거로 대실 수 있을 것입니다. 그런데 다른 근거로도 충분하지 않다면 보름스 칙령을 근거로 내세우셔도 됩니다. (……) 평신도에 관련된 사항에 대해 말씀드리겠습니다. 교황님과 추기경들이 보실 때, 교회가 800년 이상 지켜온 규칙, 이후 콘스탄츠 공의회에서 모든 국가의 동의 아래 확인된 그 규칙을, 나머지 모든 기독교도들의 화를 불러일으키면서까지 깨야 할 불가피한 이유가 없습니다.[20]

나머지 세 가지 항목은 분명 추기경 회의에서 논의할 가치도 없었다. 따라서 멜란히톤과 캄페조가 기대했던 협의의 꿈은 물거품처럼 꺼져버렸다. 두 사람은 첫 번째 항목은 별문제 될 것이 없다고 생각했지만 잘못된 추측이었다. 이미 첫 번째 항목에서 교황청은 많은 것을 함축한 근거를 대면서 이에 응하려고 하지 않았다. 교황청은 얀 후스를 화형에 처하도록 한 콘스탄츠 공의회를 근거로 대었다. 또한 약 20년 뒤 바젤에서 두 가지 형태를 취하는 성찬식을 요구하는 후스파를 위해 특별조처가 취해졌던 사실은 완전히 배제시켜버렸다.* 캄페조는 극단적인 고비를 넘기려면 이례적인 조치가 필요

하다는 이유를 대며, 추기경 회의에서 정한 명령을 좀 더 유연하게
해주길 바랐지만 소용없었다. 캄페조와는 달리 클레멘스 7세와 그의
추기경들이 볼 때, 교회가 능력 이상의 일을 해야 할 급박한 상황은
발생하지 않았다. 그들은 종파 분열은 로마 측이 최소한의 양보를
하지 않아도 중재될 것이라고 확신했다. 황제가 1521년 엄명을 내렸
으니, 이제 그 스스로 호령한 대로 지켜야만 한다. 교황청의 이런 입
장은 그들이 지속적으로 현실성을 상실하고 있음을 증명했다.

캄페조는 로마의 답변을 기다리면서 그사이 멜란히톤과 담화
를 이어나갔다. 그러나 이미 교황청이 거절하겠다고 결정하기 바로
직전에, 캄페조는 이 은밀한 협상 진행에 회의를 느끼기 시작했다.

아우크스부르크 신앙고백에 포함된 세 가지 논점, 즉 성찬식에서
평신도에게 포도주를 허용하는 문제, 사제의 결혼, 미사 문제에 대
해 그와 개인적으로 계속 협상하는 것이 적절치 않다고 저는 멜란
히톤에게 분명히 밝혔습니다. 이 문제 역시 전 기독교도의 이해관
계가 걸려 있기 때문에 공동으로 결정해야 한다고 말했습니다.[21]

사적인 회담에서는 화친할 수 있을 것이라는 환상을 가졌지만,
공적 영역에서는 그런 환상이 완전히 사라져버렸다. 아직은 분별 있
는 타결이 가능했지만, 캄페조와 멜란히톤 두 사람 다 클레멘스 7세
와 루터를 설득할 수가 없었다. 이제 멜란히톤은 신앙고백서를 작성

---

* 후스파는 전례에 라틴어가 아닌 체코어를 사용하며 평신도들도 빵과 포도주를 사
용하는 형태의 성찬식을 거행했다.

했다. 이 고백서는 어조 면에서는 온건했지만 신학적으로는 자신들과 "열광자들" 및 가톨릭교도 사이에 분명한 선을 그었다.《아우크스부르크 신앙고백Confessio Augustana》은 곧 루터주의의 강령을 확증하는 주저가 되었다. 이 글은 빵과 술 두 가지의 성체, 독신제 폐지, 성찬식에서 미사 폐지, 로마에 예속되지 않는 새로운 교회질서를 강조했다. 따라서 캄페조와의 회담에서 강조한 요점들은 교황제도와 화해를 염두에 둔 것이 아니라 이 제도의 포기를 의미하는 것이라고 했다. 프로테스탄트의 신조는 1530년 6월 25일 카를 5세에게 제출되었고 곧이어 공표되었다. 작센 선제후, 헤센 방백, 브라운슈바이크-뤼네부르크 대공, 안할트 제후, 그리고 뉘른베르크와 로이틀링엔 같은 중요한 제국도시들이 이에 동의했다. 이에 가톨릭 측은 자신들의 신앙고백인《반박서Confutatio》를 발표했다. 이 글에는《아우크스부르크 신앙고백》과 구분 짓기 위해 가톨릭 교리의 가장 중요한 요소들이 요약되었다.

제국의회는 10년 전부터 양측을 화해시키려 노력했지만, 이제는 화해는커녕 양측을 완전히 갈라놓았다. 멜란히톤과의 협의가 중단되자 캄페조에게도 고려와 친절의 시간은 끝났다. 이런 분위기 변화는 그의 보고에도 반영되었다. 멜란히톤을 포함해서 루터파는 갑자기 그들 본래의 모습, 즉 독을 뿌리고 교활하며 표리부동한 야만인으로 돌아갔다. 사람들은 이들을 너무 오랫동안 너그럽게 봐주었다. 그 탓에 이들은 뻔뻔해졌고 이제 한시라도 빨리 이들에게 자제를 요구해야 했다. 이단자에게는 불과 칼만이 도움이 된다. 이런 표어로 교황특사 캄페조는 카를 5세에게 루터파 신분대표를 향해 군사행동을 취하라고 독촉했다.

멜란히톤과 최소한의 의견일치를 보려했던 시도는 그저 작전 상의 위장이었던가? 그렇다기보다는 아우크스부르크 제국의회 때의 '시시덕거리던 시기'는 사적으로 자주 만나 의견을 교환할 경우, 적개심이 뒷전으로 물러날 수 있음을 보여준다. 양측이 갖고 있는 선입견에도 불구하고 이 협의에서 적어도 일부 분명해진 것은, 자신과 마찬가지로 상대방도 확고한 신념이 있으며 따라서 양심도 있다는 사실이었다. 그러나 이런 통찰은 직접적인 의사소통이 끝나자마자, 재빨리 다시 틀에 박힌 부정적인 생각으로 덮여버렸다.

선입견에 사로잡히지 않고 성찰했더라면, 이들은 애초에 냉정한 결과를 예측할 수 있었을 것이다. 즉 자신들이 바라는 모든 것이 환상이며 희망적인 관측이고 현실도피라는 것을 말이다. 멜란히톤의 단독행동은 인문주의자로서 그가 품었던 소망의 결과였다. 그는 생트집을 잡는 신학자들과의 불화를 조정하고, 양측의 품위를 회복시키며, 이런 좋은 예를 통해 전 기독교도가 더 높은 도덕성을 추구하게 만들려는 소망을 품었다. 그럼에도 불구하고 여기서도 해결되지 않은 문제들이 남아 있다. 루터의 가장 친한 아군인 멜란히톤은 정말로 로마와 비텐베르크 사이에 논의된 네 가지 항목보다 더 심각한 교리의 대립은 없다고 확신했을까? 비텐베르크도 교황의 우위를 수용할 것이라 확신했을까? 아마 멜란히톤은 캄페조와의 토론도 그저 광범위한 논쟁을 위한 전초전으로 생각했을 것이다.

논쟁적인 복습: 1530년의 루터와 교황제도

루터는 교리의 대립에 관한 멜란히톤의 긍정적인 의견을 받아들일 수가 없었다. 루터는 코부르크에서 편지와 논문 들을 대량으로 보냈다. 명료함에서는 직설적인 거친 표현이라고 하는 것이 좋겠지만, 최고의 글들이었다. 이 종교개혁가 생각에는 교황제도와 타협하려는 모든 시도는 그리스도와 악마 간의 화해와 마찬가지였다. 따라서 아우크스부르크 협상에 대한 그의 비판은 다음 지점에 도달했다. 교황은 적그리스도이고, 이 악의 화신과 대화해서는 안 된다. 이 대화는 기만을 초래할 뿐이기 때문이다. 이런 논리 안에서 루터는 캄페조가 "유능하고 대단한 악마"²²라고 생각했다. 편지만으로는 그리스도의 철천지원수와의 이 수상쩍은 타협에 맞서는 싸움을 끝낼 수가 없었다. 그러니 편지를 쓰는 대신에 전 기독교도에게 교황 측의 술책에 대해 경고를 보내는 글을 써야 했다. 이렇게 위대한 소통의 달인 루터는 아우크스부르크 제국의회 동안, 로마 교황의 진정한 본질을 세상에 보여주는 반 교황적 글들을 대중에게 제공했다.

그 첫 번째 글이 《연옥론 철회Widerruf vom Fegefeuer》이다. 이 글로 루터는 교리적 양보를 준비하고 있는 멜란히톤에게 맞서 예리한 반어법을 사용해 이를 거부했다. 노선 이탈자들이 생각을 바꾸어 연옥에 대한 교황의 가르침을 다시 따를 것이라는 희망에 캄페조와 같은 교황 숭배자들이 사로잡혀 있다면, 이들의 잘못을 바로잡아야 한다. 그들에게 연옥을 인정해주면, 면벌부도 다시 인정하게 되고, 교황의 성경 해석 독점권도 수용하게 될 것이다. 이 글의 논쟁적인 서문에서 루터는, 교황제도는 악마가 이 제도에게 불어넣어준 그 오래된

거짓말을 이전보다 더 회개의 기색 없이, 더 고집스럽게 선언한다고
주장한다.

> 저는 이에 대항해 옛 목록을 다시 끌어내야 했고 그들의 훌륭한 미
> 덕이 썩지 않고 희어지도록 다시 세상에 드러내야 했습니다. 그들
> 이 바라는 대로 사람들이 이 미덕을 잊지 말도록 말입니다.[23]

'옛 목록을 끌어내다'라는 말은 교황제도가 지은 죄의 목록을
나열하겠다는 뜻이었다. 이로써 루터는 새로운 것을 발견하려는 것
이 아니라 교황제도의 과거 잘못과 오랫동안 증명된 본질적 특성을
널리 알릴 생각임을 밝혔다. 이 위험한 시기에 사람들에게 다시 경
고하는 것이 목적이었다.

> 저는 우리의 후대에게 경고하기 위해 (세상이 오래 존속하든 말든
> 상관없이) 역사를 위한 목록과 비축물을 제공해야 합니다. 이 안에
> 서 후대는 이 루터가 무엇 때문에 교황으로부터 유죄판결을 받았는
> 지, 성스러운 교황의 어떤 점이 무의미했는지 볼 것입니다. 하느님
> 께서 은총을 주신다면 그들은 이런 점을 경계할 줄 알게 될 것입니
> 다.[24]

루터는 그 어느 때보다도 더, 교황제도에 대항하는 싸움은 자
신에게 구원의 역사적 과제가 맡겨졌음을 증명해주는 것이라 생각
했다. 교황에게 유죄판결을 받은 사람은 실제로는 하느님으로부터
적그리스도에 대항하는 싸움을 하기 위해 선택받은 자다. 이런 자

기 확인은 후세를 걱정해서 타협할 준비를 했다는 이유를 대는 멜란히톤을 처벌하는 것이나 마찬가지였다. 루터가 볼 때 악에 대항하는 전쟁은 이제 막 시작되었다. 이 전쟁 수행을 위해 자신의 글은 지속적인 경고로 사용되어야 했다. 루터에게 연옥은 양심에 대한 억압과 교황의 권좌를 위해 고안된 것으로 거짓, 중상, 곡해를 일삼는 소피스트적 언어, 영혼의 살인과 같은 교황제도의 본질적 특성을 강조하기 위한 일례일 뿐이었다. 그래서 그는 다음과 같은 결론을 내렸다.

> 그들은 〈시편〉을 잘못 이해해 반대로 뒤집어버리고, 정신의 믿음과 위안을 방해했습니다. 또한 사람들을 유혹하고, 믿음 없고 게으르며 무가치한 행위로 하느님을 조롱했으며, 잘못된 식욕과 물욕으로 자신들의 배를 채웠습니다. (……) 따라서 그들은 자기 아버지와 똑같은 아이들입니다. 그러니 어떻게 거짓말쟁이라 하지 않을 수 있으며, 살인자가 아니라고 할 수 있겠습니까. 그들의 아버지 악마가 거짓말쟁이에 살인자인데 말입니다. 〈요한복음〉 8장이 이를 말해주지 않습니까?[25]

이 글은 맹렬한 비난 뒤에 늘 그렇듯 자기 문제에 관한 변명으로 끝났다.

> 그러나 제 교리는 잘못되었고 이단입니다. 왜 그럴까요? 그것은 결핍되었기 때문입니다. 결핍이 저의 착오이며 이단입니다. 그것으로 충분할 것입니다. 저는 저의 부족한 하느님 곁에 머물 것입니다. 그분만이 찬양받고 영원히 감사받을지어다. 아멘.[26]

1521년 루터가 보름스 제국의회에 등장했을 때와 유사한 점들은 건성으로 넘길 수 없는 부분이다. 제국의회에서는 종교적 문제가 새롭게 논쟁에 부쳐졌고, 교황 교회의 고위 대변인이 그 자리에 또 참석했기 때문이다. 교황은 이미 그 정체가 드러났다. 교황과 마찬가지로 그의 적인 루터 역시 과거와 동일한 전략과 동기에 충실했다. 루터는 자신을 정직하고 단순하며 진실한 독일인이라고 표현했다. 이 독일인은 라틴계가 갖고 있는 돈과 지위와 우월한 영향력에 대항했고, 이때 자신처럼 생각하고 느끼는 자기 민족의 지지에 의지했다. 동시에 교황 측은 진리를 비열하게 변화시킨 세력으로 표현되었다. 루터에게 있어 자신에게 충실하다는 것은 곧 하느님과 그리고 오래되었지만 여전히 손상되지 않은 교회의 진정한 관습에 애착을 느끼는 것을 뜻했다. 루터가 볼 때, 사도의 교회는 로마에서 횡령당했고, 비텐베르크에서 원상복구되었으며, 멜란히톤의 온건한 《아우크스부르크 신앙고백》이 이를 선포했다. 루터는 교황제도에 맞서는 전쟁에서 자신이 꼭 알려야 할 사항이 있다고 생각했다. 그것은 성스러운 초기 교회를 현재의 교회와 다시 접목시켜 그 유산을 물려받는 것이었다.

1530년 8월 18일,《연옥론 철회》가 아우크스부르크에서 인쇄되었다. 이 글에 이어 루터는 교황의 열쇠의 권한에 관한 글을 썼다. 이 광범위한 텍스트의 작성은 7월 말에 시작되어 8월 말에 끝을 맺었고 10월에 인쇄되었다. 루터는 예전에 글을 출판했던 속도를 그대로 유지했다. 멜란히톤은 의도적으로 교황수위권에 관한 질문을 배제했다. 루터는 이 문제에 관해서는 오래전에 근본적인 부분은 다 말했다. 그럼에도 불구하고 혹은 바로 그랬기 때문에, 이 문제는 루터에게는 좀 더 긴 논문을 쓸 만한 가치가 있는 주제였다. 심지어는 전보다 더욱 강력하게 교황을 비난할 수 있는 주제였다. 왜냐하면 진리의 수호자인 루터 측이 교황과의 잘못된 화합을 수락하지 않으면 안될 절박한 위험에 처해 있기 때문이다. 교황수위권을 비난하지 않을 경우, 선의를 가진 사람들이 너무도 쉽게 교황의 〈마태복음〉 16장*의 해석을 받아들일 것이다. 교황의 해석에 따르면 예수는 사도 중의 사도 베드로에게 땅이나 하늘에서 매기도 하고 풀기도 하도록 열쇠를 넘겨주었다. 오래전부터 루터는 이 교리가 성경의 진정한 의미를 교활하게 왜곡시킨 증거라고 생각했다.

> 모래 위라는 미덥지 못한 기초에 근거했으면서도, 그들은 자신들이 하느님의 말씀을 확고한 기초에 놓았다며 거짓말을 합니다. 그렇게 온 세상을 무시하고 도전하고 있습니다.[27]

루터는 열쇠의 권한이 교황 혼자에게 있다고 생각하지 않았다. 모든 사도들이 함께 기독교도를 대변하면서 열쇠의 권한을 받았으며, 이 권한의 본질은 복음의 가르침을 통해 인간에게 믿음과 구원의 길을 가르쳐주는 것이라고 생각했다. 모든 인간은 자신을 위해 혼자서 이 길을 걸어야 한다. 왜냐하면 아무도 다른 사람에게 천국으로 가는 길을 내주지 않기 때문이다. 각자가 스스로를 위해 자신의 죄를 깨닫고 믿음 속에서 하느님의 은총을 신뢰할 때만 이 길이

---

* 〈마태복음〉 16장 19절: "내가 천국열쇠를 네게 주리니 네가 땅에서 무엇이든지 매면 하늘에서도 매일 것이요 네가 땅에서 무엇이든지 풀면 하늘에서도 풀리라."

열린다.

　10년 이상이 지났음에도 다시 이렇게 진리를 가르쳐야 하는 사실은 루터로서는 거의 패배를 인정하는 것이나 마찬가지였다. 그의 평가에 따르면, 자신은 순수한 하느님의 말씀을 교황 교회의 수상한 술책에 대항해 어디에서나 실천할 수가 없었다. 게다가 수많은 기독교도들은 교황의 잘못된 교리의 절망적인 어두움에 머물러 있을 뿐만 아니라 영혼 구원을 잃어버릴 위험에 빠졌다.

　여기서 진정한 용의 머리, 모든 거짓의 아버지인 그의 속 모습이 드러납니다. 그는 이 소중하고 유익한 하느님의 말씀을 그토록 비열하게 거짓말로 만들어버렸습니다.[28]

　루터가 보기에 교황은 자신을 그리스도보다 높이 두었고, 자신이 하느님이 되기 위해 그리스도를 구실로 삼았을 뿐이다. 이 목적을 위해 교황제도는 온 힘을 다해 진정한 믿음과 싸워야 했다.

　교황은 그런 행동으로 기독교를 (저 위에서 말했듯이) 근절하고 부정했으며 대신 자신의 법칙과 업적을 만들었습니다.[29]

　"저 위에서 말했듯이" 교황이 기독교를 근절하고 부정했다는 것은 이 글뿐만 아니라 루터가 훗날 교황에 대해 쓴 모든 글에 적용되는 말이다. 더 할 일이 남아 있었다. 그것은 기억 작업이었다. 그렇게 큰 노력을 들이고 큰 희생을 치러 찾아낸 진리가 잊혀서는 안 되었다.

이 목적을 위해서 루터는 진리에 최근 역사적 사례를 덧붙이면서 젊은 세대를 납득시키려 했다. 루터의 원칙은 삶에 대해서가 아니라 적의 교리에 대해 글을 쓰는 것이었다. 그는 아우크스부르크 사건을 고찰하면서 그 어느 때보다 이 원칙에 충실했다. 1531년 10월, 헤센 방백의 지시를 받고 쓴 〈친애하는 독일인에게 보내는 경고Warnung an seine lieben Deutschen〉에서 루터의 이런 태도가 극명하게 드러난다. 1531년 초에 인쇄된 이 선전문의 서문에서 루터는 자신을 패배한 평화 중재자로 표현했다.

저는 아우크스부르크 제국의회에 있는 이 성직자들에게 저의 정성 어리고도 성실한 경고를 보냈고, 공개적으로 공표했으며, 정중하게 부탁했습니다. 온 세상이 정말 진심으로 바라고 큰 동경을 품으며 호기심에 차서 바라보고 있으니 제국의회를 결코 몰락시키지 말라, 평화를 꾀하고 어리석은 만행들을 끝내며 복음이 활동할 수 있도록 일을 처리해달라고 말입니다. (……) 그러나 하느님을 향한 우리의 부지런한 기도도, 그들을 향한 우리의 충심 어린 경고도 아무 도움이 되지 않았습니다. 이로 인해, 고집불통이며 현혹당하는 존재인 그들, 그렇게 수많은 무죄의 피, 신성모독에 억눌리고 회개의 기색 없는 극악한 삶에 억눌린 그들을 하느님께서 가치 없이 여기신다는 것을 추측할 수 있습니다.[30]

루터에게 평화란 적들을 무기로 쓸어버리는 것을 의미했다. 적들이 루터의 교리를 수용하지 않는 한, 그들은 하느님을 대적하는 것이었다. 현혹과 고집불통은 그들의 방종의 결과였다. 이런 방종이

하느님으로 하여금 그들을 그토록 미워하게 만들었기 때문에 하느
님께서 그들의 눈을 진리 앞에서 닫아버리신 것이다. 이것으로 논증
의 순환이 완결되었다. 삶의 악습의 결과는 분별없는 믿음이다. 이런
식으로 복잡한 신학적 연구 없이도 삶의 악습은 적들의 거짓과 이단
을 입증할 수 있는 가장 중요한 간접증거가 되었다. 그대들은 적들
의 삶을 보고 그들이 하느님의 적이자 악마의 보조자임을 깨달아야
한다고 루터는 논증했다. 이런 논증은 교황 측까지도 루터 편이 되
게 만들었다.

그리스도인으로서 저항

루터 자신이 말한 것처럼 '루터의 사람들'은 아우크스부르크에서
평화와 화해 이외에 다른 어떤 것도 원하지 않았고, 이는 적들조차
도 인정할 수밖에 없었다. 이로써 루터 입장에서 볼 때, 자신의 교리
가 혼란을 일으켰다는 비난은 단번에 반증되었다. 전쟁과 파괴를 꾀
한 것은 오직 '교황주의자들'이었고, 그것도 그들 내면에 있는 반평
화 때문에 그랬던 것이다. 이런 반평화는 또 그들의 사악한 양심 때
문이다. 이 사악한 양심은 그들의 기도를 방해하고 그들을 하느님과
갈라놓는다.

　　이런 불순한 경쟁의 논리적 결과가 전쟁이었고, 진리를 따르는
자들은 전쟁을 원하지 않았다. 비록 처음에는 이들이 진 것처럼 보였
겠지만, 이들은 전쟁을 참아냈고 하느님의 도우심으로 이길 것이다.

제가 죽은 뒤 그들은 제일 먼저 루터가 옳았다고 느낄 겁니다. 저는 교황과 사제가 부추긴 탓에 살해당해도 괜찮습니다. 그렇게 된다면 저는 한 무리의 주교, 사제, 수도사를 함께 데려갈 생각이기 때문입니다. 사람들은 마르틴 박사가 큰 행렬과 함께 무덤으로 들어갔다고 할 것입니다.[31]

'루터의 사람들'의 승리는 확실했다. 왜냐하면 그들은 하늘에 계신 최고사령관에게 복종하기 때문이다.

왜냐하면 루터는 모든 주교, 사제 및 수도사 위에 있는 위대한 박사이기 때문입니다. 그들은 그와 함께 무덤으로 들어가 누울 것이고, 사람들은 이 일에 대해 노래하며 입에 올릴 것입니다. 그리고 결국 함께 순례를 떠나려 할 것입니다. 교황주의자들은 지옥 바닥에 있는 그들의 거짓되고 살육하는 신에게로, 그들이 거짓말과 살인으로 속인 그 신에게로 갈 겁니다. 그러나 저는 저의 예수 그리스도께로, 진리와 평화 속에서 헌신했던 그분께로 갑니다.[32]

이 글처럼 루터가 자신과 자신의 역할에 대해 그렇게 명료하게 쓴 적은 거의 없다. "위대한 박사"인 그는 신학의 다툼보다 훨씬 위쪽에 있다. 그리스도를 위해 그리고 나눌 수 없는 진리를 위해 싸울 은혜가 그에게 부여되었다. 이는 예언자의 지위에 아주 가까웠다. 물론 그는 예언자라는 표현을 쓰지는 않았다. 루터처럼 가차 없이 진리를 폭로하는 사람은 구약의 예언자들처럼 끔찍한 증오를 불러일으키며, 악이 미쳐 날뛰는 것을 비웃는다.

저는 그런 가련한 신을 추종하는 적들은 두려워하지 않을 것이며 두려워할 수도 없습니다. 그들의 저항은 저의 자랑이며 그들의 분노는 저의 웃음입니다. 그들은 더 이상 저의 이 병든 살덩이 한 자루를 어찌할 수 없습니다. 하지만 저는 이를 제 마음대로 할 수 있다는 것을, 그들은 곧 알게 될 겁니다.[33]

루터는 이 투쟁서에서 "교황주의자"로부터 멋진 허상을 빼앗았고, 따라서 그들의 권리, 존경, 합법성이자 정체성을 빼앗았다. 우선 요하네스 에크와 같은 독일의 신학자들이 정체를 드러냈다. 이들은 루터가 보기에는 저속한 동기에서 악의 편에 서고 악의 잘못된 교리를 편들었다. 그들은 진리뿐만 아니라 민족의 반역자다.

저는 독일의 예언자이기 때문입니다(저 자신을 평가하기 위해 이런 교만한 이름을 제게 붙여야 합니다. 교황주의자들과 어리석은 자들은 기뻐하고 마음에 들어 할 것입니다). 그래서 동시에 진실한 교사인 제가 사랑하는 독일인들에게 그들의 어리석은 손해와 위험에 대해 경고하는 것은 당연한 일입니다. 그들이 무엇을 고수해야 하는지, 황제가 언제 자신의 악마들, 즉 교황주의자들을 풀어 추적하고, 우리 편인 제후와 도시들에 대항한 전쟁을 위해 이 악마들을 소집할지에 대해 그리스도교적으로 가르침을 주는 것은 당연한 일입니다.[34]

루터는 자신을 독일의 예언자라고 했다. 이제까지 이 말을 노골적으로 하지 않았는데, 여기서 금기를 깨면서 자기 민족을 위한 경고자이자 보초병이 되겠다는 뜻을 드러내는 것이다. 로마의 추종자들은 복음의 진리를 위해 투쟁하는 사람들에 맞서 전쟁을 하라며 황제를 부추긴다. 이는 곧 하느님에 맞서 전쟁을 하라는 뜻이다. 그러나 인간보다는 하느님께 복종해야 한다. 따라서 저항은 그리스도인의 의무다.

> 그런 경우 하느님께서는 황제에게 복종하는 것을 강력히 금지하십니다. 그리고 황제에게 복종하는 사람은, 황제가 얼마나 하느님께 불손한지 알고 있으며, 그가 자기 육신과 영혼을 얻기 위해 영원히 애를 써야 한다는 것을 압니다. 황제는 하느님과 하느님께 합당한 것에 대항해서 자신이 법인 듯 행동할 뿐만 아니라 사람에 대해서도 자신이 권리, 맹세, 의무, 봉인이며 증서인 듯 행동하기 때문입니다.[35]

독일인에 대한 경고는 황제를 겨냥한 것이 아니라 교황주의자들을 향한 것이다. 이들은 자신들의 비열한 목적을 위해 황제의 성실함과 선의를 이용하고, 이로써 제국의 수장과 민족 사이에 쐐기를 박는다.

독일 민족의 교사로서 루터는 황제가 정치적 행복과 종교적인 구원을 얻도록 그의 의무와 권리를 가르치고, 이런 방식으로 황제에게 그의 힘의 한계를 알려주려 한다. 이를 통해 그는 독일의 훌륭한 옛 제도 및 권력 상태를 다시 복구하며, 자신의 동족들을 더 나쁜 오류와 상실로부터 보호한다. 이런 경고를 들은 뒤에도 교황의 정치적·종교적 명령을 따르는 사람은 자신의 죄 때문에 영혼이 구원받지 못할 것이다. 로마의 폰티펙스와 그의 추종자들이 오스만투르크인들보다 더욱 광란하기 때문이다.

왜냐하면 오스만투르크인은 우리의 악마들인 교황주의자들과는 달리 자신의 무함마드나 코란에 대항해서 싸울 만큼 어리석지 않기 때문입니다. 교황주의자들은 자신들의 복음에 대항하는 것이 옳다고 생각하면서, 분노하고 미쳐 날뜁니다. 그렇게 해서 오스만투르크인은 정당화시키고, 스스로는 악마로 만들어버립니다.[36]

교황청과 그 수장의 사악함을 드러내는 것은 민족적인 과제이며, 전 기독교도의 구원에 기여한다. 이 고귀한 모험은 모든 수단의 정당함을 인정한다. 루터에 따르면 온갖 비열한 장면이 행해지는 교황과 추기경들의 화려한 방들을 열쇠구멍을 통해서 들여다보는 것도 정당하다.

그것을 넘어 그대는 교황과 추기경들의 순결함을 견뎌내야 합니다. 이 순결함은 뻔뻔스러운 성직자의 순결함에 한술 더 뜨는 특별한 순결함으로, 소돔과 고모라의 순결함입니다. 하느님께서 분명 당신의 적과 반대자들, 특히 교황과 추기경들의 눈을 멀게 하시고 괴롭히시기 때문에 결국 이들은 여자들과 평범한 방식으로 육신의 죄를 지을 수 없습니다. 대신 그들은 응보를 받아 스스로 육체와 성품을 능욕합니다.[37]

하느님은 자연에 반하는 성향을 가진 악마의 성직자들을 벌하셨다. 그들은 지옥에 있는 주인의 영광을 위해 이 성향을 거침없이 펼친다. 따라서 이 악덕을 곧이곧대로 말하는 것 그리고 가능한 한 노골적으로 묘사하는 것이 진리에의 봉사, 즉 예배다. 지속적으로 자신들의 유일한 믿음에 대항하는 교황주의자들이 자신들의 잘못된 믿음에 항상 충성하는 오스만투르크인보다 더욱 나쁜 것처럼, 로마의 간신들이 보통의 탕아보다 더 비난받는다. 왜냐하면 로마의 간신들은 자연에 위배되는 자신들의 악행에 자부심까지 갖고 있으며 "마치 그것이 카드놀이라도 되는 듯"[38] 악행에 대해 농담까지 하기 때문이다.

　로마 전문가 루터는 자신이 그곳에 있었고 보았으며 이를 증언할 수 있다고 말했다.

> 나는 여기서 그대에게 거짓말을 하지 않습니다. 로마에 가본 사람이라면 유감스럽게도 상상을 초월할 정도로 상황이 나쁘다는 것을 잘 압니다.[39]

　진실임을 강조하며, 그는 사랑하는 독일인들에게 분노를 유발하는 이야기를 했다. 제5차 라테란 공의회는 영혼불사를 포고하려 했는데, 이는 교황청에 퍼져 있는 무신앙을 감추기 위해서였다는 것이다. 이로써 루터는 맥락들을 의도적으로 틀리게 설명했다. 그가 정확히 알고 있었듯이, 공의회는 영혼불사를 천명했다. 이는 인간 영혼의 불멸을 순전히 철학적 수단을 통해 증명하는 것이 불가능하다고 생각한 철학가 폼포나치의 주장에 항변하기 위한 것이었다. 상상력을 동원할 줄 아는 이야기꾼 루터에 따르면 이 라테란 공의회 칙서에서는 추기경에게 동성연애를 할 수 있는 소년의 숫자를 제한하고 있는데, 레오 10세가 이에 반대하여 엄명을 내려 로마의 치욕이 대중에게 알려지지 못하도록 했다. 또 다른 교황은 자연에 위배되는 이런 성향에 빠지기 직전에 사망했다고도 했다.

이 온갖 비열함의 아성인 로마가 대담하게도 하느님 말씀의 성실한 알림이인 루터를 이단으로 선포했다. 그가 로마의 이런 상황을 폭로했기 때문이었다. 소돔과 고모라의 이야기처럼 로마의 탐욕은 끝없이 논의할 수 있는 주제였다. 다음과 같은 이야기도 나왔다. 교황과 추기경들은 교황제도라는 강도질의 온갖 규칙에 따라 독일을 남김없이 약탈한다. 따라서 그들의 권위를 인정하는 사람은 자기민족의 재산과 피에 죄를 짓는다는 것이다. 뒤를 이어 교황의 죄악목록에 있는 다른 항목들, 즉 잔학한 정복전쟁, 면벌부, 교리의 왜곡, 양심의 오염 등도 철저히 다루어졌다. 이런 모든 범죄는 인간의 상상력을 벗어나며 따라서 언어의 한계를 넘어선다. 루터가 사용하는 언어의 상스러움은 로마의 혼란이 가져온 끔찍함의 일부만을 보여줄 뿐이다. 루터는 사람들이 자신의 고발의 상스러움을 질책할 수도 있음을 알고 있었지만, 자신의 욕설에 대해 대항하는 사람은 진리를 왜곡하는 것이라고 했다.

말로 다할 수 없는 악에 대해 그렇게 꾸짖는 것은 아무것도 아니라고 그에게 우선 대답했습니다. 대체 제가 악마를 살인자, 악한, 배신자, 중상모략가, 거짓말쟁이라고 나무라는 것이 무슨 꾸지람이란 말입니까? 이것은 마치 대기 속으로 바람이 부는 정도입니다. 하지만 교황의 당나귀들이 악마의 화신이 아니라면 무엇이란 말입니까? 속죄하지도 않고 쓸데없이 완고한 심장을 갖고 있으며, 공개적

루터

으로 비방당하고 있음을 알면서도 자신을 변호하고, 황제로부터의 보호를 간절히 바라는 악마의 화신 말입니다. 친애하는 자여, 그대가 교황을 꾸짖고 당나귀라고 불러봤자, 그것은 쇠귀에 경 읽기나 마찬가지입니다. 그는 그대가 적당히 꾸짖어봤자 소용없을 정도로 과도하게 일을 저지르고 있습니다.[40]

이로써 말로 할 수 있는 것의 한계에 도달했다. 말로는 교황과 그의 추종자들에 대한 비난을 더 이상 표현할 수 없었다. 이제 행동해야 했다. 로마에 있는 적그리스도의 후원 아래 발생한 예외적인 범죄는 이제 그 정체가 드러났다. 이에 대해 끔찍한 징벌이 내려질 게 분명했다.

죽음을 향한 긴 고통

화해를 이끌어야만 했던 아우크스부르크 제국의회는 원하지 않았던 다른 통합을 이뤄냈다. 로마와 비텐베르크 양측은 서로 얽히고설킴을 이어가다가 결론에 도달했다. 유일한 구원 수단은 무력으로 악을 근절하는 것이다. 아우크스부르크에서 제후들과 자유도시들은 종교 문제에서 자신들의 주권을 주장했다. 이는 권한의 오용으로, 여기에 대해 황제 측으로부터 이전보다 더 문책받을 것을 염두에 두어야 했다. 전체적으로 저울은 다시 구교 측으로 기울었는데, 루터가 아무것도 할 수 없어 화를 낸 것이 이를 증명한다.

교황의 외교관들은, 이제는 제발 이단을 완벽히 근절하라고 끊임없이 요구함으로써 황제를 귀찮게 했다. 황제가 군사적으로 자신의 의견을 관철할 생각이라면, 적이 아직 약할 때 자신의 운과 시간을 이용해야 한다. 그러나 교황은 신의 뜻에 맞는 행위를 광범위하게 지원할 준비가 되어 있지 않았다. 클레멘스 7세는 특별한 반응을 보이지는 않았지만 아우크스부르크 제국의회의 결정을 알았다. 그의 신경은 어느 때보다도 피렌체와 자신의 가문에 집중되어 있었다. 1530년 8월, 피렌체 공화국 진압 이후 알레산드로 데 메디치 대공이 통치권을 갖게 되었다. 이로써 메디치는 명목상 유지되고 있는 공화국을 군주국으로 만들어야 하는 어려운 과제를 떠안게 되었다. 유럽 열강 사이에 메디치를 영구히 자리 잡게 만들기 위한 최선의 방법은 결혼이었다. 배역을 정말 잘못 맡았다는 것을 재빨리 입증했던 알레산드로를 위해 혼인을 통한 거래가 곧 체결되었다. 이 종잡을 수 없는 대공은 카를 5세의 영리한 딸 마르가레테 폰 파르마Margarethe von Parma를 아내로 맞았다. 하지만 마르가레테는 카를 5세의 혼외자식이었던 까닭에, 메디치는 완벽한 귀족이 되지 못했다. 게다가 이 결혼에는 귀찮은 감시가 따랐다. 대공이 느끼기에 장인인 황제는 마치 어깨 너머에서 자신을 감시하는 후견인 같았다.

1529년 클레멘스 7세는 사생아로 태어난 자신의 조카 이폴리토 데 메디치Ippolito de' Medici를 추기경으로 추대했다. 이때 교황은 섬세한 감각이 부족하다는 것을 입증했다. 이폴리토는 이제 막 19세가 되어서 이런 직위를 받기에는 확실히 너무 어렸다. 그러나 정말 문제는 모든 사람에게 알려졌듯이 그의 성격이었다. 교회의 높은 분이 이 난폭하고 방탕하며 폭력적인 젊은이를 훈육할 것이라고들 했지만, 이것이 환상임이 곧 밝혀졌다. 안목이 없는 메디치 교황은 이폴

리토를 교황특사로 독일에 보내는 것을 전혀 꺼리지 않았다. 로마의
외교사절들은 이폴리토의 삼촌인 교황이 듣고 싶어 하는 말을 편지
로 써 보냈다. 젊은 성직자는 타고난 매력으로 모든 사람을, 하다못
해 우직한 독일인까지도 매혹시켰다고 보고한 것이다. 그러나 실제
로는 정반대였다. 대체 교황이 어떻게 이런 실수를 저지를 수 있는
가? 어떻게 이 행실 나쁜 조카를 통해 교회를 웃음거리로 만들 수 있
는가? 불쾌해진 가톨릭교도들은 이렇게 물었다. 루터파는 이폴리토
를 교황의 아들이라며 억지를 부렸다. 루터파의 선전활동에서 이폴
리토는 값진 선물이었다. 교황께서 그런 대리인을 독일로 보내시다
니, 그분은 그렇게나 독일 민족을 사랑하셨다!

교황이 가문에서 귀중하게 여기는 저당물은 1519년 태어난 카
테리나 데 메디치Caterina de' Medici*였다. 교황은 그녀를 위해 정치적으
로 아주 중요하며, 메디치의 장래에 가장 득이 되는 남편을 찾기 위
해 꼬박 3년간 온갖 정치적 권모술수를 썼다. 이 이상적인 혼인을 맺
기 위해 클레멘스 7세는 늘 그렇듯 스페인과 프랑스 사이를 오락가
락했다. 그러고는 1531년 봄, 프랑스로 결정을 내렸다. 교황은 모두
가 고대하는 공의회를 소집하라는 카를 5세의 점점 더 절박해지는
요구에 대해서는 막연히 차일피일 미루며 부정적으로 대답했다. 독
일 내 로마 외교관들은 이런 배후관계 앞에서 절망적인 상황에 처해
있었다. 그들은 충실한 고용인으로서, 독일 전문가인 자신들조차 믿

---

* 카테리나 데 메디치(1519~1589): 우르비노 공 로렌초 데 메디치와 마들랭 드 라
투르 도베르뉴의 딸로, 1533년 삼촌인 교황 클레멘스 7세의 주선으로 오를레앙 공
앙리와 결혼했다.

지 못하는 정책을 카를 5세와 그의 동생 페르디난트 1세 앞에서 변호해야 했다. 그들은 로마로 보내는 편지에서 교황의 경직된 관점에 대한 비난을 에둘러 장황하고 난해하게 서술했는데, 주로 황제의 입장을 통해 표현했다.

> 본질적으로 황제는 루터파에 관한 문제가 아니더라도 성직자와 평신도의 안녕을 위해 공의회가 절실하게 요구된다고 말했습니다. 공의회를 소집하지 않는다면, 그 누구도 10년 이내에 국가, 왕국 혹은 제국은 고사하고 단 열 가구도 효과적으로 다스릴 수 없을 것이라고 황제는 생각하고 있습니다.[41]

황제에 따르면 이렇게 된 것은 종교개혁이 유발한 민중의 자유와 복수를 향한 갈망에 그 책임이 있다. 비열한 남자 루터는 기회가 왔음을 예감했다. 그에게서 이런 강렬한 욕망을 없애버리기 위해서는 보편 공의회가 현재 권력체계의 약점인 교회 지도부의 질서를 우선 회복시켜야 한다. 로마의 상황에 대한 루터파의 비난이 일부분이라도 정당하다면, 천한 사람들이 일으키는 영속적인 불안은 제거되지 않을 것이다.

로마는 유럽 질서의 방해 요인이었다. 이렇게 로마에게 책임을 전가하는 소리를 이제 로마의 외교사절들은 정기적으로 들어야 했고, 논박해야 했다. 그들은 황제와 협상하면서 이의를 제기했다. 이단 루터는 새로운 것이 아니며, 이단은 수백 년 전부터 교회에 의해 심판받았다. 따라서 공의회는 불필요하다. 게다가 보편 공의회의 소집은 공의회 우위설의 정신을 부흥시킬 것이며 교회의 질서를 완벽하게 위험에 빠트릴 것이다. 또한 현재의 폰티펙스 막시무스는 벌써 중요한 개혁을 실행했다. 이를 통해 독일의 고충은 해결되었다. 기껏 해야 한두 가지 사소한 상황이 문제가 될 수는 있을 것이다. 점점 더 곤란해지는 합스부르크 통치자들과의 만남에서 교황의 외교관들은 이런 논증을 해야만 했다. 이들이 이때 논증에 확신을 가졌는지는, 그들 서신을 볼 때 의심의 여지가 있다.

1530년에서 1534년 사이의 로마의 상태는 심리적 억압, 희망적인 관측과 책임 전가로 점철되어 있다. 1530년 10월, 살비아티가 캄페조에게 보낸 편지가 이를 보여준다.

> 황제의 호의는 루터파를 감동시킬 수 없었습니다. 때문에 하느님께서 당신의 일을 중단하지 않으시리라는 것을 믿을 수 있습니다. 오히려 황제는 하느님의 도우심으로 독일의 고귀한 부분을 구원하실 것이라 생각됩니다. 정확히 말하면 지금보다 더 큰 명성과 더 많은 확신으로 구원할 것입니다.[42]

그러나 '루터 페스트'를 막을 신비로운 도움이 어떻게 이뤄질지는 언급되지 않았다. 더 나아가 교황의 특사와 대사들은 로마 측을 대변한다는 믿음에서, 황제의 군사행동을 찬성했다. 그것도 바로 지금 실행하는 것에 찬성했는데, 그렇잖으면 로마 교회는 독일을 영원히 포기할 수도 있다고 생각했기 때문이다. 카를 5세가 오랫동안 독일에서 멀리 떨어져 있다면 이런 위험이 곧 닥칠 수도 있었다. 그렇게 된다면 루터파가 신속하게 그리고 영원히 우위를 점하게 될지도 몰랐다.

캄페조, 알레안드로, 피에트로 파올로 베르게리오^{Pietro Paolo Vergeri-}오*는 클레멘스 7세의 명령으로 1531년 5월, 카를 5세와 그의 동생 페르디난트에게 항의했다. 불확실한 결말을 가진 공의회 대신 확실한 승리가 예측되는 이단에 맞서는 전쟁, 이것이 로마의 공식이었다. 이 승리를 위해서는 로마가 아니라 독일 내 가톨릭교회가 대가를 지불해야 한다고 주장했다.

독일 안에는 너무도 명확하게 몰락을 목전에 둔 주교, 고위 성직자, 주교좌성당 참사회가 정말 많이 있습니다. 이 무력 감행을 위해 이들은 자발적으로 혹은 교황님의 지시에 따라 충분한 돈을 제공할 것입니다. 교회의 재물이 루터파에게 압류당해 탕진되는 것을 보느니, 이 재앙의 근절에 사용하는 것이 훨씬 낫습니다.[43]

이를 통해 제후들에게는 루터파가 될 가장 강력한 매력이 사라져야 했다. 독일의 교회는 위급한 경우에는 교황의 도움을 받아 제후들의 재산을 몰수할 수도 있다. 해당 고위 성직자들이 이 일에 대해 뭐라고 말할지 로마에서는 아무도 관심을 두지 않았다. 어쨌든 교황의 인색함을 너무나도 잘 알고 있는 카를 5세는 처음에는 이 천박한 계획에 전혀 응하지 않았다.

변덕이 심한 클레멘스 7세도 마지막에는 이 전략을 따르지 않

---

*   피에트로 파올로 베르게리오(1498~1565): 1530년 캄페조를 따라 아우크스부르크로 왔고, 1533년에는 교황대사가 되어 다시 독일에 왔다. 1549년에 파문당했다. 이후 루터파 신학자로 활동했다.

았다. 강경책을 따르라는 엄중한 경고를 받은 뒤, 1531년 7월에 캄페
조는 갑자기 반대명령을 받았다.

> 전쟁을 할 때 자신의 세력들과 동맹국들에게 무슨 기대를 걸어도
> 되는지는 황제가 가장 잘 알고 있으므로, 황제가 가능한 한 조심스
> 럽게 조치를 취하는 것이 유리하다고 교황 성하께서는 생각하십니
> 다. 황제는 전쟁을 결심하기 전에, 생각할 수 있는 모든 가능성을
> 철저하게 조사해야 합니다.[44]

이것은 결국 교황청이 프로테스탄트에게 일부 양보한다는 뜻
이었다. 바로 얼마 전 클레멘스 7세가 아우크스부르크 협의 아래 포
기했던 바로 그 해결책이었다. 그러나 이번에도 교황청이 이런 입장
을 번복하기까지는 그리 오래 걸리지 않았다.

> 교황께서는 오랫동안 협의하신 뒤에, 독일에게 양보한다면 다른 나
> 라도 똑같은 것을 요구할 수 있다고 생각하셨습니다.[45]

그러니 또다시 강경노선으로 회귀! 다만 이에 대해 무효선언
을 할 때까지만. 이렇게 노선은 갈피를 못 잡아 1534년 가을까지 아
무것도 변화시키지 못했다. 명료한 노선을 따르는 대신에 클레멘스
7세는 모호한 약속과 더욱더 미심쩍은 책략을 신뢰했다. 그래서 자
칭 '중재자'라던 라파엘레 팔라촐로Raffaele Palazzolo가 작센 선제후를 가
톨릭교회로 다시 데려오겠다고 약속하자, 1532년 봄 교황은 그에게
신뢰뿐만 아니라 엄청난 액수의 돈까지도 선물했다. 이 같은 매수

전략을 통해 종파와 교회를 분열이 발생하기 이전 상태로 환원시키 겠다는 희망은 교황과 교황청이 이 분열의 원인과 결과를 어떻게 해석했는지를 보여주었다.

　로마 외교관들 입장에서 더욱 당혹스러운 일은, 클레멘스 7세가 황제를 무지막지하게 모욕할 수 있는 기회를 절대 놓치려 하지 않는다는 것이었다. 독일 내에서는 황제의 지원에 모든 것이 달려 있다고 누구나 생각하고 있는데도 말이다. 1531년, 12세의 카테리나 데 메디치와 프랑스의 프랑수아 1세의 둘째 아들 앙리의 결혼에 관한 협의가 구체적인 단계에 접어들었다. 이 결혼 계획은 합스부르크 가문에게는 가장 위급한 비상사태였을 것이다. 이로써 이탈리아 안에 카를 5세가 갖고 있는 권좌를 전복시킬 동맹이 결성되는 것인가? 교황은 선임자들이 했던 대로 프랑스를 위해 이탈리아의 정치적 지도를 급격히 변화시키려는 것인가?

　카를 5세와 페르디난트는 의도를 알 수 없는 이런 사건뿐만 아니라 교황이 이 결혼의 이유를 제시하자 기만당했다고 느꼈다. 교황이 자신은 전 기독교도의 아버지로서 은혜를 베풀어 프랑스와 스페인에 있는 사랑하는 아들들을 동일하게 염려할 의무가 있다고 말한 것이다. 동시에 프랑수아 1세는 막강한 합스부르크 적에 대항해 오스만의 술탄과 거침없이 동맹을 맺었고, 술탄에게 황제에 대항하는 군사행동을 취하라고 요구했다. 그러나 클레멘스 7세가 가장 중요하게 여긴 것은 메디치 가문의 미래였다. 카테리나와 앙리의 결혼이 결정되자 1533년 가을, 교황은 이 젊은 부부에게 최고의 축복을 내려주려고 몸소 마르세유로 여행을 가기까지 했다. 짐 속에는 귀중한 결혼 선물, 특히 프랑스 고위 성직자들에게 수여할 네 개의 추기경 모자를 넣어 갔다. 이런 선물을 마련함으로써, 신랑의 아버지 프랑수아 1세의 마음을 달랬다. 사실 프랑스 왕의 아들과 원래 고리대금업자였던 메디치 가문 딸의 결혼은 어울리지 않았다. 아주 특별한 이 '결혼 여행'에 대한 공식 변명은 교황이 이 기회에 전 기독교도 사이에 평화를 강화하고자 한다는 것이었다. 그러나 합스부르크의 입장에서 볼 때는 오히려 반대 상황을 고대하는 것처럼 보였다.

잃어버린 지위

클레멘스 7세는 독일 내 교회의 상황에 대해서는 아무런 관심도 없었다. 페르디난트가 다스리는 마드리드와 인스부르크에서는 이런 인상이 확고하게 자리 잡았다. 따라서 독일 내 가톨릭 정책은 로마와는 상관없이 실행되어야 할 뿐만 아니라 여러 관점에서 로마에 대항해서 실행되어야만 했다. 대신 가톨릭의 활동 여지는 더 좁아졌다. 점점 더 많은 제후들과 자유도시들이 1530년대에 로마에 등을 돌려 루터 교회로 전향했다. 쾰른 대주교처럼 성직을 겸한 제국의 제후들조차 거리낌 없이 이런 대안에 눈길을 돌렸다. 여기에 더해 클레멘스 7세는 영국의 헨리 8세의 결혼 문제에서 일관성 없고 모순되게 협상을 이끌어 영국이 가톨릭교회로부터 탈퇴하는 원인을 제공했다. 왕좌에 앉은 '푸른 수염'*은 아내 아라곤의 캐서린과 이혼하고자 했다. 캐서린은 카를 5세 황제의 이모였다. 이혼 사유는 아이를 낳지 못한다는 것이었지만, 사실은 아름답고 젊은 앤 볼린과 결혼하기 위해서였다. 교황청은 수백 년 동안 이런 분쟁을 경험했다. 교황 알렉산데르 6세는 족히 30여 년 전 이와 아주 유사한 문제를 거래를 통해 해결했는데, 당시 해결책은 알렉산데르 6세의 아들 체사레와 교황에게 이혼을 청원한 프랑스 왕 루이 12세에게 이득을 주었다.** 그러나 클레멘스 7세는 하필 유연성이 요구되는 이 상황에서 영국 왕의 요청을 들어주지 않았다. 그래서 결국 헨리 8세는 자신을 영국 교회의 수장으로 선포했고 가장 부유한 수도원들을 체계적으로 국유화하기 시작했다.

독일 내 로마 외교관들은 교황의 자멸적인 정치에 맞서 어떻게 할 방법이 없었다. 그들은 계속해서 우회적으로 경고하고 독촉할 뿐, 아무것도 할 수가 없었다.

보름스 제국의회에서 멋지게 퇴장하고 족히 10년이 지난 1531년 늦여름, 독일로 다시 돌아온 지롤라모 알레안드로는 무기력한 상황에 처한 것이 특히 기분 나빴다. 야심 있는 학자는 파문의 굴욕을 이겨냈지만, 자신의 목표인 추기경이 되는 것은 여전히 요원했다. 게다가 그가 없는 동안 독일 내 모든 상황이 더 나빠진 것도 그에게는 실망스러운 일이었다. 독일 남부로 시찰 여행을 다니면서 그는 루터주의가 발전해가는 것을 자신의 눈으로 보고 원인을 찾으려

---

* 샤를 페로의 동화 제목으로, 냉혹하고 변태적인 남편을 지칭하는 말이기도 하다. 아내들을 죽인 동화 주인공 '푸른 수염'처럼 헨리 8세는 6명의 아내 중 두 명의 아내는 처형했고 세 명의 아내는 쫓아냈다.

** 루이 12세는 샤를 8세의 미망인 안 드 브르타뉴와 결혼하고 싶어서, 첫 번째 부인 잔 드 프랑스와의 사이에 아이가 없다는 이유로 이혼 신청을 했다. 교황 알렉산데르 6세는 이를 허가했고, 그 대가로 루이 12세는 알렉산데르 6세의 아들 체사레에게 발렌티노 공작의 작위를 주었다.

했다.

울름 지역에는 튼튼하게 쌓은 성이 있는 가이슬링엔이라는 아름다운 마을이 있습니다. 이곳에서는 기존 방식의 모든 예배가 중지되었습니다. 거주민들은 마치 광견병에 걸린 듯이 보입니다. 제가 그곳에 갔을 때, 성에서 군인 몇 명이 내려와서는 마치 우리가 그들의 이단에 대해 무슨 말이라도 하지 않을까 엿들었습니다. 저를 안내한 귀족이 말하길, 그들은 로마를 약탈했던 사람들이었습니다. 귀족은 자신이 무슨 말을 하고 있는지 잘 알고 있었습니다. 왜냐하면 그도 약탈 때 용병단장 중 한 사람이었기 때문입니다. 그렇지만 그는 정말로 상냥하고 고상한 사람으로 보였고, 자신의 상관들과 함께 '약탈'에 가담한 것을 창피해했으며, 그때 자신은 교회의 성스러운 물건을 훔치지 않았다고 맹세했습니다.[46]

금발의 야만인들은 이런 식이었다. 처음에는 모든 것을 파괴하고 그런 뒤에는 자신들의 난폭함을 사과하기 위해 창피한 듯 눈을 내리깐다! 루터파 이단자들도 이런 식이었다. 그들은 한 사람 한 사람 이야기를 나눠보면 정말로 호감이 가고, 종교적 광견병을 앓고 있다는 흔적은 전혀 없으며, 대신 아주 편안하고 충직한 성향을 갖고 있다. 그럼에도 불구하고, 가장 우스꽝스러운 오류에 집착해서 경솔하게도 영혼의 구원을 날려버리고 만다. 나중에 온 로마의 외교관들도 보통 사람들과 신학에 관해 잡담할 때 이런 느낌을 받았다. 그러나 이단자도 인간다운 가치와 감정을 지닌다는 관점은 그리 오래 지속되지 않았다. 친절과 이단은 함께할 수 없었다. 진정한 믿음으로부터의 이탈이 확정되어 있기 때문에 친절은 가장될 수밖에 없었다. 한마디로, 이곳은 악마가 작업 중이었다!

이 괴로운 현실을 알레안드로는 독일 땅을 여행하면서 재차 상기했다. 그러자 그가 알아차린 것들이 저절로 의미 있는 전체로 조립되었다.

가이슬링엔의 여관 벽에는 흑판이 여럿 걸려 있었고, 거기에는 독일어 대문자로 구약과 신약 구절이 적혀 있었습니다. 그들은 이 구절들은 왜곡해서 자신들의 이단을 설명했고, 오직 이 구절들만 알고 있었습니다. 여러 여관과 개인 집에 독일어로 번역된 성경이 탁자 위에 놓여 있고, 사람들은 각자 자기 마음대로 성경을 해석합니다. 제가 듣기로, 어떤 곳에서는 이미 여인들까지도 설교를 시작했다고 합니다. 이들은 자신들의 모든 교리를 사도 바울로부터 받았다고 주장하는데, 정확히 말하면 여인의 설교를 금지한 사도 바울께 경의도 표하지 않고 이런 일을 행합니다.[47]

이런 식으로 이야기를 전개함으로써, 알레안드로가 눈으로 직접 본 이후 어쩔 수 없이 내린 결론, 즉 루터의 교리가 적어도 부분적으로는 대중적이 되었고 뿌리를 내렸다는 사실은 감출 수 있었다.

이런 경험을 고려할 때 알레안드로가 지금까지 해왔던 식으로 사건을 해석하는 것은, 그에게는 일종의 정신적인 재무장이라고 할 수 있다.

이단자들이 에싱엔Essingen을 얻은 것*이 보여주듯이, 이단자들은 매일 강해지고 있으며 서로 공모하는 회의도 개최합니다. 하지만 로마 가톨릭교회의 추종자들은 파괴적인 파도가 자신을 향해 몰려드는 것을 보며 익사하기를 기다리고 있는 사람처럼 행동합니다. 가톨릭 측의 이 착한 민중은 선한 의지도 있지만, 나태하기도 하고, 실행 없이 준비만 착실히 하는 모습이 보입니다. 그리고 선한 사람들 중에도 다른 편에 마음을 두는 사람이 꽤 있습니다. 이단을 통해서는 아니지만, 광기나 새로운 것에 대한 열망을 갖고 있어서, 악마의 선동을 받기 때문입니다.[48]

이 글은 "착한 민중"의 상황에 대한 만족스러운 진단은 아니었지만, 알레안드로는 쓰디쓴 유머감각을 완전히 잃지는 않았다. 따라서 그의 독일 여행은 낙원에서의 두 번째 추방과 유사하다.

제가 피로와 끝없는 생명의 위험, 전 기독교도의 명백한 몰락 때문에 완전히 지치지만 않았더라면, 이제껏 이렇게 좋은 적이 없었을 정도입니다. 멋진 날씨, 햇살 가득한 하루, 철천지원수도 없고 바람도 없으며, 먼지 없는 훌륭한 길들, 뷔르템베르크에서 바이에른까지 라인 강가의 과일이 가득 열리는 아름다운 지역을 여행하고 있습니다. 그래서 저는 가끔 외칩니다. 여기는 우리 이탈리아야! 하지만 이 미쳐 날뛰는 개들은 자신들의 이단으로 하느님을 모욕하지 않고는 이것을 즐길 수가 없습니다. 따라서 하느님께서는 이들을 파멸하게 내버려 두십니다. 죄를 짓기는 했지만, 우리는 이런 파멸

---

*   1538년 에싱엔의 영주는 종교개혁을 받아들여, 이 지역은 개신교가 우세해졌다.

을 겪지 않았으면 합니다.[49]

이런 진단과 느낌에서 알레안드로는 이미 10년 전에 그랬듯이, 저주받은 "전갈들"[50]을 무력으로 근절해야 한다고 추론했다. 그러나 민족 특성을 고려해볼 때 이것은 아주 위험한 일이었다.

인간의 엄청난 불안정과 망상이 이 나라를 지배하고 있습니다. 결국 이런 상황 때문에 제후들은 조언과 결정을 번복합니다.[51]

이런 소견이 클레멘스 7세에게도 적용된다는 사실을 알레안드로는 직시하지 않으려는 듯했다.

알레안드로는 야만인들이 부와 명성을 열망한다고 생각했다. 그래서 이미 캄페조가 아우크스부르크 제국의회에서 했던 것처럼 부와 명성을 약속함으로써 멜란히톤을 적진에서부터 자기편으로 빼오려고 했다. 그러나 알레안드로는 이 일을 성공하지 못했다. 비록 실패는 했지만 이단자를 부와 명예로 매수하는 방법이 효과가 없는 것은 아니었다. 헤센 방백은 지금까지 불법으로 교회의 재산을 점유하고 있었는데, 만일 교황의 허락을 받아 이를 계속 보유할 수 있게 된다면, 그는 곧바로 가톨릭으로 복귀할 것이라고 알레안드로는 냉정하게 계산했다. 그러나 그의 이런 생각은 입증할 수가 없었다. 로마가 그렇게 위험한 일을 하지 않았기 때문이다. 하지만 알레안드로는 독일의 상황에 대해 분노하고 당혹스러워하면서도 희망을 놓치는 않았다. 특히 이단이 민중 사이에서 이미 매력을 잃었다고 생각했다.

다른 한편으로 이 교황대사는, 포르투갈 대사가 이 들끓고 있는 독일의 한복판에서 반로마적인 풍자 작품을 상연하는 것을 목격했다. 모든 관객이 이 작품을 열렬하게 환호하며 받아들였다.

> 그것은 정말 제 심장을 부쉈습니다. 그렇습니다. 저는 작센 한복판에서 루터의 목소리를 듣거나 로마의 약탈 한가운데에서 고통당하는 기분이었습니다.[52]

이런 괴로운 상황에서 알레안드로는 교황청의 획기적인 개혁 없이는 루터주의에 대항할 효과적인 공격은 생각도 할 수 없다는 달갑지 않은 견해를 인정할 수밖에 없었다. 결국 독일은 언어에만 능통할 뿐 독일에 대한 지식은 전무한 이 독일 전문가의 기를 아주 무참하게 꺾어버렸다. 하지만 그의 보고의 최종 결론은 그의 후임들에게는 가망이 있는 듯 들렸다.

> 자주 썼듯이, 저는 정말로 이 세상의 것에 커다란 희망을 품는 사람은 아닙니다. 그러나 한 가지 일에서는 정말 확신을 갖고 있습니다. 어떤 오용들을 제거하기만 한다면, 어려움 없이 독일을 옛 믿음으로 다시 데려올 수 있다고 말입니다. 재차 교황대사의 임무를 받은 저는, 독일이 이단의 수많은 변형에 종지부를 찍으려고 노력하는 모습을 보고 있습니다.[53]

이단을 끝내기 위해서는 오직 황제가 온 힘을 다해 공격해야 했다. 알레안드로는 로마 측의 인정이 반드시 필요하지는 않다고 생각했다.

교황청은 같은 생각만 하고 있었다. 새로운 깨달음을 얻거나 결단이 내려지지 않은 채, 비관과 낙관이 차례차례 뒤따르고 서로 섞였다. 알레안드로의 후임은 피에트로 파올로 베르게리오였다. 1533년 봄부터 인스부르크에 있는 페르디난트 왕의 궁전에 머물던 그는 어떤 지도도 받지 않은 채 독일로 파견되었다. 그는 이 나라와 여기에 사는 사람에 대해 아무 지식도 없었지만, 최선을 다해 이를 습득했다. 그래서 임무에 착수한지 3개월 뒤에 다음과 같이 로마에 보고했다.

저는 자연에 위배되는 이 나라의 논문이나 이단을 철저히 연구하는 데 굉장한 노력을 기울였습니다. 그렇게 제 직업을 완전히 바꾸었고, 순수한 학자였던 제가 교회의 공복이 되었습니다. 이 임무에 관한 모든 것을 반드시 알아야 한다고 생각했습니다. 이렇게 하면 저도 언젠가 적합한 때에 하느님의 저주를 받은 자들에 대항해 뭔가 말을 할 수 있을 겁니다.[54]

물론 베르게리오는 적에 대한 모든 것을 알 수 없었다. 왜냐하면 1520년 7월 15일 포고된 파문칙서 〈주여 일어나소서〉에서 루터의 글을 금지했기 때문이다. 따라서 베르게리오는 보고서 뒷부분에서 루터의 책들을 읽을 수 있도록 허락해달라고 요청했다. 그는 장차 직접 이단에 대항하는 글을 쓰고 싶어 했다. 그러나 이 경건한 소망은 이뤄지지 않았다. 교황대사는 수많은 부침과 모험을 겪은 뒤 루터파 목사로 전향해 인생의 황혼을 보냈고, 1565년 사망했다.

베르게리오는 교황대사로서 처음에는 교황과 교황청에게 아주 겸손하게 처신했지만, 나중에 보낸 보고서에서는 아주 과감히 거친 어조를 드러냈다. 이미 캄페조가 사용했던 방식을 그도 사용했다. 자신의 대화 상대자의 비판적 표현을 아주 예리하게 로마에 전달하고, 이런 표현이 단호한 개혁 조치 및 공의회 소집이라는 결과로 이어지기를 기대한 것이다. 그러나 시간이 지나면서 점점 더 예절은 신경 쓰지 않고, 이제는 행동을 하라며 로마 측에 용기 있게 요구를 했다.

> 한 말씀 더 드리겠습니다. 수많은 영혼이 새로운 종파들에 의해 지옥에 빠지고 있습니다. 그러니 성하께서는 자비를 베푸시어, 이곳에 기독교가 존재한 이후 가장 심각한 문제가 있다는 것을 고려해 주시기 바랍니다.[55]

그럼에도 불구하고 로마는 아무것도 하지 않고, 대신 귀중한 시간을 결혼사업 때문에 탕진하고 있다. 이 결혼사업은 메디치 가문에게만 유리할 뿐, 교회의 위신에는 돌이킬 수 없는 손해를 입혔다. 어쩌면 베르게리오는 위의 글에 이렇게 덧붙이고 싶었을지도 모른다. 캄페조와 알레안드로가 볼 때, 교황청의 지연작전은 자신들의 개인적 성공과 교황제도의 평판에 방해가 되는 언짢은 훼방이었다. 교황청이 보여준 이런 냉담함이 베르게리오와 그의 후임인 조반니 모로네Giovanni Morone에게 양심의 가책을 불러일으켰다. 이제 새로운 가치와 앞선 생각을 가진 고위 성직자 세대가 등장하게 된다. 베르게리오와 모로네 같은 새로운 교황대사 유형은 그들의 선임자들보다 더 집중적으로 믿음의 적들의 글과 행동을 연구했고, 여기서 많은 영향을 받았다.

특히 이 외교사절들은 본격적으로 로마에 있는 자신들의 최고 상관의 양심에 거침없이 호소했다. 1533년과 1534년 사이 베르게리오는 끊임없이 도움을 요청하며, 교황의 양심에 호소했다.

믿음의 문제에서는 보고드릴 만한 새로운 것은 없습니다. 그러나 저는 이 고장 사람들과의 대화나 나쁜 책자들을 통해서 매일 아주 정확하게, 독일에서 모든 진정한 믿음이 발에 짓밟혔고, 그 자리에 수많은 비열함과 영혼의 상실이 대신 들어섰다는 것을 알아가고 있습니다. 그러니 우리의 주인이신 성하시여, 예수님의 사랑으로 이런 비참함에 맞서 무엇인가 조치를 취해주시고, 우리의 가련한 믿음을 지지해주십시오. 제 양심의 의무라고 생각하여 이런 부탁을 드립니다.[56]

외교관은 보고를 해야 하고 기껏해야 간접적인 조언만 해야 한다. 그러나 베르게리오는 위와 같은 요청으로 자신의 역할에서 완전히 벗어났다. 그러나 이번이 끝이 아니었다. 진정한 믿음의 몰락을 더 이상 볼 수가 없다는 항상 동일한 이유를 대면서 역할을 벗어난 행동을 이어나간 것이다. 그가 조사를 하면 할수록 점점 더 암담한 현실이 드러났다. 점점 더 많은 제후들이 로마에서 떨어져 나갔고, 뒤를 이을 가톨릭 사제는 보이지 않았으며, 수도사와 수녀들은 큰 무리를 이루어 수도원을 떠났다. 그런데 교황은 여기에 대해 아무것도 하지 않았다. 이 상황에서 교황대사의 눈에 유력한 치료제가 보였다. 이제는 그 처방을 내려야만 했다. 바로 공의회였다! 그러나 클레멘스 7세는 여전히 보편 공의회를 가장 두려워했다. 따라서 1534년 9월 25일, 예상치 못한 교황의 죽음은 교황청 내 개혁 성향을 가진 모든 세력에게는 해방을 의미했다.

5장

루터, 이단자

1534~1546

제국과 로마의 결단

교황이 개혁에 무관심한 결과 로마는 제국에서 관객의 역할을 할 수
밖에 없었다. 1531년 2월에 회담이 열린 장소의 이름을 따 '슈말칼덴
동맹Schmalkaldischer Bund'이라 불린 루터파 제국의원들의 동맹이 효력을
일으키자 교황특사와 교황대사는 수수방관할 수밖에 없었다. 이 동
맹에서 제후들과 도시들은 가톨릭의 공격을 받을 경우 서로 군사적
도움을 주기로 약속했다. 특히 황제에 맞서는 이 동맹이 어떤 전제
조건 아래 하느님과 제국법 앞에서 정당함을 보여줄 수 있을지, 법
학자와 신학자 들은 오랫동안 논쟁을 벌였다. 루터는 〈친애하는 독
일인에게 보내는 경고〉라는 글을 통해 동맹에 동의한다는 것을 밝
혔다. 즉 하느님의 말씀이 지워질 상황에 처하게 된다면, 저항해도
될 뿐만 아니라 저항을 해야만 된다는 것이다. 슈말칼덴 동맹국들은
정치적·군사적으로 아직은 분명 열세였고, 게다가 그들의 강력한
지도자들, 즉 작센 선제후와 헤센 방백의 경쟁 때문에 약화되고 있
었다.

오스만제국은 계속 확장 중이었고, 이로 인해 앞으로 닥칠 절박
한 위기는 슈말칼덴 동맹국들에게 유리하게 작용했다. 1529년 10월,

술탄 슐레이만은 아무 성과 없이 돌연 빈 포위를 풀었지만, 그의 군대는 곧 다시 서쪽을 향해 위협적으로 전진해왔다. 심각한 상황은 황제로 하여금 다시 루터파와 화해를 시도하게끔 만들었고, 황제는 1532년 여름 뉘른베르크 제국의회에서 현재의 종교 상황을 문서로 확정하자고 제안했다. 그렇게 해서 적어도 이단이 더욱 확산되는 것은 막았다. 프로테스탄트 측은 자신들의 근본 주장, 즉 인간의 행위가 하느님 말씀의 자유로운 확산을 막아서는 안 된다는 주장을 내세웠다. 결국 사람들은 일명 '뉘른베르크 종교평화협정'에 합의했다. 이 협정으로 프로테스탄트 신분대표들에게 걸렸던 제국법상의 소송은 중단되었고, 대신 프로테스탄트 대표들은 오스만 군대와의 전쟁에서 황제를 지원하겠다고 약속했다. 모든 다른 종교 문제는 다음에 열릴 제국의회에서 해결될 것이라고 했다. 하지만 신성로마제국의 황제 카를 5세와 그의 동생 페르디난트는 위의 사항 외에 다른 문제에서는 양보할 준비가 되어 있지 않았기 때문에 다음 제국의회는 언제 열릴지 몰랐다. 로마 교황청의 외교가들 입장에서 뉘른베르크 협정의 결과는 재난이었다. 왜냐하면 그들은 황제에게 협정이 아닌 다른 조처를 요구할 계획이었기 때문이다. 우선 루터파에게 깊은 충격을 주고, 그런 다음에 강력한 힘으로 오스만투르크인에 대항하라고 권유할 생각이었다.

제국 최고영역에서 이렇게 임시적인 평화가 찾아오자 프로테스탄트들은 다른 투쟁전선으로 밀고 나갈 적절한 기회를 얻었다. 그래서 1519년 축출된 프로테스탄트인 울리히 폰 뷔르템베르크 대공이 헤센 군대의 도움으로 합스부르크가의 지배에 들어갔던 자신의 영토를 되찾았다. 이는 가톨릭 입장에서는 감당하기 어려운 또 다른 패배였다. 로마의 관점에서는 제국 북쪽에 재앙이 시작된 것처럼 보였다. 1533년 4월, 덴마크 왕 프레데릭 1세가 사망한 뒤에 왕위계승전쟁이 발발했고, 곧 프레데릭의 아들 크리스티안 3세가 우위를 차지했다. 크리스티안 3세는 18세 때 보름스 제국의회에서 루터를 알게 되었고, 그에게 깊은 인상을 받았다. 크리스티안 3세는 상당한 달변에 탁월한 신학교육을 받아서, 설교단에서 직접 설교도 할 정도로 루터파 제후의 표본이었다. 그는 1535년부터는 루터와 의논하고, 루터의 측근인 요하네스 부겐하겐Johannes Bugenhagen과 긴밀하게 협력하면서 슐레스비히-홀슈타인 공국까지 포함하는 자신의 영토를 모범적인 루터파 제후국으로 변화시켰다. 크리스티안 3세는 루터와 사적으로도 친했다. 코펜하겐에서 매년 보내주는 생필품은 루터의 집에서 대환영을 받았다. 덴마크 왕은 루터가 사망한 뒤에는 경제적으로 어려운 루터의 아내에게 연금도 주었다.

프로테스탄트가 증가한 점에서 볼 때, 1534년 가을 클레멘스 7세가 사망한 뒤 열린 콘클라베는 가톨릭교회에게는 중요한 사건이 되었다. 1523년처럼 또다시 잘못된 인물이 교황에 선출될 경우, 진정한 믿음은 끝장이라고 개혁가들은 걱정했다. 하지만 정작 추기경단에서 이런 걱정은 별 반응을 얻지 못했다. 교황의 마지막 임기 동안 추기경직은 거의 지원자의 정치적 배경과 지불 능력에 따라서만 수여되었다. 1534년 10월 11일 35명의 추기경들이 새로운 교황 선거에 착수했다. 그러나 이들의 지휘 아래, 종교정책을 준비하거나 종교적 각성을 일으키려는 노력은 없었다. 교황청에 완전히 새로운 질서를 마련하려는 기색도 보이지 않았다. 따라서 66세의 지원자를 교황으로 선출하기 위해 필요한 3분의 2의 찬성표가 단 24시간 안에 모인 것에 아무도 놀라지 않았다. 알레산드로 파르네세Alessandro Farnese 추기경은 바오로 3세가 되었고, 모두의 눈에는 르네상스 교황의 모든 특성과 모순을 완벽하게 구현한 인물로 보였다. 그는 아름답고 영리한 여동생 줄리아 파르네세Giulia Farnese가 교황 알렉산데르 6세에게 바친 사랑의 봉사에 대한 보답으로 추기경 지위를 얻었다.* 루터는 교황이 뚜쟁이와 포주로서 경력을 쌓은 인물이라고 생각했다. 로마가 바빌론이라는 것을 증명하는 이보다 더 명확한 증거가 어디 있겠는가?

시작은 이렇게 수치스러웠지만, 1534년 당시의 파르네세 추기경은 그런 과거들과는 거리가 멀었다. 41년간의 추기경 재직 이후 그는 보르자, 델라 로베레, 콜로나, 오르시니 및 메디치와 비슷해졌고, 교황청에서 가장 교활한 종교정책가이자 권력정치가 중 한 명으로서 고위 성직자들과 결혼을 통한 인척관계를 맺었고 연합했다. 당연히 그의 선임 교황들처럼, 그도 자기 가문의 이득을 위해 국내외 모든 정치는 제쳐놓았다. 따라서 교황의 최고목표는 자신의 '사생아'인 피에르 루이지 파르네세**를 위해 자신의 집안이 군주가 될 수 있는 국가를 만드는 것이었다. 60년 전부터 거의 모든 교황들이 동일한 목표를 추구했기 때문에, 바오로 3세가 자신의 목표를 달성하기에는 활동의 여지가 좁았고 갈등의 가능성은 컸다. 파르네세 가문

---

* 줄리아 파르네세는 교황 알렉산데르 6세의 정부였다. 동생 덕에 추기경이 된 그를 로마 사람들은 "속치마 추기경"이라고 놀렸다.

** 알레산드로 파르네세는 성직에 입문하기 전에 실비아 루피니라는 귀족 여인을 정부로 삼아, 피에르 루이지, 파올로, 라누치오 등 세 아들과 코스탄차라는 딸 하나 등 총 네 명의 사생아를 두었다.

은 13세기부터 바티칸 북쪽과 시에나 공화국과의 국경지역에서 봉건귀족 가문으로 존경받고 있었다. 이 가문이 지역 제후들 중 일인자로 등극하는 과정은, 확실한 위치에 있던 다른 가문들의 소유물을 강탈하는 과정이었다. 특히 신성로마제국이 교황 가문으로 인해 손해를 보았다. 이로써 황제와의 심각한 분쟁이 불가피했다. 클레멘스 7세처럼 바오로 3세는 자기 가문을 위해 조금도 주저하지 않고 프랑스와 스페인의 경쟁을 부추겼다. 이 모든 상황을 보면, '르네상스 인간' 바오로 3세도 선임 교황들의 실수와 모순을 그대로 반복할 것이 분명했다.

교황대사 베르게리오는 이를 저지하기 위해 모든 수사학적 수단을 동원했다.

성하께서 독일 문제에 관해 반드시 아셔야만 하는 것은 다음과 같습니다. 성하께서 아시다시피 지난 몇 년간 독일 선제후들과 영향력 있는 다른 무리들은 늘 공의회에 대한 희망을 가졌고, 이 희망은 늘 다시 파괴되었습니다. (⋯⋯) 저는 이제 성하께 공의회가 열리게끔 배려해주십사 하고 말씀드립니다. 왜냐하면 사람들이 이제 더이상 성하께 이 말씀을 드리지 않기 때문입니다. 뿐만 아니라 이 공의회에 관해 독일 대리인들과 빨리 합의하는 것이 정말 필요하다고 말씀드립니다. 이 문제가 약간만 늦어져도, 이 세력들은 불만족을 표시하고는 지연된다는 명백한 구실을 내세워 민족 공의회를 개최할 것입니다. 그러면 이는 로마 교회에게 가장 심각한 손실과 치욕이 될 것입니다.[1]

하찮은 외교사절이 이런 식으로 교황에게 편지를 쓰면 안 되었다. 베르게리오가 경력이 아니라 양심을 중요하게 여겼다고 생각할 수도 있다. 이제 그의 양심이 처음으로 시련을 겪게 되었다.

독일에서 이 이단의 페스트는 점점 세력이 커졌습니다. 여기서부터 페스트가 세계 여러 곳으로 확산되었습니다. 여기에서, 다른 어디도 아닌 여기에서 이 페스트를 저지해야만 합니다. 그것도 빠르고 강력한 수단으로 말입니다! 독일의 많은 중요 인물들은 우리 측이 그렇게 크고 위험한 악과의 싸움을 아직도 시작하지 않은 것에 놀라워합니다. 성부시여, 저는 제가 바쳐야 하는 모든 경외심을 갖고 또 기독교도의 의무를 갖고 제가 이곳에서 활동하면서 느꼈던 것의 일부를 감히 말씀드리고자 합니다. 장래의 공의회에 대해 로마에서 토의하는 것만으로는 부족합니다. 이와 동시에 독일의 지식인과 군중을 우리 편으로 획득해야만 합니다. 만일 성하께서 공의회는 열릴 것이라며 이 민족을 완전히 납득시키지 않으신다면, 심각한 폭동이 일어날 것입니다. 그러면 모든 것은 로마 교회의 몰락으로 이어질 것입니다.[2]

베르게리오의 아주 감정적인 편지들은 목표물을 맞추었다. 1534년 말, 바오로 3세는 독일 전문가를 로마로 소환했고, 밀실 협의를 하기 위해 그와 함께 교황이 사냥철에 묵는 성 라 마글리아나에 가기까지 했다. 아마 교황대사는 이곳에서도 공의회 소집을 주장했을 것이다. 왜냐하면 이미 1535년 1월 15일에 교황은 추기경 회의에서 추기경들에게 공의회가 반드시, 그것도 빠른 시일 안에 열려야 한다고 말했기 때문이다. 예상했듯이 교황은 거의 모두에게서 반대에 부딪쳤지만, 이런 저항은 소용이 없었다. 베르게리오는 또다시 교황대사로서 독일로 보내졌고, 여기서 제국의 세력가들에게 기쁜 소식을 전했다. 공의회가 열립니다!

로마의 외교사절은 선전여행을 하는 동안 루터를 지지하는 지역에도 가게 되었다. 공의회는 종파 분열을 제거해야 했다. 따라서 이단자들이 불만을 늘어놓겠지만, 그들을 공의회에 초대할 것이다. 헤센의 방백 필리프 폰 헤센은 본의 아니게 베르게리오를 초대한 첫 번째 인물이 되었다. 베르게리오는 필리프 폰 헤센을 이단자의 전형으로 묘사했다.

그는 30세의 젊은이로 상상을 초월할 정도로 교만했으며, 그의 사악한 조언자들에 의해 끊임없이 우리의 성스러운 믿음을 조롱하고 훼손하라는 부추김을 당하고 있습니다. 제 눈으로 본 그의 성격 특징에 대해 들어보십시오! 이 사람을 전반적으로 평가하기 위해서 말입니다. 성스러운 부활절 축일에 방백은 페르디난트 왕을 교회로 안내했습니다. 방백은 미사가 시작되자마자 세상에서 가장 불쾌한 웃음을 지으며 교회 밖으로 다시 나왔습니다. 그렇습니다, 그는 이 시간 동안 정원을 산책하는 것을 더 좋아했습니다. 그런 뒤에는 교회에서 설교를 들었다는 둥, 설교 중 제단 앞에서 사소한 것을 수행하는 사제를 보고 싶지 않았다는 둥 뻔뻔스러운 말을 했습니다. 그러면서 순종과 깊은 신앙심으로 미사에 참석하고 계시는 왕께는 신경도 쓰지 않았습니다.[3]

필리프 폰 헤센 방백은 가톨릭교도가 성스럽게 여기는 모든 것을 경멸했다. 그렇게 종교전쟁은 불이 붙었다. 그러나 헤센 방백은 교황의 외교사절에게는 외교법이 요구하는 것보다 더 정중하게 대했다. 그전부터 공의회는 전 기독교도에게 해당되었다. 프로테스탄트들이 교황과 관계를 끊겠다고는 했지만, 공의회는 진지하게 받아들여야 했다. 그들도 이전의 공의회는 존경했다. 그런 이유로 베르게리오가 공의회 참석을 권유했지만, 필리프 폰 헤센은 정중하게 돌려서 거절했다.

전반적으로 그는 제게 아주 친절했기에 처음에는 이상했습니다. 그가 그리스도의 일을 경멸하는 바로 그 방백이라는 것을 알고 있는데 그런 행동을 하니 말입니다. 아무튼 그는 끝까지 아주 정중했고 저를 문밖까지 배웅해주었으며, 훌륭한 제후들한테서만 기대할 수 있는 최상의 존경과 경외심을 품고 베드로, 로마의 폰티펙스에 대해 이야기했습니다. (······) 하지만 프로테스탄트들은 제가 언급했던 장소 중 단 한 곳에도 절대 오지 않을 것입니다. 대신 그들은 황제가 그들에게 약속했던 대로 독일에서 공의회를 열라고 요청했습니다.[4]

바오로 3세는 공의회 개최 장소를 어디로 할지 아직 결정하지는 않았다. 교황대사 베르게리오는 공의회 장소로서 이탈리아 북부에 있는 만투아가 적당하다고 했다. 이곳은 제국에 속해 있었으니 너그럽게 생각하면 타협이 가능하다고 생각한 것이다. 필리프 폰 헤센 방백이 주장했듯, 독일 도시에서 보편 공의회를 열자는 요구에 교황은 절대 동의하지 않을 것이 분명했다. 따라서 방백이 볼 때 공의회는 무기한 미뤄진 것이나 다름없었다.

베르게리오는 선제후들 중에서 새로 루터파가 된 게오르크 폰 브란덴부르크 변경방백Markgraf*한테서도 아주 호의적인 접대를 받았다. 그래서 그의 마음속에는, 이제 막 로마를 등진 사람들을 진정한 믿음 편으로 다시 되찾아올 수도 있겠다는 희망이 싹텄다. 베르게리오의 독일 여행은 계속되어 여행의 정점, 즉 선제후국 작센과 그 지역의 영적 수장인 이단자 루터에 점점 가까워졌다.

루터와 새로운 교회규칙

아우크스부르크 제국의회에서 멜란히톤은 가톨릭 측과 일부 타협했고, 루터는 이 때문에 개신교 신앙고백이 위태로워졌다고 생각했다. 제국의회가 끝나자 그는 개신교 신앙고백을 확립하고, 이를 예배와 민중교육에 실제 적용시키는 일에 집중적으로 헌신했다. 여기에는 대단한 행동이 필요했다. 교회는 지금까지 법적·도덕적으로 가족과 결혼에 책임이 있었고 최고 사법기관을 구성했다. 종교개혁을 통해 이 관할권들은 지역제후들 혹은 제국도시에 종사하고 있는 새로운 교회관리들에게로 넘어갔다. 이제 루터와 그의 최측근인 요하네스 부겐하겐과 유스투스 요나스는 전보다 더 자주, 결혼의 취소를 언제로 보는가, 남편은 '달아난' 아내와의 결혼을 어떤 조건 아래서

---

*   신성로마제국 변경지의 태수.

파기할 수 있는가, 반대로 아내가 남편과의 결혼을 취소할 수 있는가 등의 일상 문제에 몰두했다. 이미 수도원에서 고해신부로 있을 때처럼, 루터는 이제 종교개혁가이자 집안의 가장으로서 이 일을 통해 인간의 부정적인 측면, 모든 약점과 죄악 속의 인간을 알게 되었다.

개혁파 교회는 이 어두운 충동에 굴복하지 않았다. 가능하면 이 교회는 엄격한 개입을 통해 악을 저지하고, 이를 통해 교황과 비교하여 자신들이 우월하다는 것을 입증해야 했다. 물론 루터의 견해에 따르면 이 교회가 인간을 획기적으로 변화시킬 수는 없었다. 루터는 인문주의적인 교육의 낙관주의에 비관적인 인간상을 대립시켰다. 루터가 교리를 펼치면서 겪었던 어려움들 때문에, 비관적인 인간상은 더욱더 어두워졌다. 인간은 원죄 이후 악덕에 기울었고, 어떻게든 잘못을 저지를 가능성이 있기 때문에 '가족 재판관' 루터는 부부 싸움 및 가정 파괴의 경우, 새로운 교회의 위신에 해가 되지만 않는다면 관대하게 보아줄 준비가 되어 있었다. 유난히 곤란한 경우에는 성찬식 제명 처분을 내렸다. 제명 처분을 받은 사람은 명예와 명성에 해를 입었다. 그러나 1541년 이후의 칼뱅의 제네바와는 달리, 비텐베르크는 덕을 앞세워 사람들을 억압하는 장소는 아니었다.

인간은 과거에 어땠는가, 그리고 앞으로 어떻게 될 것인가. 이렇게 인간의 본성을 고려하면서 사태를 파악할 수 있는 규율을 만드는 것, 바로 이것이 선제후국 작센에서의 목사에 대한 교육 및 감독이 중점을 두는 부분이었다. 새로운 성직자들은 이제부터 정기적으로 감독을 받았다. 이 목적을 위해 특별히 만들어진 위원회는 실제 교구의 재정 상황, 목사 교육, 목사의 생활 변화, 그의 교구 내에서의 도덕성과 교리 상태를 정확하게 파악하려고 애썼다. 이런 문제에서 종교개혁은 극복할 수 없는 장애에 부딪쳤다. 특히 시골 주민들은 몇 대를 이어온 익숙한 제식 형태, 예를 들면 하느님 앞에서 그들을 대변해줄 성인숭배를 지속했고, 또 순례여행과 같은 전통적인 경건함을 계속 실행했다. 루터는 젊은 세대를 종교적으로 가르치는 일을 더 중요하게 여겼다. 젊은 사람들은 처음부터 진정한 믿음 안에서 배워야 했고, 이것은 적절한 학교와 교육수단이 전제되었다. 1530년 이후 '후기' 루터는 멜란히톤과 함께 이 분야에서 다양한 활동을 전개했다. 그래서 청년들에게 종교개혁 교리의 핵심을 익히게 하려는 목적으로 루터는 《소 교리문답서Kleiner Katechismus》를 썼다. 이 책자는 1529년 처음 출판된 이후 판을 거듭해 인쇄되었다. 루터의 펜에서 나온 수많은 찬송가도 이런 교화에 도움이 되었다. 루터의 찬송가는 대부분 잘 알려진 민요에서 가져온 기억하기 쉬운 멜로디여서 곧 대중적이 되었다. 가톨릭 측은 영혼을 위한 싸움에서 루터의 찬송가를 특히 위협적인 무기로 여겼다. 그들은 오랫동안 이 무기에 대항할 만한 것을 갖고 있지 않았다.

그림을 통한 선전도 이런 영향력을 가졌다. 이미 '초기' 루터는 1517년부터 교황제도에 대항하는 전쟁에 이 선전수단을 탁월하게 이용했다. 칼뱅은 원래부터 종교적 그림을 신앙이 없는 것으로 여겨 거부했지만, 그와는 달리 루터는 옳은 그림과 그릇된 그림을 판별했다. 그가 옳다고 생각한 그림은 교리를 묘사한 것으로, 이것은 교리문답서와 찬송가와 함께 올바른 믿음을 얻는 데 사용될 수 있었다. 그가 모범적으로 생각한 것은 루카스 크라나흐Lucas Cranach와 그의 유파들이 그린 그림들로 이것들은 세 가지 '솔라sola' 원칙, 즉 '오직 믿음', '오직 은혜', '오직 성경'과 같은 추상적인 주제와 함께, 종교개혁의 여러 핵심 내용들을 구체적으로 설명했다.

그러나 루터의 가장 중요한 매체는 글로 쓰고 말로 전달하는 언어였다. 비텐베르크 궁정교회의 설교단에서 행한 루터의 설교들은 빠른 속도로 유명해졌고 비텐베르크 시민이나 외부인 모두에게 인기였다. 이것은 대중이 기독교 믿음의 개혁자에게 표시하는 존경뿐만 아니라 루터의 잘 다듬어진 수사학과도 관련 있었다. 그가 구술한 기본원리들은 명료하고 간결했다. 게다가 많이 배우지 않은 청중도 연설을 듣고 이해할 수 있게 해준 그의 평이한 어법도 한몫했다. 이 모든 교육 방법 덕분에 젊은 세대는 교황 교회로부터 분리되는 괴로운 과정을 겪지 않아도 되었고, 분리로 인해 발생한 불확실과 두려움을 겪지 않아도 되었다. 동시에 이 세대는 기독교 국가, 즉 루터파 국가에 복종하고 교육받아야 했다. 모든 영역에서 종파의 특수성이 관철되었고 오직 천국으로 이끄는 정교의 정신 속에서 인간을 만들어내는 과정이 이제 막 시작되었다. 이런 과정은 교회와 국가에게 유용했다. 루터는 믿음 안에서의 교육에 도움이 되는 글을 썼고, 동시에 자기 계열에서 벗어난 사람들과 '열광자들'에 반대하는 투쟁서를 작성했다.

가장으로서 루터는 손님을 후대하는 개방된 가정을 이끌었다. 모두에게 열린 그의 집은 사회에 영향을 주는 기독교 가족과 교육의 모범으로 선전되었다. 1526년 6월과 1534년 12월 사이에 루터 부부에게는 6명의 자녀가 태어났다. 아들 셋과 딸 셋이었다. 친척, 고용인, 하숙인도 함께 살았던 이 집안에서 카타리나 폰 보라는 안주인의 임무를 확실하게 수행했다. 루터는 비텐베르크 대학 교수로서 상당한 보수를 받았고, 1536년부터는 아주 높은 보수를 받기까지 했

다. 하지만 과거 아우구스티누스 수도원이었으며 검은 수도원이라
고 불렸던 루터 집의 큰살림을 꾸려나가려면 채소 재배와 같이 자급
자족할 수 있는 일을 추가로 해야 했다. 안주인인 폰 보라는 이렇게
얻은 이윤을 아주 영리하게 투자했다. 1542년 영주에게 납부한 세금
을 보면, 비텐베르크에서 종교개혁가의 재산을 앞지르는 사람은 성
공적인 화가 사업가인 루카스 크라나흐 단 한 명뿐이었다.

　당시 비텐베르크는 초라한 소도시였다. 이런 특징은 프로테스
탄트들의 '새로운 로마'라는 도시의 명성에 어울리지 않았고, 대학
의 명예와도 어울리지 않았다. 이 대학은 점점 발전해서, 1559년 제
네바 아카데미가 막강한 경쟁자로 성장하기 전까지는 귀족 및 개혁
된 유럽의 부유한 시민계층의 교육 중심지가 되었다. 대학은 또다시
루터와 멜란히톤 덕에 그 명성을 얻었다. 개신교 측은 이 두 사람이
깊은 신앙심과 높은 지식이 추구하는 이상을 조화롭게 구현했다고
평했다. 인문주의자로서 멜란히톤의 인기는 이탈리아까지 번져나
갔다. 루터는 진정한 하느님 말씀의 재발견자이자 그것에 기초를 둔
교회설립자라는 명성을 얻었다. 루터는 작센 선제후국의 교회 재건
에 참여했을 뿐만 아니라 황제와 제국에 대항하는 정치 및 군사행동
에 관해 프로테스탄트 제후들에게 조언하기도 했다. 이때 그는 특히
황제에 대항하는 거부권 문제에서, 황제 측에게 지나치게 많이 양보
한다고 생각했다. 물론 때로 황제에게 양보하라고 권력가들에게 권
하기도 했다.

　1535년 11월, 비텐베르크를 향해 여행 중이던 교황대사 베르게
리오는 명성의 절정에 있는 정신적 지도자에게 점점 다가가고 있었
다. 루터가 이런 지위에 있다는 것을 베르게리오가 모를 리 없었다.

베르게리오, 루터를 만나다

시골스러운 비텐베르크와 세계주의적인 대도시 로마 사이의 차이는 극복될 수 없었다. 테베레 강가에 있는 비도덕적이며 장막에 가려진 중심지, 아름다운 외관 뒤에 타락의 심연이 매복하고 있는 이 도시에 대해 루터는 평생 증오의 말을 퍼부었고, 이 말 속에 두 도시의 차이가 표현되어 있었다. 이제 '이단의 중심지'를 향해 가고 있는 교황대사 베르게리오의 입장에서 볼 때, 상황은 정반대였다.

로마의 고위 성직자는 겉으로 보이는 집의 품격, 훌륭한 복장, 하인의 규모, 향연의 화려함, 특히 예술품 수집 수준으로 그 서열을 알 수 있었다. 이 모든 특징은 개인이 교황청의 사회적 위계질서 안에서 어느 위치에 있는지 정확히 밝혀주었다. 그 외에도 교황청의 기호학, 제스처와 언어 등 각 계층이 사용하는 표현에서도 서열이 드러났다. 다른 한편으로 보면 이런 특징을 사용함으로써, 신분이 더 낮은 사람도 자신의 상관처럼 품위를 지킬 수 있었다. 이렇게 사려 깊게 체계화된 궁중 세계, 눈에 보이지 않는 보다 높은 질서를 나타내기 위해 무생물까지도 계층의 상징으로 사용되는 이런 세계의 흔적을 베르게리오는 선제후국 작센에서는 전혀 발견하지 못했다. 이미 그쪽으로 가는 길에 보았던 시골과 사람들은 문명의 사절이 이 변방에서 무엇을 기대해야 하는지를 보여주었다.

저의 전체 여행에서 이 6일 동안처럼 그렇게 많은 불편함과 위험을 만난 적이 없었습니다. 이곳을 가면서 움직임 없는 산과 숲을 만났고, 그 외에 얼음과 눈, 게다가 어디든 이 기분 나쁜 이단 루터의 추종자들로 꽉 찼습니다. 그들은 몇 번이나 저로 하여금 두려움을 느끼게 만들었습니다. 왜냐하면 교황님이나 로마에 대해 언급하는 순간 그들의 광기와 분노가 극에 달했기 때문입니다.[5]

교황에 대한 지지를 이끌어내기 위해 시작한 선전여행은 탐색여행으로 바뀌었다. 이제부터 이 여행은 희생을 향한 걸음이 될지도 몰랐다.

그러나 상황은 또다시 달라졌다. 비텐베르크에서 교황대사는 부재중인 선제후의 대리자로부터 극진한 환대를 받았다. 과거 좋은 시절에 받았던 환대와 똑같았다. 이런 환영은 베르게리오의 마음속에 염치없는 희망을 불러일으켰다.

언젠가 성좌께서 소유하셨던 이 최악의 적들은 이런 호의적인 방식으로 저를 대했습니다. 이는 여러 가지 이유에서 성하께는 큰 희망과 위안이 될 것이 분명합니다. 왜냐하면 성하와 성하의 정치에 관한 많은 대화를 나누는 중, 이들 모두 제 의견에 동의한다는 암시를 받았기 때문입니다. 또한 그렇게 간절히 고대하던 공의회, 그들의 말에 따르면 세 분의 선임 교황께서 반대하셨던 그 공의회가 곧 개최되어, 종파 간의 위험한 견해차들이 기독교 믿음 안에서 해결되었으면 하는 희망을 이들이 드러내었기 때문입니다.[6]

이런 좋은 말들은 주변 인물들에게서 나왔다. 베르게리오에 따르면, 11월 13일 막 식사를 하고 있던 자신의 방에 성의 수비대장인 한스 폰 메취가 예고도 없이 루터와 부겐하겐을 대동하고 나타났을 때 상황은 심각했었다고 한다. 하지만 이 이야기는 역사적으로 검증되지 않았다. 왜냐하면 사실 교황대사가 먼저 이단자와 대화하려 했기 때문이었다. 이 사실은 루터 측이 방문자를 서술한 글에서 추측할 수 있을 뿐만 아니라 증거를 제시할 수도 있다. 루터가 예고도 없이 가장 부적절한 시간에 갑자기 들어왔다는 것은 야만인에 대한 인습적인 생각에 들어맞았다. 베르게리오가 쓴 루터를 묘사한 서술도 이런 생각을 담고 있었다.

> 그는 쉰 살이 조금 더 되었지만, 튼튼하고 강해서 마흔 살도 안 돼 보였습니다. 정말로 거친 외모였습니다만, 가능하면 친절하고 정중하게 보이려 했습니다. 그는 적당한 빠르기로 말을 했으며, 독일인 치고 아주 유창하지 않은 것은 아니었습니다. 하지만 그는 라틴어가 너무 서툴렀습니다. 따라서 세련되고 감각적인 라틴어를 사용했다고 평가되는 몇몇 그의 책들은 그가 직접 쓴 게 아닐 것입니다. 그도 이것을 시인했고, 라틴어로 늘 글을 쓰지는 않는다고 인정했습니다. 대신 그는 모국어의 노련함을 뽐냈습니다. 그의 눈은 너무 불안하게 움직여서—정말입니다, 성하!—제가 그의 눈을 오래 바라보면 볼수록, 이전에 보았던 미친 사람의 눈과 점점 더 비슷해졌습니다. 그의 눈길은 그렇게 퀭했고 불안해하며 분노했으며, 정말 미친 것 같았습니다![7]

스스로 고백했듯이 베르게리오의 생각은 사전 지식에 영향을 받았다.

1552년 로마에 있는 팔라초 파르네세에 그려진 프레스코화에 루터와 로마 고위 성직자가 그려져 있다. 이 장면에서 루터는 로마 측 사람들이 그를 서술한 대로 땅딸막하고 목이 굵으며 튼튼하고 우울하고 완고한 모습이다. 그의 맞은편에 있는 사람은 엇갈려 놓은 그의 손이 보여주듯 로마적 믿음의 진리를 위해 반박할 수 없는 논증을 막 끝냈다. 이 장면은 1535년 11월 교황대사 베르게리오가 비텐베르크에서 루터를 만난 장면을 그린 것으로 추측된다.

정말이지 이 괴물한테서 보고 들은 것을 곰곰이 생각하면 할수록,
또 이 괴물이 자신의 저주받을 간계로 모든 것에 영향을 끼쳤다는
사실을 곱씹어볼수록, 저는 그가 악마에게 사로잡혔다는 확신이 듭
니다. 게다가 그가 수도원으로 들어가기 전까지 그의 친구였던 사
람들에게서 알아낸 이야기들, 즉 그의 출신과 그때까지의 삶에 관
한 이야기까지 더하면, 저의 확신은 틀리지 않습니다.[8]

교황대사는 목덜미에 악령이 앉아 있는 미친 사람과 어떻게 얘
기를 했을까? 루터는 적그리스도의 사절과 어떻게 얘기를 했을까?
처음에는 양측 모두 겉으로 느긋하게 잡담을 즐기는 척했다. 루터
는 새로운 교황 바오로 3세에 대해 우호적인 발언을 하려고 애쓰며,
1511년 로마에 있었을 때 그에 관한 좋은 말을 들었다고 했다. 그러
나 베르게리오도 잘 알다시피, 이런 말은 독이 든 아첨이었다. 그 당
시 로마는 온통 파르네세한테 추기경의 붉은 모자를 가져다 준 뚜쟁
이 짓을 두고 험담하고 있었기 때문이었다. 루터가 무슨 의미로 이
런 '아첨'을 했는지는 다음의 문장에 분명하게 드러난다.

"당시 저는 많은 미사를 올렸습니다!"라고 이 야수는 히죽거리며
덧붙였습니다.[9]

이제 막 대화가 시작되었는데도, 이 보고서에서 베르게리오는
눈에 띄게 빨리 루터에 대한 최종판결을 내렸다. 이단자에게 인간적
으로 가까이 다가갔다거나 그의 견해에 이해를 보이기까지 했다는
혐의를 애초에 제거하기 위해서 그랬을까?

그가 미쳤든 그렇지 않든, 무덤덤한 얼굴, 태도, 제스처와 말을 분석했을 때 그는 음험함 및 무지함과 짝을 이룬 오만 그 자체입니다. 따라서 신앙심 없는 제후들과 다른 군주들은 부끄러워해야 할 것입니다. 그들이 이 사람이 진정 어떤 인물인 줄도 모르면서, 그를 교사이자 예언자로 추켜올렸으니 말입니다.[10]

이단자의 사악함에 대한 분노는 이 이단자가 기대에 미치지 못한 것에 대한 격분과 뒤섞였다. 그리스도에 의해 세워진 교회인 이 위대하고 고귀한 기관이 어차피 적을 가질 것이라면, 어리석게 거드름을 피우는 이 허풍선이보다는 차라리 좀 더 존경스러운 적이라면 좋았을 텐데! 고삐 풀린 탕아의 이미지는 다음과 같이 명청하고 어리석은 야만인에 대한 상투어와 자연스레 합쳐졌다.

성하께서는 외모에 따라 평가하셔도 됩니다. 이 버릇없는 인간은 축제용 옷을 입었습니다. 그때는 일요일이었습니다! 그는 남루한 셔츠와 일종의 재킷을 입었는데, 소매는 아주 위풍당당하게 벨벳으로 되어 있었습니다. 모직으로 된 상의는 여우털로 안감을 대었지만 상당히 짧았습니다. 거기에 반지를 여러 개 끼었고 목에는 굵은 금목걸이를 걸었으며 사제의 모자와 같은 것을 썼습니다. 그는 자신의 수녀와의 사이에서 2명의 딸과 2명의 아들을 낳았다고 했습니다. 만이는 12세로 자신이 했던 말에 따라 복음의 가르침 속에서 클 것이라고 했습니다. 그는 한도도 없고 도덕적 이상도 없이 삽니다. 그의 수입은 강의와 설교에 대해 제후가 지불하는 임금밖에 없으며, 조야하고 촌스러운 예의범절을 갖췄습니다. 잘 생각해보니 그의 아버지는 고슬라르에 있는 광산의 비천한 날품팔이꾼이었고, 그의 어머니는 대중목욕탕에서 일하는 사람이었습니다. 이렇게 더럽고 혐오스러운 인생에 대해 무슨 더 나쁜 말을 할 수 있겠습니까.[11]

상투어가 꼬리에 꼬리를 물고 이어진다. 위대한 군주 행세를 하고 싶어 하는 창녀의 아들 루터는 우스꽝스러운 복장을 통해 자신의 진짜 근본을 드러낸다. 그는 도덕 교사인 척하는 아녀자 폭행자이며, 군주들의 꼭두각시다. 이 군주들은 '종교개혁가'를 로마에 대항하는 집 지키는 개나 궁중 어릿광대로 사육한다. 그러니 교리에 대해서는 조망할 필요도 없다. 그 교리가 품위 없는 삶과 환경을 통해 이미 알려졌기 때문이다. 루터처럼 옷을 입고 행동하는 사람은 진리의 증인으로 적합하지 않다. 이렇게 외형에 대해 말한 뒤 베르게리오의 추론은 루터의 내면으로 넘어간다. 인문주의 교육을 받은 이 이탈리아인에게는 겉모습과 내면은 서로 분리되어 있지 않다.

그러나 이때 베르게리오는 적 루터가 자신의 세계관이 가톨릭과 어떻게 다른지 그에게 제대로 알려주었음을 알아차리지 못했다. 루터가 자신의 결혼과 자녀를 낳을 수 있는 생산력에 대해 암시한 것은, 일종의 교훈이며 로마에 대한 도발이었다. 다시 말해 로마는 이 생산력 넘치는 자신에게 앞으로도 공격받을 것이다, 자신은 살과 피로 된 아이들을 계속 낳을 것이며 이런 육신의 생산력 못지않게 지적인 생산력도 부족하지 않다는 주장을 한 것이다. 긍정적이건 부정적이건 두 가지 생산력은 루터에게는 짝을 이루는 것이었다. 교황처럼 인간에게 결혼을 금지하고, 결혼을 통해 정숙하게 성욕을 즐기는 것을 금지하는 사람은 자연에 어긋난다. 이는 하느님의 창조행위에 어긋나게 행동하는 것이자, 인간의 양심을 억누르고 위선과 방탕함으로 내몬다. 이것은 루터의 집에서 집주인의 진행 아래 행해진 탁상담화의 질리지 않는 주제이기도 했다. 루터 집 식탁에 둘러 앉은 사람들은 종교개혁가의 아들이 아버지의 뒤를 이어 믿음의 교사가 되기를 바란다고 했고, 루터는 이에 동의했다. 루터의 씨앗이 다음 세대에 완벽하게 싹틀 것이니 교황제도는 조심해야 할 것이라고도 했다. 또한 후손과 관련된 주제로 루터는 교황의 친족 등용에 대해 반어적으로 빈정거렸다. 바오로 3세가 아들 피에르 루이지에게 할 수 있던 것을 자신은 이미 오래전부터 아들 요하네스와 할 수 있었다고 빈정댄 것이다. 바오로 3세는 교황이 되어서야 대놓고 아들을 보살필 수 있었지만, 자신은 아들 요하네스에게 아버지로서 모든 것을 해 줄 수 있다는 비난이었다.

이후 루터는 자신이 이탈리아에서 자제력 없는 술꾼 취급을 받는다던데 정말 그런지 물었다. 왜 이런 질문을 했을까? 사람들이 쉽게 기억하는 판에 박힌 생각을 반박하고 긴장된 분위기를 부드럽게 하려던 것일까? 아니면 정반대로, 상대방을 제대로 선동하려고 했던 것일까? 베르게리오는 어쨌든 루터의 질문을 부정적으로 해석했다. 이 야만인은 술꾼이라는 명성에도 자부심을 갖는구나! 이런 전초전 뒤에 교황대사에게는 아주 유감스럽게도 대화 주제가 정치로 넘어갔다. 그는 이 대화를 빨리 끝내고 싶었다. 이단자는 온갖 말을 다 했다. 영국의 경우는 이제 시작이고, 온 독일이 곧 이를 따를 것이다, 그것도 섬나라 왕국보다 훨씬 더 급진적으로 따를 것이다 등등.

그런데 교황대사가 이단자를 만나서 내린 결론은 이런 상황과는 반대로 이상하리만큼 낙관적이었다.

하느님께 최고의 영광을 돌리기 위해, 그리고 교황 바오로 3세 성하의 영원한 명예를 위해 열리게 될 공의회에 관해 말씀드리자면, 저는 이전보다 더 큰 희망을 품고 있습니다. 이전에 제가 제후들을 만나서 확신했던 그들의 성향 때문이며, 다른 이유는 마르틴 루터를 알게 된 것 때문입니다. 그는 힘도 의견도 없는 야수입니다![12]

베르게리오는 잘못 생각했다. 이 하찮은 이단자는 자신에게 임무를 맡긴 사람들에게 벌써 귀찮은 존재가 되었다. 따라서 교황 측이 공의회에 관해 납득할 만한 양보를 해줄 경우, 독일 제후들을 이단자에게서 쉽게 떼어낼 수 있을 것이라고 생각한 것이다.

두 교회와 문화 사이의 이런 충돌에서 또 다른 오해가 발생하는 데는 그리 오래 걸리지 않았다. 루터 이후에는 요하네스 부겐하겐이 영향을 끼쳤다. 베르게리오는 부겐하겐에 대해 로마에 다음과 같이 보고했다.

그는 이 유대인의 시너고그와도 같은 루터 교회에서 핵심 인물이며 비텐베르크의 목사입니다. 그가 이 종파 내에서 새로운 사제들에게 목사의 성직을 줍니다. 그는 이 권위를 루터와 루터파의 다른 구성원들로부터 받았고, 따라서 성 베드로가 세운 방식을 따른다고 제게 말했습니다.[13]

가톨릭의 전례典禮 대신, 이렇게 졸렬하게 즉석에서 행해지는 예식에 대해 격식에 밝은 이탈리아인 베르게리오는 그저 힘없이 미소 지을 뿐이었다. 루터는 이 깔보는 미소를 보고는 분노에 차서 해명에 열중했다. "우리는 이런 식으로 성직을 임명합니다. 왜냐하면 당신들의 최고의 주교들이 이런 과제를 거부했기 때문입니다!" 루터는 이런 말을 통해, 로마 교회가 수백 년 전부터 자신의 과제를 태만히 했기 때문에 가톨릭 주교들이 효과적인 서품 수여를 할 능력이 없음을 말했던 것이다. 따라서 부겐하겐과 루터 자신은 순수한 이웃 사랑에서 세속정부와 협력하여 정부가 해야 할 일을 맡은 것이라 했다. 베르게리오는 "거부"라는 말을 단어 그대로, 주교들이 루터의 교리에 헌신하기를 거절한다는 말로 이해했다. 그래서 루터의 "시너고그"가 어쩔 수 없이 가톨릭교회의 전례를 대신할 만한 것을 찾는다고 생각했다.

교황대사는 루터파 예배에도 참석했다. 이것은 그의 비텐베르크 방문의 절정이었다. 그리고 이것으로 이 방문은 끝을 맺었다. 노예의지와 선행의 불필요를 말하는 섬뜩한 교리보다 이런 '제식'이 더 강력하게, 이를 고안해낸 사람의 진정한 정신상태를 보여준다고 베르게리오는 전했다. 예배 시작에서 회중은 루터가 독일어로 잘못 번역한 〈시편〉을 노래했고, 불협화음의 오르간이 이 노래를 반주했다. 교황대사에게 이것들은 마치 유곽에서 술 취한 사람들이 지껄이는 소리처럼 들렸다. 복음을 읽고, 로마와 교황에 대해 터무니없이 비난하는 설교가 끝난 뒤에는 다시 합창을 했다. "이 끔찍한 독일인의 목소리"[14]는 교황대사의 골수에 사무쳤다.

이것이 그들이 우쭐거리며 뽐내는 겸손함이며 복음의 교리입니다. 그리스도와 함께 소통하고, 그분과 함께 하나가 되고자 하는 바로 그 순간에 그렇게 말도 안 되는 불경스러운 관례를 행하고 있습니다! 왜냐하면 우선 그들은 빵과 포도주의 성찬을 취하기는 했지만, 공동으로 고해를 한 이후에 그것을 행했습니다. 그들은 그것을 미사라고도 또 제물이라고도 부르려 하지 않습니다. '교황주의자'들과 똑같이 하지 않기 위해서입니다. 모든 예배용품을 사용하고 교황들과 가톨릭교회가 규정한 동일한 규정을 따르면서도 말입니다.[15]

거짓 예언자처럼 온 민족이 똑같은 행동을 했다. 따라서 독일인들이 이 과대망상의 정신이상자를 따른다면, 이들도 자신들의 진정한 본질적 특성을 보여주는 것이다. 모두 이렇게 된다면 정말 구제불능이었다. 교황대사의 마지막 논평에 따르면 마음으로는 고통을 느꼈지만 겉으로는 이 모든 구역질나는 연극에 대해 입을 다물었다. 루터가 예고된 공의회의 유용함을 부인할 때에야 비로소 교황대사는 말문을 열어 반박했다. 하느님께서 루터의 교만에 벌을 내리실 것이다. 그리스도께서는 오랫동안 방관하지 않으실 것이며, 루터가 불러일으킨 비극을 광기와 치욕 속에서 끝내게 하실 것이다.

베르게리오의 보고를 어디까지 믿어야 할까? 그가 오해한 사항들은 제대로 된 보고로 믿어도 된다. 그 외에 많은 내용들은 그냥 지나가는 말로 해본 것이며, 신속하게 편집하고 덧붙여진 듯 보여서 내용이 바뀌었다는 인상을 준다. 그러나 그가 12년간 교황대사로 지낸 이후 완전히 루터파로 개종했다는 사실 때문에 도를 넘은 이단 비판이 루터파에 대한 자신의 은밀한 호감을 숨기기 위한 것이라고 해석해서는 안 된다. 교황대사가 로마에 있는 그의 상관들이 듣고 싶은 말을 썼다는 인상은 여전히 남아 있다. 그의 실제 인식 및 평가와 이 보고가 어느 정도 일치하는지는 불확실하다. 그러나 베르게리오의 보고 때문에 결국 루터는 교황청 사람들에게 경멸당했다.

루터, 베르게리오를 만나다

루터는 몇 년 뒤 베르게리오와의 만남에 대해 식탁에서 자세히 언급
했다. 최초의 보고가 라틴어로 쓴 상세한 필사본에 남아 있다. 이 만
남에 대해 루터는 자신이 기억하고 싶은 대로 묘사했다고 해도 틀리
지 않을 것이다. 마치 나중에 제삼자에 의해 기록된 듯, 루터 스스로
가 그렇게 세세하게 표현했는지는 의심스럽다. 왜냐하면 종교개혁
가의 동거인들은 그의 탁상담화를 올바로 해석하기 위해서 이를 변
형시켰기 때문이다. 때로는 그들의 집주인이자 스승이기도 한 그의
말을 교육적 우화로 확대시키기 위해 나중에 미화하기도 했다. 동거
인들이 기술한 루터의 말과 달리, '공의회에 대한 마르틴 루터와 교
황특사의 대화'에 관한 진술들은 간결하게 표현되어 있었고, 동시에
신랄한 야유로 가득했다. 따라서 전반적으로 루터의 본래 말투라고
할 수 있다. 하지만 베르게리오와의 만남이 정말로 그랬었는지에 대
해서는 아무것도 진술되지 않았다.

　　종교개혁가의 표현에 따르면, 이런 대화가 이뤄졌다는 것 자체
에 가치가 있었다. 루터는 교황대사(루터는 실수로 그를 교황특사로 승
급시켰다)와는 달리 상대편과 대화를 시도할 필요를 못 느꼈지만, 다
른 한편으로 두려워할 필요도 없어서 거부하지 않았다는 사실을 강
조했다. 그는 다음과 같은 이야기를 전했다. 대화에 출석해야 한다
는 요구를 받은 뒤에, 그는 우선 이발사에게로 갔다. 이발사는 놀라

서 왜 이렇게 일요일 이른 아침에 수염을 짧게 자르려 하느냐고 물었다. 루터는 다음과 같이 재치 있고 전투적으로 대답했다.

> 성부의 그러니까 교황의 위원인지 특사인지를 만나기로 약속했다오. 젊어 보이게 해서 내 실제 나이를 감추면 교황특사가 이렇게 생각할 거요. 빌어먹을! 아직 고령에 도달하지도 않은 루터가 우리 사이에 그렇게나 많은 불화의 씨를 뿌렸는데, 그가 정말로 늙으면 대체 어떤 사람이 되어, 어떤 일을 일으킬까?[16]

위장은 성공했다. 베르게리오는 이단자를 본래 나이보다 젊게 보았다. 수염을 자른 뒤 루터는 제일 좋은 옷을 입고 수상적은 금목걸이를 걸었다.

> 이발사가 말했다. 박사님, 이런 옷차림이라면 그 사람들을 정말 기분 나쁘게 만들겠어요! 루터는 대답했다. 바로 그 때문에 이렇게 입는다오. 우리도 그 사람한테서 충분히 기분 나쁜 일을 당했으니까요. 여우와 뱀에 대항해서는 바로 이런 조처를 취해야 합니다! 이발사가 대답했다. 하느님께서 함께하시기를, 그래서 박사님 덕분에 그들이 개심하기를 바랍니다! 이어 루터가 말했다. 그렇게는 못 할 거요. 하지만 그들이 나한테서 좋은 훈계를 받아 은총 속에 떠날 수는 있을 것이오.[17]

만남이 이렇게 시작되었다고는 믿기 어렵다. 비텐베르크 이발사와의 대화는 분명 만들어낸 이야기다. 루터에 따르면, 이후 그는

'교황특사'에게 공의회의 의미와 무의미에 대해 설명했다.

> 당신들은 공의회가 소집될 것이라고 주장하시는데, 진심이 아닙
> 니다. 단지 우리를 속일 생각이십니다. 당신들이 이 공의회를 소집
> 하신다면, 수도사의 두건이나 머리 중앙부 삭발, 음식이나 음료 같
> 은 그런 불필요한 것들만 다루겠죠. 하지만 그런 것들이 사실 우리
> 가 이해하는 모든 것들이기도 합니다. 우리는 잘 알고 있습니다. 그
> 런 외적인 행위를 통해서는 누구도 하느님 앞에서 의롭다 칭할 수
> 없음을 말입니다. 그러나 당신들은 믿음, 회개, 칭의에 대해, 그리고
> 진정한 그리스도의 정신과 진정한 믿음 속에서 조화롭게 살 수 있
> 게 해주는 것들에 대해 아무런 가르침도 주지 않습니다. 우리의 교
> 리가 당신들한테는 환영받지 못하기 때문입니다. 어쨌든 우리는 성
> 령을 통해 이런 것들을 확신하기에 공의회가 필요 없습니다. 그러
> 나 당신들과 당신들의 불경한 교리에 유혹당한 다른 가련한 사람들
> 은 공의회가 필요합니다. 왜냐하면 당신들의 믿음은 혼란스럽고 확
> 고하지 못하기 때문입니다.[18]

공의회는 틀릴 수 있다. 이런 주장으로 루터는 약 15년 전에 가톨릭교회의 진리 독점을 의심했다. 이제 루터는 이런 진리 독점에 반대하여, 성령의 도움으로 진리를 취하겠다는 자신만의 요구, 상당히 독재적인 요구를 했다. 이렇게 함으로써 그는 믿음과 관련해 가톨릭 측과 대화하는 것은 더 이상 가능하지 않음을 계속 입증했다.

그런데 노련한 훈계가 이런 짧은 설교를 눌렀다. 결과는 놀라웠다. 베르게리오는 다음과 같이 전한다. 루터가 공의회에 오겠다고

한다. 설령 그 이후 화형당한다 해도! 따라서 공의회 장소를 확정 짓는 일만 남았다. 이 점에서도 루터는 매우 유연했다. 만투아, 파두아 혹은 피렌체 어디든지, 하다못해 바티칸에 속해 있는 볼로냐도 가겠다고 했다. 이에 베르게리오는 교황이 비텐베르크로 올 수도 있다고 재치 있게 대답했다. 분노한 루터는 답했다. "교황이 오기만 한다면 우리는 합당하게 맞이하겠습니다!" 이렇게 대화는 양측의 조롱 속에서 끝났다. 당연히 바오로 3세는 절대로 작센에 있는 이단자들의 보금자리에 갈 준비가 되어 있지 않았다. 베르게리오가 이를 진심으로 주장했다면, 그는 즉각 대사 자리에서 내려왔을 것이다. 루터가 공의회에 참가하겠다는 예고는 교황청의 입장에서는 진심이 아니라 작전상의 협박으로 이해되었다. 곧이어 행해진 탁상담화가 이를 증명한다.

마르틴 박사는 불평했습니다. 우리 측 제후들이 슈말칼덴의 모임에서 공의회를 거절했더라면 좋았을 것이라고 말입니다. 그들이 의견일치를 보았더라면, 성하께서 핑계를 대지 못하셨을 것이라 했습니다.[19]

루터는 공의회를 방해할 가장 좋은 방법은 공의회를 진심으로 환영하는 것이라고 했다. 그랬더라면 교황은 공의회를 연기한 것이나 프로테스탄트들을 공의회에 초대하지 않은 것에 대해 핑계를 댈 수 없었을 것이다. 교황은 극복하기 어려운 곤란을 근거로 대며 일정시점에 예정되어 있는 공의회 개최를 늦출 수도 있었다.

이런 추측과 동일한 내용의 루터의 말이 그의 조교인 안톤 라우터바흐^{Anton Lauterbach}가 쓴 두 번째 판본에 제시되어 있다. 이 판에서는 루터의 말을 교육적으로 사용하려는 목적이 보다 분명하게 나타난다. 공의회에 관한 루터의 묘사는 대부분 베르게리오와 동일했다.

> 제가 그런 말을 했기 때문에, 베르게리오는 제게서 얼굴을 돌리더니 손으로 머리를 받치고는 함께 온 자신의 동료 외교관에게 말했습니다. "저 사람은 주요한 모든 문제에서 정말 제대로 정곡을 찌르는군."[20]

루터는 자기 교리의 정당성을 적들이 이해했지만, 권력 유지를 위해 이를 시인하지 않을 뿐이라고 이전보다 더욱더 확신했다. 하다못해 악마도, 루터가 순수한 하느님의 말씀을 설교하고 있음을 알 것이라 했다. 이런 인식이 그를 점점 더 교황에 대항하도록 몰아댔다. 그러나 교황대사와의 만남에 대한 루터의 확신 어린 논평을 믿는다면, 이런 분노도 의미가 없다.

> 마르틴 박사는 우리에게 이렇게 말했다. "아 하느님, 그들은 자신들의 음모, 수단, 책략에서 자신감을 잃었습니다. 왜냐하면 이제야 보고 알았기 때문입니다. 주님께 감사하게도, 독일이 복음을 통해 계몽되어 눈을 떴고, 이제부터는 이전에 미신과 우상숭배 때문에 현혹되어 해를 입었던 짓을 더 이상 반복하지 않는다는 것을 말입니다. 그들이 늘 그렇듯 영리하고 학식이 있다면, 제국의회나 공의회를 통해서 다시는 독일을 그렇게 만들지 않을 것입니다. 자비로운 하느님, 당신께서 우리에게 행하셨던 것을 받으소서. 당신이 중심

이시지 우리가 아닙니다. 저희가 이런 깨달음을 충실히 지키며 감사하게 해주시기를."[21]

루터로서는 이 정도만 해도 상당히 희망적이었다. 몇 년 전의 커다란 희망, 현현하는 하느님의 말씀이 저절로 도처에서 확고한 지반을 얻게 될 것이라던 희망은 실현되지 않았다. 게다가 반대세력은 너무 강했다. 루터는 이 세력을 악마가 등장시켰다고 생각했다. 그러나 모든 극악한 흉계들에도 불구하고 위대한 행위는 더 이상 되돌릴 수 없다고 루터는 말했다. 여하튼 독일에는 빛이 솟았고, 그 빛은 더 이상 사라지지 않을 것이다.

교황제도에 대한 루터의 독백

생애 마지막 10년 동안의 루터의 탁상담화에는 미래에 관한 비관적인 진단이 적잖았다. 종교개혁가는 자주 예언을 했다. 그가 사망한 뒤에 전쟁이 시작될 것이며, 이 전쟁과 비교할 때 이전의 전쟁들은 그저 서곡에 불과할 것이다. 가엾다 젊은 세대여, 특히 독일이여, 유혈이 낭자한 시대를 눈앞에 두고 있구나! 종교개혁가는 승리와 두려움, 확신과 깊은 염세주의 사이를 오갔다. 이 모든 공포의 현장에는 교황제도와의 분쟁이 중심에 있었다. 루터의 탁상담화들은 상당 부분 테베레 강가의 적그리스도에 대한 미움의 독백으로 이뤄져 있다. 적그리스도는 이런 방식으로 수차례 정체가 폭로되었고 유죄판결을 받았다. 식탁에 모인 모든 동료들이 종교개혁가의 간결하고 힘찬 비난을 아무 의심 없이, 정신을 가다듬고 귀를 기울이기는 했다. 그러나 바티칸에 있는 인격화된 악에 대해 승리하겠다는 반복적인 맹세는 무기력하게 들렸다. 자칭 교황제도의 극복자인 루터가 볼 때 교황제도는 처리되지도 소진되지도 않았다. 만일 교황제도가 사라졌더라면, 하느님의 도움으로 이룬 그 승리를 자꾸 기억해내어 확증할 필요는 없었을 것이다.

종교개혁가는 자신의 정체성을 확립해주는 대립적 힘으로 교황제도를 필요로 했고, 이 점을 조금도 의심하지 않았다.

혐오가 그토록 컸기에 저는 다시 단단히 용기를 냈습니다. 고백컨대, 그리스도의 탄생 이후 교황에 대한 혐오가 저의 커다란 위안이 된 것을 기뻐합니다.[22]

대담하고 솔직한 고백이었다. 시련의 시기에 루터는 교황제도에 눈을 돌렸고, 다시 용기를 냈으며, 하느님이 무엇 때문에 이 제도를 정했는지 알았다! 구세주 그리스도에 대한 믿음에 따르면, 루터를 향한 교황의 분노는 최고의 위안이었다. 교황제도에 대한 적개심은 그에게 자신의 현 위치를 확인하게 해주었고, 적그리스도에 대항하는 최후투쟁을 위해 필요한 에너지를 제공해주었다.

루터는 이런 동기를 계속 밀고 나갈 힘이 더욱더 필요했다. 특히 자신의 의지를 꺾는 악마를 물리치기 위해서였다. 루터의 악마에 대한 생각은 다음에서 볼 수 있다.

나는 악마에 대한 다른 생각에 시달렸습니다. 그는 가끔 이렇게 나를 비난합니다. 오, 너는 얼마나 많은 사람을 네 교리로 타락시켰는지 아는가![23]

로마와의 분쟁이 시작된 이후 적들은 이렇게 비난했다. 루터도 인정했듯이, 그는 이런 항의를 간단히 무시하지 못했다. 하지만 치료제는 멀리 있지 않았다. 이 두려움을 그에게 보낸 것은 악마였다. 악마는 그를 불안하게 만들어 종교개혁 작업을 방해하려고 했다. 그리고 악마가 지배하는 곳에는 교황도 멀리 있지 않았다.

교황을 나무라서는 안 된다고 말하는 사람들은 구제불능의 멍청이들입니다. 비난해야 합니다. 특히 악마가 칭의로 그대를 유혹할 때 말입니다. 악마는 종종 칭의는 아무 가치도 없다며 나를 공격합니다.[24]

악마의 공격을 받아 루터는 오직 믿음을 통한 칭의라는 자신의 교리에 실망했고, 이때 자신의 모든 사상구조가 붕괴되었다. 그래서 결국 자신이 신도들을 하느님께로 인도한 것이 아니라 곧바로 지옥으로 이끈 것은 아닌가 하는 걱정에 사로잡혔다고 했다. 그러나 그는 이런 두려움을 유혹이라고 해석했다. 교황제도에 대한 저주는 마치 찬송가를 부르거나 하느님이 베푼 아름다운 봄날의 자연을 산책할 때처럼 루터를 치유해주었다. 루터와 교황제도는 하느님의 의지와 행위를 통해 떨어질 수 없이 서로 결합되었다. 이 둘 중 하나를 하느님은 그 죄악 때문에 모르는 체하셨다고 루터는 주장한다.

사람들은 그리스도의 신성에 대해 많은 말을 합니다. 교황과 그를 따르는 사람들은 더 많은 말을 합니다. 그러나 그것은 마치 눈먼 자가 색깔에 대해 말하는 것과 같습니다.[25]

루터는 악과의 싸움에 교황을 끌어들였다. 따라서 교황과의 화해는 불가능했다.

교황은 용서를 구할 수는 있을 겁니다. 마치 악마가 주 예수여, 저를 불쌍히 여기소서라고 말할 수 있듯이 말입니다. 만일 악마가 그렇게 할 수 있다면, 그는 하늘나라에 있을 겁니다.[26]

교황은 그리스도를 부인할 뿐만 아니라 대놓고 조롱하기까지 한다.

그는 종교와 정치에서 하느님과 인간을 조롱하며, 모든 경건함과 성실함에 대항하는 놀이를 합니다.[27]

비난은 클레멘스 7세에게로 향했다. 그는 자신의 '창녀의 자식'을 황제의 혼외 딸과 결혼시켰다. 이런 진실은 모든 교황에게 적용되었다.

이것은 아주 분명합니다. 하느님은 애초부터 교황제도를 거부하셨습니다.[28]

루터가 훗날 과거를 회상하며 설명한 바에 따르면, 자신은 처음에는 악용되고 있는 면벌부를 퇴치하려고 했을 뿐 교황에 대항하려 했던 것은 아니었고, 오히려 교황의 명성을 드높이려고 했다. 그렇다, 그는 이 시점에는 확고한 교황 신봉자였고, 폰티펙스 막시무스의 위세를 감히 의심하려는 모든 사람들을 혹평했을 것이다. 하지만 그는 보다 큰 힘, 즉 하느님의 뜻 덕분에 이후 교황제도의 반대자가 되었다.

요하네스 폰 슈타우피츠 박사는 제게 용기를 주었습니다. 그분은 1511년 로마에 계시면서 많은 사람으로부터 그곳에서 공공연하게 공포된 예언을 들었습니다. 은자가 나타날 것이며 교황제도는 파괴될 것이다.[29]

신뢰할 만한 원전에서 나온 이 예언을 루터는 자신에게 적용시켰다. 그는 평생 이 예언이 현실이 되었다고 믿었다.

하느님께서는 이 문제를 놀랍게 추진하시며, 악의 없이 저를 이 문제로 몰아넣으십니다. 그분 혼자 그것을 진척시키셨습니다. 교황과 우리 사이에는 화합할 수 없는 일을 말입니다. 교황은 가장 사소한 오류도 인정할 수 없고, 우리는 또 우리대로 가장 작은 것에서도 그의 권리를 인정해서는 안 되기 때문입니다. 그러니 하느님께서 이 일을 도와주시기를! 이 일은 절대 인간이 할 수 있는 일이 아닙니다. 제가 살아 있기 때문에, 저는 하느님께 교황에 대적하는 일을 도와달라 할 것입니다. 그리고 그사이 뮌처, 카를슈타트, 재세례파와 같은 열광자들이 오지 않는다면, 그 역시 가장 성공한 일이 될 것입니다. 그러나 저 혼자서만 가장 힘든 고비를 넘겼기에, 그들도 저와 같은 보상을 받고 싶을 겁니다.[30]

　　루터는 교황제도에 대한 자신의 싸움을 하느님의 이름으로 행했다. 하느님은 이 전쟁에서 당신의 전사 루터를 명성을 추구하는 열광자들의 이기심에 지도록 내버려두셨다. 그러나 그렇다고 이것이 종교개혁가에게 이 임무를 맡기지 않겠다는 것은 아니었다.

　　루터는 이 임무를 항상 새로운 이미지와 비유로 표현했다. "저는 수도승 개구리를 독살하기 위해 하느님이 연못에 쏟아부은 수은입니다."[31] "저는 독일을 로마의 새로운 폭정에서 해방시키고 로마를 황폐화시킬 새로운 아르미니우스입니다."[32]

　　하느님께서는 기이하게도 용을 퇴치하라고 저를 끌어들이셨습니다. 저는 이를 위해 수도사와 수녀를 이탈시켰고 게다가 교황을 매달았습니다.[33]

　　교황제도에 대항하는 루터의 싸움은 이미 예언자 다니엘*까지도 예언했다. 루터의 성경 해석에 따르면, 다니엘은 적그리스도의 도래와 그가 저지를 참혹한 행위를 미리 내다보았다. 적그리스도의 만행을 다니엘은 아주 정확히 서술해놓아서, 적그리스도와 교황제도

---

* 〈다니엘서〉 8장에는 적그리스도에 대해 서술되어 있다.

는 충분히 동일시할 수 있다. 그러나 악의 승리는 오래 지속될 수 없었다.

> 교황도 저절로 부서지고 파멸할 것이며 자신 안에서 사망할 것입니다. 왜냐하면 그는 자신의 왕국을 힘을 통해서가 아니라 미신과 성경의 표면적 내용과 그 권위를 통해 시작했기 때문입니다. "너는 베드로다", "나의 양을 먹이라" 등의 성경 말씀을 통해서 말입니다.[34]

루터는 〈다니엘서〉 해석을 통해 적그리스도의 몰락 시기를 1558년으로 계산했다. 그에게도 이 연도는 아주 불확실하게 생각되었지만, 자신의 과제가 성경에 뿌리를 두었다는 확신은 변함이 없었다. 다니엘에 따르면 적그리스도는 외적인 폭력행사 없이 쓰러질 것이라고 루터는 주장했다. 그는 오직 "포텐티아 베르비[potentia verbi] "[35], 즉 오직 말씀의 힘을 통해서만 교황이 지옥에 떨어질 인물임을 증명할 수 있다고 믿었다.

이런 내적 확신은 그것을 갖지 못한 다른 사람들에게 전수되어야 했다. 이런 설득작업을 위한 수단으로는 역사가 가장 적합했다. 역사적 사건을 사용하여 아주 명료하게 입증할 수 있는 사실은 이성으로 잘 이해할 수 있으며, 믿음에도 강력하게 작용할 수 있었다. 이 작업에서 루터는 1517년부터의 모든 기독교도 역사를 완전히 자신과 연결시켰다. 다음에 제시된 논평이 이를 입증한다. "하느님께서는 제게 아우크스부르크 제국의회를 선물하셨습니다."[36]

1530년의 실패한 종파 간 통합 시도가 어째서 루터에게는 선물일까 하고 비텐베르크의 식탁에 둘러앉은 사람들은 생각했을 것이다. 하느님은 마지막 순간에 적그리스도와의 평화가 체결되는 것을 방해하셨다. 하느님은 싸움을 원했고, 이 싸움은 아우크스부르크 제국의회 이후 타협 없이 계속되었다. 커다란 역사가 루터의 삶이 된 것처럼, 그의 삶도 커다란 역사가 되었다.

> 마르틴 루터 박사는 종종 자신의 삶에 대해 이야기했다. "만일 내가 침대에서 죽는다면, 교황에게는 큰 치욕이며 반항일 것입니다. 왜냐하면 우리 주 하느님께서 교황에게 많은 것을 암시하실 것이기 때문입니다. 교황, 악마, 왕들, 제후들과 영주들이여, 너희들은 루터의 적이 되어야 할 것이나, 그럼에도 불구하고 그에게 치욕을 주지는 말라."[37]

교황제도에 대항하는 싸움은 생명을 유지하는 힘이 되고, 설령 죽더라도 자신의 죽음은 더 높은 것을 증명하는 행동이 될 것이다.

그러나 루터가 볼 때 가장 설득력 있는 증거들은 교황제도의 역사 안에 있었다. 교회에 대한 외적인 통치권, 품위, 관직, 소득의 문제에만 교황의 힘이 미친다고 생각했다. 이런 교황의 우위는 애초부터 존재하지 않았다. 그레고리오 대제가 사망한 뒤에야 교황들은 교황수위권을 손에 넣었다. 그러나 교황수위권은 루터의 분노를 일으키는 요인 중 하찮은 것에 불과했다. 그가 도저히 받아들일 수 없는 것은 교황의 권리, 즉 교황이 성경 위에, 따라서 하느님 위에 있다는 권리였다. 이런 권리에 의해 그리스도는 폰티펙스 막시무스에게 두 번째로 십자가에 매달리게 되었다. 교황은 적그리스도임이 증명되었다. 그러나 이 모든 것은 신학적이어서, 대부분의 사람들에게는 이해하기 너무 어려웠다. 단순한 사람들은 단순한 증거들이 필요했다. 탁상담화는 이 단순한 증거들을 충분히, 알차게 전해주었다.

교황 알렉산데르 6세에 관한 이야기는 알려줍니다. 그가 어떤 삶을 살았는지 말입니다. 교황은 아들 두 명과 루크레치아라는 딸 하나를 두었는데, 아버지와 아들이 이 딸과 근친상간을 했다고 합니다. 남자형제 하나는 창녀 때문에 다른 형제를 목을 졸라 죽였다고 합니다. 발렌티노 추기경은 다른 공작을 어느 동네에서 찔러 죽이고는 공작 자리를 차지했습니다. (……) 이후 아버지 알렉산데르는 아들과 함께 모든 추기경들을 초대해서는 그들에게 독약을 주려고 했습니다. 특별한 병에 독약을 준비했는데, 우연히 교황과 아들이 이 독약을 마시게 되었습니다. 아버지는 독약 때문에 죽었지만, 아들은 올리브유를 마시고 다리를 묶어 거꾸로 매달려 독을 다시 토해냈습니다. 결국 아들은 수많은 사악하고 치욕스러운 일들을 벌인 뒤에 스페인의 카스티야 왕에게 붙잡혔습니다. 거기서 그는 재판을 받아야 했습니다. 재판받기 전에 감옥에서 자비를 베풀어 참회를 하게 해달라고 청했습니다. 그러자 사람들은 그의 참회를 들어주도록 감옥 안으로 수도사 한 사람을 들여보냈습니다. 하지만 교황의 아들은 수도사를 목 졸라 죽이고 수도사의 성직자 모자를 쓰고는 감옥에서 탈출했습니다.[38]

이런 식의 다른 수많은 '일화들'처럼 루터는 수긍할 만한 비유를 만들기 위해 실재 사실, 소문, 전설을 자신의 경험과 혼합했다.

앞으로 누구도 교황이 되어서는 안 됩니다. 노회하고 우수한 악한
이라도 말입니다.[39]

노회하고 우수한 인간이 교황이 되면 안 된다는 사실은 교황 율
리오 2세도 입증했다.

그는 이제 곧 꺼지려고 하는 등불의 마지막 불꽃이었고, 파문과 칼
로 번개치고 천둥을 울렸던 악마의 마지막 고상함이었으며, 다른
사람의 폭력과 힘을 이용하여 전쟁을 이끌었습니다. 다니엘의 말
처럼, 그는 강력합니다. 하지만 지금 보고 있듯 교황이 자신의 힘과
권력 때문에 강력한 것은 아닙니다.[40]

교황이 자신이 저지른 방탕함 때문에 몰락한다면, 그것은 당연
한 일이다. 이는 교황의 역사의 끔찍함에서 벗어나게 해주는 위안이
었다. 끝이 임박했다! 적그리스도의 힘이 아직 꺾이지는 않았지만,
이번만은 틀림없이 풀이 죽었다. 아직 세상 앞에는 중대한 곤란함이
놓여 있다. 그러나 아주 머잖은 미래에 테베레 강가의 악은 제압될
것이다. 그리 오래 걸리지 않을 것임을 루터는 그때까지의 교황들의
방탕함에서 확인할 수 있었다.

이로써 다니엘의 예언이 이뤄졌을 뿐만 아니라 역사의 법칙, 즉
가장 순수한 것이 가장 부도덕한 것이 된다는 법칙도 이뤄졌다. 권
력은 없이 세상을 등지고 순교할 준비가 되었던 초기 교황제도는 적
그리스도의 시너고그로 변질되었다. 루터가 볼 때 이런 전환점을 성
취한 사람은 교회의 전제군주 그레고리오 7세, 즉 "헬레브란트Helle-

brand"* 교황이었다. 로마 교회의 신용은 바닥으로 떨어졌고, 더 이상 스스로의 힘으로는 이런 몰락에서 빠져나올 수가 없었다. 교황제도가 바뀔 의지가 있다면, 지상에서 단 하나뿐인 진실한 교회로부터 배워야만 했다.

> 제가 바라는 것은 앞으로 5년 안에 교황제도가 자신의 보호자들에게 대항하기 위해 우리 루터파에게 도움을 요청하는 것입니다.[41]

이렇게 희망에 차서 또 동시에 비꼬듯 루터는 1533년 1월의 탁상담화에서 말했다. 보호자들이란 신성로마제국 황제, 프랑스 왕, 영국 왕을 말하는 것이었다. 루터는 이들에게는 교황이 부담스러울 뿐이라고 주장했다. 왜냐하면 교황이 이들을 방해했기 때문이고, 또한 가톨릭교회의 도움을 받아 통치권을 유지하려 한 이 왕들의 노력을 교황이 무너트렸기 때문이다.

루터는 1540년 가을, 교황의 항복에 대비해 몇 가지 조건들을 미리 확정지었다.

> 교황이 권좌와 교황수위권에서 내려와 자신이 오류를 범했고 교회를 부패하게 만들었으며 무죄한 사람들의 피를 흘리게 했다고 고백한다면, 우리는 그를 교회에 받아들일 것입니다. 그렇지 않다면 그는 우리에게는 항상 적그리스도일 것입니다.[42]

---

* 루터는 그레고리오 7세의 세례명 힐데브란트를 비꼬아 그를 "헬레브란트"라고 불렀는데, 이는 '지옥불'이라는 뜻을 가진 '횔렌브란트(Höllenbrand)'의 방언이다.

가까운 시일에 이런 일이 벌어질 것이라고는 생각할 수 없었다. 그럼에도 불구하고 루터의 개혁은 교황제도에게 귀중한 도움을 주었다.

> 루터파들은 선행을 베푸는 뛰어난 이단자들입니다. 우리는 지금까지는 교황제도를 지지했습니다. 우리가 교황제도를 방해하지 않았더라면, 교황주의자들은 오래전에 교황제도를 스스로 먹어치웠을지도 모릅니다.[43]

루터는 자신의 비난이 교황들로 하여금 독일 내 대중의 의견을 고려하게 만들었고, 따라서 독일인들의 분노를 어느 정도 누그러트려주었다고 생각했다. 이제 로마가 외적인 개혁만을 완성하고 세계를 또다시 속이게 될 위험은 더욱 커졌다. 그것도 루터와 그의 추종자들이 의도하지 않게 베푼 지원을 받아서 말이다. 이는 지금까지 악마가 사주한 간교들 중 가장 극악한 간교일지도 몰랐다.

루터의 생각에 이에 관한 징조는 1540년 이후 점점 더 뚜렷해졌다. 그래서 이제 막 시작된 가톨릭의 개혁과 조반니 모로네 혹은 자코포 사돌레토Jacopo Sadoleto와 같은 가톨릭 개혁자에 대항하는 싸움은 늙어가는 루터의 마지막 과제가 되었다.

외교정책과 교회개혁

'르네상스 교황' 바오로 3세 치하에서 종교개혁가들은 애초부터 녹

록지 않은 상황에 놓여 있었다. 1535년에 열기로 거창하게 약속했던 공의회는 연기될 수밖에 없었다. 그것은 가톨릭교회에게는 심한 치욕이었고 적들에게는 큰 이익이 되었다. 2년 뒤 이탈리아 비첸차에서 열려야 할 종교회의도 비슷한 상황이 연출되었다. 이 종교회의도 성사되지 않아, 공의회 예고는 점차 신빙성을 잃었다. 이때 파르네세 가문 출신의 교황은 공의회와 개혁에 대해 진지했지만, 공의회 예고가 자기 가문을 위한 세력정치를 방해하지 않는다는 것이 전제였다. 이 세력정치의 목표는 바오로 3세의 아들인 피에르 루이지에게 파르마와 피아첸차 공작령을 세습 영토로 보장해주는 것이었다. 이 목표는 카를 5세의 이탈리아 정치를 방해했다. 게다가 바오로 3세는 그의 선임자들과 마찬가지로 프랑스와 스페인의 세력균형을 유지하기 위해 카를 5세의 패권을 제거하려고 무척 애를 썼다. 유럽의 나라들 특히 이 두 나라가 이탈리아에서 패권을 잡기 위해 벌이는 경쟁이 공의회를 방해하는 주원인이었다. 전 기독교도 중에서 가장 강력한 두 나라의 군주 프랑수아 1세와 카를 5세가 서로 세력을 다투는 한 평화로운 종교회의는 생각할 수도 없었다.

늙은 폰티펙스 막시무스는 공의회를 연기하면서 교황청 내 개혁가들에게 신뢰를 잃었다. 하지만 1535년 개혁을 주장하는 가장 중요한 대표자들을 추기경으로 임명하면서 다시 신뢰를 얻을 수 있었다. 추기경 임명은 교회개혁을 위한 전환점이 되지는 않았지만, 이 방향으로 가는 중요한 걸음이었다. 새로 임명된 개혁파 추기경 때문에 다음번의 콘클라베에서 개혁적인 교황이 선출될 가능성이 커진 것이다. 개혁파 추기경으로는 도덕을 엄격히 지키며 학식 있고 영적상담에 방향을 맞추며 신학적으로 정통한 사람, 예를 들면 프랑스 카르팡트라의 주교인 자코포 사돌레토 추기경을 들 수 있다. 그는 교회 내부개혁의 전형적인 지지자로서 루터의 선전활동을 주시했다. 이와 병행해서 추기경들의 생활양식과 자금운영 면에서 느리지만 끊임없는 변화가 이루어졌다. 열성적인 성직록 사냥꾼들로 인해 가톨릭 주교구가 늘어나는 것은 이제 경멸스럽게 여겨져, 주교구 수는 줄어들었고, 따라서 교황청을 비판하는 주요 쟁점은 점차 힘이 약해졌다.

그러나 바오로 3세가 유럽 무대에서 행한 거침없는 세력정치 때문에, 이 모든 개혁 노력은 동시대인들에게는 알려지지 않았고, 공의회가 중단되는 치욕 때문에 약화되었다. 따라서 독일 내 교황의 외교사절들은 계속해서 아주 어려운 상황에 놓여 있었다. 특히 베르게리오의 후임자인 조반니 모로네가 이런 상황을 감지했다. 그는 카를 5세에게 헌신하는 밀라노의 대표 가문 출신으로 교황청에서 빠르게 경력을 쌓았다. 1536년 가을, 바오로 3세가 그를 교황대사로 독일에 보냈을 때, 그는 겨우 28세였다. 1536년 10월 24일자 그가 받은 훈령은 선임자의 독일 경험을 한 점도 놓치지 않고 행하라는 것이었다. 이 문서에는 지난 20여 년간 로마가 독일과의 관계에서 깨달은 지식과 성찰이 그대로 반영되어 있다. 이 훈령은 이런 종류의 문서들처럼 야만국에서 성공적인 거래를 원하는 사람들을 위한 전형적인 입문서로서 널리 읽힌다. 훈령에 따르면, 젊은 교황대사는 붙임성 있게, 명랑함과 진지함을 잘 절충해서, 개방적이지만 품위 있고 친절한 모습으로 등장해야 한다. 하지만 신중하고 겸손하며 엄숙함도 잃지 말아야 한다. 그렇게 함으로써 초대한 나라의 기대에 딱 들어맞아야 한다. 독일인들은 이탈리아인이 자신들에게 보이는 교만함과 경멸을 싫어하니, 그들을 정중하게 대해야 한다. 하지만 그들은 완벽하게 정중한 대우를 받을 가치는 없으니, 적당한 위장 기교는 필수적이다.

이것은 이제껏 독일을 대해왔던 전통을 알려주는 것이었다. 그러나 교황대사의 훈령에는 새로운 어조가 들어 있었다.

지나치게 힘든 시기를 겪으며 가톨릭과 특히 성좌의 추종자들은 도처에서 전보다 훨씬 더 불리하게 대우받고 있습니다.[44]

모로네는 자신이 평판 나쁜 교황제도의 대리인으로 여겨진다는 것을 확실히 알고 있었다. 그는 자신의 진정성을 통해 교황제도의 명성을 다시 복구해야 했다. 이는 로마의 상황에 대해 이례적으로 많은 비판을 가한다는 뜻이기도 했다. 이런 목적을 위해 교황대사는 "겸손함과 능숙함"[45]을 갖고 행동해야 했다. 독일인들은 로마에서 온 사람들에게 겸양, 신중, 영리함과 성실함을 기대하지 않았기 때문에, 모로네가 임무를 수행할 때 이런 것들이 더욱 요구되었다. 구체적으로 이것은 마치 자선을 베풀 듯이 대중 앞에서 이웃사랑을 실행하는 것이며, 영적상담의 열정을 드러내는 것이었다. 그러나 모로네는 선임자들처럼 새로운 신자들과 논쟁에 끌려들어 가서는 안 되었고, 부당한 요구에 냉정한 우월함을 갖고 맞서야 했다. 이처럼 그는 자신의 일상행동을 통해, 로마가 자신의 신학적 입장에 충실하며 근본적으로 새로워졌음을 분명히 보여줄 수 있을 것이다.

훈령의 결론에는 가장 중요한 신성로마제국 제후들의 일람표가 있었다. 이것은 종교 문제에 대한 그들의 태도에 따른 분류표였다. 신앙에 대한 충성의 순위에서 게오르크 폰 작센 대공은 가톨릭의 이상적 제후로서 당연히 1순위에 있었다. 1532년 아버지 요한의 대를 이어 작센의 선제후가 된 루터파의 선구자 요한 프리드리히와 헤센 방백이 제일 아래 서열을 차지했다. 이는 아주 유리한 결과—모로네는 독일에 도착하자마자 지롤라모 알레안드로에게 보내는 편지에 이렇게 표명했다—를 낳았다.

> 독일 내 문제들은 귀하의 시대와는 아주 다르다고 생각됩니다. 왜냐하면 당시에는—이단에 대항하여 가톨릭교도들이 폭력을 행사한 결과 아니면 이단이 가톨릭에게 폭력을 행사한 결과—이단의 불길이 지금보다 훨씬 더 격렬한 듯했습니다. 또한 현상적으로는 이 페스트가 현저히 증가한 것도 물론 사실입니다. 그러나 이제 각자는 자신이 원하는 종파를 믿어도 됩니다. 제후가 이 페스트에 걸린 나라에서뿐만 아니라 가톨릭 지역에서도 말입니다.[46]

1536년 12월에 보낸 이 보고서에서 전통적인 반이단 수사학은 새로운 깨달음과 연결되었다. 가톨릭교도들이 루터에게 지나치게 적대적인 행동을 한 탓에 종파 분열에 기여했다는 것이다. 이것은 대담한 진술이었다. 왜냐하면 모로네도 알다시피 편지의 수취인은 이와는 반대로 생각했기 때문이었다. 모로네의 서신에서는 루터파를 경시하는 데 사용한 '페스트', '간계', '난폭', '불화' 같은 전통적인 용어 뒤에 자기비판과 자아성찰을 위한 새로운 각오를 드러냈다. 그래서 때로 모로네는 교황청에서 사용하는 정확한 언어 코드에서 벗어나, 루터 분파라고 쓰지 않고 금지된 낱말인 루터 "신앙"이라

고까지 썼다.[47]

　젊은 교황대사의 이런 태도는 독일에서의 임무에 거의 도움이 되지 못했다. 또한 공의회가 개최된다는 사실을 알리고, 교황과 교황청에 대한 비난을 될 수 있는 한 약화시키기 위해, 대중에 영향력을 행사하는 글을 쓰도록 가톨릭 지식인들을 격려하는 것 말고는 할 수 있는 일이 없었다. 그러나 모로네가 자신의 위임자들에게 아주 분명히 밝혔듯이 바로 여기에 교황과 교황청의 문제가 있었다.

　성하께서는 당신의 가족과 당신 가문의 승격에 마음을 덜 쓰셔야만 합니다. 이미 선임 교황님들의 치하에서 보셨듯이, 이 문제를 성취하기 위해 대단한 노력을 쏟은 탓에 세상이 부패하고 말았습니다.[48]

　이런 질책은 모로네가 아니라 페르디난트 왕이 한 것이다. 교황대사 모로네는 이 말을 전혀 순화시키지 않고, 그대로 바오로 3세에게 전했다. 이런 무례한 행동에 대해 모로네는 상황이 심각하고, 자신은 힘껏 노력하고 있다는 변명을 늘어놓으며 사죄를 했고, 이와 함께 다음과 같이 새로운 비판을 덧붙였다.

　성하의 명예를 위해 진력하다 보니, 또 고위 성직자와 로마 교황청이 경우에 따라서는 들어 마땅하기도 한 나쁜 평판에 격동되어, 제가 그런 무절제를 저지른 것 같습니다. 성하께서는 이미 알려진 이유로 인해 독일에서 심각하게 명예가 손상되셨으니, 이 명예를 다시 찾으시기를 간절히 바랍니다.[49]

모로네는 교황의 명예를 찾기 위한 제안을 했다. 먼저 루터파에게 성찬식에서 평신도에게도 포도주를 주는 문제와 사제의 결혼을 인정해줄 것, 루터파를 방어하고 교회를 개혁하기 위해 가톨릭 주교들을 연합시킬 것, 루터에 대항하기 위해 그를 모욕하는 팸플릿을 작성할 것이 아니라 그의 신학에 대해 품위 있는 반박문을 작성하라고 독일 신학자들을 가르칠 것. 이런 제안 역시 완전히 새로운 어투였다.[50] 그러나 공의회가 열리지 않는다면 모든 것은 다 무의미했다. 모로네는 결국 2년 뒤에야 허락될 임무 교대를 청하는 것 외에는 다른 방법이 없었다. 그의 후임은 바로 지롤라모 알레안드로로, 그는 독일 임무를 다시 맡기 직전인 1538년 3월 13일, 본인 생각에는 너무 늦게 추기경에 임명되었다.

알레안드로의 세 번째 독일 임무는 개인적으로나 외교적으로나 대참사가 되었다. 알레안드로는 교황청의 가치와 성향의 변화에 발을 맞추지 못했다. 아마 변화를 인지하지도 못했을 것이다. 드디어 교황특사로 임명된 그는 이단자를 폭력으로 근절하기 위해 자신의 정치 및 군사 전략을 실행할 수 있는 때가 왔다고 생각했지만, 가톨릭 측에서 이를 위해 더 이상 어떤 각오도 되어 있지 않다고 분명 확신했을 것이다. 교황의 최고 외교가는 좌절할 수밖에 없었다. 그는 이렇게 된 이유를 자기 개인에 대한 음모의 결과로 돌렸다. 그는 자신의 수하에 있는 교황대사 파비오 미그나넬리Fabio Mignanelli까지도 이런 음모에 얽혀 있다고 생각했다. 1538년 10월부터 1539년 8월까지의 미그나넬리의 일기는, 알레안드로 추기경이 혐오스러운 독일, 교황, 교황청과 얼마나 심각하게 사이가 틀어졌는지를 단조로운 어조로 서술한다. 미그나넬리에 따르면, 결국 알레안드로는 꾀병을 부리

며 몸을 사렸고 이제는 아예 임무를 수행하지 않았다. 따라서 로마
는 알레안드로를 소환하지 않을 수 없었다. 이후 모로네가 또다시
교황대사로서 마지못해 독일로 길을 떠나야 했다.

　교황특사와 교황대사 들은 독일의 종교적 상황이 로마에게
는 불리하게 바뀌어가는 것을 무기력하게 지켜볼 수밖에 없었다.
1538년 독일 지역 14명의 지도적인 제후들과 대부분의 대도시들이
슈말칼덴 동맹에 참여했다. 이 동맹은 이념적으로 상당히 견고해져
있었다. 이렇게 되는 데는 로마 측의 의도하지 않은 협력도 있었다.
1537년 또다시 소집되지도 않을 공의회가 벌써 두 번째 통지되자,
슈말칼덴 동맹자들이 로마에 단호한 거절로 대응한 것이다. 1년 뒤
뉘른베르크에서 가톨릭이 슈말칼덴 동맹에 대응하는 동맹을 결정하
자, 제국의 종파들은 어느 때보다도 격렬하게 대립했다. 이와 같은
내부갈등의 첨예화는 카를 5세의 정치적·군사적 우위를 약화시켰
다. 제국의 수장은 오스만제국과의 전쟁에서는 제국의원들의 재정
적·정치적 지원이 어느 때보다도 절실히 필요했고, 내부에서는 여
러 문제로 거의 무한한 압박을 받고 있었다.

　이런 위협 앞에서 늘 그랬듯이 황제는 협상을 했다. 교회의 분
리는 정말로 최종결정이 난 것인가? 아니면 최소한의 합의점을 찾을
수 있는 타협이 가능한가? 이런 질문에 카를 5세의 외교사절 니콜
라스 드 그랑벨Nicolas de Granvelle은 1539년 프랑크푸르트에서 대답해야
했다. 이와 동시에 브란덴부르크 선제후와 팔츠 선제후는 타협의 기
회를 잡으려 노력했다. 이로써 10년 만에 다시 한 번 신학자들의 시
간이 다가왔다. 정치가들이 종교적 대화를 위한 전제를 마련할 수는
있지만, 대화는 신학자들이 외교관들과의 긴밀한 타협 속에서 이끌

어야 했다. 루터의 절대적인 확언, 즉 복음의 문제는 정치적 문제가
아니라는[51] 확언은 이런 타협에 의해 또다시 반박되었다. 종교개혁
가는 종파 분열을 유발시켜, 이로 인한 다양한 결과가 나오게 만들
다. 그러나 삶의 황혼기에는 점점 이 모든 사건 뒤로 물러났다. 로마
가 볼 때만 그런 것이 아니었다.

가스파로 콘타리니와 스피리투알리

일련의 종교토론회가 1540년 6월, 페스트가 번진 슈파이어 대신에
알자스의 하게나우에서 시작되어, 그해 가을 보름스에서 계속되었
고, 1541년 봄 레겐스부르크에서 그 절정을 맞았다. 이 회합을 위해
바오로 3세는 교황특사 가스파로 콘타리니를 보냈다. 이 교황특사는
여러 관점에서 봤을 때 교황청의 규범에서 크게 어긋나는 인물이었
다. 콘타리니는 1483년, 즉 루터와 같은 해에 그와는 아주 다른 환경
에서 태어났다. 사방으로 가지를 뻗친 콘타리니 일족은 수백 년 동
안 베네치아 공화국의 지도적인 가문에 속했고, 콘타리니는 이 일족
중에서도 가장 세력이 큰 집안 출신이었다. 최고의 도시귀족이라 할
수 있는 그는 고향 베네치아 공화국 안에서 승승장구 정치경력을 쌓
았다. 또한 그는 역사 및 정치 이론에 관심을 둔 인문주의자로 유명
했다. 베네치아 정부에 관한 그의 논문은 유럽의 베스트셀러가 되었
고, 17세기 말까지 공화국에 호의적인 사람들 사이에서 베네치아 공
화국이 지상에서 가장 평화롭고 정의로우며 균형 잡힌 국가로 여겨
지도록 만드는 데 크게 기여했다. 콘타리니의 혼합정 이론은 여기에

결정적인 역할을 했다. 그는 베네치아가 군주정, 귀족정, 민주정의 혼합이며, 이를 통해서 지속적인 안정을 유지할 수 있다고 주장했다.

바오로 3세는 이 화해의 정치가이자 온건한 개혁가를 1535년 5월 21일 추기경으로 등용했다. 이는 상당한 관심을 불러일으켰다. 콘타리니는 성직자가 아니었기 때문이었다. 그러나 그는 이미 이전에 종교적 주제들에 관한 논문들, 예를 들면 주교직에 대한 논문을 써서 명성을 얻었다. 1511년에서 1523년까지 그의 편지들은 그가 당시의 많은 지식인들처럼 믿음의 위기를 겪고 극복했다는 것을 보여준다. 이때 같은 나이의 루터처럼 그의 중심에는 인간이 어떻게 하느님 앞에서 의로울 수 있는가라는 질문이 있었다. 콘타리니는 1511년 부활절에 깨달음을 얻었다.

제가 할 수 있는 만큼 회개를 한다 해도 구원을 얻을 수 없고, 제 죄과를 허물 수조차 없다는 게 명확해졌습니다.[52]

하느님과 인간 사이의 화해할 수 없는 분열과 자신의 힘으로는 선에 도달할 수 없는 무능력에 대한 경악은 곧 복음을 통한 구원으로 역전되었다.

완성된 사랑이신 그리스도께로 우리의 모든 생각을 향하게 합시다. 그분께 그저 약간의 사랑만 품고 다가가더라도 참회를 할 필요가 없다는 희망과 확고한 믿음을 갖고 말입니다.[53]

이렇게 함으로써, 결과적으로 믿음을 통해 하느님 앞에 의롭다는 인정을 받게 된다. 하느님의 일방적인 예정에 의해서가 아니라 하느님의 의지와 인간의 협력에 의해 그렇게 되는 것이다. 인간은 하느님의 은총에 의지하지만, 은총을 받아들이거나 거절할 수 있다.

> 그 누구도 자신의 행위를 통해 죄 사함을 받을 수 없고 자신의 행위를 통해 자신의 마음속에 있는 사악한 정욕으로부터 정화될 수 없습니다. 이를 위해 우리는 하느님의 은총에 몰두해야만 합니다. 바울이 말씀하셨듯이 예수 그리스도에 대한 믿음을 통해서만 은총을 얻을 수 있습니다. 우리도 바울과 함께 다음과 같이 말해야만 합니다. "마음에 간사가 없고 여호와께 정죄를 당치 않은 자는 복이 있도다."[54]*

평생 영향을 준 이런 확신들은 그를 훗날까지 루터와 심도 깊은 논쟁을 하게 만들었다. 그는 루터의 칭의론을 거부했는데, 그것이 노예의지에 근거를 두었기 때문이었다. 오직 믿음을 통해서 그리고 오직 은총을 통해서만 하느님께 의롭다고 선포된다고 루터는 주장하지만, 콘타리니와 에라스무스가 볼 때는 여전히 인간의 노력과 업적이 의에 이르는 데 중요한 역할을 한다.

콘타리니처럼 생각하고 믿는 사람은 클레멘스 7세 치하의 교회에 비판적이었다. 교황과 격렬한 논쟁을 하면서 이 베네치아의 귀족은 1529년 로마 교황령의 존재는 교황제도와 전 기독교도의 불행이

---

* 〈시편〉 32장 2절.

라고 표현하기까지 했다. 왜냐하면 이 세속적인 영토가 교황으로 하여금 순전한 정치적 줄서기를 하게 만들었기 때문이었다. 추기경으로 등용된 직후 콘타리니는 개혁위원회 의장으로 임명되었다. 개혁위원회는 '교회쇄신에 대한 의견Consilium de emendanda ecclesia'이라는 전례 없이 과격한 계획안을 완성했다. 한 명의 성직자가 한 개의 성직록을 보유할 것, 이것이 위원회의 개혁 제안 중 하나였다. 이제 콘타리니는 개혁집단인 스피리투알리spirituali의 지도자로 여겨졌다. 교황청에서 다양한 파벌들이 이 그룹을 불신의 눈초리로 보고 있었다. 지안 피에트로 카라파Gian Pietro Carafa처럼 종교재판소를 혁신기관으로 신뢰했던 고위 성직자들에게는, 비밀 프로테스탄티즘, 즉 루터와 그의 교리에 은밀한 호감을 갖고 있는 이 그룹은 몹시 수상쩍게 보였다. 이런 의심의 눈초리를 받는 데는, 다음과 같은 입장을 표명하는 것만으로도 충분했다. 르네상스 교황에 대한 비판적인 입장, 그리스도 중심의 신앙 및 '오직 믿음'을 통한 인간의 칭의와 관련된 입장, 복잡한 가톨릭 교의에 대한 회의 등. 1530년대 페라라와 로마 및 나폴리에서 형성되었던 개혁 무리들은 더 확장되지 못했다. 이들이 루터 교리를 차용했기 때문은 아니었다. 경직된 교리를 혐오하고, 은총이 하느님이 예정한 사람에게만 주어지는 것이 아니라 누구에게나 주어진다는 은총의 보편성을 주장했기 때문에 루터 교리와 완전히 대립했다.

1541년 레겐스부르크 종교회의

콘타리니가 레겐스부르크로 파견되자, 타협할 의향이 있는 제국 내 프로테스탄트들과 개혁 성향의 집단에서 큰 기대가 일었다. 그러나 교황특사의 훈령을 보는 것만으로도 희망은 사라졌을 것이다.

> 제일 먼저 다음과 같은 사실을 유념해야 합니다. 프로테스탄트와 교회의 품에서 빠져나온 다른 사람들은 원칙들에서는 우리와 의견이 같습니다. 원칙들이란, 하느님과 우리의 구원자께서 준비하신 교황수위권, 성스러운 교회의 성사, 그리고 성경의 권위와 보편교회의 영원한 존중을 통해 오늘날까지 확인된 것, 우리와 그대가 잘 알고 있는 것들을 말합니다. 이런 점들이 처음부터 고려되지 않는다면, 다른 논쟁점에서의 모든 합의 시도는 무익할 것입니다.[55]

이로써 교황청의 관점에서 볼 때 타협은 애초부터 불가능했다. 만일 프로테스탄트들이 교황의 절대적인 우위와 이것의 근거인 신학적 기반을 인정하지 않는다면, 개별 문제에서의 모든 합의는 가치가 없었다. 그러나 루터가 순전히 평화를 사랑하는 마음에서 교황의 우위를 수용하고, 선행의 공로를 가르치는 것은 기대할 수 없는 일이었다. 차라리 낙타가 바늘구멍으로 들어가는 것이 더 가능성 있었다. 바오로 3세는 '스피리투알리'에 대해서는 상당히 너그러웠고, 가톨릭으로서 허용할 것과 이단으로 치부해야 할 것에 대해 아직은 이례적으로 관대하게 판단했다. 하지만 루터파에게 친절이란 당치도 않았다. 1521년 보름스 칙령 이후 로마의 요구는 절대 바뀌지 않았다. 철회와 수락, 이것이 한결같은 로마의 요구였다. 루터도 교황권에게 똑같은 것을 요구했다.

그런데 파르네세 가문의 교황은 왜 스피리투알리의 대표자인 콘타리니를 레겐스부르크로 파견했을까? 개혁의 날개의 이름을 더럽힐 생각이었을까? 하지만 교황이 베네치아 출신 추기경을 높이 평가한 것을 보면 그럴 생각은 아닌 것 같다. 그러면 이 추기경과 그의 추종자들이 정교를 믿는지 시험하려고 했던 것일까? 그렇다면 더 나은 계기가 있었을 것이다. 혹시 교황은 아무리 호의를 보여도 상대편과의 타협은 불가능하다는 것을 보여줄 생각이었을까? 그렇다면 이 일을 위해 제대로 된 사람이 선정된 것이다. 왜냐하면 교황청의 어떤 대리인도 콘타리니보다 더 공정하게 루터파에게 대응할 수는 없었기 때문이다.

레겐스부르크 제국의회는 1541년 4월 5일 개최되었고, 종교회담은 4월 27일 시작되었다. 프로테스탄트를 대변해서는 필리프 멜란히톤, 마르틴 부처Martin Bucer와 요하네스 피스토리우스Johannes Pistorius가, 가톨릭교도를 대변해서는 요하네스 그로퍼Johannes Gropper, 요하네스 에크와 율리우스 폰 플룩Julius von Pflug이 콘타리니의 관리 아래 논쟁했다. 로마 상대편의 가장 중요한 인물인 루터는 참석하지 않았다. 루터가 이 토론회를 옳지 않은 시기의 불가능한 모험이라며 극도로 비난했다는 사실을 온 세상은 다 알고 있었다. 반대로 콘타리니의 전략은 이 회의에서 양보를 통해 프로테스탄트들의 거부전선을 깨는 것이었다. 바로 이런 행동을 그 누구보다 두려워한 사람들은 로마와 비텐베르크에 있는 양쪽 교회 수장들이었다.

토론은 교황수위권이나 성체에 관해서가 아니라 하느님 앞에서 인간의 칭의 문제로 시작되었다. 루터가 탁상담화에서 말했던 칭의에 종교개혁 전체가 달려 있었고, 이 교리를 삭제하는 것은 당연히 금지되었다. 레겐스부르크에 모인 신학자들은 5일간의 협의 끝에 1541년 5월 2일 양측을 만족시킬 하나의 주문을 발견했다. 모든 칭의는 오직 그리스도와 그리스도를 통해 이 세상에 보내진 은총에 의해서만 가능하다는 것으로, 양측은 아무 문제 없이 이에 동의할 수 있었다. 하지만 문제가 복잡해졌다. 왜냐하면 인간과 자유의지의 역할을 규정해야 했기 때문이었다. 그래서 조심스레 고안한 설명이 덧붙여졌다.

인간의 의식은 그리스도를 통한 성령에 의해 하느님께로 움직여집니다. 그리고 이런 움직임은 믿음으로 인해 일어납니다. 이 믿음을 통해 인간의 영은 주저 없이 하느님께서 드러내신 모든 것을 믿습니다. 그리고 아주 확고하게 그리고 어떤 의심도 없이 하느님께서 우리에게 하신 약속은 인증됩니다. 〈시편〉이 말했듯이 하느님께서는 당신이 하신 모든 말씀에 충실하십니다. 그 때문에 영은 하느님의 약속을 신뢰합니다. 하느님은 약속하시길, 자기의 끔찍한 삶을 참회하며 그리스도를 믿는 모든 이에게서 죄를 사하여 주시며 그들을 당신의 자식으로 삼으시리라 하셨습니다. 그리고 이런 믿음으로 인해 인간의 영은 성령에 의해 하느님께로 올라갑니다. 그렇게 인간은 성령, 죄 사함, 의를 인정해주심, 그리고 수많은 다른 선물을 받는 것입니다.[56]

이 문구는 양측의 교리와 면목을 지켜주었다. 인간의 칭의는 은총과 성령을 통해 시작된다. 이 말은 프로테스탄트의 주장과 일치했다. 동시에 인간은 이 은총을 깨닫고, 받아들일 의지를 발동시킨다. 이런 모습은 인간의 자유의지를 주장하는 가톨릭 측의 주장으로 이해할 수 있다. 동일한 투로 문구는 계속 이어진다.

> 죄인은 그의 생기 있고 활동적인 믿음을 통해 하느님 앞에서 의를 인정받는다는 사실은 번복될 수 없습니다. 이는 유익한 교리입니다. 왜냐하면 이런 믿음을 통해서 우리는 하느님의 마음에 들며 그리스도로 인해 그분에게 받아들여지기 때문입니다. 그런데 우리는 살아 있는 믿음을 성령의 움직임이라 부릅니다. 과거의 믿음을 진정으로 후회하는 사람들은 바로 이 성령의 움직임을 통해 하느님께로 인도되며, 이들은 진정으로 그리스도 안에서 약속된 죄 사함을 받을 것입니다. 그래서 이들은 거저 베풀어주신 하느님의 관용을 통해 자신들이 죄 사함을 받았고 그리스도의 공로로 인한 화해를 얻었다고 진정으로 느낄 것입니다.[57]

이것은 스피리투알리의 가톨릭과 멜란히톤의 영향을 받은 프로테스탄티즘의 복잡한 통합이었다. '오직 믿음'의 엄격한 대변자들은 여기서 그들의 권리를 보장받았다. 또한 노예의지를 부인하고, 인간과 하느님의 협력 및 이를 통해 얻어진 공적을 강조하는 '협력주의자들'의 권리도 보장되었다. 이들은 의롭다고 인정받은 믿음은 생기 있고 활동적이라는 주장을 근거로 삼았다.

콘타리니가 볼 때, 이 합의는 좋은 출발점으로 희망적인 결론에 이를 것 같았다. 그러나 이런 낙관주의는 빨리 사라졌다. 이미 일곱 가지 성사 중 첫 번째인 성체성사에서 의견 차이가 극복될 수 없다는 것이 밝혀졌다. 콘타리니에게 성체변질의 개념은 포기할 수 없는 것이었지만, 프로테스탄트들에게 이것은 순수한 허구이며 구제불능의 미신이었다. 훌륭한 외교관인 콘타리니 추기경은 논란의 여지가 있는 이 가톨릭 교리를 보류하려고 했지만, 이 작전은 곧 실패했다. 그가 보기에도 반대하는 사람들이 너무 많았다.

로마의 관점에서 볼 때 레겐스부르크에서 행해진 협의들은 아주 위험한 특성을 드러냈다. 특히 교황청 내 지안 피에트로 카라파 추기경과 의견을 같이하는 사람들은 콘타리니에게 가톨릭 교리를 배신했다고 비난했다. 비텐베르크 측 반응도 꽤 거칠었다. 칭의에 대한 토의가 진행되는 동안 루터는 카스파르 크루치거Caspar Cruciger에게 보낸 편지에서 자신의 의견을 분명히 알렸다.

> 친애하는 카스파르 박사, 보내준 15가지 항목을 보고 사탄이 무엇을 했는지 알겠습니다. (……) 그대들은 그리스도의 특사로서 행동해야 합니다. 마찬가지로 그들은 방어하고 계획을 짜고 혹은 버럭 화를 낼 겁니다. 지옥의 악마이자 거짓 영이기 때문입니다.[58]

루터는 부겐하겐과 함께 쓴 작센 선제후 요한 프리드리히에게 보내는 편지에서 이 합의를 거부하고 있다.

> 그런 음험하고 생각이 다른 사람들과는 (그들이 포기하지 않기 때문에) 누구도 타협할 수 없습니다. 거기서 그들은 자신들이 권리를 가졌다고 소리칠 것입니다. 특히 그들은 신앙고백에 관해서는 아무

것도 포기할 생각이 없다는 전제를 걸었습니다. 따라서 우리는 이전보다 더 의견이 일치하지 않을 것이며, 그들의 잘못되고 교활한 간계가 드러날 것입니다. 그들은 이런 간계를 이 문서에 탁월하게 숨겨놓았다고 생각하고 있습니다.[59]

이 "문서"는 타협안으로, 루터와 그의 동료들에게는 악마가 파놓은 함정이었다. 왜냐하면 이 문서를 근거로 교황주의자들은 중요한 문제에서의 결정권을 루터파가 자신들에게 주었다고 주장할 수 있기 때문이었다. 불신이 만연했고, 적개심은 그 어느 때보다 강했다. 온화하고 관대하게 행동하는 사람들은 양의 탈을 쓴 늑대였다. 양측 모두 그렇게 확신했다. 종파들 사이에, 비텐베르크와 로마 사이에, 독일과 이탈리아 사이에 다리를 놓겠다는 마지막 시도는 확실히 실패했다. 이런 결과들이 콘타리니 개인에게는 별로 큰 문제가 아니었다. 그는 약점이 없었고 곧이어 바오로 3세로부터 명예로운 볼로냐 교황특사로 임명되었다. 그는 1542년에 사망했다.

같은 해 7월 5일, 바오로 3세는 로마 중앙종교재판소를 설치했다. 이 기관은 그 조례에 맞게, 모든 나라에서 발생하는 가톨릭 반대 시도에 맞서, 이를 시도하는 사람의 지위와 이름에 상관없이 싸워야 했다. 모든 나라라고 했지만, 실상은 이탈리아 일부 지역에 한정되었다. 모든 교황제 개혁세력이 볼 때 이 재판소의 설립은 분명한 입장을 취하라는 일종의 진지한 경고, 즉 교황수위권에 찬반을 밝히라는 경고였다. 이 새로운 기관은 카라파 추기경 주변의 강경파들의 요구로 설립되었다. 카라파 추기경은 이후 1555년 4월 바오로 4세로 선출된 이후 이 기관을 가장 좋아하는 관청으로 선택했다. 그러나 스페인의 사례처럼 종교재판소를 통해 모든 삶의 영역을 뚫고 들어가 규율을 지키게 하려던 그의 시도는 로마 주민의 저항에 부딪쳐 실패했다. 바오로 3세 치하에서 종교재판소는 온건한 방향으로 나갔다. 종교재판소는 신학적으로 의심스러운 인물이나 교황에 대한 비판적 입장을 숨기지 않았던 상류귀족 여성시인 비토리아 콜론나^Vittoria Colonna와 같은 사람의 서신왕래와 사회적 관계를 감시했고, 적합한 증거가 있을 경우에는 자칭 예언자와 말세설교자에 대한 재판을 했다. 당시 이 기관은 특히 종교적으로 독특한 생각을 가졌거나 엉뚱한 생각을 하는 사람에게는, 대중의 틈에서 자신의 생각을 밝히지 말고, 다른 이들과 같은 의견을 갖고 있는 척이라도 하라는 일종의 경고였다.

공의회를 앞두고

루터와 부겐하겐이 확신했듯이 레겐스부르크에서의 제국의회와 종교회의는 종파들이 이전보다 더 적대적으로 서로 대치하는 것으로 끝났다. 양측은 어떤 합의점도 찾지 못했지만, 회의 결과를 거부하는 것에는 일치했다. 그래서 1541년 5월의 타협안은 가톨릭 측과 프로테스탄트 측 제국의원들로부터 똑같이 비난받았다. 이는 험난한 과정을 옹호하는 사람들에게는 성공을 의미했다. 루터 입장에서는 하느님의 뜻에 따른 자신의 행위를 잘 지켜나가는 것이 중요했다. 교황청은 그 어느 때보다 더 카를 5세가 택한 정치노선을 신뢰했고 공의회의 성공을 믿었다. 레겐스부르크 종교회의 이후, 시대 상황은 황제의 정치노선과 공의회에 유리한 상황이라는 것이 입증되었다.

보편 공의회 개최를 방해하는 주된 요소는 여전히 프랑스와 스페인 사이의 지속적인 갈등이었다. 1542년 이 갈등이 다시 고조되어 전쟁이 일어났고, 2년 뒤에 황제가 전쟁에서 승리했다. 1544년 체결된 평화조약의 약관에 따르면, 프랑스 왕은 공의회에 동의했다. 그러나 이는 또다시 지연되었고, 1545년 12월 13일 드디어 트리엔트에서 공의회가 열릴 수 있었다. 트리엔트는 후작의 작위를 가진 주교의 지배 아래 있었는데, 법적으로는 제국에 속해 있었지만 문화적으로는 오히려 이탈리아에 속해 있었다. 따라서 트리엔트 공의회는 타협을 통해 이뤄낸 완벽한 해결책이었다. 물론 이 타협은 베르게리오를 통해 처음 공의회가 통지된 뒤 10년 만에, 그리고 면벌부에 대한 논쟁이 시작된 이후 28년 만에야 비로소 이뤄진 것이었다. 가톨릭 개혁가들의 눈에는 늦어도 너무 늦었지만 말이다. 반대로 루터파가 보기에 공의회는 사탄의 완벽한 변장이었다. 이들은 오랫동안 논의되었던 중요한 사태와 드디어 맞닥트렸다고 생각했다. 그러니 이제 중대한 결정을 내려야 했다. 이 공의회에 대표자를 파견할 것인가, 말 것인가?

공의회는 정치적 약세에 있던 루터파에게 충격을 주었다. 3년 전 슈말칼덴 동맹은 가톨릭교도인 브라운슈바이크-볼펜뷔텔 대공에 대항해 성공적인 전쟁을 치렀기 때문에 아직은 우월한 입장을 유지하고 있었다. 이런 영향력 덕분에 다른 북독일 지역도 프로테스탄트가 되었다. 그러나 곧이어, 겉으로는 단단하게 엮여 있던 것처럼 보였던 프로테스탄트 동맹 내부에서 심각한 결렬이 일어났다. 제국 내 루터주의의 가장 활동적이며 자부심 넘치는 선구자였던 필리프 헤센 방백이 경솔한 행보 때문에 이러지도 저러지도 못할 상황에 놓인 것이다. 그는 기혼이었음에도 불구하고 열렬히 열망하는 젊은 여인이 있었다. 정식으로 결혼하지 않으면 취할 수 없는 여인이라서, 방백은 이혼하지 않은 상태로 그녀와 혼인을 맺었다. 중혼은 사형감이었다. 프로테스탄트 진영은 말할 수 없이 곤혹스러웠다. 방백이 중혼의 죄를 범함으로써, 프로테스탄트는 특히 성도덕 질서를 해체하려 한다는 가톨릭 측의 선전을 입증해버린 것이다.

사실 루터와 그의 편은 사랑에 미친 방백의 결혼에 반대하며 지칠 줄 모르게 싸웠다. 한편으로는 간통과 중혼을 찬성하지 않기 때문이었고, 다른 한편으로는 자신들의 교회에 끼칠 결과를 예상했기 때문이었다. 결국 그들은 양심의 가책이 없지는 않았지만, 자신들의 '모범 제후'의 과오를 변호해주었다. 이로 인해 루터파의 이미지가 손상된 것은 물론이거니와, 이 이상한 사건으로 인해 루터주의에 실제적인 위험이 닥쳤다. 최악의 사태를 막기 위해 헤센 방백은 황제와 비밀계약을 체결해야 했다. 이 계약은 헤센 방백을 완전히 황제의 손아귀로 빠지게 만들었다. 방백은 합스부르크 가문을 도울 경우, 형법상 고소당하지 않을 것이라는 희망을 품을 수 있었다. 카를 5세는 방백이 합스부르크가를 도와준다면 종교 문제로 그에게 맞서 전쟁을 일으키지 않겠다고 약속했기 때문이다. 그러나 보름스 칙령이 발표된 이후 20년도 넘은 지금, 황제는 정책상 점점 더 강력하게 프로테스탄트에 맞서 전쟁을 할 필요를 느꼈다. 1543년 이후 이 계획들은 구체적인 형태를 갖추게 되었다.

카를 5세는 프로테스탄트에 대한 전쟁계획에서 그 어느 때보다 교황의 외교사절들로부터 강력한 지지를 받았다. 로마의 전략은 이랬다. 공의회는 프로테스탄트를 정신적으로 물리치고, 황제의 군대는 이들을 군사적으로 물리치며, 그 이후 제국에 들어설 새로운 질서는 프로테스탄트를 정치적으로 물리치는 것이었다. 특히 공의회에 대한 로마의 희망은 무한히 커졌다.

공의회는 국가들의 동의를 얻어 포괄적이며 성스러운 가톨릭 개혁에 착수해야 합니다. 가톨릭 개혁에 관련해볼 때, 수많은 루터파들은 이제 교회를 갱신하는 것은 자신들이라고 더 이상 진지하게 말할 수 없을 겁니다. 마찬가지로 이들은 제국의회와 세속정부의 개혁에 대해서도 더 이상 말할 수 없을 겁니다.[60]

공의회는 교회의 모든 결점을 단번에 치료해야 했다. 교회의 결점은 아주 많았다. 독일만 보더라도 1540년대 중반 로마 외교관들의 평가는 1530년대보다 부정적이었다. 교황청은 가톨릭교도 제후들을 포함해서 거의 모든 세속 제후들이 도덕적으로 부패했으며 종교적으로도 대체로 오염되었다고 여겼다. 독일에 진정한 가톨릭 신앙은 아주 적을 뿐이라는 충격적인 최종 결론이 내려졌다. 그러나 이 모든 오해는 공의회를 통해 신속히 제거될 것이라 생각했다.

그렇게 많은 낙관주의를 품은 상태에서 이단자 루터에 대한 태도조차 변했다. 바오로 3세의 친족 추기경이자 성직록을 넘치게 갖고 있는 교황특사인 알레산드로 파르네세*는 1545년 봄 독일에 체류하면서 지방 분위기를 정찰하기 시작했다. 또한 그는 매일 아침식사 때마다 네 명의 루터파를 초대했다. 마치 오전에 신학 공연을 하는 것과 같았다. 이런 행동과 짧은 여행의 목적은 동일했다. 추기경은 오염된 지역에 사는 평범한 사람들이 무엇을 생각하는지 알아내려고 한 것이다. 현장조사 결과, 로마와 교황에 대한 그들의 미움이 증가했다는 결론을 내렸다. 이단자들의 자의식도 더 높아져 덴마크, 노르웨이, 스웨덴과 독일 내의 여러 발전한 지역이 자신들의 종파를 믿는다고 주장했다. 이들은 복음의 진리를 마치 자신들만 내놓을 수 있는 으뜸 패로 여겼다. 그러나 기세등등한 그런 표현 뒤에서 파르네세는 두려움과 나약함을 간파했는데, 이는 전혀 틀리지는 않았다.

이 정찰여행 중 알게 된 종교적 견해들에 관해, 알레산드로 파르네세는 별 신경을 쓰지 않았다. 상황이 꽤 심각했는데도 말이다. 로마 본부와의 서신 교환에서 그는 자신을 3인칭으로 쓰면서 다음과 같이 보고했다.

추기경은 또 익명으로 책방에 갔습니다. 그곳에서는 루터, 츠빙글리, 재세례파, 멜란히톤, 부처 및 이와 유사한 저자들의 책 외에 그 어떤 것도 판매하지 않았습니다. 그들은 이들을 예언자와 사도들보다 더 높이 평가했습니다. 교황 및 교황주의자에 대항해서는 곧바로 칼을 빼들었습니다. 추기경들은 이들 중 많은 사람들과 정말로 솔직하게 이야기를 나누었습니다. 대화를 하면서 추기경은 이들이 그렇게 오래되고 입증된 길을 버렸는데, 이는 그저 순수한 열정에 고무된 몇몇 개인의 신념 때문이라며 불평했습니다. 여기에 대해

---

* 알레산드로 파르네세는 바오로 3세의 손자다. 친족 추기경은 르네상스와 바로크 시대 바티칸의 직위이다. 재위 중에 있는 교황의 친족이 추기경으로 등용되어 교황의 오른팔 역할을 했다.

그들은, 오직 순수하고 명확한 성경만이 자신들을 움직인다고 대답했습니다. 공의회가 곧 모든 것을 명확하게 할 것이라고 추기경이 말하자, 그들은 누가 공의회 의장이 될 것인지 물었습니다. 여기에 대해 교황성하 혹은 그분의 특사가 의장을 맡을 것이라 대답하자, 그들은 이를 비웃으며 자신들은 성경을 갖고 있기 때문에 이를 거부할 수 있다고 말했습니다. 그들은 성경이 아주 명확하다고 생각합니다.[61]

1545년 5월 당시를 마치 순간촬영한 듯 묘사한 이 장면은 루터가 자신의 교리를 전하기 시작한 지 30년이 채 안 된 시점에서 그의 교리들 중 어떤 것이 일반인의 호응을 얻었는지를 보여준다. 우리는 진리의 빛을 가졌고, 너희들은 어둠 속에서 헤맨다. 그리고 교황은 어둠의 화신이다. 바로 이것이 루터의 영향이었다. 그러나 로마 측은 자신들만이 하느님의 말씀을 올바로 이해한다고 믿는 루터파의 이 순수함을 이해할 수 없었다. 이렇게 보름스 제국의회 이후 독일 안에서는 거의 바뀐 것이 없었다. 그래도 바뀐 것은 있었다. 가톨릭교도들의 어투였다. 어쨌든 이들은 이전보다 한층 침착하면서도 이미 승리를 확신하는 듯이 말했다.

루터의 마지막 싸움

분위기가 바뀌었다, 그것도 루터파에게 불리하게 바뀌었다. 종교개혁가도 이를 느낀 최초의 사람 중 하나였다. 1540년대의 탁상담화는 악몽과도 같은 환상과 세계종말을 암시하는 예언으로 가득했다. 적그리스도는 사실 종교적으로는 극복되었지만, 세계 속에서는 좀 더 강력해졌다. 끔찍한 고통이 독일에 임박했다.

헤센 방백의 중혼의 정당함을 인정해주려던 시도는 루터의 힘을 소모시켰다. 1542년 9월, 루터가 아끼던 딸 막달레네의 죽음은 그를 깊이 상심시켰다. 그 자신도 이미 5년 전에 신장결석 때문에 거의 죽을 만큼 앓았고 그 이후 건강이 나빠졌다. 게다가 공의회를 앞두고 있는 시점에, 자신이 한 일들이 계속 유지될 수 있을까 하는 걱정이 루터를 엄습했다. 이런 침울함은 재앙을 예견하고 최후심판의 날을 기대하는 것뿐만 아니라 일상을 바라보는 면에서도 나타났다. 루터의 생각 속에서 악마는 늘 하느님의 역사에 큰 영향을 주는 저항의 힘이었다. 하느님은 인간의 죄에 대한 벌로, 악마가 늘 활동할 수 있게 내버려두셨다. 말년의 탁상담화에서 루터는 이 잔인한 적이 자기 주변 도처에도 활동한다고 생각했다. 고분고분하지 않은 소년에게서, 기형아에게서, 또한 인간이 악마, 마술사 그리고 마녀와 결합하여 생긴 괴물에게서 사탄의 활동을 본 것이다. 이런 존재의 음험한 활동 때문에 인간이 온갖 종류의 어려움을 겪는다고 생각했다. 루터 자신의 육체적 고통도 종교개혁의 부분적 성공에 머리끝까지 화가 난 어둠의 제후 탓으로 돌렸다.

이렇게 어두워지는 세상이 유대인과 교황제도에 대해 분노한 투쟁서 안에 기록되었다. 종교개혁가의 마지막 위대한 글들이 테베레 강가의 적그리스도를 겨냥한 것은 그의 삶의 논리적 결과였다. 로마에 있는 폰티펙스 막시무스의 전능함을 제한한다는 논제를 제시하면서 교회 분열과 종교개혁의 과정은 시작되었다. 논제가 제시되었으면 결론이 나야 한다. 이제 루터는 이 어두운 반대세계에 대항하는 두 편의 날카로운 논쟁서로서 결론을 맺었다. 두 논쟁서 중하나인 〈교황직에 충실했던 하드리아노 4세와 알렉산데르 3세Papsttreu Hadriani IV. und Alexanders III.〉라는 제목의 글은, 12세기의 두 교황의 사례를 통해 교황의 정치가 이미 몇 백 년 전에 제국과 황제와 독일인을 향했다는 사실을 보여주려 한다. 하지만 루터의 성향으로 볼 때, 앞의 논문이 나오기 바로 직전인 1545년 3월 말에 인쇄된 〈악마가 세운 로마 교황제도에 반대하여Wider das Papstum zu Rom, vom Teufel gestiftet〉라는 논문이 이 논제를 다룬 마지막 글이었다. 사실 이에 대해서는 새로운 주장을 제시하기 어려웠다. 더 이상은 전력을 다해 교황을 적그리스도와 동일시하기 힘들었던 것이다. 대신 교황을 비난하게 된 동기와 생각들, 비난의 어조와 분위기, 그로부터 유발된 결론들을 부각시켰다. 이것들이 내용이나 언어상으로 20년 전 농민전쟁이 절정에 달했을 때 세속정부를 향한 루터의 격문과 유사한 것은 우연이 아니었다.

> 자, 이제 열심히 일하시오, 황제, 왕, 제후 및 영주 들, 그리고 열심히 일할 수 있는 자들이여. 하느님이시여, 여기 게으른 자들에게는 행운을 주지 마시옵소서.[62]

제후들과 영주들은 우선 교황에게서 로마 교황령을 빼앗아야 했다. 교황은 신성모독과 우상숭배를 통해 제국의 돈으로 이 땅을 횡령했기 때문이다. 그런 다음에는 로마에 있는 범인들에게도 책임을 물어야 했다.

사람들은 자기 자신에게, 교황에게, 추기경에게 우상숭배나 교황의 성스러움을 믿는 것과 같은 일을 하지 못하게 해야 하며, 하느님께 악담하는 그들에게서 혀를 잡아 빼어 교수대에 못 박아 걸어놓아야 합니다. 마치 그들이 칙서에 봉인을 달아 늘여놓듯이 말입니다.[63]

루터는 여기서 예전부터 갖고 있던 사적 동기와 지금의 정치적 동기를 복수심 어린 환상에 완벽히 뒤섞어 넣었다. 언젠가 자신의 파문위협칙서와 파문칙서에 교황의 봉인이 달려 있듯이, 교황과 추기경의 뽑힌 혀는 서로 교수대에 얽혀져야 했다. 그들이 지옥을 회의 장소로 선택한다면, 사지가 절단되고 목소리를 잃은 고위 성직자들은 그곳에서 자신들의 공의회를 열 수 있을 것이다. 이 공의회에 대한 경고가 팸플릿의 목적이었다. 세속 권력은 신성모독을 추방할 책임이 있기 때문에 교황에게 유죄판결을 내려야 한다는 것이다. 로마에 대한 싸움에서 이제 중요한 것은 교리의 경쟁이 아니라 악의 완전한 멸절이다.

루터 글의 근본 목적은 향락주의와 무신론을 비난하는 것이다. 이미 몇 년 전부터 루터는 점점 더 격렬하게 자신의 적을 모두 싸잡아 비난했다. 특히 프로테스탄트나 가톨릭 모두 신앙심이 없는 점에서는 똑같다고 비판했던 에라스무스 폰 로테르담에게 가장 심한 비난을 퍼부었다. 루터는 논문 〈악마가 세운 로마 교황제도에 반대하여〉에서 교황청과 로마뿐만 아니라 이탈리아 민족에게도 비난의 화살을 날렸다. 이탈리아인들은 그 어느 때보다도 오늘날 독일인을 경멸한다며, 다음과 같이 반어적으로 표현했다.

그들이 독일을 칭찬할 만한 나라라고 부른다면, 이 말은 곧 교황의 쓰레기를 먹을 자격도 없는 짐승이고 야만인이라는 뜻입니다.[64]

이탈리아인들이 독일에서 대해 정말로 어떻게 생각하고 있는지는 교황 비오 2세 당시의 인문주의자 캄파누스Campanus가 분명히 밝혔다고 루터는 주장했다.

그는 독일에 머물다가 (화를 입지는 않은 채) 고향 이탈리아 국경에 도착하자, 독일 쪽으로 등을 돌리고는 몸을 숙이고 옷을 치켜 올려 엉덩이를 보이며 말했습니다. "봐라 내 벌거벗은 엉덩이를, 야만의 나라여!"[65]

루터에 따르면, 독일인과 이탈리아인은 선천적으로 적이었다. 종파 분열 때문이 아니라 성향이 일치하지 않았기 때문이다. 이런 불일치를 교회 분열이라는 논리적 표현으로 설명했을 뿐이다. "비열한 멋쟁이"[66] 바오로 3세는 실제로는 공의회를 원하지 않는다. 교황은 자신의 주인인 악마의 이름으로 폭정을 행하고 있는데, 공의회가 폭정에 방해가 되기 때문이다. 논문 제목이 보여주듯 교황제도는 악마의 도구이며, 따라서 악마의 특성을 갖고 있다. 이런 주장을 루터는 논문의 핵심부분에서 다시 한 번 모든 논거와 중심사상을 투입하여 입증하려 한다. 이를 위해 교회사, 로마와 성경과의 관계, 연옥과 면죄의 발견, 교황권의 족벌주의와 세력정치를 이용했다. 이 논문의 결론은 이미 오래전부터 정해져 있었다.

DIGNA MERCES PAPAE SATANISSIMI ET
CARDINALIVM SVORVM.

Wenn zeitlich gestrafft solt werden/
Bapst vnd Cardinel auff Erden/
Ir Lesterzung verdienet het/
Wie ir Recht hie gemalet steht.
Mart. Luther D.
V. 1545.

교수대에 매달린 교황과 세 명의 추기경: 악마들이 그들의 영혼을 지옥으로 끌고 간다. 이들의 혀는 뽑혔고, 모독을 저지른 탓에 못에 박혀있다. 제목이 알려주듯 사탄인 교황은 자신이 저지른 업보를 받는다. 이는 로마에 있는 철천지원수에 대한 루터의 마지막 이미지들 중 하나다.

비열한 사기꾼이며 악인인 교황 바오로 3세는 자신의 남녀추니*들
과 사기꾼의 말로 수다를 떨었습니다. 마치 그들이 이 로마에 사는
악마와 같은 존재라는 것을 아무도 모르는 듯이 말입니다. 비도덕
적이며 한없이 탐욕스러운 바오로 3세, 그 사람은 그의 아들과 함께
얼마나 교회 재물을 탐하는지 모릅니다.[67]

루터는 교황에게 이렇게 격렬한 말로 화를 낸 적이 없었다. 글
의 끝 무렵에서는 거의 광란에 가까울 정도로 욕설이 강해지는데,
이 정도의 표현이 나타나는 곳은 루터의 글에서도 오직 여기뿐이다.
숨이 막힐 정도로 욕설의 수위가 높아지면서, 교황은 다음과 같이
묘사된다.

지상 최악의 모든 비열한 인간들의 저주를 받는 교회의 수장, 악마
의 총독, 하느님과 예수의 적, 그리스도 교회의 파괴자, 모든 거짓의
교사, 신성모독, 우상숭배, 열쇠와 모든 재물을 훔치는 교회 최악의
강도, 교회와 세상의 주인의 강도, 왕들의 살해자, 모든 살육의 선동
자, 모든 포주 위의 포주, 모든 음란함, 말로는 다 할 수 없는 것들,
적그리스도, 죄악의 인간, 부패의 자식, 진정한 늑대인간.[68]

여기서 언어는 그 한계에 부딪친다. 끝에는 죽음을 명령한다.
충분한 보답을 기대하면서.

---

* 남자와 여자의 생식기를 모두 가진 사람.

그는 자신을 위한 악마를 가졌습니다, 그런데 우리는 우리를 위해 하느님의 말씀을 가졌습니다. 활기차게 함께 갑시다. 그러면서 죽읍시다. 그러면 우리는 그리스도와 함께 더욱더 멋지게 살 겁니다.[69]

이 점에서도 로마에 저항하는 전사들은 농민전쟁 중의 제후들과 같았다. 이 전쟁에서 죽는 사람은 영원한 축복을 얻을 것이니, 그는 사욕 때문에 싸우는 것이 아니라 창조를 보호하기 위해 악과 싸우기 때문이다. 교황에 대항하는 싸움에서 죽는 것보다 더 복되게 죽을 수는 없다.

이 논쟁에서 루터는 흔들림 없이 자신의 주장을 펼치고 있다.

저는 제 자신이 하는 일에 한 치의 의심도 없습니다. 그리고 하느님의 말씀에 따라 그를 판단할 수 있습니다. 하느님의 말씀은 그가 옳지 않다는 것을 알려주십니다. 또한 저는 선한 양심에 따라 그들이 어리석은 당나귀이며 하느님의 적이라고 생각합니다. 이런 확신만으로 저는 족합니다. 그는 저를 어리석은 당나귀로 취급할 수 없을 겁니다. 제가 성경에서 하느님의 특별한 은총을 깨달은 사람임을 알기 때문입니다. 그도, 그의 어리석은 추종자들도 아닌 제가 말입니다. 그런데 저뿐 아니라 여러 나라에 있는 그의 사람들 중 많은 이들도 하느님의 은총을 깨달았습니다.[70]

루터는 사람들이 선한 양심과 의지를 갖고 자기 교리의 진리를 깨닫지 못하는 것을 끝내 이해할 수 없었다. 자신의 교리는 아주 명확해서 교황조차도 루터가 옳다는 것을 알아차려야 했다. 루터에게 최고의 승리는 바로 그것이었다. 비록 정치적·군사적으로는 실패가 임박해 있지만, 그런 실패는 악의 일시적이며 유명무실한 승리일 뿐이다.

> 그사이 제가 죽는다면, 하느님, 이들이 서로에게 분노의 화살을 돌리게 해주십시오. 이 간악한 교황권 신봉은 지상에 남은 마지막 불행이기 때문입니다. 이들이 서로를 공격한다면, 그 다음에는 모든 악마가 힘을 합해 이 사악한 무리들을 자신들의 손아귀에 넣을 것입니다. 하느님 우리를 도우소서, 아멘.[71]

1546년 2월 18일, 마르틴 루터는 출생지인 아이슬레벤에서 사망했다. 삶의 시작과 끝이 딱 들어맞았다. 그의 마지막 시간과 작별은 그의 추종자들에 의해 아주 정확하게 기록되었다. 죽음은 삶의 마지막에 찍는 봉인이다. 따라서 죽어가는 사람이 마지막까지 자신의 교리를 증명하는 것은 아주 중요하다. 종교개혁가의 경건한 마지막 시간에 대한 보고는 곧바로 인쇄되었다. 그것으로 대중의 생각을 지배하기 위해서였다. 그러나 이렇게 한다고 해서 독일 내 루터의 적들이 이 사건에 대해 자신들의 의견을 발표하는 것을 막지는 못했다. 그들은 아이슬레벤에서 악마의 하인인 루터가 그의 주인이자 스승인 악마에 이끌려 지옥으로 갔다고 발표했다.

격식을 차리는 로마는 이런 유치한 이야기에 냉담했다. 이런 이야기는 교황의 체면을 손상시키는 것이었다. 그렇다, 교황제도를 그렇게 오래 긴장시켰던 대 이단자의 죽음을 교황대사 지롤라모 베랄로^{Girolamo Verallo}는 거의 무성의하게 받아들였다.

> 지난 달 18일에 루터가 죽었다는 소식을 들으셨으리라 생각합니다. 측근들이 지은 죄를 고백하라고 하자, 그는 자신의 이름으로 잘못된 책들이 만들어졌고, 자신은 그에 대해 아무것도 몰랐으며, 이런 책들 속에는 많은 잘못된 부분이 있다는 것, 이것 단 한 가지에 대해서만 후회한다고 말했습니다. 그러나 자신이 실제로 쓴 것은 선하며 하느님의 명예를 위한 것이고, 모든 것은 잘한 일이라 인정했답니다. 이 말을 한 뒤 그는 죽었습니다.⁷²

베랄로는 추도사를 덧붙이는 것조차 필요 없다고 생각했다. 루터가 루터주의를 시작했지만, 개인으로서 루터는 오래전에 영향력을 잃었다. 단 한 가지 유감스러운 것은 이제 대 이단자를 더 이상 공의회에 소환할 수도 그에게 반증을 요구할 수도 없다는 사실이었다. 루터의 사망에 대한 보고에서 로마 측이 건질 만한 내용은 이 정도였다.

마치며

문화의 충돌

종교개혁가가 사망하고 몇 달 뒤 황제와 교황이 오래전부터 계획한 군사분쟁이 시작되었다. 슈말칼덴 전쟁은 약 1년 뒤에 카를 5세의 완벽한 승리로 끝났다. 그는 1547년 4월 24일 뮐베르크 전투에서 루터의 마지막 영주인 작센 선제후 요한 프리드리히를 포로로 잡았다. 그런 뒤 곧 황제는 비텐베르크의 시 교회인 슐로스키르헤에 있는 루터의 무덤으로 갔다. 부하들이 죽은 이단자의 시체를 무덤에서 꺼내 불태우라고 했으나 황제는 거부했다. 곧 루터로 각인된 프로테스탄티즘이 정치적·군사적·신학적 방면 모두에서 패배하지 않았다는 것이 드러났다.

이 책에 서술된 것처럼 과거 역시 죽어서 묻힌 것일까? 양쪽 교회의 저명한 대표자들의 성명은 이런 견해를 드러낸다. 루터 측에서도 오직 하느님의 은총을 통한 칭의의 법칙과 교회 설립자의 예정설에 대해 더 이상 언급하지 않는다. 오늘날의 기독교도에게는 인간이 태어나기도 전에 하느님이 구원이나 영겁의 벌을 예정했다는 생각은 견딜 수 없는 것이며, 그렇게 예정되었는지도 정확하지 않다. 따라서 이 이해하기 힘든 주장은 현대 기독교도들에게 서서히 영향력을 잃어가더니, 심지어는 정반대가 되어버렸다. 이제 사람들은 하느님의 예정에 의해서가 아니라 인간이 선한 의지를 갖고 있으면 천국에 간다고 생각한다. 20세기와 21세기의 다양한 민주화 물결은 기독교의 내세에까지 도달했고 심지어 이 세계를 자기 식대로 만들어냈다. 이런 입장들은 아마 에라스무스와 같은 사람이 볼 때도 너무 멀리 나간 것이다. 루터는, 에라스무스가 하느님을 자비로운 교육자라로 여기며 인간화하는 것은 인간의 교만과 자만에서 기인한다고 생각했다. 인간은 교만해서 자신이 어떤 존재인지, 자신이 얼마나 자만심이 세고 죄를 지었는지 깨닫지 못한다. 예정론과 함께 인간에 대한 루터의 불신은 오늘날에는 해결된 듯 보인다. 인간에 대한 그의 깊은 비관주의는 오늘날의 루터주의에 의해 적어도 유럽 내 루터주의에 의해 사회정치적 행동주의로 변했다. 이승에서 더 많은 의를 이루기 위한 노력으로 변한 것이다. 이런 노력들도 인정할 만하지만, 이는 실제 루터가 주장했던 것과는 아무 관계도 없다. 그렇게 따지면 루터보다 오히려 현자 프리드리히 선제후가 훨씬 더 사회적인 사람이었다.

이런 식으로 오늘날의 루터주의는, 그럴 생각은 없었겠지만(어쩌면 가끔은 인식하지도 못한 채) 암암리에 가톨릭의 생각에 점점 가까워졌다. 신의 은총과 인간의 공동작업, 그리고 선행이라는 행위의 의로움에 대한 가톨릭의 생각에 가까워진 것이다. 행위의 의로움에 대한 문제에서는 두 종파가 더 이상 반목하지 않는 것처럼 보이기까지

마치며

한다. 그런데 지옥에 관해서는 양측 신학자들의 의견이 일치한다. 걸리적거리는 문제다. 죄인이 받을 영겁의 고통들은 진보적인 법치국가의 척도와는 어울리지 않는다. 하지만 히틀러나 스탈린과 같은 인류의 범죄자들이 천국에 간다는 것도 말이 안 된다. 그래서 사람들은 악인의 내세는 지옥이 아니라 거대한 무無라고 상상한다. 물론 아시아의 해탈론에서 무는 최대의 행복이지만 말이다.

만일 보편적이며 신학적인 해결의 기미가 보이지 않거나 종교의 다양성이 없다면, 교황제도도 존재하지 않을 것이다. 이 교황제도는 얼마 전까지도 주장하기를, 프로테스탄트 교회가 진정한 교회의 본질적 특성을 갖고 있지 않다고 했다. 이는 사도와 원시교회의 유산을 계승하기 위한 루터의 전쟁이 오늘날까지도 민감한 사안임을 보여준다. 이미 1517년부터 교황제도의 수위권 때문에 교회 통합이 무산되었을 뿐만 아니라 민족 간의 대립도 교회적·종교적 재통일에는 극복할 수 없는 방해물이었다. 15세기와 16세기에 생겨난 민족주의는 오늘날 유럽연합이라는 멋진 외형 뒤에서 그 어느 때보다도 과격해졌다. 독일인과 이탈리아인 간의 오래전부터 내려오던 비호의적 감정은 끊임없이 지속되고 있는 유럽 위기에서 드러난다. 민족에 대한 판에 박힌 생각은 알프스를 사이에 두고 서로 대립하는데, 이런 생각이 인문주의자와 종교개혁의 저수지에서 흘러나왔다는 것을 간과할 수 없다. 비도덕적인 낭비를 독일의 돈으로 충당하는 교활한 이탈리아인들은 오래전부터 독일인에게는 부담이었다는 말이 루터의 글 속에 자주 등장했다. 반대로 돈에 욕심이 많고 인색하며 스타일과 삶의 향락에 대한 감각이 없는 독일인은 본질적으로 야만인이라고 로마 교황대사의 보고에는 서술되어 있다.

종교개혁 시작 이후 200년 동안 서로에 대한 저주는 끝나지 않았다. 빈의 카를 교회 천정에는 미하엘 로트마이르(Michael Rottmayr)가 그린 프레스코화가 있다. 이 그림에서 이단자 루터는 지옥으로 떨어지고, 그의 부정적인 책들을 천사가 횃불로 불태운다.

상대를 편들어 주는 일은 드물다. 이런 행위는 가끔 문화적으로 교양이 높을 때 나온다. 유럽 르네상스의 탁월한 인물 중 한 사람인 프란체스코 귀차르디니는 루터를 정말로 좋아한다고 말했다. 루터가 로마 가톨릭교회의 구더기 같은 인간들에게 고귀한 모습을 보여 주었기 때문이었다. 그러나 자신의 사적이며 가문적인 이해관계 때문에 교황제도의 번영에 얽힐 대로 얽혀 있던 그는 유감이지만 루터의 승리를 원하지는 않았다. 프리드리히 니체는 루터를 미워했다. 왜냐하면 루터를 기독교의 치유자로 보았기 때문이다. 이 종교는 르네상스 교황들 특히 알렉산데르 6세와 그의 아들 체사레에게 정복되어 파멸을 앞두고 있었다. 그런데 그 못된 수도승 루터의 저급한 직관과 그의 노예도덕을 통해 기독교가 다시 소생해, 이를 축하하고 있다고 니체는 생각한 것이다.

작가 토마스 만도 같은 말을 했다. 하지만 훨씬 더 정중했다. 그는 루터가 독일 언어에 끼친 업적을 인정했고, 루터의 만인 사제설에서 유럽 민주주의로 향하는 길을 보기까지 했다. 그럼에도 불구하고 이 종교개혁가는 토마스 만에게 극도의 반발심을 일으켰다.

나는 그를 사랑하지 않는다. 독일 본연적인 것, 분리를 유발하는 반로마적인 것, 반유럽적인 것은 나를 불쾌하게 만들고 겁나게 한다. 비록 그것이 복음적인 자유와 영적인 해방으로 보인다고 해도 말이다. 그리고 루터의 전형적인 특징, 즉 골을 잘 내며, 야비하고, 욕설, 분노, 가공할 만한 둔함, 여리고 진한 감수성, 악마, 악령, 기형아에 대한 강력한 미신은 내게 본능적 혐오를 일으키게 한다. 나라면 루터의 식사 초대가 달갑지 않았을 것이며, 혹시 어쩔 수 없이 루터와 함께 있었더라면 마치 괴물의 아늑한 집에 있다고 느꼈을 것이다. 나라면 분명 루터보다는 레오 10세, 조반니 데 메디치, 그리고 루터가 "악마의 돼지, 교황"이라고 칭했던 그 친절한 인문주의자 에라스무스와 더 사이좋게 지냈을 것이다.[1]

이런 소견은 옳기도 하고 그르기도 하다. 왜냐하면 레오 10세는 독일의 위대한 작가가 생각하듯 그렇게 친절하지 않았기 때문이다. 이런 사실을 이 책에서 읽을 수 있을 것이다. 책에서 레오 10세의 호탕함을 서술한 것은 그의 정치적 이미지를 보여주기 위함이다. 루터역시 이탈리아 관객을 위해 독일 야만인의 모습을 완벽하게 보여주었을 것이다.

교회 분열과 종교개혁을 일으킨 문화의 충돌은 오늘날까지도 진행 중이다. 이런 결론은 현재의 문화전쟁에 대한 변호가 아니다. 그 반대이다. 이제 교회와 민족들 사이의 소통을 이루기 위해서는, 우선 서로를 잘 이해해야 한다는 뜻이다. 이를 위해서는 분쟁을 내포하고 있는 과거로 다시 눈길을 돌려야 한다.

옮긴이의 말

왜 루터부터인가?

영국의 존 위클리프John Wycliffe는 로마 교황청의 부패를 비난했다. 그는 라틴어로 된 성경을 영어로 번역하여 1382년 완성했다. 성경을 번역하거나 일반인이 읽는 것은 로마 교황청이 엄벌로 금하는 일이었다. 교황과 교회는 그를 이단이라 비난했고, 그의 글들은 금서로 공포되었다. 그럼에도 위클리프는 교황의 권력과 로마 가톨릭교회에 대한 공격을 멈추지 않았다. 다행히 그는 처형당하거나 투옥되지 않고 지병으로 사망했다.

체코의 얀 후스는 위클리프의 영향을 받아 성경만이 권위를 갖는다고 강조했다. 그 역시 로마 가톨릭교회의 부패를 비판했고, 1411년 대립교황 요한 23세에게 파문당했다. 그리고 1415년 콘스탄츠 공의회의 결정에 따라 화형당했다. 이때 사망한 지 21년이나 된 위클리프 역시 이단 판결을 받았고, 그의 저작들을 불태울 것과 그의 무덤을 파헤칠 것도 결정되었다.

1483년 11월 10일, 독일의 소도시 아이슬레벤에서 루터가 태어나기 훨씬 전에 이렇게 종교개혁의 씨앗은 뿌려졌고 조금씩 자라고 있었다. 그러나 오늘날 기독교 역사에 대해 조금이라도 알고 있는 사람은 종교개혁 하면 곧바로 루터를 연상하게 된다.

이미 루터보다 앞서 교황의 권위에 문제를 제기하고 교황제도의 부패를 지적한 위클리프나 후스를 종교개혁의 시작으로 보는 것이 더 정확하지 않을까? 게다가 1517년 10월 31일에 어떤 일이 일어났는지 사실 아무도 정확히 모른다. 루터의 동지였던 멜란히톤이 1546년 루터의 《라틴어 저술》 제2권 서문에서 이날 루터가 95개조 논제를 붙였다고 언급했을 뿐이다. 이때 이미 루터는 사망한 뒤였다. 가톨릭 교회사가들은 이날의 사건을 의심한다. 그러나 어쨌든 루터가 95개조 논제를 작성한 것은 사실이며, 개신교의 역사는 루터가 이 논제를 게시한 1517년 10월 31일, 바로 이 시점부터 시작된다.

종교개혁 시도는 여러 번 있었기 때문에, 종교개혁들이라고 부르는 역사학자들도 있다. 이 중 기독교의 역사와 인류의 역사에 가장 강력한 영향을 끼친 것이 바로 루터에 의해 시작된 종교개혁이다. 루터는 유럽의 종교 지도를 바꾸어놓았다. 루터 이후 기독교는 분열되어, 크게는 구교와 신교로 나뉘었고, 신교 안에서는 또다시 여러 갈래로 종파가 나뉘었다. 바뀐 종교는 유럽의 정치판도도 바꾸었다. 종교에 따라 사회제도가 달라졌으며, 개인의 삶의 형태와 모범이 바뀌었다. 루터는 목사라는 직업의 창시자가 되었고, 사회의 모범이 되는 가장 작은 집단인 목사가정의 가장이 되었다.

　　루터로 인해 촉발된 종교개혁은 결국 국가, 사회, 개인의 모든 삶에 강력한 변화와 영향을 끼치게 되었기에, 그 누구보다도 루터가 우선으로 언급되며, 그로부터 개신교의 시작을 보는 것이다.

마침 그때, 그곳, 그 사람들

만일 루터가 대학생 시절 슈토터른하임에서 벼락을 맞지 않았더라면, 만일 그가 두려움에 떨며 수도사가 되겠다고 했던 서원을 지키지 않았더라면, 만일 사제로 서품받은 뒤 현자 프리드리히가 다스리는 작센이 아닌 다른 곳에 있었더라면, 그런 곳에서 95개 논제를 발표했더라면 어떻게 됐을까.

　　이런 가정을 할 경우, 종교개혁가 루터는 생각할 수도 없다. 법률가가 되길 바랐던 아버지의 뜻을 어기고 사제가 되었고, 황제를 선출할 수 있는 제후라는 뜻의 선제후 칭호를 가진 현자 프리드리히가 다스리는 비텐베르크 대학 교수로 있을 때, 루터는 95개조 논제를 제시했다. 교황은 칙서를 통해 루터를 파문했지만, 선제후는 루터를 보호하기 위해 독일 지역 내에서 다시 한 번 더 판결받게 해달라고 교황에게 청했다. 결과 보름스에서 제국의회가 열리고, 루터는 신성로마제국 황제 카를 5세 앞에서 자신을 변호할 수 있었다. 두려움에 그 유명한 〈내 주는 강한 성이요〉라는 찬송가를 만들어 불렀다. 물론 자신의 주장을 철회하라는 요구는 거부했다. 루터는 황제로부터도 파문당했다. 치외법권의 보호를 약속받았지만 믿을 수 없었다. 예전에 얀 후스도 보호해주겠다고 공의회에 불러놓고는 화형을 시켰기 때문이다. 이 위험한 상황에서 선제후 현자 프리드리히는 루터 납치사건을 벌여 그를 몰래 바르트부르크 성으로 빼돌려 보호했다. 이곳에서 루터는 신약을 번역했다. 이후에도 선제후는 계속 루터를 지원했다. 만일 선제후가 없었더라면 루터는 자신의 사상을 펼치기도 전에 이단으로 처형당했을지 모른다.

그리고 만일 보름스 칙령을 선포한 카를 5세가 그 넓은 영토를 다스리느라 바쁘지 않았더라면, 루터는 더욱더 힘든 상황에 빠졌을 것이다. 현재의 독일은 1871년 빌헬름 1세 황제에 의해 통일된 근대 국가로부터 시작되었다. 루터 시대의 독일은 수백 개의 공국으로 나뉘어 있었고, 이 독일 지역을 하나로 묶는 것은 신성로마제국이라는 이름뿐인 제국이었다. 황제는 선제후들에 의해 선출되었다. 당시는 오스트리아 합스부르크 가문이 황제 직을 갖고 있었다. 합스부르크 가문은 결혼정책에 의해 스페인과 맺어져, 스페인뿐만 아니라 스페인이 갖고 있는 방대한 영토까지 지배하고 있었다. 유럽의 가장 막강한 나라는 프랑스와 스페인 두 나라였다. 독일은 알프스 이북의 여러 공국들에 불과했다. 합스부르크 가문의 스페인의 왕 카를로스 1세는 선거에 의해 신성로마제국의 황제로 선출되어 카를 5세가 되었고, 그는 태양이 지지 않는 자신의 영토와 권력을 지키기 위해, 또 신성로마제국의 황제로서 독일의 문제를 해결하기 위해 사방의 적을 막아내야 했다. 루터도 그의 적 중 하나였다. 그러나 다행히 황제는 유럽 내에서는 프랑스, 교황, 오스만투르크에 신경을 쓰느라 루터를 소홀히 했다. 생애 끝 무렵 황제는 루터를 죽이지 않았기 때문에 일이 커졌다고 후회했다. 그러나 이미 늦었다. 황제가 드디어 루터 세력을 무력으로 잠시 진압했을 때, 루터는 이미 사망했고, 황제가 할 수 있는 일은 별로 없었다. 이후 루터가 남긴 영향력은 걷잡을 수 없이 커져만 갔다.

　루터가 시작한 종교개혁의 동기는 로마와 교황이었다. 만일 교황들이 교회의 첫 주교인 베드로와 같았더라면, 아니 루터 시대의 교황만이라도 그랬더라면, 경건한 수도사 루터는 감히 자신의 수장인 교황과 교회를 비난하는 짓을 하지 않았을 것이다.

　교황들은 이미 오래전부터 도덕적으로 타락했으며, 자신과 자기 가문의 권력을 확장하기 위해 폭력도 마다하지 않았고 권모술수는 일상이었다. 14~16세기의 르네상스 운동은 교황과 교황청에도 영향을 끼쳤다. 그러나 교황들은 지식인이고 문화의 수호자일 수는 있었지만, 기독교도들의 모범적인 수장은 아니었다. 교황청에는 아름다운 라틴어를 사용하고 박학다식한 인문주의자와 지식인은 넘쳤지만 진정한 신학자는 적었다.

　루터는 단 한 번 로마에 갔었다. 그가 보기에 로마는 타락한 바빌론과 같았다. 게다가 성 베드로 성당을 짓기 위해 교황은 자신의 권한을 오용했다. 루터가 95개 논제를 제시하며 이 일로 종교개혁이 시작될 것이라고는 예측하지 못했을 것이다. 그는 면벌을 반대했던 것도 아니었다. 교황이 벌을 사면해주는 것, 즉 대사 혹은 면벌은 이미 오래전부터 교황의 권한으로 인정되었다. 루터는 이런 권한이 오용되는 것을 지적하고 반대했을 뿐이었다. 그는 95개의 논제를 제기하고, 학자들과 고위 성직자들 사이에 토론을 불러일으키려고 했을 뿐이었다. 그러나 그의 의도는 기대했던 것 이상의 성공을 거두었다. 오래전부터 은근히 타고 있던 불씨에 바람을 불어넣은 셈이었다. 수도사이자 변방의 도시 비텐베르크 대학 교수였던 루터는 단번에 유명인사가 되었고, 그의 말과 글은 대중을 흔들었고, 그의 의견을 따르는 무리는 점점 커졌다.

만일 교황과 교황청이 자신들을 돌아보았더라면, 루터의 비판에 귀를 기울였더라면 어땠을까? 어쩌면 시대의 모든 것이 이미 종교개혁이라는 불을 붙일 준비를 하고 있었는지도 모른다. 마침 그때, 루터가 등장하여 오래전에 뿌려진 씨앗을 발아시켜 새로운 전환점을 마련해준 것일지도 모른다.

이 책에 관하여

책의 서문에 명시된 것처럼, 저자 폴커 라인하르트는 루터 사건을 개신교 입장에서 승리로 보려 하지도 않으며, 가톨릭 입장에서 배반으로 보려 하지도 않는다. 그는 하나의 사건을 루터파와 가톨릭 양측의 관점에서 바라보고, 같은 사건에 대한 양측의 보고를 제시한다. 어느 한쪽을 탓하지도 칭찬하지도 않는다. 그는 양측의 시각과 원전을 제시하면서, 양측의 입장을 이해하도록 독자를 유도한다. 각 종파의 미묘한 견해 차이를 보여주어, 이들이 절대 화해할 수 없었던 이유를 알려주기도 한다. 마지막에는 루터의 죽음과 관련해서도 루터 측과 가톨릭 측의 의견을 나란히 서술한다. 루터를 중심으로 한 다양한 사건, 중요 인물, 이들이 대립하고 타협할 수밖에 없었던 이유들을 밝혀준다. 다른 책들과 달리 독일과 이탈리아 두 민족 간의 극복할 수 없는 감정을 루터와 로마 대립의 원인 중의 하나로 본 점도 특이하다. 자신들을 야만인 취급하면서도 이득은 챙기는 이탈리아인, 문화를 전수해줬으나 은혜를 모르는 야만 독일인 등 문화적 적대 감정들이 종파의 대립과 분열에도 작용했다고 저자는 쓰고 있다.

개신교 측 입장도 가톨릭 측 입장도 아닌 관점에서 서술되어, 양측의 입장과 상황을 객관적으로 파악하기에 아주 좋은 책이다. 특히 루터의 원전과 교황대사의 보고문들 같은 참고할 만한 자료들을 많이 포함하고 있다.

본문에 충실한 번역을 하려고 노력했으나, 저자의 중복설명과 과감한 문학적 비유가 내용 이해에 혼란을 주는 부분이 있어 인용 중 일부는 축약했다. 독자 여러분의 양해를 바란다.

연대표

1475년 12월   조반니 데 메디치(미래의 교황 레오 10세)가 로렌초 데 메디치의 차남으로 태어났다. 그의 가족은 1434년부터 공화정이라는 무대 뒤에서 피렌체를 다스렸다.

1476년   교황 식스토 4세가 프랑스 교회를 위해 이미 사망한 사람들을 위한 면벌을 인정했다.

1483년 11월   마르틴 루터가 아이슬레벤에서 한스 루더와 마르가레테 린데만의 아들로 태어났다. 그의 부친은 광산 경영자로 일했지만, 지위 높은 농부 가문 출신이었고, 모친은 아이제나흐의 명망 있는 집안 출신이었다.

1489년   조반니 데 메디치가 교황 인노첸시오 8세에 의해 추기경으로 등용되었으나, 1492년 초에야 임명되었다.

1492년 8월   추기경 로드리고 보르자가 교황 알렉산데르 6세로 선출되었다. 그는 자기 가문의 세력을 확대하기 위해 공격적인 권력정치를 폈다.

1493년   합스부르크가 출신 황제 프리드리히 3세가 사망하고 아들인 막시밀리안이 대를 이어 제국의 수장이 되었다.

1494년   11월에 메디치 가가 피렌체에서 추방되었다.

1497년   루터, 마그데부르크에서 라틴어 학교 입학, 1498년부터는 아니제나흐에서 학교를 다녔다.

1501년   루터, 에르푸르트 대학 입학. 아버지의 계획에 따라 법학자가 될 예정이었다.

1503년 10월   교황 비오 3세의 짧은 통치가 끝난 뒤, 델라 로베레 가문 출신의 율리오 2세가 즉위함으로써 보르자 가문의 적이 교황이 되었다. 율리오 2세는 이후 교회국가를 견고히 하고 이탈리아에서 프랑스인을 축출하기 위해 전쟁을 감행했다.

1505년	1월, 루터가 에르푸르트 대학에서 기본 학업을 마쳤고, 7월에는 이 도시에 있는 아우구스티누스 은둔자 수도회에 입회했다.
1507년	4월, 루터가 에르푸르트에서 사제로 서임되었고, 1509년부터 이곳에서 신학을 가르쳤다. 1512년에는 박사학위를 취득했다.
1510~1511년	루터, 일명 엄숙주의자라 불리는 수도회 분파의 요구를 관철시키기 위해 로마로 갔다. 협의는 성공하지 못했지만, 영원한 도시 로마와 교황제도에게서 받은 인상은 1531년부터 탁상담화에서 계속 언급되었다.
1512년	스페인과 교황의 연합군대가 메디치 가문을 피렌체로 돌려보냈다. 이곳에서 메디치 가문은 1527년부터 공화정이라는 겉모습 뒤에서 권력을 행사했다.
1512~1515년	제5차 라테란 공의회가 교회에 개혁 명령을 내렸다. 그러나 이는 근본적으로 실패했다.
1513년 3월	37세밖에 되지 않은 추기경 조반니 데 메디치가 교황 레오 10세로 선출되었다.
1514~1517년	알브레히트 폰 호엔촐레른이 마인츠 대주교로 선출되었다. 교황의 인가를 받으려면 높은 수수료를 지불해야 했다. 이를 갚기 위해 대주교는 면벌부를 팔았다.
1515년	프랑스 왕 프랑수아 1세가 마리냐노에서 스위스 용병들을 이기고 밀라노를 점령, 1521년까지 다스렸다.
1516년	교황 레오 10세가 델라 로베레를 우르비노에서 몰아내고 자신의 조카 로렌초를 우르비노의 대공으로 임명했다.
1517년	봄, 레오 10세를 암살하려는 추기경들의 공모가 실패했다.
1517년 10월	루터는 면벌과 이에 관한 신학적 근거 및 교황의 권좌에 반대하는 날카로운 공격을 담은 95개조 반박문을 발표했다.
1518년	2월, 레오 10세는 루터의 비판 때문에 교회가 직면한 위험에 대해 강력하게 경고했고, 루터가 소속된 수도회 총장을 통해 조치를 취했다. 4월, 루터는 하이델베르크에서 수도회의 주교좌 성당 참사회에서 자신의 입장에 대해 설명했다. 참사회는

루터에게 반대 조치를 취하지는 않았다. 교회법에 따른 심리가 열리자, 1518년 5월 30일 루터는 논제들을 더욱 첨예화시킨 주석과 함께 95개조 반박문을 레오 10세에게 전달했다.

1518년	7월, 교황의 궁정신학자인 프리에리아스는 레오 10세의 명을 받아 95개 논제에 대한 반박문을 썼다. 그는 이 글에서 루터의 논제를 이단으로 평가했다. 루터는 로마 소환을 요구받았지만 이를 이행하지 않았다. 이때부터 그는 집중적으로 글을 써서 발표했고 대중의 큰 반향을 불러일으켰으며, 선제후 현자 프리드리히의 지원을 받았다.
1518년 10월	아우크스부르크에서 루터는 도미니크회 수도사인 추기경 카예탄의 심문을 받았다. 루터는 면벌에 관한 자신의 비난을 철회하지 않고 이를 계속 고수했다. 곧이어 그는 교황과 공의회에 항소했다.
1519년	1월, 루터와 교황 시종장 카를 폰 밀티츠와의 회담은 성과 없이 끝났다. 1월 12일 막시밀리안 황제가 사망한 뒤에 레오 10세는 현자 프리드리히 선제후를 황제 후보로 추천했지만, 합스부르크 가문의 스페인 왕 카를로스 1세가 독일의 신성로마제국 황제 카를 5세가 되는 것을 막을 수는 없었다.
1519년 7월	루터는 라이프치히에서 가장 중요한 독일인 적, 잉골슈타트 대학 신학교수 요하네스 에크와 논쟁하면서, 교회 내 권위에 대한 예리한 진술을 더욱 강화했다.
1520년 7월	교황의 파문칙서 〈주여 일어나소서〉는 루터의 글들 중 41개 조항을 신랄하게 비난했다. 루터는 그해와 이듬해에 자신의 종교개혁에 관한 주요 저술들을 집필했다. 이 저술들은 하느님의 은총의 선물인 오직 믿음을 통한 칭의, 믿음의 문제에서 성경의 유일한 효력, 로마의 실체변화론에서 벗어난 성찬식 이해, 그리고 성직자계급이 없는 설교와 영적상담에 근거를 둔 교회에 대해 설명한다. 이와 병행해서 교황을 적그리스도로 고발했고, 그를 섬멸할 것을 호소했다. 12월 10일 루터는 교황의 칙서를 비텐베르크 성문 앞에서 공개적으로 불태웠다.

1521년 1월	교황의 칙서 〈로마 교황은 이렇게 말한다〉를 통해 루터는 이단자로 파문되었다. 4월, 로마 교황특사 알레안드로의 제안을 받아들이지 않고, 제국의회는 루터를 소환해 심문했다. 루터는 자신의 글들을 변호했고, 주장을 철회하라는 것을 거부했다. 5월, 카를 5세가 서명한 보름스 칙령은 루터를 이단자로 선포했고 그를 체포하라고 명했다. 하지만 현자 프리드리히의 보호로 인해 이 칙령은 전혀 효력을 발휘하지 못했다. 이후 바르트부르크 성에 머무는 동안 루터는 성경 번역에 착수했다 (1535년까지). 12월, 레오 10세가 사망했다.
1522년	위트레흐트 출신의 새 교황 하드리아노 6세가 8월 말에야 스페인에서 출발하여 로마에 입성했지만, 교황청의 지지를 받지 못했다. 루터는 교회규정 및 새로운 예배 문제에 불을 붙인 비텐베르크 소요에 개입했고, 종교에 대한 영주의 사법권을 성공적으로 변호했으며, 이 권한은 이후 10년 동안 발전되고 견고해졌다. 9월, 신약 번역을 내놓았다.
1523년	1월, 하드리아노 6세는 뉘른베르크 제국의회에서 성명을 공표하게 했다. 이 성명은 교황청의 심각한 폐해를 인정하고, 교황 제도 문제를 위한 교회개혁을 천명했다. 하지만 독일 내에서 가톨릭교회로부터의 탈퇴가 확산되는 것을 막을 수는 없었다. 9월, 하드리아노 6세가 사망했다. 11월, 줄리오 데 메디치 즉 레오 10세의 사촌이 교황 클레멘스 7세로 선출되었다. 그는 독일에서의 사건들에 대해서는 전반적으로 냉담했다. 대신 스페인과 프랑스 사이에서 변덕스러운 정치를 했다.
1524년	여름, 독일 서남부에서 농민전쟁이 시작되었다. 루터는 처음에는 중재를 하려고 했지만, 이듬해 전쟁이 절정에 달했을 때는 갑작스레 제후들의 편을 들었다. 에라스무스는 루터의 예정론을 겨냥해 인간의 자유의지에 대한 글을 발표했다.
1525년	루터는 에라스무스에게 반대주장으로 대답했는데, 이 주장으로 에라스무스와의 관계는 완전히 결렬되었다. 이전에 수녀였던 카타리나 폰 보라와 루터가 결혼했다. 프랑스 왕 프랑수아

1세는 파비아 전투 후 카를 5세의 포로가 되었다.

1526년 6~8월	슈파이어 제국의회에서 교회의 교리는 제국의원들의 책임으로 넘어갔다. 이는 결과적으로는 루터주의를 실제로 허용한다는 의미였다.
1527년 5월	황제의 군대가 로마를 약탈했다. 이로 인해 몇 달 동안 로마는 무정부상태에 빠졌고, 클레멘스 7세는 산탄젤로 성에 갇혔다.
1529년 3~4월	슈파이어 제국의회에서 개신교 제국의원들이 보름스 칙령의 재발동에 반대했다.
1529년 10월	마르부르크에서 열렸던 루터와 취리히 종교개혁가 울리히 츠빙글리의 종교회담은 서로 다른 성찬식 해석 때문에 결렬되었다.
1530년 2월	클레멘스 7세가 볼로냐에서 카를 5세에게 황제의 관을 씌워주었다.
1530년 6월	아우크스부르크 제국의회에서 교황특사 캄페조와 루터파 멜란히톤이 주요 종교 문제에 합의하기 위해 비공식 회담을 가졌으나 목표에 도달하지 못했다. 프로테스탄트 측은 〈아우크스부르크 신앙고백〉을 제시했다.
1531년	프로테스탄트 신분대표들이 슈말칼덴 동맹을 맺었다. 클레멘스 7세는 딸 카테리나 데 메디치와 프랑스의 왕자 앙리와의 결혼동맹을 준비했다.
1531년 10월	가톨릭 지역에 대항하는 취리히 동맹 패배. 츠빙글리가 살해되었다.
1532년 4~6월	레겐스부르크 제국의회에서 개신교 신분대표들에 대한 재판이 중단되었다. 이들은 대신 오스만제국에 대한 전쟁에서 카를 5세를 지원하기로 약속했다.
1533년	클레멘스 7세는 프랑스와 동맹을 확정짓기 위해 마르세유로 떠났다. 독일의 루터 문제에 관해 로마는 계속 아무 일도 하지 않았다.
1534년 9월	클레멘스 7세가 사망했다. 1468년생인 알레산드로 파르네세 추기경이 후계자가 되었다. 그는 자신을 바오로 3세라 칭하고,

클레멘스 7세에게 저지되었던 공의회를 준비하려 했다.

1535년   슈말칼덴 동맹이 연장되고 강화되었다. 바오로 3세는 처음으로 개혁파 추기경들을 임명했으나 북이탈리아에서 공의회를 소집하려던 시도는 실패했다. 11월, 교황대사 베르게리오가 비텐베르크에서 루터를 만났다.

1536년   덴마크 왕위계승전쟁에서 루터파에 호의적인 크리스티안 3세가 승리했다. 그는 덴마크의 종교개혁을 성공시키기 위해 루터의 측근인 요하네스 부겐하겐을 불러들였다.

1538년   주요 가톨릭 신분대표들이 동맹을 결성했다.

1539~1541년 종파 간 합의를 이루기 위해 마지막 회의가 열렸다. 1541년 레겐스부르크에서 하느님 앞에서의 인간의 칭의에 관한 문제와 관련해 갑작스러운 타협이 이뤄졌다. 그러나 이 타협은 곧 무효가 되었다.

1542년   브라운슈바이크-볼펜뷔텔 공국이 개신교로 바뀌었다. 바오로 3세는 로마 종교재판소를 세웠다. 교황청의 지도적인 독일 전문가인 지롤라모 알레안드로가 사망했다.

1545년   교황제도에 대한 루터의 마지막 투쟁서 완성. 트리엔트 공의회 소집.

1546년 2월   마르틴 루터, 아이슬레벤에서 사망.

저자 주*

1장 루터, 수도사(1483~1517)

1 WA TR 5, S. 95 (5362)

2 WA TR 3, S. 130 (2890a.)

3 WA TR 1, S. 4 (3)

4 WA TR 1, S. 19 (55)

5 WA TR 5, S. 10 (5210)

6 WA TR 6, S. 46 (6567)

7 WA TR 3, S. 203 (3161a.)

8 WA TR 4, S. 440 (4707)

9 WA TR 1, S. 294 (623)

10 WA TR 3, S. 415 f. (3566A.)

11 WA TR 3, S. 313 (3428)

12 WA TR 3, S. 313 (3428)

13 WA TR 5, S. 68 (5342a.)

14 WA TR 3, S. 411 f. (3558A.)

2장 루터, 비판자(1517~1520)

1 WA TR 5, S. 657 f. (6431)

2 Fabisch / Iserloh 1, S. 264

3 Fabisch / Iserloh 1, S. 264

4 Fabisch / Iserloh 1, S. 269

5 WA Br 1, S. 111 f.

6 Fabisch / Iserloh 2, S. 21

7 WA 1, S. 233

8 WA 1, S. 234

9 WA 1, S. 236

10 WA 1, S. 236

11 WA 1, S. 235

12 WA 1, S. 237

13 WA 1, S. 527

14 WA 1, S. 527

15 WA 1, S. 528

16 WA 1, S. 529

17 WA 1, S. 529

18 WA 1, S. 529

19 WA 1, S. 530

20 WA 1, S. 601

21 WA 1, S. 627

22 Fabisch / Iserloh 1, S. 53

---

* 마르틴 루터 전집은 73권으로 된 바이마르 판(WA로 표기), 탁상담화는 6권으로 된 바이마르 판(WA TR로 표기), 루터의 편지는 18권으로 된 바이마르판(WA Br 로 표기).

23 Fabisch / Iserloh 1, S. 53 f.

24 Fabisch / Iserloh 1, S. 55

25 Fabisch / Iserloh 1, S. 55 f.

26 Fabisch / Iserloh 1, S. 56

27 Fabisch / Iserloh 1, S. 56

28 Fabisch / Iserloh 1, S. 61

29 Fabisch / Iserloh 1, S. 78

30 Fabisch / Iserloh 1, S. 82

31 Fabisch / Iserloh 1, S. 99

32 Fabisch / Iserloh,1 S. 92

33 WA 1, S. 647

34 WA 1, S. 679

35 WA 1, S. 685

36 WA 1, S. 678

37 Fabisch / Iserloh 2, S. 49

38 Fabisch / Iserloh 2, S. 49

39 Fabisch / Iserloh 2, S. 80 f.

40 Fabisch / Iserloh 2, S. 81

41 Fabisch / Iserloh 2, S. 81

42 Fabisch / Iserloh 2, S. 90 f.

43 Fabisch / Iserloh 2, S. 92

44 Fabisch / Iserloh 2, S. 130

45 Fabisch / Iserloh 2, S. 213 f.

46 Fabisch / Iserloh 2, S. 205

47 Fabisch / Iserloh 2, S. 219

48 Fabisch / Iserloh 2, S. 234

49 Fabisch / Iserloh 2, S. 134

50 Fabisch / Iserloh 2, S. 236

51 Fabisch / Iserloh 2, S. 236 f.

52 Fabisch / Iserloh 2, S. 239

53 Seitz, S. 68

54 Seitz, S. 87

55 Seitz, S. 87

56 Seitz, S. 126

57 Seitz, S. 129

58 Seitz, S. 144

59 Seitz, S. 165

60 WA Br 1, S. 359

61 Fabisch / Iserloh 2, S. 364

62 Fabisch / Iserloh 2, S. 386

63 Fabisch / Iserloh 2, S. 394

64 Fabisch / Iserloh 2, S. 397

65 Fabisch / Iserloh 2, S. 434 f.

66 Fabisch / Iserloh 2, S. 435

67 Fabisch / Iserloh 2, S. 437

68 WA 1, S. 535

69 WA 6, S. 328

70 WA 6, S. 329

71 WA 6, S. 593

72 WA 6, S. 602

73 WA 7, S. 3

74 WA 7, S. 4

75 WA 7, S. 5

76 WA 7, S. 5

77 WA 7, S. 5

78 WA 7, S. 80

79 WA 7, S. 135

저자 주

3장 루터, 야만인(1521~1523)

1 Fabisch / Iserloh 2, S. 463

2 Brieger, S. 18

3 Brieger, S. 19

4 Brieger, S. 21

5 Brieger, S. 21

6 Brieger, S. 21

7 Brieger, S. 23

8 Brieger, S. 26

9 Brieger, S. 27

10 Brieger, S. 28

11 Brieger, S. 28

12 Brieger, S. 28

13 Brieger, S. 30

14 Brieger, S. 30

15 Brieger, S. 31

16 Brieger, S. 35

17 Brieger, S. 35 f.

18 Brieger, S. 36

19 Brieger, S. 49

20 Brieger, S. 55

21 Brieger, S. 106

22 Brieger, S. 126

23 Brieger, S. 126

24 Brieger, S. 62

25 Brieger, S. 62

26 Brieger, S. 135

27 Brieger, S. 138

28 Brieger, S. 140 f.

29 Brieger, S. 143

30 Brieger, S. 146

31 Brieger, S. 147

32 Brieger, S. 147

33 Brieger, S. 148

34 Brieger, S. 148

35 Brieger, S. 152

36 Brieger, S. 153

37 Brieger, S. 161

38 Brieger, S. 163

39 Brieger, S. 162

40 Brieger, S. 162

41 WA 7, S. 829

42 WA 7, S. 831

43 WA 7, S. 832

44 WA 7, S. 833

45 WA 7, S. 833

46 WA 7, S. 834

47 WA 7, S. 835

48 WA 7, S. 877

49 WA 7, S. 838

50 Brieger, S. 114

51 Brieger, S. 184

52 Brieger, S. 182

53 Brieger, S. 178

54 Fabisch / Iserloh 2, S. 534

55 Fabisch / Iserloh 2, S. 534, 536

56 Reichstagsakten III, S. 399 f.

57 Reichstagsakten III, S. 447 f.

4장 루터, 잊힌 자(1523~1534)

1 Kalkoff, S. 86

2 Kalkoff, S. 88

3 Kalkoff, S. 89

4 Kalkoff, S. 90

5 Kalkoff, S. 92

6 Kalkoff, S. 92

7 Lauchert, S. 91

8 WA TR 3, S. 347 (3478); die Notiz
 in WA TR 5, S. 466 f. (6058) ist im
 Kern identisch

9 NB Ebd. 1, S. 24

10 NB Ebd. 1, S. 30

11 NB Ebd. 1, S. 35

12 NB Ebd. 1, S. 47

13 NB Ebd. 1, S. 37

14 NB Ebd. 1, S. 51

15 NB Ebd. 1, S. 70

16 NB Ebd. 1, S. 70

17 NB Ebd. 1, S. 70

18 NB Ebd. 1, S. 73

19 NB Ebd. 1, S. 76

20 NB Ebd. 1, S. 80 f.

21 NB Ebd. 1, S. 84

22 WA Br 5, S. 480

23 WA 30 / 2, S. 367

24 WA 30 / 2, S. 367

25 WA 30 / 2, S. 389

26 WA 30 / 2, S. 391

27 WA 30 / 2, S. 436

28 WA 30 / 2, S. 438

29 WA 30 / 2, S. 472

30 WA 30 / 3, S. 276

31 WA 30 / 3, S. 279

32 WA 30 / 3, S. 279

33 WA 30 / 3, S. 282

34 WA 30 / 3, S. 290

35 WA 30 / 3, S. 291

36 WA 30 / 3, S. 301

37 WA 30 / 3, S. 303

38 WA 30 / 3, S. 303

39 WA 30 / 3, S. 304

40 WA 30 / 3, S. 311

41 NB Ebd. 1, S. 135

42 NB Ebd. 1, S. 147

43 NB Ebd. 1, S. 253

44 NB Ebd. 1, S. 257

45 NB Ebd. 1, S. 291

46 NB Ebd. 1, S. 322

47 NB Ebd. 1, S. 324

48 NB Ebd. 1, S. 330

49 NB Ebd. 1, S. 331

50 NB Ebd. 1, S. 342

51 NB Ebd. 1, S. 343

52 NB Ebd. 1, S. 458

53 NB Ebd. 2, S. 224 f.

54 NB 1, S. 109

55 NB 1, S. 171

56 NB 1, S. 172 f.

5장 루터, 이단자(1534~1546)

1 NB 1, S. 313

2 NB 1, S. 321 f.

3 NB 1, S. 345

4 NB 1, S. 346

5 NB 1, S. 533

6 NB 1, S. 540

7 NB 1, S. 541

8 NB 1, S. 541

9 NB 1, S. 541

10 NB 1, S. 541

11 NB 1, S. 541 f.

12 NB 1, S. 543

13 NB 1, S. 544

14 NB 1, S. 545

15 NB 1, S. 545

16 WA TR 5, S. 633 (6384)

17 WA TR 5, S. 634 (6384)

18 WA TR 5, S. 634 (6384)

19 WA TR 5, S. 635 (6387)

20 WA TR 5, S. 638 (6388)

21 WA TR 5, S. 638 (6388)

22 WA TR 1, S. 48 (122)

23 WA TR 1, S. 51 (122)

24 WA TR 1, S. 48 (122)

25 WA TR 1, S. 271 (548)

26 WA TR 1, S. 182 (417)

27 WA TR 3, S. 129 (2978b.)

28 WA TR 3, S. 217 (3197)

29 WA TR 3, S. 439 (3593)

30 WA TR 3, S. 439 (3593)

31 WA TR 1, S. 125 (301)

32 WA TR 3, S. 329 f. (3464c.)

33 WA TR 3, S. 605 (3776)

34 WA TR 3, S. 173 (3104b.)

35 WA TR 3, S. 438 (3593)

36 WA TR 1, S. 213 (486)

37 WA TR 1, S. 217 (491)

38 WA TR 4, S. 391 (4590)

39 WA TR 5, S. 670 (6453)

40 WA TR 4, S. 341 (4488)

41 WA TR 3, S. 78 (2916)

42 WA TR 5, S. 53 (5310)

43 WA TR 3, S. 78 (2916)

44 NB 2, S. 62

45 NB 2, S. 63

46 NB 2, S. 83

47 NB 2, S. 265

48 NB 2, S. 149

49 NB 2, S. 210

50 NB 4, S. 406

51 WA TR 1, S. 249 (539)

52 Jedin, Contarini, S. 14

53 Jedin, Contarini, S. 15

54 Jedin, Contarini, S. 67

55 Gleason, S. 205

56 Akten 3 / 1, S. 289 f.

57 Akten 3 / 1, S. 290

58 WA Br 9, S. 389

59 WA Br 9, S. 406 f.

60 NB 8, S. 132

61 NB 8, S. 149

62 WA 54, S. 243

63 WA 54, S. 243

64 WA 54, S. 212

65 WA 54, S. 212

66 WA 54, S. 207

67 WA 54, S. 222

68 WA 54, S. 283 f.

69 WA 54, S. 273

70 WA 54, S. 274

71 WA 54, S. 299

72 NB 8, S. 585 f.

마치며: 문화의 충돌

1 Thomas Mann, Deutschland und die Deutschen, in: Gesammelte Werke XI, S. 1132 f.

참고문헌

원전

D. Martin Luthers Werke. Weimarer Ausgabe, 73 Bände, Weimar 1883–2009 (zitiert: WA plus Bandzahl)

D. Martin Luthers Tischreden 1531–1546, 6 Bände, Weimar 1912–1921 (zitiert: WA TR plus Bandzahl)

D. Martin Luthers Briefwechsel, 18 Bände, Weimar 1883–2009 (zitiert: WA Br plus Bandzahl)

Nuntiaturberichte aus Deutschland nebst ergänzend Aktenstücken. Erste Abteilung 1533–1539. 1. Ergänzungsband 1530–1531. Legation Lorenzo Campeggios 1530–1531 und Nuntiatur Girolamo Aleandres 1531 (Hg. G. Müller), Tübingen 1963 (zitiert: NB Ebd. 1); Ergänzungsband 1532. Legation Lorenzo Campeggios 1530 und Nuntiatur Girolamo Aleandros 1532 (Hg. G. Müller), Tübingen 1969 (zitiert: NB Ebd. 2)

Nuntiaturberichte aus Deutschland 1533–1559 nebst ergänzenden Aktenstücken, Band 1–8, Gotha 1892–1898 (für die Jahre 1533 bis 1546, zitiert: NB plus Bandzahl)

Deutsche Reichsakten. Jüngerer Serie, Band 1–3, Gotha 1893–1901 (zitiert: Reichsakten)

Brieger, T.(Hg.): Aleander und Luther 1521. Die vervollständigsten Aleander-Depeschen nebst Untersuchungen über den Wormser Reichstag, Gotha 1884 (die Briefe Aleandros im italienischen Original, zitiert: Brieger)

Fabisch, P./Iserloh, E.(Hg.): Dokumente zur Causa Lutheri (1517–1521), 2 Teile, Münster 1988–1991 (zitiert: Fabisch/Iserloh)

Ganzer, K./Zur Mühlen, H.-H.(Hg.): Akten der deutschen Reichsreligionsgespräche im 16. Jahrhundert, 3 Bände, Göttingen 2000-2007(zitiert: Akten)

Kalkoff, P.(Hg.): Die Depeschen des Nuntius Aleander vom Wormser Reichstage 1521, Halle 1886(Übersetzung der meisten von T. Brieger im Original herausgegebenen Biefe)

Brife, Depeschen und Berichte über Luther vom Wormser Reichstage 1521, Halle 1898

Seitz, O.(Hg.): Der authentische Text der Leipziger Disputation(1519). Aus bisher unbenutzten Quelle, Berlin 1903(zitiert: Seitz)

참고문헌

Bärenfänger, K./Leppin, V./Michel, S.(Hg.): Martin Luthers Tischreden, Tübingen 2013

Bäumer, R.: Martin Luther und der Papst, 2. Auflage Münster 1970

_____ Leo X. und die Kirchenreform, in: Papsttum und Kirchenreform. Historische Beiträge. Festschrift fur Georg Schwaiger zum 65. Geburtstag, St. Ottilien 1990, S. 281-299

Besch, W.: Die Rolle Luthers in der deutschen Sprachgeschichte, Heidelberg 1999

Beutel, A.(Hg.): Luther Handbuch, 2. Aufl. Stuttgart 2010

Bohmer, H.: Luthers Romfahrt, Leipzig 1914

Brady, T.: Zwischen Gott und Mammon. Protestantische Politik und deutsche Reformation, Berlin 1996

Braun, G.: Imagines imperii. Die Wahrnehmung des Reiches und der Deutschen durch die römische Kurie im Reformationsjahrhundert(1523-1585), Münster 2014

Brecht, M.: Martin Luther, 3 Bände, Stuttgart 1981-1987

Breul-Kunkel, W.: 《Mit gutem Gewissen》: zum religiösen Hintergrund der Doppelehe Landgraf Philipps von Hessen, in: Zeitschrift fur Kirchengeschichte 119(2008), S. 149-177

D'Amico, J. F.: Renaissance humanism in papal Rome. Humanists and churchmen in the eve of the Reformation, Baltimore/ London 1983

Delumeau, J.: Rome au XVIe siécle, Paris 1975

Dendorfer, J./Lützelschwab. R.(Hg.): Geschichte des Kardinalats im Mittelalter, Stuttgart 2011

Edwards, M. U.: Luther's last battles. Politics and polemics 1531-1546, Ithaca/London 1983

Ehrmann, J.: Türken und Islam. Eine Untersuchung zum Türken-und Islambild Martin Luthers(1515-1546), Gütersloh 2008

Firpi, M.: Inquisizione romana e Controriforma. Studi sul cardinal Giovanni Morone e il suo processo d'eresia, Brescia 2005

Frank, G./Leppin, V., Selderhuis, H. J.(Hg.): Wem gehört die Reformation? Nationale und konfessionelle Dispositionen der Reformationsdeutung, Freiburg i. Br. 2013

Gensini, S.(Hg.): Rom capitale(1447-1527), Roma/Pisa 1994

Gleason, E. G.: Gasparo Contarini. Venice, Rome, and Reform, Berkeley/ Los Angeles 1993(zitiert: Gleason)

Grimm, R.: Luther et l'expérience sexuelle. Sexe, célibat, mariage chez le Réformateur, Geneve 1999

Haustein, J.: Luthers Stellung zu Zauber-und Hexenwesen, Stuttgart 1990

Hendrix, S. H.: Luther and the Pope. Stages in a Reformation Confl ict, Philadelphia 1981

Hoss, I.: Georg Spalatin 1484-1545. Ein Leben in der Zeit des Humanismus und der Reformation, Weimar 1989

Horst, U.: Juan de Torquemada und Thomas de Vio Cajetan. Zwei Protagonisten der papstlichen Gewaltenfülle, Berlin 2012

Iserloh, E.(Hg.): Katholische Theologen der Reformationszeit, 6 Bände, Münster 1984-2004

Jacobson Schutte, A.: Pier Paolo Vergerio: The Making of an Italian Reformer, Geneve 1977

Janssen, W.: 《Wir sind zum wechselseitigen Gespräch geboren》. Philipp Melanchthon und die Reichsreligionsgespräche von 1540/41, Göttingen 2009

Jedin, H.: Geschichte des Konzils von Trient. Band 1: Der Kampf um das Konzil, Freiburg 1949

‗‗‗‗ Contarini und Camaldoli, Roma 1953 (zitiert: Jedin, Contarini)

Junghans, H.: Der junge Luther und die Humanisten, Weimar 1984

‗‗‗‗ Spätmittelalter, Luthers Reformation, Kirche in Sachsen: Ausgewählte Aufsätze, Leipzig 2001

Kalkoff, P.: Forschungen zu Luthers römischem Prozess, Rom 1905

‗‗‗‗ Aleander gegen Luther. Studien zu ungedruckten Akten aus Aleanders Nachlass, Leipzig/New York 1908

Kaufmann, T.: Martin Luther, 3. Aufl. München 2015

‗‗‗‗ Luthers Juden, Stuttgart 2014

‗‗‗‗ Der Anfang der Reformation. Studien zur Kontextualität der Theologie, Publizistik und Inszenierung Luthers und der religiösen Bewegung, Tübingen 2012

‗‗‗‗ Geschichte der Reformation, 2 Aufl. Frankfurt a. M. 2009

Kirchner, H.: Luther und das Papsttum, in: Junghans, H.(Hg.): Leben und Werk Martin Luthers von 1526 bis 1546, Band 1, Göttingen 1983, S. 441–456

Kohler, A.: Karl V. 1500–1558, München 1999

Kohnle, A.: Reichstag und Reformation. Kaiserliche und ständische Religionspolitik von den Anfängen der Causa Lutheri bis zum Nürnberger Religionsfrieden, Gütersloh 2001

Krarup, M.: Ordination in Wittenberg. Die Einsetzung in das kirchliche Amt in Kursachsen zur Zeit der Reformation, Tübingen 2007

Kruse, J.-M.: Universitätstheologie und Kirchenreform. Die Anfänge der Reformation in Wittenberg 1516–122, Mainz 2002

Lauchert, F.: Die italienischen literarischen Gegner Luthers, Freiburg i. Br.

504

1912(zitiert: Lauchert)

Leder, H.-G.: Ausgleich mit dem Papst? Luthers Haltung in den Verhand-
lungen mit Miltitz 1520, Stuttgart 1969

Leppin, M: Die Reformation, Darmstadt 2013

_____ Martin Luther. Vom Mönch zum Feind des Papstes, Darmstadt 2013

_____ Martin Luther, 2. Aufl. Darmstadt 2010

_____ Luther privat. Sohn, Vater, Ehemann, Darmstadt 2006

Ludolphy, I.: Friedrich der Weise. Kurfürst von Sachsen 1463–1525, Göttin-
gen 1984

Lutz, H.: Reformation und Gegenreformation, München 2002

_____ Das Ringen um deutsche Einheit und kirchliche Erneuerung. Von
Maximilian I. bis zum Westfälischen Frieden, Berlin 1983

Matheson, P.: Cardinal Contarini at Regensburg, Oxford 1972

McClung Hallman, B.: Italian cardinals, reform and the church as property
1492–1563, Los Angeles 1985

Minnich, N. H.: The Fifth Lateran Council(1512-1517). Studies on its Mem-
berships, Diplomacy and Proposals for Reform, Aldershot 1993

Moeller, B.(Hg.): Die frühe Reformation in Deutschland als Durchbruch,
Gütersloh 1998

_____ Deutsche Geschichte im Zeitalter der Reformation, 2. Aufl. Götin-
gen 1999

Müller, G.: Die römische Kurie und die Reformation 1523–1534, Gütersloh
1969

Oberman, H. A.: Luther. Mensch zwischen Gott und Teufel, München 1986

O'Malley, J. W.: Giles of Viterbo on church and reform. A study in Renais-
sance thought, Leiden 1968

_____ Praise and blame in Renaissance Rome. Rhetoric, doctrine, and re-
form in sacred orators of the papal court, ca. 1440–1521, Durham N. C.
1979

Otte, H./Beyer, M./Winter, C.(Hg.): Landeskirchengeschichte, Leipzig 2007

Pastor, L. von: Geschichte der Päpste seit dem Ausgang des Mittelalters, Band 3–5, Freiburg 1956

Pellegrini, M.: Ascanio Maria Sforza. La parabola politica di un cardinale principe del rinascimento, 2 Bände, Roma 2002

Pierce, R. A.: Pietro Paolo Vergerio the propagandist, Rome 2003

Reinhardt, V.: Der unheimliche Papst. Alexander VI. Borgia 1431–1503, München 2005

_____ Blutiger Karneval. Der Sacco di Roma 1527 – eine politische Katastrophe, Darmstadt 2009

_____ Pius II. Piccolomini. Der Papst, mit dem die Renaissance begann. Eine Biographie, München 2013

_____ Luther und Rom – Rom und Luther. Neue Überlegungen zu einem alten Thema, in: Historisches Jahrbuch 135(2015), S. 130–149

Schauerte, T./Tacke, A./Schneider, K.(Hg.): Kardinal Albrecht von Brandenburg, Reichsfürst und Mäzen, 2 Bände, Göttingen 2006

Scheible, H.: Melanchthon und die Reformation, Mainz 1996

Schilling, H.: Martin Luther. Rebell in einer Zeit des Umbruchs, 3. Auflage München 2015

Schneider, H.: Martin Luthers Reise nach Rom neu datiert und neu gedeutet, in: Lehfeldt, W.(Hg.): Studien zur Wissenschafts- und Religionsgeschichte, Berlin 2011, S. 1–157

Schultheis, S.: Die Verhandlungen über das Abendmahl und die übrigen Sakramente auf dem Religionsgespräch von Regensburg 1541, Göttingen 2012

Schwarz, R.: Luther, 3. Aufl. Stuttgart 2004

Scribner, R.: For the sake of simple folk. Popular propaganda for the German Reformation, Oxford 1994

Simoncelli, P.: Evangelismo italiano del Cinquecento. Questione religiosa e nicodemismo politico, Roma 1979

Stange, C.: Luther und das Fünfte Laterankonzil, Gütersloh 1928

Stinger, C. L.: The Renaissance in Rome, Bloomington 1985

Tavuzzi, M.: Prierias. The Life and Works of Silvestro Mazzolini da Prierio, 1456-1527, Durham/London 1997

Tewes, G.-R.: Luthergegner der ersten Stunde, in: Quellen und Forschungen aus italienischen Archiven und Bibliotheken 75(1995), S. 256-365

Die römische Kurie und die europäischen Länder am Vorabend der Reformation, Tübingen 2001

Tewes, G.-R./Rohlmann, M.(Hg.): Der Medici-Papst Leo X. und Frankreich. Politik, Kultur und Familiengeschäfte in der europäischen Renaissance, Tübingen 2002

Welti, M.: Kleine Geschichte der italienischen Reformation, Gütersloh 1985

Winterhager, W. E.: Ablaßkritik als Indikator historischen Wandels vor 1517. Ein Beitrag zu Voraussetzungen und Einordnung der Reformation, in: Archiv für Reformationsgeschichte 90(1999), S. 6-21

사진 출처

21, 185, 347, 469쪽: Robert W. Scribner, For the sake of simple folk: popular propaganda for the German Reformation, Cambridge 1981, S. 235, 232, 233, 79

302쪽: Luther WA 11, S. 371

225, 241, 255쪽: Thomas Murner, Von dem grossen lutherischen Narren(1522). Herausgegeben, übersetzt und kommentiert von Thomas Neukirchen, Heidelberg 2014, S. 16, 118, 264

417쪽: Luisa Mortari, Francesco Salviati, Rom 1992, S. 60

477쪽: Wolfgang Sauber/GNU Free Documentation License 1. 2

찾아보기

루터
신의 제국을 무너트린 종교개혁의 정치학

초판 1쇄 발행 2017년 10월 27일

지은이 폴커 라인하르트
옮긴이 이미선
펴낸이 성의현
펴낸곳 미래의창

책임편집 이승한
디자인 공미향

등록 제10-1962호(2000년 5월 3일)
주소 서울시 마포구 잔다리로 62-1 미래의창빌딩(서교동 376-15, 5층)
전화 02-325-6064(편집), 02-338-5175(영업) **팩스** 02-338-5140
ISBN 978-89-5989-484-0 03920

※ 책값은 뒤표지에 있습니다. 잘못된 책은 바꿔 드립니다.

이 도서의 국립중앙도서관 출판예정도서목록(CIP)은 서지정보유통지원시스템 홈페이지(http://seoji.nl.go.kr)와 국가자료공동목록시스템(http://www.nl.go.kr/kolisnet)에서 이용하실 수 있습니다.(CIP제어번호: CIP2017025579)

미래의창은 여러분의 소중한 원고를 기다리고 있습니다. 원고 투고는 미래의창 블로그와 이메일을 이용해주세요. 책을 통해 여러분의 소중한 생각을 많은 사람들과 나누시기 바랍니다.
블로그 www.miraebook.co.kr 이메일 miraebookjoa@naver.com